应用型系列法学教材

税 法

主　编　段　葳　喻树青　黄明欣
副主编　钱　庆　陈文君　文　扬

WUHAN UNIVERSITY PRESS
武汉大学出版社

图书在版编目(CIP)数据

税法/段葳,喻树青,黄明欣主编 . —武汉：武汉大学出版社,2019.9
应用型系列法学教材
ISBN 978-7-307-21180-3

Ⅰ.税…　Ⅱ.①段…　②喻…　③黄…　Ⅲ.税法—中国—高等学校—教材　Ⅳ.D922.22

中国版本图书馆 CIP 数据核字(2019)第 196467 号

责任编辑:胡　荣　　责任校对:汪欣怡　　版式设计：马　佳

出版发行：**武汉大学出版社**　(430072　武昌　珞珈山)
(电子邮箱：cbs22@ whu.edu.cn　网址：www.wdp.whu.edu.cn)
印刷:武汉鑫佳捷印务有限公司
开本:787×1092　1/16　印张:20　字数：474 千字　插页:1
版次:2019 年 9 月第 1 版　2019 年 9 月第 1 次印刷
ISBN 978-7-307-21180-3　定价:45.00 元

前　言

税法是国家法律体系中的一个重要分支，是保障国家财政收入、调控经济与社会活动、维护纳税人权益的法律手段。随着我国社会主义市场经济的深入发展和社会民主法治的进步，税法和税法学科得到了迅速发展，已成为一门独立的法律学科，越来越深刻地影响着社会的发展与变革。因此，税法已是我国高等院校法学专业和财经专业学生的主要课程，也是注册会计师、注册税务师资格考试等全国统一考试的科目。但必须看到，在我国，税法较之法学其他领域仍是一门较新的学问，尚有许多理论空白亟待填补和更新，新学说也是层出不穷。同时，税法是作为一门应用为导向的法律，与社会生活紧密相连，面对市场经济改革的不断推进中涌现出来的大量税法相关问题也必须及时地予以回应和解决。而这种现实状况投射于税法教学中就表现为，一方面要求从事税法教学的教师必须与时俱进，不断更新自己的知识储备，关注经济发展趋势和典型案例，立足现实；另一方面要求税法教学的配套教材也应当适时更新，保证信息的时效性，以最扎实的理论和最新颖的材料来顺应时代的需求。

自 2016 年 5 月 1 日起，在全国范围内全面推开营业税改增值税试点，建筑业、房地产业、金融业、生活服务业等全部营业纳税人纳入试点范围，营业税也因此退出了我国的历史舞台。为了适应本轮改革带来的税法课程教学的新需要，我们特组织一批中青年法学者编写了本教材，我们本着认真负责的精神，在有限的时间内尽可能地全面、详尽地将税法制度的各项具体制度进行疏理、更新，试图给读者展现一个完整、系统、最新的税法制度。

本书有以下主要特点：

(1)理论与实际相结合，具有较强的启发性。本书在相关部分结合具体实践和丰富的案例进行阐释，着力体现税法的应用性，为解决经济生活中的实际问题提供法律依据。

(2)取材力求新颖，与时俱进。本书汲取了我国税法的最新立法及相关研究的最新学术成果，如个人所得税、房产税、车船税等税种最新制订或修订的相关法律法规在本书中均有体现。

(3)体例新颖，便于学生自学。本书每章配有复习思考题，为学生在课外独立思考和深入学习提供方便。

(4)语言简明流畅，内容通俗易懂，结构合理且重点突出，符合教学要求。

本书由段葳、喻树青、黄明欣任主编，钱庆、陈文君、文扬任副主编。全书由段葳、陈文君、文扬审校统稿，段葳总纂定稿。本书在编写的过程中借鉴了相关教材的精华，由于篇幅有限，我们未一一注明出处，敬请谅解，在此一并致谢。

本书的出版得到了武汉大学出版社、中南财经政法大学、武汉理工大学、黄冈师范学院、湖北生态职业技术学院、武汉税闻财税服务有限公司等单位领导和教师的大力支持，在此一并致谢。尽管上述作者在写作过程中力求表述准确、内容完整并反映税法的最新发展变化，但由于时间仓促，水平有限，错漏之处在所难免，希望广大读者批评指正。

编　者

2019 年 6 月 16 日

目　录

第一编　税法总论

第二编　税收实体法

第三编　税收程序法

第一编　税法总论

（五）非居民企业应纳税所得额

2.转让财产所得，以收入全额减除财产净值后的余额为应纳税所得额。

(3)其他所得，参照前两项规定的方法计算应纳税所得额。

四、企业所得税的税率

第一章 税收概述

现代国家已经成为名副其实的"税收国家"，税收和税法直接关系到国计民生，关系到国家的各项活动与国民的日常生活。① 税收与税法密不可分，要深入学习和全面研究税法，必须以税收基本知识作为铺垫。

第一节 税收的概念和特征

一、税收的概念

税收是一个历史范畴，它不是从来就有的，而是人类社会发展到一定阶段的产物，它伴随着国家起源而起源，伴随着经济的发展而发展，自从有国家以来，政府为了履行职能和满足王室开支的需要，就以雏形的或成熟的各种税收政策来筹集资金。所以粗略地说，自从有了国家就开始有了税收。关于税收，可以从各种角度下定义，但比较综合的表述是：税收是国家为了满足社会公共需要，凭借政治权力，按照法律所规定的标准和程序，强制地、无偿地参与国民收入分配并取得财政收入的一种方式。这一税收概念具有以下含义：

（一）国家征税的目的是满足社会公共需要

公共经济学的一般原理阐明，社会成员要想获得最大限度的福利，除了从市场上花钱购买商品消费之外，还需要享受国家（包含各级政府）提供的公共产品和公共服务。② 尽管在不同的时代，政府职能范围和内容构成有较大差异，但是政府毕竟是公共选择的结果，几乎没有一个国家可以缺少政府，政府的存在就是为了向社会成员及其组织提供公共产品和公共服务，满足社会公共需要。但是政府提供的公共产品是需要消费物质资源的，即需要花费成本，税收正是政府为了提供公共产品而筹集的资金。政府利用税收筹集资金以确保有足够的资源为社会成员及其组织提供所需要的公共产品，更确切地说，税收是公共产品的成本。正是从公共产品的提供需要花费税收这种成本，政府提供的公共产品量并不是越多越好，而是存在一个最佳的数量界线的选择，即最优税收规模的选择。

（二）国家征税的依据是政治权力

这里包含两个含义：一是征税主体是政府而不是其他单位和社会组织。即只有国家才

---

① 有学者把税收收入占国家财政收入大半以上的国家称为"税收国家"。

② 公共产品是私人产品的对称，是指具有消费或使用上的非竞争性和受益上的非排他性的产品。公共服务则是指政府为满足社会公共需要而提供的产品和服务的总称。

有权力征税，因为这种权力是公众赋予的，是公共意志的结晶。其他单位和社会组织是不可能有这种权力的。征税权力是一个国家(包含各级政府)主权的重要内容，这无论是在国际税收关系中，还是在国内各地区间以及中央与地方之间的财政关系中都体现得非常充分。拥有了这种权力，政府才能合法征税，取得必要的财政收入，满足其职能活动的需要。二是政府征税凭借的是政治权力。政府拥有财产权利和政治权力，国家征税的依据是政治权力而不是财产权利。凭借财产权利取得的收入，如财产转让收入和财产出租出借收入，本质上是一种所有权收入，而凭借政治权力取得的收入才是税收收入。政治权力在本质上也是一种公共意志，所以也称为公共权力，所以凭借公共权力征税，再向社会成员和组织提供公共产品就是公共意志的体现。

(三)税收是国家财政收入的主要形式

在大多数国家的政府财政收入中，除了税收收入外还有其他收入，而其他财政收入一般是政府凭借所拥有的国有资产、国有资源而取得的产权收入，包括国家资产的出让收入和出租出借收入。在不同的历史发展阶段和不同的国家，政府掌握的财产和资源占整个社会的财产和资源的份额是有很大差异的，所以不同时代、不同国家的政府凭借财产权利取得收入的规模也就大不一样。中华人民共和国成立后至20世纪末，政府凭借国有企业的财产所有权取得的利润收入曾经是重要的甚至是主要的财政收入形式。但是在大多数历史时期、大多数政府的财政收入中，税收是最主要的形式。当然，罚没收入也是政府凭借政治权力取得的收入，但罚没收入不可能成为、事实上也未曾成为政府的主要财政收入形式。此外，政府还可以通过发行纸币和举借国债来取得财政收入，但长久靠大量发行纸币和国债来筹集财政资金必然会引起严重的通货膨胀和经济破坏，甚至还会导致政府倒台和社会崩溃。只有税收才可能成为稳定可靠的财政收入形式。这种稳定可靠性表现为政府通过制定和实施税收法规来维持经常且持久性的征收。这取决于：一方面，政府需要永久稳定地向社会提供公共产品，因而就需要经常、持久、稳定、可靠的财政收入来源；另一方面政府要永久稳定地拥有征税的权力，所以政府通过制定税收法规来确定征税的对象、适用的税率等基本内容，以经常、稳定地取得财政收入。

二、税收特征

税收的特征，是税收区别于其他财政收入形式的重要标志，综合反映了税收的本质特点，有助于对税收概念的深入和全面理解。我国学者一般把税收的特征概括为“税收三性”，又称“三性”，即征收上的强制性、缴纳上的无偿性和征收比例或数额上的固定性。① 其中无偿性是核心，强制性是其基本保障。

(一)税收的强制性

税收的强制性，是指税收是国家凭借其政治权力，通过法律形式对社会产品进行的强制性分配，而非纳税人的一种自愿缴纳。纳税人必须依法纳税，否则会受到法律制裁。纳税人之所以会依法纳税，是由于税收存在强制性，税法体现了政府政权的威慑力。在这种威慑力下，纳税人才会“自觉”纳税。税收的强制性缘于税收的无偿性。因为税收是无偿

① 参见张守文著：《财税法学》，中国人民大学出版社2010年版，第144页。

征收的，对于纳税人来说，缴纳税收就是一种经济利益的损失和放弃，所以一般都不会自愿缴纳，因而税收需要以法律的形式来强制实施。

因此，税收的强制性具体表现在税收是以国家法律的形式规定的，而税收法律作为国家法律的组成部分，对不同的所有者都是普遍适用的，任何单位和个人都必须遵守，不依法纳税者要受到法律的制裁。税收的强制性说明，依法纳税是人们不应回避的法律义务。我国《宪法》就明确规定，我国公民“有依法纳税的义务”。正因为税收具有强制性的特点，所以它是国家取得财政收入的最普遍、最可靠的一种形式。

（二）税收的无偿性

税收的无偿性，是指国家征税以后对具体纳税人既不需要直接偿还，也不需要付出任何直接形式的报酬，纳税人从政府支付所获得利益通常与其支付的税款不完全成一一对应的比例关系。税收的无偿性是相对的。对具体的纳税人来说，纳税后并未获得任何报酬。从这个意义上说，税收不具有偿还性或返还性。但若从财政活动的整体来看问题，税收是对政府提供公共物品和服务成本的补偿，这里又反映出有偿性的一面。特别在社会主义条件下，税收具有马克思所说的“从一个处于私人地位的生产者身上扣除的一切，又会直接或间接地用来为处于私人地位的生产者谋福利”的性质，即“取之于民、用之于民”。当然，就某一具体的纳税人来说，他所缴纳的税款与他从公共物品或劳务的消费中所得到的利益并不一定是对称的。

税收的无偿性对于保证政府财政资金的可用性十分重要。只有税收收入不需要偿还，才能由政府安排为支出，才能满足政府各项职能活动的需要。如果需要偿还，政府只能是将新征收的税收用于偿还旧债；如果要靠出让某种资产权益才能取得税收，就可以推断，政府拥有的这种资产权益与应该征收的税收额是等价的。那么，政府也就无须通过征税来筹集资金，而只需要将这些资产权益在市场上出售即可获得财政收入。所以从征收环节来看，无偿性是税收的一个重要属性。

（三）税收的固定性

税收的固定性是指课税对象及每一单位课税对象的征收比例或征收数额是相对固定的，而且是以法律形式事先规定的，只能按预定标准征收，而不能无限度地征收。这些基本内容规定以后，一般不频繁变动，而是具有相对稳定性，即在一定时期内持续实施有效。纳税人取得了应纳税的收入或发生了应纳税的行为，也必须按预定标准如数缴纳，而不能改变这个标准。税收法律制度的这种固定性使得税收作为政府的主要财政收入形式具有稳定可靠性，成为政府经常性的、基本的财政收入来源。

税收的固定性还意味着税收制度的实施及其日常管理具有规范性。即税收制度是一个国家的权力机关或被赋予了职权的职能机关制定的有关税收活动的一系列法律、法规和规章，任何单位都不得随意变更，而必须维护税收制度的有效运行。如果没有税收制度的这种严肃性，也就没有税收的固定性。当然，税收的固定性也不能绝对化，不能认为税收的标准确定后就永远不能改变。随着社会经济条件的变化，具体的征税标准是可以改变的。比如，国家可以修订税法，调高或调低税率等，但这只是变动征收标准，而不是取消征收标准。所以，这与税收的固定性是并不矛盾的。

税收具有的三个特征是互相联系、缺一不可的，同时具备这三个特征的才叫税收。税收的强制性决定了征收的无偿性，而无偿性同纳税人的经济利益关系极大，因而要求征收的固定性，这样对纳税人来说比较容易接受，对国家来说可以保证收入的稳定。最后需要指出，税收的上述三个特征是衡量一种财政收入能否作为税收的标准，是税收区别于其他财政收入形式的根本标志。若一种财政收入同时具备了这三个特征，即无论其是否以税收的形式出现，均具有税收的性质；反之，即使称其为税收，也不具有税收的性质。

第二节 税收与其他财政收入

国家取得财政收入有许多形式，税收只是其中的一种，除税收外，还有公债、规费收入、财政发行、国有资产收益、罚没收入等。将税收同其他财政收入形式进行比较，有利于深入理解税收的形式特征和税收本质，有助于国家正确运用税收为实现国家职能服务。

一、税收与公债

公债，即公共债务，是政府为解决正常财政收入的不足，或实施特定的经济调控政策，以信用形式筹集资金形成的债务。公债包括国债和地方债。国债是由中央政府发行的，其所筹措资金由中央政府负责支配使用并负责偿还。地方债由地方政府发行，所筹措资金由地方政府使用并负责偿还。一般说来，由于中央政府在管理公共事务中承担较大的职责，因而国债规模往往大于地方公债规模。税收和公债都是国家取得财政收入的一种形式，但有如下区别：

1. 有偿性不同

公债不同于税收，公债以按期向债权人偿还本金并按预定利率计付利息吸引社会各界认购，它是一种以还本付息为前提的债务。有偿让渡货币或商品是公债的基本特征。国家发行公债或国库券，从企业或居民手中取得资金在一段时期内的使用权，但这些资金的所有权并未发生变化，到期必须连同本息归还给企业或居民。相反，税收凭政治强制力征收，用于满足国家职能和社会公共需要，它具有无偿性。国家向纳税人征税后，一部分收入从纳税人向国家发生了单方面转移，国家不需要直接归还纳税人，可以在一定时期内根据需要安排使用。

2. 自愿性不同

公债不同于税收，它以自愿认购为原则，强制公债只是在战争、重大自然灾害等非常特殊的情况下才可能出现。公债，以国家(政府)为债务人，向企业单位和居民个人借款，必须坚持自愿的原则。首先，公债发行人——国家，与公债认购人双方，在法律上应该是处于完全平等的地位。其次，公债的发行必须由企业或居民自由认购，如果强制摊派，势必会影响企业的流动资金周转或居民的正常支付能力，并对社会的生产生活产生不利影响。税收则是国家依法向纳税人征收的，它对纳税人具有法律的强制力。只要纳税人符合税法规定的纳税情形，就必须及时、足额地完成纳税义务，而不论纳税人是否愿意。否则，就要受到处罚，触犯刑法的，还要依法追究刑事责任。

3. 灵活性不同

国家可根据财政收支、宏观调控、经济建设等需要，决定在预算年度内是否发行公债、发行多少公债以及公债发行的条件，一般不需要以立法形式预先规定发行条件。而税收的课征对象、征收标准、征纳方式等是由税法和相关税收征收条例预先规定的，在征收过程中不可随意变更，具有相对的稳定性。

4. 稳定性不同

公债筹措资金的数额不完全取决于计划发行额，还取决于企业、居民的认购额，而后者要受当时国家的政治经济状况、企业、居民收入水平、消费行为及社会心理等诸多因素的影响，其中的不确定性因素较多。而税收则具有相对稳定性。因为每一种税的出台都要预先估计它的税源大小及开征后可能取得收入的状况，且社会经济生活通常处于正常状态，因此，当纳税人、课税对象、税率确定后，相应的税收收入就有了法律保证。

二、税收与规费

规费，是指国家向有关当事人提供某种特定服务，或批准使用国家某种权利等而收取的一种费用。规费在实际生活中归纳起来大致有以下几种：一是事业收入，如交通部门收取的养路费、房管部门收取的房租、环保部门收取的排污费等。这些收费大多属于自收自支、专款专用，或者以收抵支，以弥补本身的业务开支。二是规范收入，包括公安、民政、卫生、司法、工商、专利等部门向有关单位和个人收取的手续费、工本费、诉讼费、化验费、商标注册费、登记费、市场管理费、专利费等。这些费用一般由收取单位根据预算管理方式，有的用于抵补事业开支，有的作为业务收入依法纳税。三是资源管理费收入，如石油部门收取的矿区使用费，集体单位经批准开采国家所有的矿藏等资源，应向国家缴纳的矿山管理费、矿石管理费等。这些费用属于国家凭借所有权向使用者收取的资源开采报偿费。规费也构成财政收入的一种形式，不仅名目繁多，而且有些项目税费交叉，所以有加以区分的必要，具体区别概括起来，有以下几点：

1. 有偿性不同

规费是向受益者收取的代价，是提供某种服务或准许使用某种权力而获得的补偿，具体征收标准根据服务成本和收益情况确定，具有有偿性。而税收是国家凭借政治权力强制征收的，在征纳者之间不存在对等的利益报偿关系，政府对税款的征收具有无偿性。

2. 征收主体不同

规费的收取主体有的是政府部门，有的是事业单位或其他经济部门，部分收入可以按规定不上缴国库。而税收的征收主体是代表国家的各级税务机关、财政机关和海关，收入必须上缴国库。

3. 稳定性不同

规费的收取具有灵活性，可以国家法律为依据，也可以国家有关管理部门制定的规章、制度为依据，即使有规定，也规定得较为原则，一般由不同部门、不同地区根据实际情况灵活确定。而税收具有稳定性，税收的征收以税法为依据，税法一经颁布对全国具有统一效力和相对稳定性，因而税收的征收是十分严格的。

4. 用途不同

规费一般有专门的用途，只适用于特定领域和特定对象，多用于满足本身业务支出的需要，一般具有专款专用的性质。而税收收入一般是由国家通过预算统一支出，用于全社会的需要，不采取专项专用的原则，主要用于固定资产投资、物资储备、文教、行政、国防、援外等支出。

三、税收与财政发行

货币发行包括两种形式：一种形式是经济发行，即为满足经济发展对货币增长的正常需要而发行的货币。一般来说，这种货币发行是随着商品周转量的增长而发行的，具有相应的物资保证；另一种形式是财政发行，它是指一国政府通过印发货币取得财政收入，即超过经济增长对货币的正常需要而发行货币。财政发行在非常时期内可以作为政府取得财政收入的最简单途径，但往往带来严重后果。财政发行与税收的主要区别有以下几点：

1. 缺乏规范性

国家通过财政发行能够取得一部分社会产品的分配权，它具有绝对的强制性，即在国家采取财政发行的情况下，货币贬值，企业和居民个人失去对一部分社会产品的占有权和使用权。财政发行作为一种取得财政收入的手段，一般是在经济形势极其困难的情况下被迫使用，它不采取规范化的正式立法来确定发行数额，具有不稳定性和非规范性。这与税收的规范性做法有着很大不同。

2. 缺乏相应的物资保证性

税收的征收以经济发展为基础，是对当年生产或过去累积的国民收入的分配，具有可靠的物资保证。以商品劳务税为例，企业只有在创造产品或提供劳务，取得销售收入后，才承担纳税义务，税款是产品总价值的一部分；即使是对财产或个人所得的征税，也是对所得的一种直接扣除，具有相应的物资作保证。财政发行则不同，它在社会商品总量不变的情况下，额外增加了货币流通量，其结果必然导致货币贬值，物价上涨。

3. 降低税收的真实价值

财政发行引起通货膨胀，它使税收制度产生扭曲，使政府产生财政幻觉，即虽然名义上税收收入有所增加，但由于通货膨胀造成逃税增多、货币贬值，从而使增加的税收收入不足抵补货币贬值所造成的损失，实际上降低了税收的真实价值。

四、税收与国有资产收益

国有资产收益是指国家凭借国有资产所有权获得的各种不同形式收益的总称。国有资产收益主要是通过行使国家对土地、矿藏、企业的所有权获取财政收入，包括投资利润、资产使用收入、资产转让收入等形式。我国在改革开放前，国有企业的利润成为国家财政收入的主要来源。随着经济体制改革的深入，国有企业的利润大为降低，出让国有土地使用权成为很多地方财政收入的重要来源。与此同时，随着国家投资经营政策的调整，国有资产的出让收入也因此出现短暂增长的势头。它与税收之间的区别主要表现在以下两个方面：

1. 适用范围不同

税收以国家公权力为依据，凭借法律形式进行强制分配，只要是国家政治权力所能涉及的分配的范围，都可以征税，它适用于社会上一切经济成分。因此，它能对国家政权管辖范围内的任何单位和个人征税，而国有资产收益只适用于国有资产。与税收不同，国有资产收益意味着国家只能基于所有权才能获得资产收益，即只能从国有的资产中获益，而无权从其他非国有的资产中获益。相反，国家对集体企业、外商投资企业、外国企业、私营企业、个体工商户则无权利用国有资产收益形式参与利润分配，因为国家对这些企业不具有财产所有权。

2. 稳定性不同

税收体现了国家强制扣除一部分社会产品和国民收入的分配关系，它按预先固定的标准和公平税负的原则向一定的纳税人征收。纳税人必须按期、足额地缴纳税款，否则就要承担相应的法律责任。因此，税收收入具有稳定性，可以保证财政收入的及时、稳定与可靠。而国有资产收益则是以国有资产经营的好坏为前提，使得国家对国有资产收益的收入很不稳定，影响国家及时均衡地取得财政收入。

五、税收与罚没收入

罚没收入是对违反有关法律或法规的行为处以的经济、法律制裁措施。如税法规定对偷税者的罚款、工商行政管理部门对无照经营者的罚款，以及卫生防疫部门对不符合卫生标准的有关单位的罚款等。罚款和没收同样可以取得财政收入，也是国家的一种财政收入的形式。

罚没收入同税收一样具有明显的强制性与无偿性，但是其缺乏固定性，这也是与税收之间的主要区别。由于罚没是对当事人的一次性处分，罚款或没收行为的出现是随机的，不存在时间上的连续性和对象上的固定性。因此，它不能作为财政收入的经常性手段和主要手段，只能作为行政管理和财政管理的辅助手段。罚没在维护法律的严肃性，保证税制的顺利实施等方面，具有特殊的作用。特别是在打击经济领域严重犯罪活动等方面，罚没手段更具有较大的威力，是一个不可忽视的行政和财政管理手段。但在保证财政收入及时、稳妥、可靠方面，罚没收入比税收就相差很远。所以，罚没收入不具备固定、连续取得收入的特性，难以稳定、可靠地取得财政收入，因而不能像税收那样作为经常性的筹资手段。因而，我们应严格区别它们，不能相互替代。

第三节 税收的分类

税收分类是以一定的目的和要求出发，按照一定的标准，对各不同税种隶属税类所做的一种划分。学者依据不同的标准对税种作了很多分类，对后世的税收和税法研究产生了较大影响。按照不同的分类标准，税种的分类方法主要有以下几种：

一、按征税对象分类

征税对象是税法的一个基本要素，是一种税区别于另一种税的主要标志，税种的名称一般也以征税对象来命名。按征税对象的不同来分类，是税种最基本和最主要的分类方法。按照这个标准，我国税种大体可以分为流转税、所得税、财产税、行为税和资源税。

(一)流转税

对流转额的征税简称流转税，或商品和劳务税。它是对销售商品或提供劳务的流转额征收的一类税收。商品交易发生的流转额称为商品流转额，这个流转额既可以是指商品的实物流转额，也可以是指商品的货币流转额。商品交易是一种买卖行为，如果税法规定卖方为纳税人，商品流转额即为商品销售数量或销售收入；如果税法规定买方为纳税人，商品流转额即为采购数量或采购支付金额。非商品流转额是指各种社会服务性行业提供劳务所取得的业务或劳务收入金额。按销售收入减除物耗后的增值额征收的增值税，也归于流转税一类。

流转税与商品(或劳务)的交换相联系，商品无处不在，又处于不断流动之中，这决定了流转税的征税范围十分广泛；流转税的计征，只问收入有无，而不管经营好坏、成本高低、利润大小；流转税都采用比例税率或定额税率，计算简便，易于征收；流转税形式上由商品生产者或销售者缴纳，但其税款常附着于卖价，易转嫁给消费者负担，而消费者却不直接感到税负的压力。由于以上这些原因，流转税对保证国家及时、稳定、可靠地取得财政收入有着重要的作用。同时，它对调节生产、消费也有一定的作用。因此，流转税一直是我国的主体税种。一方面体现在它的收入在全部税收收入中所占的比重一直较大；另一方面体现在它的调节面比较广泛，对经济的调节作用一直比较显著。我国当前开征的流转税主要有：增值税、消费税、关税。

(二)所得税

对所得额的征税简称所得税。税法规定应当征税的所得额，一般是指下列方面：一是指有合法来源的所得。合法的所得大致包括生产经营所得(如利润等)、提供劳务所得(如工资、薪金、劳务报酬等)、投资所得(如股息、利息、特许权使用费收入等)和其他所得(如财产租赁所得等)四类。二是指纳税人的货币所得，或能以货币衡量或计算其价值的经济上的所得；不包括荣誉性、知识性的所得和体质上、心理上的所得。三是指纳税人的纯所得，即纳税人在一定时期的总收入扣除成本、费用以及纳税人个人的生活费用和赡养近亲的费用后的净所得。这样，使税负比较符合纳税人的负担能力。四是指增强纳税能力的实际所得。例如利息收入可增加纳税人能力，可作为所得税的征收范围；而存款的提取，就不应列入征税范围。总的来说，所得税是对纳税人在一定时期(通常为一年)的合法收入总额减除成本费用和法定允许扣除的其他各项支出后的余额，即应纳税所得额征收的税。

所得税按照纳税人负担能力(即所得)的大小和有无来确定税收负担，实行“所得多的多征，所得少的少征，无所得的不征”的原则。因此，它对调节国民收入分配，缩小纳税人之间的收入差距有着特殊的作用；同时，所得税的征收面也较为广泛。因此成为经济发达国家的主要收入来源。在我国，随着经济的发展和人们所得的增加，所得税已成为近年来收入增长较快的一类税。我国当前开征的所得税主要有企业所得税和个人所得税。

(三)财产税

财产税是以纳税人拥有或支配的某些财产为征税对象的一类税，主要包括房产税、契税、车船税等。由于财产税一般是以某些特定财产为征税对象、征收范围相当有限，且税基难以确定，因而它不能替代流转税或所得税成为一国的主体税种。但因财产税是以财产占用或财产转移为征税前提，以财产价值或财产收益为计税依据，因而它有利于缩小纳税人的财产收益差距，保障社会财富的公平分配，实现资源的有效配置，是所得税的一个重要补充。正因如此，财产税仍为世界各国普遍采用，在各国的税制结构中占有一席之地。我国当前开征的财产税主要有房产税、契税、车辆购置税和车船税。

(四)行为税

行为税是针对经济生活中纳税人的特定行为而征收的税种，主要包括耕地占用税、印花税等。它既可能用于财政目的，也有可能出于对特定行为的鼓励或限制等政策目的，但范围一般都比较小，收入也不多，在税收体系中的地位远不如所得税和流转税重要。行为税由于其自身的特殊性，在一国的税收体系中只能作为一种具有特殊意义的辅助税种。征收这类税，或是为了对某些特定行为进行限制、调节，使微观活动符合宏观经济的要求；或只是为了开辟地方财源，达到特定的目的。这类税种的设置比较灵活，其中有些税种具有临时税的性质。我国当前开征的行为税主要有印花税和城市维护建设税。

(五)资源税

资源税是指以各种自然资源为课税对象，为了调节资源级差收入并体现国有资源有偿使用而征收的一种税。征收这类税有两个目的：一是为了取得资源消耗的补偿基金，保护国有资源的合理开发利用；二是为了调节资源级差收入，以利于企业在平等的基础上开展竞争。我国当前开征的资源税主要有城镇土地使用税、耕地占用税、资源税和土地增值税。

二、按税收管理和使用权限分类

税收按其管理和使用权限划分，可分为中央税、地方税、中央地方共享税，这是在分级财政体制下的一种重要的分类方法。通过这种划分，可以使各级财政有相应的收入来源和一定范围的税收管理权限，从而有利于调动各级财政组织收入的积极性，更好地完成一级财政的任务。

(一)中央税

税收管理权和税收收益权归属于中央政府的税收，为中央税。一般的划分方法是，将税源集中、收入大、涉及面广，适合由全国统一立法和统一管理的税种，划作中央税。当前我国的中央税主要有关税、消费税。

(二)地方税

税收管理权和税收收益权归属于地方政府的税收，为地方税。一般的划分方法是，将一些与地方经济联系紧密，税源比较分散的税种，列为地方税。当前我国的地方税主要有印花税等一些对财产和行为的课税。

(三)中央地方共享税

中央地方共享税是指税种的立法权归属中央，税收管理权和税收收益权由中央和地方按比例或按法定方式共同享有的一类税收。一般的划分方法是，将一些既能兼顾中央和地方经济利益，又有利于调动地方组织收入积极性的税种，列为中央地方共享税。当前我国的中央地方共享税主要有增值税、资源税等。

三、按税收与价格的关系分类

按税收与价格的关系划分，税收可分为价内税和价外税。在市场经济条件下，税收与商品、劳务或财产的价格有着密切的关系，对商品和劳务课征的税收既可以包含于价格之中也可以在价格之外，不管是价内税还是价外税，税款都需随商品交换价值的实现方可收回。这种分类有助于认识税负转嫁和重复征税等问题。

(一)价内税

凡在征税对象的价格中包含税款的，为价内税，其价格的组成=成本+利润+税金。价内税，有利于国家通过对税负的调整，直接调节生产和消费。但是价内税形式较为隐蔽，不易为人察觉，所以给人的税收负担感较小。由于价税一体，税收的增加必然影响到商品的价格，并可能对生产和消费产生连锁反应，最终还有可能危及税基的稳定增长。此外，由于征收价内税的商品的特殊定价机制，随着商品的流转还会出现"税上加税"的重复征税问题，且流通环节越多，问题越严重。当前我国的价内税主要是消费税。

(二)价外税

凡税款独立于征税对象的价格之外的税，为价外税，其价格等于成本加利润。与价内税相比，价外税的税款是独立于商品的价格的，且形式公开、数额固定，很容易在人们的心理上产生较大的税负压力。但是价外税对价格的影响较小，是一种中性的税收，加之转嫁渠道安全流畅，不存在重复征税等问题，所以具有广阔的发展空间，更适应市场经济的要求，必将成为越来越多国家流转税的主要形式。当前我国的价外税只有增值税一种。

四、按税负能否转嫁分类

税收按其负担能否转嫁划分，可分为直接税和间接税。所谓税负转嫁是指纳税人依法缴纳税款之后，通过种种途径将所缴税款的一部分或全部转移给他人负担的经济现象和过程，它表现为纳税人与负税人的非一致性。

(一)直接税

凡税负不能转嫁给他人，而是由纳税人直接来承担税负的税种，即为直接税。如各类所得税即属之。由于直接税的税收负担一般直接由纳税人负担，因而世界各国大多采用这类税作为主体税种，来调节社会财富的分配，实现收入分配的相对公平。但这类税往往受纳税人的实际负担能力的制约，不能确保收入的稳定与充裕。

(二)间接税

凡税负可以转嫁他人，纳税人只是间接承担税负的税种，即为间接税。我国开征的增值税、消费税、关税等流转税属于间接税。这类税作为商品或劳务价格的组成部分，随着交易过程的实现，法定纳税人便可将税收负担的一部分或全部转嫁给他人，使税负最终由消费者负担。由于这类税不受纳税成本高低和经营状况的影响，只与商品或劳务的价格有关，因此，世界各国普通采用这类税来筹集财政收入，调节不同的产业和行业，促进产业结构的优化。

五、按计税依据分类

税收按其计税依据的不同，可分为从价税和从量税。

(一)从价税

凡以征税对象的价格为依据从价计征的税种，为从价税，或称"从价计征"。如我国开征的各种所得税、增值税、关税等，都属于此类税。从价税与征税对象的价格直接相关，税额的多少将随着价格的变动而相应增减，在征税对象数量和税率一定的情况下，价格越高，则应纳税额就越多，价格越低，则应纳税额就少。因此，即使在通货膨胀的情况下，税款也会因水涨船高而较小地受到损失，故流转税和所得税等大多数税种都采用从价计征的办法，并被大多数国家选为主体税种。

（二）从量税

凡以征税对象的数量、重量、容量等为依据从量计征，采用固定税额征收的税种为从量税，或称“从量计征”。如资源税、耕地占用税、城镇土地使用税等都属于从量税。从量税只受征税对象数量多少的影响，数量大，则应纳税额就多，数量小，则应纳税额就少，而不受价格高低的影响。因此，在通货膨胀严重的情况下，国家将受到较大的损失，故从量税一般不适宜作为主体税种。

六、按计税依据是否具有依附性分类

按照计税依据是否具有依附性，税收可分为独立税和附加税。

（一）独立税

凡不需依附于其他税种而仅依自己的计税依据独立课征的税，为独立税，也称主税。多数税种均为独立税。

（二）附加税

凡需附加于其他税种之上课征的税，为附加税。狭义上的附加税仅指以其他税种的课税额作为自己的计税依据的税；广义上的附加税还包括直接以其他税种的课税依据作为自己的计税依据的税。我国的附加税主要有城乡维护建设税、教育费附加等。

除上述分类外，还有其他一些分类，如将税收分为国内税收与国际税收；工商税收、农业税收与关税税收等。限于篇幅，在此不逐一介绍。

第四节 税收的职能和作用

一、税收的职能

税收职能是一切社会制度下的税收都具有的内在的、稳定的、共同的属性，是税收本身固有的职责与功能。税收作为实现国家职能的一种分配手段，有以下三种职能：

（一）财政职能

税收的财政职能，即税收组织财政收入的职能。国家为了实现其职能，需要大量的财政资金，税收作为国家依照法律规定参与剩余产品分配的活动，承担起筹集财政收入的重要任务。它作为国家取得财政收入的重要工具，可以把分散在各个纳税人手中的一部分国民收入集中于中央财政，用于满足国家行使职能的需要。税收自产生之日起，首先就是为了集中收入来满足国家的需要，因而具备了筹集财政收入的职能，并且是最基本的职能。在各种不同的社会制度下，在不同的国家里，税收都在财政收入中占有重要地位。

(二)经济职能

税收的经济职能，即税收调节社会经济生活的职能。税收调节经济的职能是税收组织财政收入职能派生的，且调节经济也是税收本身固有的一个重要属性。国家为了执行其管理社会和干预经济的职能，除需筹集必要的财政资金作为其物质基础外，还要通过制定一系列正确的经济政策，以及体现并执行诸政策的各种有效手段，才能得以实现。税收作为国家强制参与社会产品分配的主要形式，在筹集财政收入的同时，也改变了各阶级、阶层、社会成员及各经济组织的经济利益。物质利益的多寡，诱导着他们的社会经济行为。因此，国家有目的地利用税收体现其有关的社会经济政策，通过对各种经济组织和社会成员的经济利益的调节，使他们的微观经济行为尽可能符合国家预期的社会经济发展方向，以有助于社会经济的顺利发展，从而使税收成为国家调节社会经济活动的重要经济杠杆。税收自产生之日起，就内含了经济杠杆功能，但它的实现，却受到一定社会形态下国家政治经济状况及国家任务的影响。社会主义市场经济体制下国家宏观调控体系的建立，对实现税收调控社会经济生活的职能，既提出了强烈要求，也提供了可能的条件。

(三)监督职能

监督职能，即税收对整个社会经济生活进行有效监督和管理的职能。税收政策体现着国家的意志，税收制度是纳税人必须遵守的法律准绳。它约束纳税人的经济行为，使之符合国家的政治要求。因此，税收成为国家监督管理社会经济活动的强有力工具。税收监督社会经济活动的广泛性与深入性，是随着商品经济发展和国家干预社会经济生活的程度而发展的。一般地说，商品经济越发达，经济生活越复杂，国家干预或调节社会经济生活的必要性就越强烈，税收监督也就越广泛而深入。

在税收的上述三类职能中，财政职能是最为基本的，经济职能次之，监督职能是以前两项职能为基础的。三项职能密切相关，它们不是孤立的，而是一个统一的整体，统一在税收的分配手段中。认识税收的职能，不仅有助于更好地理解课税的依据，而且也有助于更好地认识税收的作用和税法的宗旨。

二、税收的作用

税收作用指税收职能在一定社会经济条件下的具体运用所表现出来的效果，是税收内在功能的外在表现。税收的职能和税收的作用是一个问题的两个方面，二者相互联系但不能彼此代替。税收的职能是税收的内在属性，是任何社会形态国家税收的共同属性。税收的作用则是税收职能的外在具体表现，是行使税收职能所产生的效果，是受社会客观条件制约的，是税收职能在某一历史时期所表现出的效果，是税收职能与一定的政治经济条件相结合的产物。① 税收的作用要受税收职能的影响和限制，因此从税收的财政、经济、监督三大职能推导出税收的五大作用。

(一)组织财政收入的作用

税收是财政收入最重要、最稳定的收入来源。在社会主义市场经济条件下，税收成为我国财政收入的主要形式，税收收入逐年大幅度上升，税收组织财政收入的作用，体现在

① 参见段葳主编：《税法》，华中科技大学出版社 2008 年版，第 10 页。

以下三个方面：

1. 税收来源的广泛性

税收不仅可以对流转额征税，还可以对各种收益、资源、财产、行为征税；不仅可以对国有企业、集体企业征税，还可以对外资企业、私营企业、个体工商户征税。税收保证财政收入来源的广泛性，是其他任何一种财政收入形式不能比拟的，这样的多税种、多税目、多层次全方位的课税制度，为广泛地大量地聚集财政资金提供了条件。

2. 税收收入的及时性、稳定性和可靠性

由于税收具有强制性、无偿性、固定性的特征，因此税收就把财政收入建立在及时、稳定、可靠的基础之上，成为国家满足公共需要的主要财力保证。由于税收是以法律形式规定的，纳税人只要有纳税义务，就要无条件地将税款缴纳给国家，这样可以保证国家及时、稳定地获得财政收入。同时税收以国家的公权力作为后盾，通过法律规定保证实现，使得其成为国家获得财政收入最可靠的手段。

3. 税收为以后取得更多财政收入奠定基础

国家利用税收取得财政收入的同时，要贯彻各项经济政策，促进经济的发展和经济效益的提高。经济的发展和经济效益的提高又标志着税源的扩大和丰富，有利于税收进一步增加，财政收入因而进一步增加。

（二）宏观调控的作用

税收宏观调控作用是税收所具有的，通过一定的税收政策、制度，影响社会经济运行，促进社会经济稳定发展的作用。根据税收宏观调控所涉及的范围的不同，税收宏观调控政策可分为总量政策和结构政策，因此，税收宏观调控作用可分为控制需求总量和调节供给结构两个方面：

1. 控制需求总量

总需求和总供给的平衡，是宏观经济平衡的主要内容。在总需求和总供给关系中，如果供给既定，总需求大于总供给，将会引起通货膨胀，物价上涨；总需求小于总供给，将会导致经济萎缩。因此，以稳定经济为目标的税收，在于调节社会的需求总量。社会需求总量由消费、投资和政府支出构成，税收是消费和投资的一个变量因素。对个人收入和支出征税，将影响个人的消费支出；对企业收入和支出征税，将影响企业投资支出。可以根据税收对需求总量的调节作用，主要是根据经济情况的变化，制定相机抉择的税收政策措施来实现经济稳定。在总需求过度而引起经济膨胀时，选择增税的紧缩性税收政策，以控制需求总量；在总需求不足而引起经济萎缩时，选择减税的扩张性税收政策，以刺激需求总量。

2. 调节供给结构

税收对供给结构的调整主要是通过减税政策实现。因为，从供给角度分析，商品税是影响企业成本的一个重要变量因素，降低商品税有利于降低企业生产成本，扩大企业产出；企业所得税是影响企业盈利能力的一个重要变量因素，降低企业所得税有利于提高企业盈利水平，增强企业扩大再生产能力；投资税是影响企业投资规模的一个重要变量因素，降低投资税有利于扩大企业投资规模。因此，减税政策是刺激生产、增加投资、扩大供给的重要措施。当然，税收本身又是一把双刃剑，同时对需求和供给产生双重影响。控制需求同时限制了供给，刺激供给同时也会扩大需求，这就取决于需求和供给关系中的主要矛盾。这需要在扩大供给方面，更多考虑从调整供给结构、促进关键部门，尤其是滞后于经济的“瓶颈”部门的供给来实现经济平衡，还是在增加投入、扩大供给总量方面进行选择，以实现经济平衡。

(三)调节收入分配的作用

税收的调节收入分配作用，是税收所具有的，影响社会成员收入分配格局的作用。在市场经济条件下，由市场决定的分配机制，不可避免地会拉大收入分配上的差距，客观上要求通过税收调节，缩小这种收入差距。税收在调节收入分配方面的作用，具体表现在以下几个方面：

1. 所得税对收入分配的影响

对个人收入征收所得税，减少个人可支配收入，既降低了个人收入水平，也调整了个人收入结构，影响了个人间收入分配差异。所得税对个人收入分配的影响主要通过累进税率。累进税率随着个人收入增加而递增，对低收入者按比较低的税率征税或不征税，而对高收入者按比较高的税率征税。这有利于改变个人收入分配结构，缩小高收入者和低收入者之间的收入差异。累进税率幅度越大，个人所得税的再分配功能也越强。除了累进税率以外，征税方式对个人收入分配也有一定影响。例如，工资所得税率低于资本所得税率。由于低收入者收入主要来自于工资所得，个人之间收入差异主要在于资本所得，区别对待的税收也能够改变个人收入分配结构，缩小高收入者和低收入者之间的收入差异。又如，对低收入者和高收入者按同样费用标准定额扣除。由于扣除费用占收入比例在低收入者中高于高收入者，也有利于缩小高收入者和低收入者的收入差异。

2. 商品税对收入分配的影响

商品税是对企业销售商品所取得的收入，或对个人购买商品所支付的金额征收的一种税。在商品税由消费者负担的情况下，商品税征收既减少个人购买能力，也调整个人消费结构。例如，实行选择性商品税时，选择对非生活必需品和奢侈品征税，那么，可以使选择性商品税对个人收入分配产生累进效果。这是因为随着个人收入增加，个人收入中用于购买生活必需品的比重减少，而用于购买非生活必需品和奢侈品的比重增加。因此，选择对非生活必需品和奢侈品征税，使选择性商品税占个人收入比重随着个人收入增加而递增，使按比例征收的选择性商品税产生累进效果，从而缩小高收入者和低收入者之间的收入差异。如果实行普遍征收的商品税，只要对非生活必需品及奢侈品实行差别税率，也可以起到缩小个人之间收入差异的调节功能。

3. 社会保险税对收入分配的影响

社会保险税是对个人或企业所得征收，专款用于医疗保险、失业救济、退休养老等社会保障事业的税收。对个人收入征收社会保险税，直接减少个人收入水平。但对个人收入结构，即对个人之间收入差异的影响，则取决于征税项目的选择。如果是以个人综合所得为课税对象，按比例征收，社会保险税对个人产生收入分配的比例效果；按累进征收，社会保险税对个人产生收入分配的累进效果；如果以个人工薪所得为课税对象，按比例征收，并设定征税上限，社会保险税对个人产生收入分配的累退效果。因为，低收入者的收入主要来自于工薪所得，而高收入者的收入主要来自于资本所得，以工薪所得为课税对象，扩大了高收入者和低收入者之间的收入差异。因此，社会保险税一般不具有调节收入分配的效果。但如果考虑到社会保险税收入在支出时更多地用于低收入者，那么，也可以把社会保险税看作一个具有调节个人收入分配效果的税种。

（四）资源配置的作用

税收的资源配置作用，是税收所具有的，通过一定的税收政策、制度，影响个人、企业经济活动，从而使社会经济资源得以重新组合、安排的作用。在市场经济条件下，市场对资源配置起主导作用，通过市场价格调节，能使经济资源得到有效合理配置。但市场配置资源，也有它的局限性。如果存在外部经济，或资源使用非市场化，会使资源不能得到有效利用，出现市场失灵（如无法提供公共产品、外部效应、自然垄断等）。这时，就有必要通过税收保证公共产品的提供，以税收纠正外部效应，或以税代费，以税收配合价格调节具有自然垄断性质的企业和行业的生产，使资源配置更加有效，提高资源使用效率。

（五）监督经济活动的作用

税收监督是国家通过征税对国民经济各部门、企业、单位及个人进行的经济监督。税收监督是国家监督管理经济活动的一个重要组成部分，其作用具体体现在以下几个方面：

1. 保证税收收入

随着我国经济形势的不断发展，出现了一些偷逃税款的现象，使国家财政收入遭受严重损失，因此，通过加强税收监督活动，严肃税收法令和纳税纪律，有助于保证税收组织财政收入任务的顺利完成。

2. 促进宏观调控

通过税收的监督，可以了解税收政策的效应，有利于协调税收活动同整个宏观经济的运行相吻合，更好地发挥税收调节经济的作用；同时，将搜集到的税收信息及时传递给企业，可以使税收更好地发挥促进企业加强经济核算、提高经济效益的作用。

3. 保障税法执行

通过税收监督经济活动的作用，可以揭露、制止和查处违反国家税法的行为，增强纳税人依法纳税的自觉性，从而保障国家税法得到正确的贯彻执行。

4. 维护社会经济秩序

税务部门与公安、司法、工商行政管理等部门密切合作，充分发挥税收监督的作用，严厉打击各类涉税违法犯罪行为，以维护社会经济运行的良好秩序。

第五节 税收原则理论

一、税收原则理论

税收原则是国家在税收立法、税收执法过程中应遵守的基本准则，是国家制定税收政策、设计税收制度的基本指导思想，同时也是评价税收制度优劣、考核税务行政管理状况的基本标准。

(一)西方税收原则理论简述①

1. 威廉·配第的税收原则

最早提出税收原则的是英国古典政治经济学的创始人威廉·配第(1623—1687)，他在《赋税论》和《政治算术》两本代表性著作中第一次提出了税收原理理论。配第的税收原则主要注重税收负担公平，他当时认为英国税制存在税制紊乱、复杂，税负过重且极不公平等弊端。由此，配第提出税收应当贯彻“公平”“简便”“节省”三条标准。所谓“公平”，是指税收要对任何人或任何东西都“无所偏袒”，税负也不能过重。所谓“简便”，是指征税手续不能过于繁琐，方法要简明，应尽量给纳税人以便利；所谓“节省”，是指征税费用不能过多，应尽量注意节约。

2. 攸士第的税收原则

攸士第(1705—1771)作为德国新官府学派的代表人物提出了征收负税的六条原则。他认为臣民有向国家纳税的义务，但又认为君主的财政支配或国家征收税负的活动须不得妨碍纳税人的正常经济活动。这体现在他的代表作《国家经济论》之中，在该著作中他提出了以下六条原则：其一，采用促进自愿纳税的方法；其二，课税不得侵犯臣民的自由，不得危害工商，不得有害于国家的繁荣和臣民的幸福；其三，应当平等课税；其四，课税要有明确的法律依据；其五，选择征税费用最低的商品货物征税；其六，纳税手续应该简便易行，纳税时间要安排得当。

3. 亚当·斯密的税收原则

英国古典政治经济学家亚当·斯密(1723—1790)第一次将税收原则提到理论高度，并加以系统阐述。他在其名著《国民财富的性质和原因的研究》一书中，提出税收的四项原则：

其一，平等原则。斯密的平等原则，主要有以下内涵：反对贵族免税特权，主张所有国民都应当平等纳税；税收的来源有地租、利润、工资三种个人收入，税收应当由三种个人收入共同负担；按照自然形成的社会财富分配情况，按比例税率征税，不干预社会财富的分配。

其二，确实原则。国民应当缴纳的税收，必须有明确的规定，不得任意变更。更为确切地说，就是对于纳税时间、地点、程序、金额等都必须事先明文规定，以使纳税人明确。

其三，便利原则。各种税收的缴纳日期和缴纳方式等，都要给纳税人以最大的便利。如就纳税时间而言，应规定在纳税人收入丰厚的时期；征税方法，应力求简便易行；征收地点，应设在交通便利的场所；税收的形式，应当尽量采取货币形式。

其四，经济原则。在税收征收过程中，应当尽量减少不必要的费用开支，所征收的税收尽量的归入国库。

4. 萨伊的税收原则

让·巴蒂斯特·萨伊(1767—1832)是法国庸俗政治经济学派的创始人，他在其著作《政治经济学概论》一书中认为国家征税是向私人征收一部分财产以供政府提供公共开支

---

① 参见肖文圣编著：《财政与税收》(第2版)，东南大学出版社2014年版，第161~163页。

之用，并且这部分课税不需再返还给纳税人。他进一步认为由于政府支出不具有生产性，所以最好的财政预算就是尽量少花费，最好的税收是税负最轻的税收。据此，他提出了税收应当遵循的五项原则：

第一，税率最适度原则。他认为课税事实上是剥夺纳税人用于满足个人需要或用于再生产的产品，所以税率越低，对纳税人的剥夺越少，对再生产的破坏作用也就越小。

第二，节约征税费用原则。他认为税收征收费用对人民是一种负担，对国家也没有益处，所以应节省征收费用。因此，他主张一方面要减轻纳税人的负担，另一方面也不给国家增加困难。

第三，各阶层人民负担公平原则。他认为当每个人承担同样的相对税收负担时，每个人的负担必须是最轻的，如果税负不公平，不仅损害个人的利益，同时也损害国家的收入。

第四，最低程度妨碍再生产原则。所有的税收都是有害于生产的，因此它妨碍生产性资本的积累，最终危害生产的发展，所以对资本的课税应当是最轻的。

第五，有利于国民道德的提高原则。税收除具有财政的作用外，还是可以败坏或改善人民道德，促进勤劳或懒惰以及鼓励奢侈或节俭的有力工具。因此，国家征税必须着眼于普及有益的社会习惯和促进国民道德。

5. 瓦格纳的税收原则

瓦格纳(1835—1917)是德国新历史学派代表人物。在其代表《财政学原理》等书中，他提出了自己的税收原则，共分四大项九小点，故又称“四项九端”税收原则。

其一，财政政策原则。所谓财政政策原则，即税收是国家为了维持其存在和实现其政策目的所取得的必需的资金，因此课税要能充足而灵活地保证国家经费开支的需要，故有人称之为财政收入原则。该项原则包含收入充分原则和收入弹性原则。

其二，国民经济原则。所谓国民经济原则，即国家征税不能阻碍国民经济的发展，以免对税源产生危害。国家征税应尽量有助于资本的形成，有助于促进国民经济的发展。该项原则包含税源选择原则和税种选择原则。

其三，社会公正原则。所谓社会公正原则，是指税收的负担应普遍和平等地分配给各个阶级、阶层和纳税人。该项原则包含普遍原则和平等原则。

其四，税务行政原则，即税法的制定与实施都应当便于纳税人履行纳税义务。该原则也即课税技术方面的原则，为此他提出确实、便利和最少征收费用三项原则。所谓确实原则是指要求税收法律必须明确。所谓便利原则，是指既要考虑给予纳税人方面，同时也要考虑征收的方便。所谓最少征收费用原则，是指要求力求节省征收费用，增加国库收入。

6. 凯恩斯学派税收原则

凯恩斯学派是英国经济学家凯恩斯(1883—1946)的理论基础，主张国家干预经济的政策，以实现促进就业的充分实现和经济的持续增长，提出了如下税收原则：

第一，运用税收制度改变收入分配。在完全市场经济条件下，国民收入依市场机制在各阶级、各阶层之间分配，这往往导致的结果便是贫富差距越来越大。因此，政府应通过开征累进税，对高收入者实行高税率，反之，对于低收入者就实行低税率，以此来调节贫富差距。

第二，现代财政税收制度是社会的稳定器。累进所得税制具有自动调节、减轻经济波动的功能。这分为两种情况，当在经济下行时期，随着国民收入下降，税收也随之下降，这有利于刺激消费和投资；而在经济上行时期，随着国民收入的增长，税收也随之增加，有利于抑制总需求，以防止过度的通货膨胀扰乱国民经济的正常发展。

第三，政府根据不同时期的经济状况，通过调整税收来调节经济的周期性波动。

(二)现代西方税收原则理论①

到目前为止，大多数学者认为，一个良好的税收制度，应当充分体现效率原则和公平原则，当然这也是当前国际上通常公认的税收原则。

1. 税收效率原则

税收效率原则是指政府以较少的税收成本换取较多的税收收入。要求国家征税有利于资源的有效配置和提高税收行政管理效率。这就是说，该原则包括税收的经济效率和行政效率两个方面的内容。

(1)税收的经济效率。税收的经济效率原则是指国家通过制定合适的税收政策改善资源配置的情况，以减少经济损失。资源配置的好坏一般以帕累托最优效率来定义，也即如果生产资源在各部分之间的分配和使用已经达到这样一种状态，这种状态就是不管生产资源如何重新配置，已经无法使任何一个人的境况变好，并且也不会使其他人的境况变坏，这种生产资源配置状态为最大效率。就税收本身而言，其目标在于促进社会生产力的发展而非阻碍，要尽可能减少对国民经济所可能产生的不利影响。基于这种思想，认为超额负担越小，则税收的经济效率就越高，反之则越低。因此，税种的选择、税基的选择、税率的选择都应当以有利于提高社会资源的利用效率、促进资源的优化配置为准则。

(2)税收的行政效率。税收的行政效率是指以较少的征管费用和执行费用换取较多的税收收入。征管费用和执行费用越小，税收的行政效率越高，反之，税收的行政效率越低。税收是通过强制性手段将一部分资源从私人部门转移到政府部门。这种转移会造成资源的耗费，即各种税务支出。经济学家门将这些税务支出分为政府征管成本和纳税人缴纳成本。行政效率一方面要求政府税收征管成本的各种支出要尽量最少，以保证国家取得更多的实际收入。如果征管成本过大，就会使相当一部分税收收入被抵销掉，最终造成国家实际财政收入的不足。因此，必须尽量节省开支，采用先进的征管手段进行管理。另一方面也必须努力使纳税人的缴纳成本支出最少。这就要求税收制度能方便纳税人，使纳税人很容易理解和掌握税法，以节省他们在这方面花费的时间、精力和费用，同时还要通过加强行政监管来减少纳税人逃税的企图和机会。

2. 税收公平原则

税收公平原则是指政府征税要使各个纳税人承受的负担与其经济状况相适应，并使各纳税人之间的负担水平保持均衡。

税收的公平原则，要求政府依据社会福利公平准则，运用税收工具，对市场所决定的分配的前提条件和分配结果进行调节。但由于各种现实原因的存在，社会财富和个人所得

---

① 参见王晓光主编：《财政与税收》(第4版)，清华大学出版社2017年版，第157~160页。

分配是实质上是不均等的。因而，税收所具有的矫正收入分配悬殊的功能日益受到重视，公平原则自然提到前所未有的高度。

税收学界认为公平原则包含横向公平与纵向公平两个方面：

(1)税收的横向公平。税收的横向公平是指具有相同纳税能力的纳税人，应当缴纳相同的税，即以同等方式对待经济情况和条件相同的纳税人，使他们在纳税之后仍保持同样的福利水平。这里的公平是以纳税能力作为衡量依据的，而纳税能力又可以用个人收入、个人支出和个人财富这三个指标来加以衡量。更具体地来说：

个人收入指标。一般认为，收入是最能反映纳税人纳税能力的，收入的增加意味着支出能力的增加和增加财富能力的增强。作为衡量指标，个人收入具有较大的透明度，易于掌握、管理，但也存在难以确切地确定个人纳税能力的弊端。

个人支出指标。个人支出是个人收入扣除个人净储蓄后的余额。若个人收入大于个人支出，则其余额为正值；个人收入小于个人支出，其余额为负值。个人支出也能作为个人纳税能力的衡量指标，它具有鼓励节俭和储蓄，加速资本形成的作用，但也会因为个人家庭情况不同，导致个人支出极其分散，从而使纳税能力的确定也有一定困难。

个人财富指标。个人财富是个人收入的积累，包括动产和不动产、有形财产和无形财产等。纳税人可以利用财富赚取收入以增强纳税能力。因此，个人财富也能反映个人的纳税能力。当然，作为衡量指标，其本身也存在一定不足，主要就在于财富与收益往往不是对等的，财富指标比收入、支出指标更不易被征税机关掌握。

就上述三个指标而言，个人收入指标是目前作为衡量个人纳税能力的主要指标。因此，公平税收主要是以个人收入为征税基础，同时，根据具体情况，可以个人支出或个人财富作为征税的辅助参考指标来征税。

(2)税收的纵向公平。税收的纵向公平是指对于具有不同纳税能力的纳税人，应当缴纳不同数额的税，即以不同的方式对待经济情况和条件不同的纳税人，纳税能力强的纳税人要比纳税能力弱的纳税人承担更重的税负。西方经济学家曾经提出效用牺牲理论来衡量纵向公平，即如果政府征税使纳税人的效用牺牲程度相同或均等，那么税收就达到了纵向公平。效用牺牲的衡量标准也有三种：边际效用均等牺牲、绝对效用均等牺牲和比例效用均等牺牲。

概括地说，对于课税是否公平，主要有以下两种主张：一种主张是能力原则。能力原则要求纳税人应当按照他们的支付能力纳税，换句话说，他们缴纳的税收数量要与他们的支付能力成正比。通常分为客观说和主观说。如果某种税同等地对待同样的人，那么，这种税就是横向公平的。纵向公平标准则是表示税收制度如何对待福利水平不同的人。另一种主张是受益原则。受益原则要求纳税人应根据其从公共服务中所获得的利益来纳税。税收学者认为，纳税人从不同的公共服务中获得的利益不同，导致纳税人之间的福利水平不同，结果是享受相同利益的纳税人获得相同的福利水平，则应缴纳相同的税，此为横向公平；而享受到较多利益的纳税人也就享受到了较高的福利水平，就应缴纳较高的税，此为纵向公平。

复习思考题

1. 简述财政法的调整对象和体系。
2. 如何理解税收的概念和特征？
3. 税收具有哪些职能和作用？
4. 税收的依据是什么？
5. 税收的原则是什么？
6. 税收政策与税收立法的关系是什么？
7. 税收原则理论有哪些？

第二章　税法基础理论

第一节　税法的概念、调整对象及特征

一、税法的概念

税法的概念，人们表述不一，各有侧重，当有其合理的地方。根据法学界对部门法通常的理解，税法有广义和狭义之分。广义的税法，是指国家制定或认可的，调整税收关系的法律规范的总称。狭义的税法，仅是指调整税收关系的基本法，即税法典。一般所称税法，多指广义的税法。

概念是反映事物本质属性的范畴，任何事物的概念都应包括该事物的内涵和外延两个方面，内涵是事物质的规定性，外延是事物量的规定性。一般来说，对某一法律概念的表述应该是对其本质内容和范围的最抽象、最概括的总结。因此，为了更加充分和准确地理解税法，我们可以从以下几个方面来把握税法概念所包含的基本内容：

(1)税法制定的主体是国家权力机关和由其授权的行政机关。具体分为中央和地方两个层次：中央层次的是中央国家权力机关和由其授权的中央国家行政机关，在我国，分别是全国人民代表大会及其常务委员会和由其授权的国务院、国务院有关部委如国家税务总局、财政部、海关总署等；地方层次的是拥有地方立法权的各级地方权力机关和由其授权的地方行政机关，在我国，分别是地方各级人民代表大会及其常务委员会和由其授权的地方各级人民政府及职能部门，根据《宪法》和有关法律的规定，在不与税收法律、法规冲突的前提下，结合本地实际情况，制定仅在本地区范围内有效的地方性税收法规和规章。

(2)税法的调整对象是税收关系。税收关系是有关税收活动的各种社会关系的总和。税法调整的是税收关系而不是其他的社会关系，这是决定税法质的规定性的方面，这是税法概念的内涵之所在。税收关系可简单地分为税收征纳关系和其他税收关系，具体内容会在后文加以深入分析。

(3)税法是调整税收关系的法律规范的总称。这是决定税法量的规定性即范围的方面。税法不只是其中某一部分或某一方面的税收法律规定，而是所有有关税收的法律规范的全体。广义的税收法律规范不仅存在于税收实体法中，也存在于税收程序法中；不仅存在于专门的税收法律法规中，还存在于其他与税收有关的相关法律法规之中。如《中华人民共和国刑法》《中华人民共和国公司法》《中华人民共和国会计法》等中就有有关税收的条款，也应属于税收法律规范，应纳入统一的税法体系之中。

二、税法的调整对象

税法的调整对象是税收法律关系，是指税法主体在各种税收活动过程中形成的社会关系的总称。按照法学理论，法律所调整的不同的社会关系是区分不同法律部门的根本标志。作为税法调整对象的税收关系不同于其他社会关系的特殊性，是税法区别于其他法律部门而形成一个独立的部门法的根本原因。税收法律关系的特殊性具体表现在税收法律关系的分类及其内容上。

税收法律关系有狭义与广义之分。狭义的税收法律关系就是税收征纳关系。税收征纳关系是指代表国家的税收征收管理机关与一切负有纳税义务的单位和个人之间因征税、纳税而发生的社会关系，包括税收征收管理机关与国有企业、集体企业、私营企业、外商投资企业和外国企业、联营企业、股份制企业、事业单位、城乡个体工商业户、个人等各种纳税人之间的税收征纳关系。税收征纳关系又可以分为税收征纳实体关系和税收征纳程序关系。税收征纳实体关系是征纳双方之间发生的具有经济内容的权利义务关系，税收程序关系是税收征管机关与纳税人在税收征纳过程中的程序关系，包括征税程序和纳税程序两方面的社会关系。

广义的税收法律关系除税收征纳关系外，还包括其他税收关系。其他税收关系包括三种，国家机关之间的税收管理权限关系、国家之间的税收利益分享关系、纳税人因纳税与其他市场主体之间的税收服务关系。税收管理权限关系是指国家权力机关与国家行政机关之间以及中央与地方国家机关之间因划分税收管理权限而产生的权责关系。包括税法的制定及解释权、税种开征与停征决定权、税率调整与税目增减决定权、减免税决定权和税收监督权等方面的权限分工与职责关系，可简称为税收管理权限关系。税收管理权限关系发生在特定的国家机关之间，一般不会涉及纳税主体一方。税收利益分享关系是主权国家与其他国家之间发生的税收利益分享而发生的一些由涉外税法或者国际税法进行调整的税收关系，可简称为涉外税收关系或者国际税收关系。税收服务关系是因纳税事宜发生在纳税人和其他市场主体之间社会关系，如税务代理、纳税担保中的保证、代收代缴、代扣代缴等关系。

在税收法律关系中，税收征纳关系居于主导地位，是税法最主要的调整对象。甚至有人直接认为税法就是调整税收征纳关系的法律规范的总称。其他税收关系在税法调整对象体系中居于次要、从属的地位，但仍然是广义的税收关系中不可分割的一个有机组成部分。

三、税法的特征

税法和其他法律一样，是由国家制定或认可的，体现国家意志，并由国家强制力保证实施的行为规范，具有一般法律规范的共同特征，如强制性、规范性、普遍性和稳定性。同时，税法作为经济法的重要内容，也具有经济法的基本特征如经济性、规制性等。但是，由于税法是以税收关系为调整对象的，因而应具备区别于其他部门法的独有的特征。对税法作不同角度的考察，可总结出税法的以下显著特征：

1. 税收立法权限的多层次性与税法表现形式的多样性

我国的立法体制是一种分散的立法体制，权力机关有立法权，行政机关也有立法权。中央国家机关有立法权，地方国家机关也有立法权。而按照效力等级的划分，我国税收立法权限实际上分为三个层次：(1)全国人民代表大会及其常务委员会作为我国最高权力机关有权制定国家税收的法律。根据我国 2015 年修订的《中华人民共和国立法法》(以下简称《立法法》)第 8 条第 6 项的规定，税种的设立、税率的确定和税收征收管理等税收基本制度只能制定法律。本项中的法律指全国人民代表大会及其常务委员会制定的法律，即狭义的法律。(2)国务院及其有关职能部门制定的税收行政法规。国务院作为我国最高行政机关，根据《立法法》第 9 条的规定，对该法第 8 条规定的事项尚未制定法律的，全国人民代表大会及其常务委员会有权作出决定授权国务院制定各种税的行政法规。(3)拥有地方立法权的省、自治区、直辖市的人民代表大会及其常务委员会，省、自治区的人民政府所在地市和经国家批准的较大市的人民代表大会及其常务委员会，以及前述国家权力机关授权的地方各级行政机关和其有关职能部门，根据宪法、法律和法规的规定，结合本地实际情况，有权制定仅适用于本地区的地方性税收法规和地方税收规章。但只能对除税种的设立、税率的确定和税收征收管理等税收基本制度之外的其他具体制度进行规定，且不得与税收法律、行政法规相抵触。经国务院授权，省级人民政府有本地区地方税法的解释权和制定税收实施细则、调整税目、税率的权力，也可在上述规定的前提下，制定一些税收征收办法，还可以在全国性地方税务例规定的幅度内，确定本地区适用的税率或税额。没有税收法律、法规的授权，地方政府无权自定税收规章，凡是越权自定的税收规章没有法律效力。

税收立法权限的多层次性导致了税法表现形式的多样性，具体体现在以下两个方面：(1)税法表现形式的多样化，具体有法律、条例、规定、办法、实施细则等；(2)税收关系不仅仅是由税法一个法律部门单独进行调整的，而是由多个法律部门，如宪法、刑法、经济法、行政法等共同调整的，税收法律规范也就存在于这些不同的部门法之中，形成不同性质的税收法律规范，如宪法性质的税收法律规范、经济法性质的税收法律规范、行政法性质的税收法律规范等。

2. 实体性规范和程序性规范的统一性

在法的分类中，实体法与程序法是一种基本的分类。实体法是指那些规定法律关系中权利和义务的法律规范；程序法是保障实体法有效实施的有关程序方面的法律规范。在一般的法律形式中，实体法与程序法都是分离的，而税法则不同。首先，由于税法内容的复杂性，不可能像民法、刑法等法律部门那样，制定一个统一的税法典，而只能是一个多层次的法律体系。其次，在这一法律体系中，占主体地位的就是按税种立法的诸多税种法，主要是对税收法律关系的主体、客体和权利义务的具体内容，以及基本课税要素等作出规定，属于实体性规范。同时，由于税法是一个操作性非常强的实用型法律部门，必须在操作程序方面作出具体规定以保证税法实施的可能性，方便征税主体依法征税和纳税主体依法纳税。因此，我国也制定了有关征纳税程序方面的基本法，即《中华人民共和国税收征收管理法》(以下简称《税收征收管理法》)。税种法侧重于实体规定，征管法侧重于程序规定。但实体法中也有些程序性的规定，如许多很具体的税收程序性规范散见于各个税种法当中，包括税收法律关系主体在享受权利和履行义务过程中的执行程序，以及税务纠纷的解决程序和违法处理程序等。税收程序法中也有许多实体的权利和义务的规定。综上所述，税法不是单纯意义上的实体法或程序法，而是实体性法律规范和程序性法律规范的统一体。

3. *税法结构的规范性*

税法的调整对象主要是税收征纳关系，而税收的固定性直接决定了税法结构的规范性或统一性。具体表现在以下两个方面：(1)税种与税种法的相对应性"一法一税"。国家一般按单个税种立法，作为征收每种税时的具体的、具有可操作性的法律依据，且税种的开征与否都是由国家最高权力机关通过制定税收法律的形式加以规定的，具有稳定性和固定性。(2)税法要素的固定性。虽然各个税种法的具体内容千差万别，但就课税的基本要素而言，是每一部税种法几乎都必须予以规定的，包括纳税人、征税对象、税率、纳税环节、期限和地点等。税法要素的固定性能保证税收固定性的实现，便于实际操作。

4. *税法主体之间权利和义务的非对等性*

法律是关于主体的权利义务的规范，一般来说，主体之间的权利义务是对等的。享有权利必须承担义务；承担了义务，就应享有对应的权利，主体双方处于平等的地位。但在税收法律关系中，征纳双方地位不同，权利的性质不同，权利与义务是不平等的。其中一方代表国家强制征收，另一方必须履行纳税义务，无偿缴纳税款。这种权利义务的非对等性正好体现了税法的强制性。

5. *税法规范的技术性*

税收关系到国民经济生活的各个方面。随着国民经济生活的复杂化，税法也随之复杂化。在复杂的经济生活中，为保证税收各种职能的发挥，实现税收负担的公平，防止偷税、避税行为，设计条理细致的税收法律制度就很有必要。一方面税法要谋求与私法秩序保持协调，另一方面又必须注意如何才能确保税收入库，保证税收征管的实效。因此，在这些复杂的制度设计中就体现出税法规范的技术性。税法的技术性主要表现在两个方面：一是表现在税收实体法中，在具体税目的选择、税率的确定，特别是优惠税率的确定等方面都体现了税法规范的技术性；二是表现在税收程序法中，在税务登记制度、发票管理制度以及管辖制度等方面都体现了税法规范的技术性。

6. *税务争议处理程序的特殊性*

我国《税收征收管理法》明确规定，税务争议的处理贯彻"先行纳税"的原则，即纳税人必须首先依照法律、行政法规的规定或税务机关依法确定的税额缴纳税款或解缴税款及滞纳金，然后再按法定程序向上级税务机关申请复议或直接向人民法院提起诉讼，而不存在其他部门法所规定的协商、调解程序。这样规定是为了保证国家税款及时、足额入库。这也是税法突出的特征之一。

第二节 税法的渊源和体系

一、税法的渊源

(一)税法渊源的含义

明确法的渊源是明确税法渊源的前提。法的渊源，简称法源，它有历史渊源、实质渊源和形式渊源之分。历史渊源即法律产生和发展之源。实质渊源，即法律效力产生的根据，主要有三种观点：一是认为，法出于神的意志；二是认为法出于全民的公意；三是认为，法出于统治阶级的意志。形式渊源，主要有四种观点：一是认为，“在中外法学多数著作中，法的渊源指效力渊源，即根据法的效力来源，而划分法的不同形式”；二是认为，法的渊源，是指“法的创制及表现形式，即法由何种国家机关创制和表现为何种法律文件形式”；三是认为，“法的形式渊源，即法律的各种表现形式”；四是认为，“形式渊源，即法律规范的表现形式”。

我们认为，实质意义上的法的渊源，是指法律规范来源于谁的意志。形式意义上的法的渊源，是指法律规范来源于何种法的形式。换言之，法的形式渊源，是指法律规范的表现形式。法的渊源通常是从形式意义上使用的。因此，法的渊源是指法的存在或表现之形式。税法的渊源是与税收有关的法的存在或表现形式，即税法的存在或表现形式，亦即税收法律规范以何种形式存在或表现出来。

（二）税法的渊源

由于制定各种税收法律规范的国家机关所拥有的立法权限不同，因而各种税收法律规范的表现形式和效力有区别。税法的渊源概括而言，有国内法渊源和国际法渊源。具体而言，税法的渊源有如下几种：

1. 宪法

我国现行宪法是1982年12月4日第五届全国人民代表大会第五次会议通过的《中华人民共和国宪法》（以下简称《宪法》）。该法根据1988年4月12日、1993年3月29日、1999年3月15日、2004年3月14日、2018年3月11日全国人民代表大会先后五次通过的《中华人民共和国宪法修正案》作了修订。《宪法》规定了国家的根本制度和根本任务以及公民的基本权利，是国家的根本大法，具有最高的法律效力。《宪法》中有关税收的内容主要是“中华人民共和国公民有依照法律纳税的义务”。

2. 税收法律

根据我国《宪法》的规定，法律包括全国人民代表大会制定的法律即基本法律，以及全国人大常委会制定的法律即基本法律以外的其他法律。法律在规范性文件体系中的地位，仅次于宪法。它是税法的重要渊源。全国人大及其常委会作出的规范性的决议、决定，同全国人大及其常委会制定的法律具有同等的法律效力，也属于税法的渊源。我国目前由全国人大及人大常委会通过的税收法律有：《中华人民共和国个人所得税法》（以下简称《个人所得税法》）、《中华人民共和国企业所得税法》（以下简称《企业所得税法》）、《税收征收管理法》、《中华人民共和国车船税法》、《中华人民共和国环境保护税法》、《中华人民共和国烟叶税法》、《中华人民共和国船舶吨税法》、《中华人民共和国车辆购置税法》和《中华人民共和国耕地占用税法》。

3. 税收行政法规

国务院是最高国家权力机关的执行机关，是最高国家行政机关。依《宪法》规定，国务院可以根据宪法和法律规定以及全国人民代表大会的授权，在经济体制改革和对外开放方面制定体现国家干预经济生活的行政法规，诸如规定、条例、细则等。国务院制定的各种法规称为行政法规。其数量远比法律要多，地位仅次于宪法和法律。它是税法的重要渊源。我国目前所开征的税种中，除全国人大或全国人大常委会制定的法律规定外，均由国务院制定单行条例，有关税收法律的实施细则或实施条例也由国务院根据法律的授权制定。

4. 部、委税收规章

国务院所属的相关部委如财政部、国家税务总局等根据法律和国务院的行政法规、决定、命令，在本部门的权限内发布的规章和其他规范性文件，也属于税法的渊源。目前主要是税收行政法规的实施细则以及税法的行政解释。如增值税、消费税、资源税等暂行条例的实施细则、消费税征收范围的解释、增值税以及资源税若干具体问题的规定等。

5. 地方性税收法规和规章

依《宪法》规定，省、市、自治区的人大及其常委会可以在不与宪法、法律和行政法规相抵触的前提下制定地方性法规。全国人大或其常委会还专门制定了一些授权法，授权有关地方政府就经济体制改革和对外开放方面的问题可以制定法规和规章等。省、自治区、直辖市以及省级人民政府所在地的市和经国务院批准的设区的市的人民代表大会及其常委会可以制定地方性法规。省、自治区、直辖市以及省级人民政府所在地的市和经国务院批准的设区的市的人民政府可以制定规章。地方性法规和规章效力只及于颁布机关所管辖的区域。我国尽管实行分税制，但税收立法权多集中于中央国家机关手中。

6. 国际公约、条约和协定

我国缔结或参加的国际公约、国际条约、双边或多边协定，其中涉及税收方面的规定的，是税法的渊源，如我国与一些国家签订的防止偷税漏税和避免对所得双重征税的国际税收协定等。

二、税法的体系

(一)税法体系的概念

税法体系是指一国现行的所有的税收法律规范按照一定的标准分类组合而形成的一个有机联系的统一整体。按照对税收法律规范进行分类的标准不同，一国税法体系可以有多种构成方式，但组成税法体系的全部税收法律规范是一定的、基本不变的。为进一步理解税法体系的结构和构成，有必要对税法进行分类。

(二)税法的分类

税法按征税对象、立法权限及效力、适用范围、内容、职能作用等的不同，可分为不同类型的税法。具体划分如下：

按照税法的基本内容和效力的不同，可分为税收基本法和税收普通法。税收基本法是税法体系的主体和核心，在税法体系中起着税收母法的作用。其基本内容一般包括：税收制度的性质、税务管理机构、税收立法与管理权限、纳税人的基本权利与义务、税收征收范围(税种)等。如我国中央人民政府 1949 年发布的《全国税政实施要则》就具有税收基本法的性质。税收普通法是根据税收基本法的原则，对税收基本法规定的事项分别立法进行实施，如《个人所得税法》和《税收征收管理法》等。我国目前还没有制定统一的税收基本法，随着我国税收法制建设的发展和完善，将逐步制定税收基本法。

按照税法的内容、功能作用的不同，可分为税收实体法和税收程序法。凡是规定税收征管过程中征、纳双方主体的实体权利义务内容的是税收实体法，税收实体法主要是关于税种的立法，具体规定各税种的征收对象、征收范围、税目、税率、纳税时间地点和纳税环节等。例如《企业所得税法》《个人所得税法》就属于税收实体法。凡是以税收征管过程中税收征收管理程序关系为调整对象的是税收程序法，税收程序法是指税务管理方面的法律，主要包括税收管理法、纳税程序法、发票管理法、税务机关组织法、税务争议处理法、税务处罚法等。《税收征收管理法》就属于税收程序法。

按照税法征收对象的不同，可分为对流转额课税的流转税法、对所得额课税的所得税法、对财产课税的财产税法和对行为课税的行为税法四大类。(1)流转税法，主要包括增值税、消费税、关税等税法。这类税法的特点是与商品生产、流通、消费有密切联系。对什么商品征税，税率多高，对商品经济活动都有直接的影响，易于发挥对经济的宏观调控作用。(2)所得税法。主要包括企业所得税、个人所得税等税法。其特点是可以直接调节纳税人收入，发挥其公平税负调整分配关系的作用。(3)财产税法。主要是对财产的价值课税，包括房产税法、车船税法等。(4)行为税法。这是对特定的行为课税，包括印花税等税法。

按照税收收入归属和征管管辖权限的不同，可分为中央(收入)税法和地方(收入)税法及中央与地方共享税法。中央税一般由中央统一征收管理。地方税一般由各级地方政府负责征收管理。1994 年我国实行新的财税体制改革，把现行税种划分为中央税、地方税、中央地方共享税三类。其中，关税、消费税、中央企业所得税等为中央税，增值税、资源税等为中央地方共享税，其他税一般为地方税。

按照主权国家行使税收管辖权的不同，可分为国内税法、国际税法、外国税法等。国内税法一般是按照属人或属地原则，规定一个国家的内部税收制度。国际税法是指国家间分享税收利益而形成的税收制度，主要包括双边或多边国家间的税收协定、条约和国际惯例等。外国税法是指外国各个国家制定的税收法律制度。

按照税收立法权限或者法律效力的不同，可以划分为有关税收的宪法性规范、税收法律、税收行政法规、地方性税收法规和国际税收协定等。除此之外，其他法律法规中有关税收的条款也应认为是税法体系的有机组成部分，可以归入相应效力层次的税法规范中去。

(三)我国现行税法体系

以上这些税法的分类，都很重要，各有其分类的意义。但主要的分类是按征税对象、内容、税收立法权限和效力三大标准进行的分类。下面根据这三种标准对税法的分类，对税法体系的结构和构成进行具体分析。

按照税收立法权限或法律效力的不同对税法进行分类是税法体系最基本的构成方式。因此，我国现行税法体系按照这一标准，可以划分为宪法性税收规范、税收法律、税收行政法规、地方性税收法规和规章、国际税收协定等。这可以看成对税法体系纵向结构和构成的描述。

按征税对象分类，我国现行税制中的税种，属于流转税的税种有增值税、消费税、关税、证券交易税(拟征)，属于所得税的税种有企业所得税、个人所得税、社会保障税(拟征)。属于财产税的税种有房产税、车船税、契税、土地增值税、资源税、遗产与赠与税

(拟征)等，属于行为税的税种有印花税、屠宰税(2006年废止)、固定资产投资方向调节税(2000年停征)、土地使用税、耕地占用税等。另外还有船舶吨税。因此，随着农(牧)业税、屠宰税的取消和废止、内外企业所得税的统一，现行税制体系中的税种一共包括18种。根据“一税一法”原则，按照各个税种相应制定的税种法是构成我国现行税法体系主体部分，这些税种法都属于税收实体法，这就形成了我国税法体系中的税种法体系或税收实体法体系。这些税种法，除少数几个是以法律形式制定的如《个人所得税法》《企业所得税法》《中华人民共和国车船税法》《中华人民共和国环境保护税法》《中华人民共和国烟叶税法》《中华人民共和国船舶吨税法》《中华人民共和国车辆购置税法》《中华人民共和国耕地占用税法》外，大部分是以税收行政法规或规章形式出现的，具体有：《中华人民共和国增值税暂行条例》《中华人民共和国消费税暂行条例》《中华人民共和国进出口关税条例》《中华人民共和国土地增值税暂行条例》《中华人民共和国城乡维护建设税暂行条例》《中华人民共和国资源税暂行条例》《中华人民共和国房产税暂行条例》《中华人民共和国城镇土地使用税暂行条例》《中华人民共和国印花税暂行条例》《中华人民共和国契税暂行条例》《中华人民共和国固定资产投资方向调节税暂行条例》(2000年1月1日停征)等。还有的税种虽然在税制体系中已经设计，但尚未完成立法，如房地产税、证券交易税、遗产税与赠与税等。

与税收实体法相对应的是税收程序法。税收程序法在内容上虽然也规定一些实体权利和义务，但应该说更多的是一些程序性的规定。如《税收征收管理法》中的征管程序、税务争议的处理程序、税务行政处罚程序等。税收程序法与税收实体法一起构成了我国税法体系中的横向结构。

(四)我国税法体系的完善

通过不断的税制改革和税收立法，我国已基本建立起适合我国国情的多层次、多税种、多环节调节的税法体系。但由于我国政治经济体制改革的复杂性以及税收立法的滞后性，现行税法体系还是存在着与经济发展不相适应的一些问题，还没有达到建立一个完善、科学的税法体系的目标。要完善我国的税法体系，首先要清楚我国现行税法体系存在的问题；其次要在借鉴国外经验的基础上科学合理地设计税法体系的内部结构和构成，最后有针对性地采取对策。

我国现行税法体系中突出的问题在以下几个方面：(1)宪法层面的问题。我国现行宪法缺乏税收法定主义原则的明确昭示，且是从义务角度对公民纳税进行的规定，不利于征纳双方建立正确的税收观念。(2)缺乏对税法体系起统率作用的税收基本法。税收基本法是与税收单行法相对应的一种重要的税收立法。税收基本法是对税收共同性问题进行规范，用来统领、约束、指导、协调各单行税法，在税法体系中具有仅次于宪法的具有极高法律地位和法律效力的法律规范。其内容一般包括总则中的立法宗旨、适用范围、法律地位、用语定义、适用原则等和分则中的税权划分、税务机构设置、征纳双方的基本权利义务、征税程序、行政执法保障手段、法律责任、税务行政司法制度与程序等。设立税收基本法对于完善税法体系，正确处理税收分配关系、提高税务执法和司法水平具有重要作用。设立税收基本法的国家有德国、日本、韩国、俄罗斯等。而税收单行法是就某一类纳税人，某一类征税对象或某一类税收问题单独设立的税收法律、法规和规章。税收单行法受税收基本法的约束和指导。税收实体法、税收程序法、税收处罚法、税收争讼法等大部分都是以单行法的形式出现的。税收单行法与税收基本法的分类与税法体系的结构有关。有些国家的税法典包含了税收单行法与税收基本法的全部内容，因此，无法从立法上作这种划分。有的国家则只有税收单行法而没有税收基本法，如我国。但从发挥税法体系的整体功能来看，税收基本法与税收单行法相互配合的税法结构更为理想。① (3)已有的立法层次偏低。根据《立法法》的规定，涉及财产征收的应该由国家最高权力机关立法。税收自然属于财产征收的一种，理论上应由全国人大或全国人大常委会来完成立法，而我国现在的大部分税收立法多为行政法规和部委规章。立法层次过低，影响税法的权威性和效力。(4)立法缺位。既包括一些税收实体法即税种法的缺乏，也包括一些税收程序法的缺乏。税种法的缺位使得一些在税制体系中早已设计并且实践中也需要的税种迟迟无法开征。税收程序法的缺乏，使得一些程序性的规定难以更加细致、明确。

从我国税法体系目前存在的问题出发，我们认为应当从以下几个方面着手逐步完善我国税法体系：

(1)在《宪法》中明确确立税收法定主义原则的应然地位，明确纳税为公民的权利和义务。

(2)建立在税收基本法统率下税收实体法和税收程序法并存的税法体系。税收基本法主要是对国家税收政策和税收制度以及税法的基本问题作出对税收实体法和税收程序法具有普遍性指导意义的规定。在某种意义上，可以认为，税收基本法是税法体系中的“宪法”，起统率作用，税收实体法和税收程序法不得与其抵触。

(3)建立以流转税法和所得税法为主体的复合税制实体税法体系。复合税制是与单一税制相对的税收模式，是对课税对象采取多种税多次征税的体制。复合税制既包括对不同征税对象课征不同的税，又包括对同一层次的征税对象课征若干税。在主体税种的选择上，既要立足于实际经济状况，又要有一定的超前性。流转税因其征税面广，税源稳定，是我国当前的第一大税类。随着我国国民经济的发展和居民收入水平的提高，所得税的地位将逐步得到加强，并将上升为与流转税同样重要的税种。因此，税收立法应将流转税法和所得税法列为主体税法，并予以重视。

(4)完善我国多层次、配套齐全的税法体系，提高效力层次较高的税收法律在整个税法体系中所占的比例，进一步保证税法的稳定性与权威性。综观世界各国税收立法状况，大多数国家都是以税收法律为主、税收行政法规为辅。因此，相较之下，我国目前这种在税法构成体系上以税法收行政法规为主、税收法律为辅的现状可以认为是我国税法的一个突出的阶段性特征。我国税收立法的最终目标是要在确保税法的稳定性和权威性的前提和基础上建立一个以税收律为主、税收行政法规为辅的税法体系。②

---

① 参见刘剑文主编：《财政税收法》，法律出版社 2004 年版，第 190~191 页。

② 参见刘剑文主编：《财政税收法》，法律出版社 2004 年版，第 190~191 页。

第三节 税法的性质、功能和作用

一、税法的性质

税法的性质是指税法的公私法属性。对法律进行公私法的划分是大陆法系的重要传统和基本分类，对各国法学理论影响深远，作为具有大陆法特点的我国也深受该理论的影响。在公私法划分的理论中，公私法划分的标准很多，主要有主体说、服从说、强行法说、利益说、混合说等。虽然有分歧，但基本点是一致的，行政法是典型的公法，民法是典型的私法。

在传统观点看来，税法是财政法的重要内容，财政法是行政法，税法当然也属于行政法，而行政法是典型的公法，因此，税法属于公法。但随着以公法私法化和私法公法化为内容的法律社会化运动，公私法的界线已非泾渭分明。尤其随着社会法、经济法等新的法律现象的出现，公私法渗透、交融的现象已经非常普遍。税法作为传统的公法，其受私法的影响也越来越大，税法私法化的趋势主要表现在以下四个方面：(1)课税理论依据私法化；(2)税法概念范畴私法化；(3)税收法律关系私法化；(4)税法制度规范私法化。

尽管如此，我们认为，税法与宪法、行政法和刑法一样，属于公私法分类中的典型的公法。不管将税法置于行政法之下作为经济行政法的重要组成部分，还是将其归入经济法之中作为宏观调控法的核心内容，在税收法律关系中，国家作为权力主体的地位是始终不会改变和动摇的；税法的强制性规范的性质是不会改变的；税收的公益性、社会性的特征也是不会改变的。当然，税法的公法性质并不排斥税法中引入私法中的一些制度和规范，但这并不能从根本上改变税法的公法属性。随着税法私法化程度的加快、加深，至少可以这样描述：税法是一种以公法为主兼具有私法属性的法律现象。

二、税法的功能①

税法的功能，是指税法内在固有的并且由税法本质决定的，能够对税收关系和税收行为发挥调整和保护作用的潜在能力。税法的功能是税法本质和基本法律属性的体现。税法作为法的系统中的子系统，在本质上也是阶级性和社会性的统一。税法的功能，可以分为规制功能和社会功能两类。一方面，税法是调整税收关系和税收行为的规范，所以其具有各种规制功能；另一方面，税法是统治阶级和人民意志与利益的体现，所以其具有各种社会功能。

(一)税法的规制功能

税法规制功能的基本内容包括税法的规范功能、约束功能、强制功能、确认功能和保护功能。这些功能相互配合、共同作用，组成税法规制的有机系统。

1. 税法的规范功能

同其他任何法律规范一样，税法也具有规范功能。关于构成税法规范功能的要素，法

① 参见徐孟洲主编：《税法原理》，中国人民大学出版社2008年版，第28页。

学界有“三要素论”和“五要素论”。将税法规范功能概括为指引、评价和预测三种功能的学说称为“三要素论”①。“五要素论”则认为，除上述三要素外，还应包括强制功能和教育功能。

税法的规范功能是税法规范性的具体体现，而强制功能是税法强制性的体现。

税法的教育功能是因税法实施而对人们的思想和行为产生的影响力。

税法的指引功能，是指税法对其所规范的主体的行为予以指明和导向的功能。每项税法规范总要以权利和义务的形式规定税收行为的模式或标准，明确哪些行为是允许的、哪些行为是必须做的、哪些行为是禁止的，以此指引税收行为人的行为。

税法的评价功能，是指税法作为一种税收法律规范所具有的判断、衡量行为人的税收行为是否合法的功能。任何法律规范都是一种评价准则。税法规范是评价行为的基础，从这个意义上说，税法的评价功能是税法指引功能的一种延伸。

税法的预测功能是由税法的规范性、确定性、稳定性决定的。参照税法行为标准，人们可以预先考虑其应如何进行税法行为以及此行为将带来什么样的后果，进而作出相应的安排。

2. 税法的普遍约束功能和强制功能

税法是由国家制定或认可的，具有国家意志的属性，因此它在该国主权所及范围内具有普遍约束力和强制力。税法的这种普遍约束力和强制力就是税法的普遍约束功能和强制功能。税法的普遍约束功能，是指税法规范对于发生在一定时间、一定空间内的税收行为具有普遍控制效力的功能。税法的强制功能，是指税法对于违反税法的行为进行制裁的功能，是税收强制性的法律保障。税法通过这两种功能的发挥，保障税法所规范的税收行为顺利实施，从而维护社会正常的税收秩序。

3. 税法的确认功能和保护功能

税法作为规范税收行为的特殊规范系统，其在调整税收行为的同时，实际上也确认和保护着由税收行为引起的税收关系。通过调整税收关系维护国家税收利益，是税法的主要目标和根本任务。税法的确认功能，是指税法具有确认和发展一定的税收关系的职能。确认功能是借助税法规范和税法制度，使一种新的税收关系或一种新的税收行为合法化，使税收主体的权利和义务在税法上得到认可，从而确认他们在税法关系中的法律地位。税法的保护功能，是指税法保护已建立的税收法律关系和税收法律秩序，使之不受侵犯并恢复或弥补被侵害的权利的职能。税法在确认税收关系、规范税收行为的过程中，建立起种种税收法律关系，形成有利于维护国家税收利益的秩序。为使这种税收法律关系和秩序得到顺利发展，不受非法干预和侵犯，就必须凭借税法的确认和保护功能。

(二)税法的社会功能

税法的社会功能是税法本质的阶级性和社会性的集中表现，包括税法的阶级统治功能和社会公共功能。

1. 税法的阶级统治功能

税收是历代统治阶级实行阶级统治的重要工具。税法保障税收的实施，是统治阶级维

① 参见吕世伦、公丕祥主编：《现代理论法学原理》，安徽大学出版社 1996 年版，第 97 页。

护其阶级统治和经济利益、干预经济生活的法律手段。在剥削阶级统治的社会，税法的阶级统治功能十分明显。在社会主义社会里，税法的阶级统治功能表现为“对人民民主，对敌人专政”。税法在贯彻“对人民民主”，特别是发扬经济民主方面具有独特的功能，并通过协助刑法等部门法制裁和打击破坏税收秩序的刑事犯罪分子来实现“对敌人专政”的功能。另外，税法通过保障国家税收职能的实现，巩固和发展人民民主专政的国家政权，巩固和发展社会主义的经济基础，这也是税法阶级统治功能的重要体现。

2. 税法的社会公共功能

税法本质的社会性，正是通过发挥税法的社会公共功能体现出来的。实现国家的社会公共功能，是一切阶级社会和国家的税法所具有的共同功能。在当代资本主义国家，实行高福利政策，税收收入的很大一部分用于发展社会公共事业，因而税法的社会公共功能比以往任何历史类型的税法都表现得更为直接和明显。在我国社会主义市场经济条件下，税收的征收和运用，服从于人民的根本利益：取之于民、用之于民。

三、税法的作用

税法的作用是由税法的特点、税收的职能和法的一般特点和功能所决定的。由于税收涉及社会经济生活的各个方面，因此，税法的作用是很广泛的。税法的作用是针对特定的对象而言的，这些对象择其要者有国家、征纳双方当事人、社会、经济等方面，税法的作用也就可以从以上这些方面进行分析。税法就国家这一对象而言，其作用在于保障国家财政收入，维护国家主权，实现国家的经济利益；税法就征纳税主体而言，既可规范征税机关和纳税人的行为，维护税收秩序，又可保障征管机关征管权力的实现，维护纳税人的合法权益；税法就经济而言，可监督国民经济的宏观运行和市场主体的经济活动，实现对经济的宏观调控，协调、促进经济的发展；税法对社会而言，能实现社会分配的公平，维护市场经济秩序，实现国家的社会经济政策目标。

税法的作用概而言之，是通过调整税收关系来规范税法主体的行为进而保障税收职能的实现。具体而言，主要表现在以下几个方面：

1. 税法是国家取财政收入的重要保障

税收是国家财政收入的最主要来源。税收组织国家财政收入，是其首要的、基本的职能。税法的首要作用就是保证税收内在的财政职能转化为外在的、现实的国家的财政收入。税收的强制性、无偿性和固定性都有赖于税法的具体规定来体现。所以，国家必须也唯有通过制定税法，运用国家政权力量保证实施，才能保证国家及时稳定地取得财政收入。税法具有法的强制性、普遍性、规范性及稳定性的一般特征，同时又有其自身独特的特点，这些不仅保证了税收来源的广泛性，而且也保证了税收收入的及时性和可靠性。任何单位和个人只要发生了应税行为或取得了应税收入，都必须按税法规定的标准和期限，及时足额地缴纳税款，否则会被依法追究相应的法律责任。

2. 税法是强化国家对经济宏观调控的重要手段

税收是国家进行宏观调控的重要手段，税法是税收调节经济的职能得以实现的重要保证。税收是国家参与对社会产品或国民收入的分配和再分配取得财政收入的一种形式。其本质是一种分配活动或分配关系。税法通过设置不同的税种、设计不同的税率、规定不同的税收减免政策等，来调控国民经济的运行，在对生产、流通、分配及消费分别进行调节的基础上来保持各再生产相互之间的平衡和协调。税法对社会生产的调节表现在税法规定分别采取税收优惠、适度征税和加重税收负担等不同方式以区别国家对不同产业和不同产品种类的鼓励、允许和限制等不同态度进而调整优化产业结构和产品结构；税法在合理调节国家、企业和个人之间，地区、部门和行业之间的经济利益分配关系的基础上，来调节企业之间的利润水平和个人之间的收入水平，进而促进企业的公平竞争，避免个人收入相差悬殊，保证社会分配的相对公平，促进区域经济协调和发展。

3. *税法是税收监督职能得以实现的有力工具*

税收的监督职能表现在两个方面：一是从宏观上监督国民经济的整体运行状况；二是从微观上监督市场主体的经济活动。税法则是保证税收这些监督职能实现的有力工具。国家通过制定和实施税法，借助于税务机关开展的税务登记、账簿凭证管理、纳税申报、税务检查等经常性的税收管理活动，对国民经济和社会经济生活进行广泛有效的监督，并为国家宏观决策收集必要的信息，提供依据。对企业的生产经营活动和财务管理活动进行监督，可以预防或及时发现各种税收违法犯罪活动，并通过税法对偷税、抗税、骗税、欠税等行为规定严厉制裁措施予以惩罚。

4. *税法是维护国家税收主权的法律依据*

税收主权是国家经济主权必不可少的重要组成部分，主要体现在国家间税收管辖权冲突和税收收益分享关系等方面。因此，涉外税法也是国家税法体系不可或缺的部分，它通过对上述问题的具体规定，使国家的税收管辖权得到彻底充分地行使。另外，涉外性质的税收法律规定为推行国家对外开放政策，吸引外资，加强对外经济技术交流与合作创造了一个良好的税收法制环境，使国家的对外开放政策、涉外税收政策得到切实贯彻执行。

第四节 税法的价值和理念

税法的价值是税法哲学中的重大问题，很多理论论争都直接或间接指向这一问题。税法的价值是税法创制时必须考虑的重大问题，是税收立法的动力根据。税法上的许多问题，首先就是价值问题。税法的理念是高于税法观念、税法表象和税法意识的理性认知形态，是对税法的本质及发展规律的一种宏观的整体性把握和建构。

一、税法的价值

税法的价值是客体对税法的终极追求目标，以及税法对主体的积极意义或有用性。税法的价值取向直接决定了税法体系的建构与完善，每一部税法都应当是对税法价值的记载和表现。税法的价值是以主体的需要为转移的，因而具有主观性质；主体的需要只能通过税法的客观功能而得到满足。因此，税法的价值又是客观的。税法的价值是目的性与手段性的统一，目的性价值是税法要追求、促进和实现的价值，它体现了税法的本质和社会目的，是税法的外在价值。手段性价值是税法自身应具有的价值，是税法的内在价值。内在价值服务于外在价值。现代社会，法律所确认、体现和保护的自由、秩序、正义和效益正是税法的基本价值。

在法律的诸多价值中，公认属于法律基本价值的是“秩序”和“正义”。前者是人们企图利用法来实现的某种社会形式状态，这是法的形式价值；后者是法所追求的，是人们企图利用法来实现的某种社会实质性状，这是法的实质价值，在正义的价值体系中，包含安全、自由、平等、效率四大价值。

具体到税法领域，古今中外的税收与税法学者有着不尽相同的总结与归纳，但几乎都包括公平和效率两大价值。我们认为，和谐是最高层次的价值，和谐之下是公平与效率价值。税法的价值表现为公平价值与效率价值的和谐。①

（一）税法的公平价值

作为法律基本价值之一的“正义”在税法中的体现即为公平价值。税法的公平价值由其第一层次的形式正义，渐次至第二层次的实质正义，再进而至第三层次的本质公平，税法公平价值的层次演变反映了税法由传统走向现代的历程。②

税法的公平价值的第一个层次——形式正义表现为税法的平等适用，即所谓“税法面前人人平等”，包括平等保护、平等遵守、平等适用和平等制裁四个方面。对征税主体而言，必须依法征税；对于纳税主体而言，必须依法纳税。

税法的公平价值的第二个层次——实质正义表现为税法的征税公平，即国家在税法中制定什么样的标准征税对纳税人来说才是公平的。这种公平仅针对纳税主体。税法中应体现和贯彻公平原则，具体表述有“公平税负、合理负担原则”“普遍纳税与公平税负原则”等。

税法的公平价值的第三个层次——本质公平表现为税法的起源，即作为征税的实质主体的国家为什么要征税或者说国家征税是否应该，这是税法本质的问题。

（二）税法的效率价值

税法是一个技术性很强的法律部门，因此，不能只强调税法的公平价值，而忽略税法的效率价值。

税法的效率价值要求以最小的费用获取最大的税收收入，并利用税收的经济调控作用最大限度地促进经济的发展。效率包括经济效率和行政效率。税法对效率的关注体现在税法的诸多具体制度中。税收效率原则必须重视，但不能过于强调，特别是其不能超越于税收公平的基本价值之上。我国目前以流转税，特别是增值税为主体的税制结构，恰恰是税法的效率价值取向超过公平价值取向的反映。在我国经济高速增长的背景下，这样的税制结构确实对税收增长贡献良多。但是，税法的效率价值的自身特点决定了其不能在税法的价值体系中占据主导地位，而只能居于次要地位。由此可见，尽管这些年来税收收入高速增长，往往是当年国内生产总值（GDP）的 2~3 倍，但这样的增长速度却没有得到肯定，而是备受争议，其对公平价值重视不够正是其原因所在。因此，尽管经济法秉承“效率优先、兼顾公平”的原则，但作为其二级子部门法的税法却往往表现出“公平优先、兼顾效率”的价值取向。

---

① 参见徐孟洲主编：《税法原理》，中国人民大学出版社 2008 年版，第 23 页。

② 参见李刚：《税法公平价值论》，载刘剑文主编：《财税法论丛》第 1 卷，法律出版社 2002 年版。

二、税法的理念

税法的理念，是指税法的指导思想、基本精神和立法宗旨，是对税法起长效作用的文化内涵。具体而言，税法存在如下几种理念：

(一)以纳税人为本

“以纳税人为本”属于税法的核心价值。“以人为本”是现代法治社会的普遍理念，在各个法律部门中都有所体现，具体到税法领域，应当“以纳税人为本”。税法尊重并保护纳税人的权利。没有纳税人，国家就失去赖以生存的经济基础。实践中，征税主体必须转变思想观念，建立“以纳税人为本”的理念是构建和谐税收征纳关系的思想前提。理论上，“以纳税人为本”的理念对税收体制改革、税收法律制度完善以及税法现代化转型均具有重要意义。

(二)平衡协调

德国著名法学家耶林指出：“法律的目的是平衡个人利益与社会利益，实现利己主义与利他主义的结合。”①由于部门法的个性差异，其对平衡理念的追求并不相同。税法崇尚平衡，器重协调。平衡协调是构成税法理念的基本要素，而且是标志性要素。平衡协调理念将全面、协调和可持续发展有机结合起来，成为实现税法“以纳税人为本”的核心理念的手段和保障。在科学发展观特别是平衡协调观念的视野下，税收增长只是目标之一，除此还有社会福利的增加、生态环境的改善、人的素质及生活水平的提高等，唯有如此，税收才可能实现可持续增长。

(三)社会责任本位

法律部门的本位思想是指体现在这个法律部门中的解决社会矛盾的基本立场。税法以社会责任为本位，以维护广大纳税人权利、社会整体利益、国家根本利益和人类可持续发展利益为根本立场。社会责任本位是税法理念的强制性要素。保护纳税人权利固然重要，但过分强调纳税人权利，将不利于国家财政收入需要的满足。税法以公法为主、公私融合的特点，决定了其应当以社会责任本位作为其基本立场。税法的社会责任，首要的是一种角色责任，各方主体应在对社会共同尽责的基础上处理和协调好彼此间的经济利益关系。

第五节 税法的基本原则

一、税法基本原则概述

税法基本原则，是税法本质和精神的集中体现，是贯穿于税法的立法、执法和守法全过程的具有普遍性指导意义的指导思想和行为准则。税法基本原则是税法调整税收关系应遵循的基本准则，是对我国税法内容的高度抽象和概括，是国家整个税法制度和体系的理论基础。

税法基本原则应具有高度的概括性、涵盖性、权威性和相当强的稳定性。如果没有这

① 张文显著：《二十世纪西方法哲学思潮研究》，法律出版社 1996 年版，第 129 页。

些特点，则不能确定为税法的基本原则。税法基本原则能够统率整个税法体系，指导整个税收法治的进程。明确了税法基本原则的本质、特征和功能，也就有了确定税法基本原则的标准。

在我国税法原则的确定过程中，存在着诸多问题：

(1)把税法或税收的某些职能或作用当作税法的基本原则，如"强化宏观调控的原则""确保财政收入的原则"等。

(2)把涉外税法原则当作税法原则，有以偏概全之嫌，如"维护国家主权和经济利益，促进对外开放的原则"等。

(3)混淆了"税法原则""税收立法原则""税法制度建立的原则"等概念。税法原则贯穿于税法的立法、执法、司法、守法以及法律监督全过程，而有些原则如"统一领导，分级管理""简化税制"等原则仅作用于某一个或几个环节，不是全过程，不宜作为税法原则。

(4)将税法阶段性的要求当作税法原则，如"区别对待"等。①

西方国家税法原则的理论发端于17世纪，经历了一个长期的发展过程，综观西方税法税法理论发展史，可将西方税法的基本原则归纳为以下四大原则：税收法定主义原则、税收公平主义原则、税收效率原则、社会政策原则。

我国税法应确立哪些原则，西方国家税法原则的理论和实践可供我国借鉴。当然，各国国情具有各自的特殊性，税法原则也会有所差异，且税法原则本身也会发展、变化。因此，在借鉴西方税法原则时，不能囫囵吞枣、生搬硬套，而应该有批判地借鉴、有创新地吸收，应结合我国社会经济的实际需要，赋予这些原则以新的内容。就当代中国而言，我们认为，我国税法应先在理论上、观念上确立税收法定主义原则、税收公平主义原则、税收效率原则和社会政策原则这四大原则，进而在实践中逐步贯彻落实。

二、税法基本原则内容

(一)税收法定主义原则

税收法定主义原则是指税收的征纳必须基于法律明确规定才能进行，包括征税主体依法征税和纳税主体依法纳税。税收法定主义原则的实质是有关征税权行使方式的原则。税收法定原则，是税法至为重要的基本原则，或称税法的最高法律原则。它是民主和法治原则等现代宪法原则在税法上的体现，对保障人权、维护国家利益和社会公益有着举足轻重的作用。

严格地讲"税收法定"中的"法"应仅限于国家立法机关或最高权力机关依照立法程序制定的法律(包括宪法)，而不包括效力层次位于其后的税收行政法规及其他法律渊源。

各个国家对于税收法定主义原则规定的具体内容虽然不尽相同，但一般来说，包括以下几点内容。

1. 税种法定

税的开征或税种的设置必须由法律规定，每开征一种税都应当制定相应的税种法，没

① 参见刘剑文著：《财税法专题研究》，北京大学出版社2002年版，第87~88页。

有法律依据，国家就不能征税，人民也不得被要求纳税。

2. 税收要素法定

纳税人、征税对象、计税依据、税率、税收优惠都必须由法律明确加以规定，且课税要素在法律规定中要尽量明确，以避免出现漏洞和歧义，征税机关只能严格据以执行，而无自由裁量权，不能自行其是。

3. 征减免事项法定

凡属税法规定的征税事项，税收征管机关应一律征收，不得随意减免税，也不得不征税，必须严格依据法律规定的要素和步骤征税。

4. 程序法定

税收征纳程序和税务争议的处理程序必须由法律规定。征税机关应依法定程序征税，纳税主体也应依法定程序纳税，且纳税主体有依法定程序获得行政救济或司法救济的权利。

一般认为，税收法定主义原则在我国《宪法》中并没得到明确规定。《宪法》第56条规定的“中华人民共和国公民有依照法律纳税的义务”仅是从公民纳税义务角度作出的规定，仅能说明公民的纳税义务要依照法律产生和履行，并未从税收立法权和征税权依法行使的角度进行规定。我国《立法法》第8条第6项规定，税种的设立、税率的确定和税收征收管理等税收基本制度只能制定法律。我国《税收征收管理法》规定，税收的开征、停征，以及减税、免税、退税、补税，依照法律和行政法规的规定执行，任何机关、单位和个人不得违反。上述规定使得税收法定主义原则在法律上而不是在宪法上得到确立。基于税收法定主义原则极端的重要性，各国宪法一般对其多加以确定。因此，我国宪法中也应明确昭示税收法定主义原则。

(二)税收公平主义原则

税收公平主义原则，是指纳税人的地位必须平等，纳税人所承受的负担应与其经济状况相适应，税收负担必须在纳税人之间进行公平分配。税收公平主义原则是关于税收负担分配的原则。税收公平主义原则是近代平等性原则在税法中的具体体现，是衡量一国税法或税收政策优劣的标准。自1789年法国大革命中发布的《人权宣言》中规定“税收应在全体公民之间平等分摊”开始，现代各国宪法或税法中都明确规定了税收公平主义原则。

税收公平原则，其核心是指纳税人税收负担的公平分配。首先应普遍征税，凡有应税收入或应税行为的自然人和法人都应无一例外地承担纳税义务，这是实现公平税负的前提。其次应量能负担，国家征税多少应与纳税人的负担能力相一致，相同能力的人税负相同，纳税能力不同的人税负不同，这是实现税负公平的关键。最后是社会公平，对不同性质的收入、不同地区的纳税人应有所区别，以缩小纳税人之间的收入差距，缓解社会财富分配不公的矛盾，保障社会分配的相对公平，这是税负公平的目的。

税收公平原则具体包括横向公平和纵向公平两个方面。

1. 横向公平

横向公平也称“水平公平”，是指经济情况相同、纳税能力相等的纳税人，其税收负担也应相等，即实行普遍纳税原则。横向公平原则，反映了市场经济条件下人与人之间最基本的平等权利，该观点最为人们所推崇，但横向公平原则在实践中遇到的首要的问题就是如何判断纳税人具有相同的经济能力或纳税能力。

在税收横向公平情况下，衡量纳税人经济情况相同、纳税能力相等的标准有三种：一是按照纳税人拥有的财产来衡量；二是以纳税人的消费或支出为标准；三是以纳税人取得的收入所得为标准来测定。但是，按以上三项标准来衡量纳税人的纳税能力在实践中都会遇到相应的问题和困难。

如果以收入或所得作为衡量纳税能力的标准，收入的含义是广泛的，不仅包括货币收入，也包括实物收入；不仅包括显性收入，也包括隐形收入。现实中对收入征税，一般是以有记录的货币收入来计征的，对实物收入和隐性收入则难以课税，这就失去了公平的普遍意义。特别是对于货币化程度不高、现金交易频繁的发展中国家来说，对收入的控制就更加困难。如果以消费支出作为衡量纳税人能力的标准，一般情况下，消费反映了一个人的支付能力，消费多者，纳税能力一般强一些；消费少者，纳税能力一般弱一些。然而，消费支出税将储蓄排除在税基之外，就等于免除了对资产收益的课税，仅对劳动所得课税，显然有失公平。再者，消费支出记录难以保证完整、准确。且人们消费习惯也不同，消费能力弱的人也可以通过消费信贷或借款等方式增加消费支出，这就不代表纳税人的实际负担能力了。财产是收入的一种累积形式，将财产作为衡量纳税人的纳税能力的标准，财产多者多纳税，财产少者少纳税。这对于减少财富不平等和收入分配不公，具有重要作用。问题在于，财产形式多样，难以核查、估价。并且，课税对象与税源之间不一致，数额相等的财产并不一定会给纳税人带来相等的收益。

从各国税法实践来看，大多采取较为现实可行的第三种标准来测定。这是由收入所得具有的货币所得和纯所得特性决定的。当然这需要一个货币化程度很高且收入分配渠道规范的社会经济环境。

2. 纵向公平

纵向公平也称“垂直公平”，是指经济情况不同、纳税能力不相等的纳税人，其税收负担亦应不同。由于纵向公平是以不同的方式对待条件不同的人，因此，纵向公平比横向公平更为复杂。在税收纵向公平情况下，国家对经济情况不同、纳税能力不等的纳税人，实行差别征税的标准也有两种：一是“利益标准”或称“受益标准”，主张纳税人应税额的数量根据纳税人从政府提供的服务中期望得到的利益多少来确定，受益多，多纳税，收益少，少纳税；二是“牺牲标准”，是以纳税人在课税前应得到的满足与课税后实际得到的满足之间的差额为标准，又可细分为均等牺牲、比例牺牲和最小牺牲三种。上述两种标准在某种程度上都是以纳税人的主观感受——期望利益和牺牲程度来推定经济情况不同的纳税人不等的纳税能力的，所以在实践中往往难以把握甚至根本无法测定。

公平与否，是一个相对的概念。税收负担公平与否是相对于纳税人的纳税条件而言的，不仅仅取决于税收本身的绝对负担。换句话说，如果纳税人在税前的分配是不公平的，通过税收再分配，缓解了这种不公平状态，那么，即使这种税就绝对额看是不平等的，但就分配结果看是公平的，即实现了公平税负的政策目标。

(三)税收效率原则

税收效率原则是指应以最少征税成本和对经济发展最低程度的妨碍作为征税的普遍准则。国家征税要有利于资源的有效配置和市场机制的运行，提高税收行政管理效率。税收效率包括税收行政效率和税收经济效率两个方面。

税收行政效率，指的是税收本身的效率，是通过一定时期直接的征税成本与入库的税款金额之间的比率来衡量的，即表现为税收收益与税收成本之比，比率越大，国家征收的税款越多，在征收过程中的支出越少，税收行政效率就越高。税收行政效率的目标是税收成本最小化，包括征税成本和纳税成本。税收行政效率的高低与税制的繁简程度及税收管理体系有关。

税收经济效率是从税收与经济关系的角度，将税收置于经济运行过程之中，考察税收对社会资源和经济运行机制的影响情况。税收应尽量减少其对市场机制的扭曲，减少其对经济运行机制的妨碍；税收应尽量减少其对纳税人市场经济行为的干扰、影响资源配置的效率。税收对纳税人以及整个国民经济的影响程度应该最小化。检验税收经济效率的标准，是使税收的“额外负担”最小化和“额外收益”最大化。“额外负担”是指税额以外的负担，因为税收常常会造成纳税人经济行为的扭曲，影响资源配置的效率，当这种扭曲超过一定的限度时，纳税人或改变其经济行为，或者采取不正当手段减轻或逃避其税收负担，此状况被称为“额外负担”。“额外收益”是指税收对经济的良性刺激。

第六节 税法的要素

一个国家无论开征什么税种，都要在这种税的立法中规定这样几项内容：这种税向谁征收、根据什么征收、征收多少以及怎么征收。这些内容是每一部税种立法中都具备的，称为税法要素。

一、税法要素的概念

税法要素，又称课税要素，是指各单行税种法具有的共同的基本构成要素的总称，在税收理论中称为税制要素。理解税法要素的概念要明确以下要点：

(1)税法要素主要是针对税收实体法，即各单行税种法而言的，但并不排除各单行税种法中的程序性规定，如纳税环节、纳税期限、纳税地点等。

(2)税法要素是所有完善的税种法都同时具备的，具有一定的共性。仅为某一税种法或某些税种法所单独具有而非普遍性的内容，不属于税法要素，如扣缴义务人等。

(3)税法要素是对各单行税种法的共同基本内容的概称，适用于所有税种立法。

关于税法要素，我们还必须注意以下几个问题：

(1)虽然税法要素是所有完善的单行税种法都必须具备的，但从税收立法现状和司法实践来看，并非要求在每一税种法的法律条文中都必须对税法要素一一予以明确规定。在我国税收立法实践中，有时通过其他非税种法的立法形式对某一税法要素的具体内容作出规定，如《税收征收管理法》第五章就对违反税法行为的法律责任作了较为集中的规定。因此，尽管某些税法要素没有在单行税种法的法律条文中得以具体体现，但仍然应该认为它们是该税种法的基本构成要素。

(2)税法要素不同于课税要件。课税要件是指使税收征纳法律关系成立并发生法律效力所必须具备的条件，包括纳税人发生的符合税法规定的应税行为或事件。

(3)税法要素亦有别于税制结构。税制结构是指一国税制中税种的组合状况，它反映各个税种在整个税收收入中的地位。它是国家根据组织财政收入和调节经济的需要，合理构建各个税种从而形成相互协调、相互补充的税收体系。税收体系主要解决国家法定的税种间的相互关系，何种税为主体税种，何种税为辅助税种，实行单一税制还是复合税制等宏观税收问题。

(4)税法要素在税收经济学中相对应的是税收要素。税收要素与税法要素是一致的，只是角度不同而已。

二、税法要素的内容

具体而言，税法要素包括纳税人、征税对象、税率、纳税时间、纳税地点、纳税环节、税收特别措施、税务争议的处理和税收法律责任九个方面的内容，可简称为税法的“九大要素”。

(一)纳税人

纳税人，又称纳税义务人或纳税主体，是指税法规定的直接负有纳税义务的单位、组积和个人。任何一个税种首先要解决的就是国家到底对谁征税的问题，如增值税、消费税、资源税以及印花税等暂行条例的第1条规定的都是本税种的纳税义务人的范围。

不同的税种，规定的纳税人也不尽相同，但往往存在重复、交叉现象。同一纳税人依法可能要承担多个税种的纳税义务，比如企业除了要缴纳企业所得税外，可能还要缴纳增值税、消费税或关税等。同时，某一纳税人也可能只承担缴纳一种税的义务，如自然人只缴纳个人所得税甚至其所得从未达到过起征点，根本就不需要纳税，不是纳税人。

关于纳税人，我们还必须明确其与以下几个概念的区别。

1. 纳税人与负税人

纳税人不一定是负税人。负税人是经济学上的纳税主体，即税收的实际负担者。在间接税中，纳税人往往不是税款的实际负担者，纳税人依法纳税的税款最终通过商品价格、服务费用等途径转嫁给负税人。在直接税中，纳税人一般都是负税人。无论纳税人是否为负税人，都有义务依照税法的规定向征税机关缴纳税款。税法只规定纳税人，不规定负税人。

2. 纳税人与代扣代缴义务人和代收代缴义务人

代扣代缴义务人与代收代缴义务人可简称扣缴义务人，是税法规定负有代扣代缴、代收代缴税款义务的单位和个人。代扣代缴义务人是有义务从持有的纳税人收入中扣除纳税人的应纳税款并代为缴纳的单位和个人，如个人所得税中，支付纳税人工薪的单位或个人是工薪所得税的扣缴义务人，代收代缴义务人是有义务借助经济往来关系向纳税人收取应纳税款并代为缴纳的单位和个人，如车船税的代收代缴人是承保车船险种的保险公司。扣缴义务人并不实际负担税款，且可向税务机关按所扣缴税款收取一定比例的手续费。税法设定扣缴义务人的目的是为了加强税收的源泉控制，防止税款流失，简化征纳手续，方便纳税人。扣缴义务人不是每一税种法都具备的内容，故不是税法要素。

3. 纳税人与协税人

协税人是依照税法规定，协助税务机关宣传税收政策和法规，搞好征收管理，查缉违法案件，直接办理辅助性征收管理业务的单位和个人。如《土地增值税暂行条例》第 11 条规定："土地管理部门、房产管理部门应当向税务机关提供有关资料，并协助税务机关依法征收土地增值税。"土地管理部门、房产管理部门就是协税人。

（二）征税对象

征税对象，又称课税对象或征税客体，是指税法规定对什么征税。在税法的构成要素中，征税对象是基础性要素。原因有如下几点：

第一，征税对象是各个税种间相互区别的根本标志。根据征税范围不相交叉的原则设计出来的各个税种都有其各自的征税对象和范围，并通过税法予以明确界定。

第二，国家只能就各个税种在其各自特定的征税对象范围内征税。因此，征税对象决定了各税种法不同的特点和作用的范围。

第三，税法其他要素的内容，一般都是以征税对象为基础确定的。征税对象制约着纳税人、税率和税法的其他要素。

征税对象是划分税种的最主要的标准，按其性质的不同，征税对象被划分为以下四大类：

(1)流转额，包括商品流转额和非商品流转额；

(2)所得额或收益额，包括总收益额和纯收益额；

(3)财产，即法律规定的特定范围的财产，如房产、车船等；

(4)行为，即法律规定的特定性质的行为，如特定的投资行为等。

我国现行税制体系中实际征收的税种就是根据以上标准，相应划分为四大类共 18 种税。

关于征税对象，应当明确其与计税依据、税源、税本、税目等几个概念的关系。

1. 计税依据

计税依据又称征税基数或税基，是指计算应纳税额的依据。征税对象体现为对什么征税，属于质的规定性，计税依据则是从量上来限定征税对象，属于量的规定性。多数情况下，计税依据和征税对象是一致的。有时计税依据和征税对象不一致，需按一定标准计算出计税依据，如企业所得税的征税对象是企业所得额，计税依据则是企业所得额减除税法允许扣除的成本、费用和损失后的余额，即应纳税所得额。计税依据按照计算单位的性质来划分，有两种情况：多数情况下是从价计征，即按征税对象的货币价值计算；另一种是从量计征，即直接按征税对象的自然单位计算。

2. 税源、税本

税源是指税收的最终经济来源或税收负担的最终归宿，一般来说，税源总是表现为纳税人一定的货币收入，体现着纳税人的负担能力。从根本上说，能够成为税源的只能是国民收入分配中形成的各种收入，如工资、奖金、利润和利息等。有的税种的征税对象与税源是一致的，如各种所得税，其征税对象和税源都是纳税人取得的所得或纯收入；有的税种的征税对象和税源又不一致，如各种财产税，征税对象是应税财产的数量或价值，税源却是财产带来的收益。税源并不等于征税对象，征税对象是据以征税的依据，税源则表明纳税人的负担能力。税本是指产生税源的物质要素和基础条件。税源是税本之果，有税本才有税源，有税源才有税收。

3. 税目

税目又称征税品目，是指税法规定的某种税的征税对象的具体范围，是征税对象在质上的具体化，代表了征税对象的广度。税目并非每一税种法都须具备的内容。有些税种的征税对象简单、明确，无进一步划分税目的必要，如房产税。当某一税种的征税对象范围较广、内容复杂时，才将其划分为税目以明确界定，如增值税涉及上千种工业产品，关税涉及的进出口产品种类更多，必须加以划分，以便于税收的征收管理。划分税目是立法技术上的需要，便于税法的实际操作。同时，规定税目也是贯彻一定时期国家税收政策的需要。对在性质上属征税对象但没有列举为税目的，不能征税。税目的规定方法可分为列举法和概括法两种。列举法是按照每一种商品或经营项目分别设计税目，必要时还可以在税目之下划分若干细目(子目)；概括法是对同一征税对象用集中概括的方法将其分类归并。列举法和概括法各有优缺点，应配合运用。

(三)税率

税率是应纳税额与征税对象或计税依据之间的比例，是计算应纳税额的尺度，反映了征税的深度。在征税对象既定的情况下，税率的高低直接影响到国家财政收入的多少和纳税人税收负担的轻重，反映了国家和各个纳税人之间的经济利益关系，同时也反映了一定时期内国家税收政策的要求。因此，税率是税法的核心要素，是衡量国家税收负担是否适当的标志。

税率主要有比例税率、累进税率和定额税率三种基本形式。

1. 比例税率

比例税率是指对同一征税对象不管数额大小，只规定一个固定的征收比例的税率，一般适用于对流转额等征税对象课税。比例税率的特点是就同一征税对象的不同纳税人而言，其税收负担相等；同时计算简便，符合税收效率原则。比例税率可采用百分比，也可采用千分比或万分比。比例税率包括以下三种：

(1)单一比例税率。即对同一征税对象的所有纳税人都适用同一比例税率。

(2)差别比例税率。即对同一征税对象的不同纳税人适用不同的比例征税。根据我国现行税法，又分别因产品、行业和地区的不同将差别比例税率划分为：产品差别比例税率，即对不同产品分别适用不同的比例税率，同一产品采用同一比例税率，如消费税、关税等；行业差别比例税率，即对不同行业分别适用不同的比例税率，同一行业采用同一比例税率，如营业税等；地区差别比例税率，即区分不同的地区分别适用不同的比例税率，同一地区采用同一比例税率，如由于我国区域经济发展不平衡对东西部地区实行不同的税收政策中采取的不同的税率。

(3)幅度比例税率。即税法只规定一个具有上下限的幅度税率，具体税率授权地方根据本地实际情况在该幅度内予以确定。

应该指出，比例税率的上述三种类型并非是绝对的划分，如差别此例税率正是由多个单一比例税率构成的，单一比例税率和差别比例税率可以同时又是幅度比例税率。

2. 累进税率

累进税率是指随征税对象数额的增多而相应逐级递增的税率。具体而言，就是把征税对象按数额大小划分若干个等级并相应设置不同等级的税率。累进税率是一种多层次的税率，一般适用于对所得和财产的课税。累进税率和比例税率的区别在于它对数量不等的征税对象采用税收累进负担的政策，而不是采用税收等比负担的政策。累进税率在适用于对所得征税时，纳税人之间收入差距越大，适用税率差别也越大，体现了税收的纵向公平，有利于缓解社会分配不公平的矛盾。

按照累进的具体方式不同，累进税率又分为全额累进税率、超额累进税率、全率累进税率和超率累进税率等 4 种形式。

(1)全额累进税率，是指对同一征税对象的全部数额都按与之相应的最高等级的税率计征，也就是在征税对象数额增加到需要提高一个等级时，应就全部征税对象按高一级税率计算应纳税额。这时，一定的征税对象的数额只适用一个等级的税率。

(2)超额累进税率，是指把征税对象按其数额由小到大分解为若干个等级，每个等级的征税对象分别适用该等级相应的税率。这时，一定征税对象的数额会同时适用几个等级的税率。其计算税款的方法就是，每个等级的征税对象应税数额与该等级适用的税率相乘，得出该等级的应纳税额，然后将各等级应纳税额累计相加，即为该征税对象的应纳税总额。

(3)全率累进税率，是指按照一定的相对量(比率)制定分级全率累进表，计时按纳税人的征税对象相对量确定适用税率，全部征税对象与适用税率的乘积，即为应纳税额。全率累进税率与全额累进税率原理相同，只是累进的依据不同，前者为征税对象的某种比率，后者是征税对象的数额。

(4)超率累进税率，是指对纳税人的全部征税对象，按税率规定的相对量级距，划分为若干段分别适用不同的税率，各段应纳税额的总和就是全部征税对象的应纳税额，如土地增值税的税率。超率累进税率与超额累进税率的原理相同，不同的是，前者以征税对象的增长率为累进依据，后者则以征税对象的数额为累进依据。

以上几种累进税率相比较而言，超额累进税率的特点是计算方法复杂，累进幅度比较缓和、税收负担较为合理。就同一应税所得额而言，适用全额累进税率计算应纳税额多，适用超额累进税率计算应纳税额较少，特别是在累进税率级距的临界点附近，适用全额累进税率往往出现纳税人税负的增加超过其所得额增加的不合理现象，超额累进税率则避免了这一缺陷。超率累进税率与全率累进税率相比也是如此，超率累进税率比全率累进税率也要合理一些。现行税制中，凡采取累进税率征税的，在累进方法上都采取超额累进税率或超率累进税率，鲜有采用全额累进税率和全率累进税率的。如我国现行立法中的个人所得税中的工薪所得实行的是七级超额累进税率，土地增值税采用的是四级超率累进税率。

3. 定额税率

定额税率，又称固定税额，是指按单位征税对象直接规定固定的应纳税额。定额税率不采用百分比形式规定征收比例，是税率的一种特殊形式。定额税率计算简便，适合于从量计征的税种，如车船税、资源税、部分消费税税目等。按定额税率征税，税额的多少与征税对象的数量有关，同价格无关。征税对象的计量单位可以是重量、数量、面积、体积等自然单位。一般而言，定额税率不是普遍采用的税率。

定额税率也分为单一定额税率、差别定额税率和幅度定额税率等三种，原理与比例税率的三种基本形式相同。其中，差别定额税率又分为地区差别定额税率和分类分级定额税率。分类分级定额税率是指把征税对象划分为若干个类别和等级，对各类各级由低到高分别规定相应的固定税额，如车船税等。

4. 税率的其他形式

税率除上述三种基本形式外，还有以下几种形式的分类。

(1)名义税率与实际税率。名义税率是指税法规定的税率；实际税率亦称实际负担率，是指实征税额与其征税对象实际数额的比例，它是衡量纳税人实际税负的主要标志。实际税率与名义税率往往不一致，名义税率高，实际税率低或者相反。区分名义税率和实际税率，对于确定纳税人实际负担水平，为建立完备的税法体系提供依据。

(2)平均税率与边际税率。平均税率是指纳税人全部税额与全部收入之比。边际税率是指在征税级距既定条件下，纳税人增加或减少一个单位的征税对象所引起的征税对象级距的变化而最后适用的那个税率，又指累进税率表中的最高一级税率。平均税率与边际税率不是各种税实际采用的税率，而是在理论研究中分析纳税人负担时使用的税率。

(3)附加与加成。附加，即地方附加，是指在除对纳税人征收正税以外，由地方附加征收的税款。所谓正税，又称独立税、主税、本税，指与其他税没有依附关系，按税法规定的税率征收的税款。附加税必须依附于正税，是在征收正税的同时，向纳税人征收占一定比例的税款，如教育费用附加。附加是为了给地方政府筹措一定的财政资金，用于地方建设事业。并非所有的税种都可以征收附加，有关征收附加的事项是由税收法律加以规定的，地方不得擅自决定征收附加。加成，即税收加成，是指按法定税率计算出应纳税额后，再加征一定成数的税款。加征一成等于加征正税的10%，加征成数一般在1~10成。实行加成是为了调节和限制某些纳税人之间收入差距过大。

(四)纳税期限

纳税期限或称纳税时间，是税法规定的纳税主体向征税机关缴纳税款的具体时间。纳税期限是衡量征纳双方是否按时行使征税权利和履行纳税义务的尺度，是税收的强制性和固定性特征在时间上的体现。在纳税期限之前征税机关不能征税，纳税人也不得在纳税期限届满后拖延纳税。合理规定和严格执行纳税时间，对于国家财政收入及时足额入库起着重要的保障作用。

不同性质的税种以及不同的纳税人其纳税期限不同。纳税期限一般可分为按次征纳和按期征纳两种。前者是根据纳税行为的发生次数确定纳税期限，如耕地占用税以及个人所得税中的某些应税项目等；后者是根据纳税义务的发生时间来确定纳税间隔期，如流转税、财产税等。纳税期限中的按期征纳又可分为按月、按季和按年征纳。纳税期限还可分为核定纳税期限和法定纳税期限。前者指税法只规定一段纳税时期，纳税的确切时间授权税务机关根据税法规定，适当考虑纳税人的实际情况予以审核决定；后者指税法直接规定确切的纳税时间，不需经税务机关审核确定。

采取哪种形式的纳税期限缴纳税款，同征税对象的性质有密切的关系。一般来说，流转税大多采取按期纳税的形式，所得税多采用按年计征、分期预缴的形式。

申报期限和缴库期限是与纳税期限相关的概念。缴库期限亦称入库期限，是指纳税人每期应纳税款缴入国库的间隔时间，它是纳税期限的一个延伸期限。申报期限是指纳税人每期申报应纳税款间隔时间，通常是缴库期限的一个内含期限。

(五)纳税地点

纳税地点是指缴纳税款的场所，即指纳税人应向何地征税机关申报纳税并缴纳税款。纳税地点关系到征税管辖权和是否便利纳税等问题，在税法中明确规定纳税地点既有利于防止漏征或重复征税，又有利于各地政府按规定取得税收收入。不同的税种纳税地点不完全相同。纳税地点一般为纳税人的住所地，也有规定在营业地、财产所在地或特定行为发生地的。

(六)纳税环节

纳税环节是税法规定的征税对象从生产到消费的流转过程中应当缴纳税款的环节。商品从生产到消费要经历工业生产、商业销售甚至进出口再到消费等多个环节。纳税环节解决的就是在上述诸环节中就哪个或哪几个环节纳税的问题，实质就是征几道税，它关系到税收由谁负担、税款能否足额及时入库及纳税人是否便利纳税等问题。有的税种纳税环节较明确、固定，有的税种则需要在商品流转环节选择，确定适当的纳税环节。按照确定纳税环节的多少，可以分为“一次课征制”“两次课征制”“多次课征制”。

纳税环节主要是对商品课税的税种所作的规定。非商品课税、所得课税、财产课税、行为课税等税种的纳税环节比较简单，一般来说，在哪一环节取得收入就在哪一环节征税，相关税法对这些税种的纳税环节一般不作单独规定。

(七)税收特别措施

税收特别措施是税法在规定一般征税措施之外的特别规定。税收特别措施包括两类，即税收优惠措施和税收重课措施。前者以减轻纳税人的税负为主要内容，并往往与一定的经济政策的引导有关，因而也称税收诱因措施；后者是以加重纳税人税负为内容的税收特别措施，如税收附加、税收加成或加倍征收等。税收特别措施在各类税法中规定得较为普遍。由于该类措施是在一般征税措施之外采取的特别措施，且直接关系到具体纳税人的税负的横向比较，因而历来很受关注，其中的税收优惠措施更是如此。

税收优惠的内容包括的范围甚广，诸如优惠税率等亦可算作其中内容之一，这与税法的宏观调控职能是密切相关的。狭义上的税收优惠措施则主要是指税收减免、税收抵免、亏损结转、出口退税等。这些税收优惠措施的实行会直接影响到计税基数，从而会直接影响到纳税人的具体纳税义务，因而对征纳主体的利益和相关的经济和社会政策目标的实现，均会产生直接影响。在上述各类税收优惠措施中，税收减免在税法中规定得最为普遍。此外，税收减免以外的其他几种措施也都属于税法构成的特别要素。其中，税收抵免、亏损结转主要适用于所得税领域；而出口退税则主要适用于商品税领域。另外，同税收优惠措施相比，税收重课措施的规定是比较少的，加成或者加倍没有实质的区别，都是税率的延伸，只针对特殊情况。因此，这里主要介绍税收优惠中的税收减免的内容。

1. 减免税的概念

减免税，是减税和免税的合称，指国家对某些特定的纳税人或者征税对象采取的一种税收优惠、照顾措施。其中，减税是对应纳税额少征一部分税款；免税是对应纳税额的全部免征。由于国家税法所规定的税种和税率只能根据经济发展的一般规律和社会平均税负能力来确定，而经济活动在空间上的复杂多样和在时间上的变化无常，造成纳税人的纳税能力各不相同，只依据统一的征税对象和税率征税就很难适应复杂多样的经济情况和体现实质的税收公平，就需要通过减免税来照顾纳税人的特殊情况。另外，减免税是税收调节经济的重要手段，正确运用减免税可以促进生产发展，优化产业结构，培养税源等。因此，正确制定并严格执行减免税规定具有非常重要的意义。

2. 减免税的分类

减免税可以依据多个标准进行分类，主要有以下几种：

(1)根据减免税的条件和程序可以分为固定性减免税和审核性减免税两种。固定性减免税是由税法明确规定减免税的条件，只要符合税法规定条件的则一律减免。固定性减免税又分为三种：①起征点。起征点是指征税对象达到规定征税数额开始征税的界限。达到或超过起征点的，就其全部数额征税，没有达到起征点的免征税。②免征额。免征额是指在征税对象总额中免予征税的数额。它是按一定标准从征税对象总额中预先减除的数额。免征额部分不征税，只对超过免征额的部分征税。③列举税目。具体办法既可以是列举应税的税目，没有列举的不征税，又可以是列举免税的税目。审核性减免税是指纳税人依照税法的规定向征税机关申请经有权审查批准机关审批的减免税。审核性减免税和固定性减免税的区别在于，固定性减免税的法定条件明确、具体，税务机关可不经纳税人申请直接依职权予以减免；审核性减免税的法定条件比较原则、灵活，是否减免税，减免税的数额、期限由有权审批机关在纳税人提出申请后决定。固定性减免税一般属长期性，审核性减免税则是临时性的，审核减免税期满应恢复征税。

严格来讲，起征点和免征额并不属于一般的减免问题，但可以起到减轻税负的作用。

(2)依减免税的期限可以分为临时性减免和长期性减免税。固定性减免属于长期性减免，审核性减免属于临时性减免。

(3)根据减免税的性质和原因，还可以分为困难性减免税、补贴性减免税和鼓励性减免税等三种。困难性减免税主要指因自然灾害等客观原因使纳税人生产、生活上有困难或有其他应予照顾的困难时，经主管机关审批而实施的税收减免。补贴性减免税是指因价格等国家政策性原因使企业盈利减少甚至亏损时所采取的减免税补偿。鼓励性减免税是国家为了推行某一政策而规定的减免税优惠。

3. 税收减免的管理

税收减免，通过立法明确规定，有的是在具体的税种立法中直接规定，有些则是后来所作的规定进行补充。减免税的管理权限是由税收管理体制决定的，各级政府和财政部门都必须严格按照税收管理体制规定的权限进行减免，不得越权减免国家税收。

(八)税务争议的处理

税务争议是指征税机关与税务相对人(包括纳税主体和非纳税主体)之间因确认或实施税收法律关系，而产生权利和义务方面的纠纷。税务争议主体中的相对人不仅包括纳税主体，也应包括非纳税主体，这是因为有时征税机关会错误地将不负有纳税义务或扣缴义务的单位和个人认定为纳税主体，当然，大量的税务争议主要还是发生在征税主体和纳税主体之间。相对人与征税机关之间可能会就任何一个税种的有关征纳事项，如纳税义务是否存在，应纳税额的计算等产生纠纷，包括扣缴义务人、纳税担保人同征税机关在扣缴、担保问题上产生的争议。因此，税务争议也是税法的基本构成要素之一。

税务争议主要分为两类：一是税务相对人对征税机关的征税决定或事项不服而引起的

争议，可称为一般税务争议；二是相对人对征税机关的处罚决定和强制执行措施等不服而引起的争议，可称为特殊税收争议。税务争议主要通过税务行政复议和税务行政诉讼两种方式来解决。税务争议处理过程中，要以相对人全面履行税法规定的义务和税务处理决定为必要条件。当一般税务争议发生时，相对人必须先缴纳税款或滞纳金等，然后才能申请复议或提起行政诉讼，这就是税法中的"先行纳税原则"；当特殊税务争议发生时，相对人对征税机关的强制执行和税收保全措施提起复议或诉讼，均不影响相关决定的执行。

(九)税收法律责任

税收法律责任是指税收法律关系的主体因违反税收法律规范所应承担的法律后果，主要包括以下两种：一是纳税主体(纳税人和扣缴义务人)因违反税法而应承担的法律责任；二是作为征税主体的国家机关，主要是实际履行税收征收管理职能的税务机关及其工作人员，因违反税法而应承担的法律责任。

在我国长期以来的税收立法和司法实践中，由于过分突出了税收法律关系主体双方的单方面权利和义务内容的特征，尤其是征税主体主要作为权利主体的性质，进而对上述第二种税收法律责任的规定重视不够，在税法中规定征税主体不履行或不恰当履行职责时应负的法律责任就显得薄弱，这是在以后的税收立法中尤其要加强的方面。

就纳税主体而言，违反税法的行为主要有偷税、骗税、抗税以及其他违反税法的行为。违反税法的法律责任的形式主要有三种：

(1)经济责任，包括补缴、追缴税款，税务罚款，加收滞纳金等；

(2)行政责任，包括吊销税务登记证和实施税收保全措施及强制执行措施等；

(3)刑事责任，对情节严重构成犯罪的违反税法的行为，追究刑事责任。

第七节 税法的效力

税法效力是指税法的适用范围，即税法的约束力所能达到的范围。税法的效力包括空间效力、时间效力和对人效力。明确税法效力对于税法的执行以及判定相关主体的纳税义务具有非常重要的作用。税法效力理论可以在一定程度上约束税法的任意性，维护纳税人的合法权益。①

一、税法的空间效力

税法的空间效力是指税法生效的地域范围，包括域内效力和域外效力。税法的域内效力是基于国家主权而产生的，它意味着一国税法效力及于该国主权管辖的全部领域，而在该主权领域以外无效。因税法效力层次的不同，税法的域内效力分为全国性税法和地方性税法。宪法、税收法律、税收法规和部门规章等，属于全国性税法，其效力范围遍及全国；地方性税收法规、规章及自治条例和单行条例，属于地方性税法，其效力范围仅遍及某地方行政管辖区。税法的域外效力，是指税法在其制定国管辖领域以外的效力。为了保护国家的经济主权，我国税法采用有条件的域外效力原则，如对一些发生于我国境外的税

① 翟继光著：《税法学原理——理论·实务·案例》，清华大学出版社2012年版，第22页。

收活动，我国税法也具有效力。如我国所得税法所采取的居民纳税人制度，居民纳税人来源于我国境内和境外的所得都要在中国纳税，在一定意义上，这就是我国税法的域外效力。除所得税法以外，其他税法一般不具有域外效力。

二、税法的时间效力

税法的时间效力是指税法的有效期间，包括税法的生效时间、终止时间和有无溯及力的问题。税法的生效时间主要有两种情况：一是自税法颁布之日起生效；二是税法颁布后经过一段时间后，在规定的时间开始生效。在我国，税法生效的时间少部分属于第一种情况，如《个人所得税法》等；大部分属于第二种情况，如《增值税暂行条例》《消费税暂行条例》《企业所得税法》等。这种做法可以为征税主体与纳税主体更好地熟悉、运用税法创造条件。有些法律的生效时间比较特殊，既有一般条款的生效时间，也有特别条款的生效时间。例如，《企业所得税法》第60条规定："本法自2008年1月1日起施行。"这是《企业所得税法》一般条款的生效时间。同时，该法第57条规定："本法公布前已经批准设立的企业，依照当时的税收法律、行政法规规定，享受低税率优惠的，按照国务院规定，可以在本法施行后五年内，逐步过渡到本法规定的税率；享受定期减免税优惠的，按照国务院规定，可以在本法施行后继续享受到期满为止，但因未获利而尚未享受优惠的，优惠期限从本法施行年度起计算。"这是《企业所得税法》关于特别条款的生效时间，该条款在《企业所得税法》公布以后就具有一定的效力。

税法的终止形式分为明示终止和默示终止。明示终止包括以下三种情形：一是客观终止，即税法规定适用的特定情况不复存在时而自动终止；二是税法规定了有效期间，当有效期届满，立法机关未作出延长其效力决定时，该税法自动失效；三是规定终止，即新税法明确规定新税法生效之日即是旧税法终止之时，或是立法机关颁布专门文件宣布某一税收规范性文件终止生效。目前，规定终止是我国税法采用最多的终止方式。

默示终止，是指已生效的新税法与旧税法在某些方面存在冲突时，虽然新税法或立法机关没有明确废止旧税法，但按照"新法优于旧法"的原则，旧税法与新税法冲突的部分自然废止。在税收部门规章领域，较多地适用默示终止原则。

税法的溯及力又称税法溯及既往的效力，是指新税法可否适用于其生效以前发生的事件或行为。如果可以适用，该税法就有溯及力；如果不能适用，则没有溯及力。

关于法的溯及力，现代国家一般遵循两个原则：一是"法不溯及既往"的原则，即国家不能用现在制定的法律指导人们过去的行为，更不能由于人们过去从事了某种当时是合法而现在看来是违法的行为，而按照现在的法律追究其责任；二是"有利追溯"的原则，即对当事人有利的法律可以溯及既往。在税法中，"有利追溯"原则即是"从旧兼从轻"原则，即税法原则上不溯及既往，但新法凡是对纳税人有利的变更则适用新法。该原则是"法律不溯及既往"原则的补充，诸多国家认为法律规范可以有条件地适用于既往行为。

根据上述两个原则，我国税法也应遵循不溯及和有利溯及原则。但在特定情形下，我国税法为了实现纳税人之间的公平，有时并不采取有利溯及原则，而采取严格的"法不溯及既往"原则。

三、税法的对人效力

税法的对人效力是指一国税法可以适用的主体范围。税法的对人效力实际上是一国的税收管辖权问题。税收管辖权是国家主权在税收方面的具体体现。在税收管辖权方面，各国一般遵循下列三个原则：属地原则、属人原则和折中原则。

（一）属地原则

属地原则是指一国税法对于处于其管辖领土范围内的一切人都具有约束力。依据该原则确定的税收管辖权，称为来源地税收管辖权。来源地税收管辖权是指不论是本国人、外国人还是无国籍人，只要其收入来源于本国国土，该国就有权对其行使税收管辖权。

（二）属人原则

属人原则是指一国税法对于本国居民或者公民具有约束力。依据该原则确定的税收管辖权，称为居民税收管辖权。居民税收管辖权是指对本国居民，不论其收入来源于何处，该国都有权对其行使税收管辖权；而对非居民，该国只能就其来源于本国境内的收入行使税收管辖权。换句话讲，即居民对国家负有无限的纳税义务，而非居民则对国家负有有限的纳税义务。这里的“居民”分为自然人居民和非自然人居民。

关于自然人居民身份的认定，各国立法实践中采用的标准主要有以下三种：

第一，住所标准，即以自然人在征税国境内是否拥有住所这一法律事实，决定其居民或非居民纳税人身份。这一标准不仅为法国、瑞士、德国等欧洲国家所采用，而且在各国对外签订的双边税收协定中，也都明确规定住所为确定居民身份的标准之一。由于住所具有固定性和永久性，采用住所标准，具有易于确定纳税人身份的优点。但住所作为一种法定的个人永久性居住场所，并不一定反映一个人的真实活动场所。个人脱离住所长期在外居住的现象已屡见不鲜。因此，单纯以住所作为确定纳税人居民身份显然是有缺陷的。有些国家以一些辅助性规定弥补住所标准的不足。美国纽约州规定，只要在本州境内拥有一处永久性的住宅，在纳税年度内又曾在本州境内居住6个月以上，就应当视为本州居民。

第二，居所标准。关于“居所”的概念，在各国法律上含义不尽相同，但一般是指一个人经常居住的场所，并不具有永久性居住的性质。采用该标准的国家主要有英国、加拿大、澳大利亚等。在这些国家的税法中，判定个人的居民纳税人身份的标准之一，就是看其在境内是否拥有某种经常居住的场所。在各个国际税收协定中，居所也同样是确定自然人居民身份的标准之一。与住所标准相比，以居所作为确定个人居民身份的标准，在较大程度上反映了个人与其主要经济活动地之间的联系。这是它比住所标准更合理的地方。但居所标准的缺陷在于个人的经常居住的场所往往由于缺乏某种客观统一的识别标志，在有关国家的税法上是个不甚明确统一的概念。因此，居所标准在实际适用中具有较大的弹性，容易引起纳税人与税务机关之间的纷争。

第三，居住时间标准，即以一个人在征税国境内居留是否超过一定的期限，作为划分其居民或非居民的标准，并不考虑个人在该国境内是否拥有财产或房屋等因素。由于居所标准的不确定性，越来越多的国家采用居住时间标准。不过各国税法针对居住期限的规定不一。有些国家规定为半年，如印度、印尼等；有些国家规定为一年，如巴西、新西兰、日本和中国等。

关于非自然人居民身份的认定，各国立法实践中采用的标准主要有以下三个：

第一，非自然人注册成立地标准，即以非自然人在何国依法注册成立来确定其居民身份。换句话讲，凡是在本国境内依法登记成立的公司企业，即为本国的居民纳税人。采用该标准的主要有美国、瑞典、芬兰、墨西哥和中国等。非自然人居民的注册成立地只能有一个。因此，这一标准的优点是纳税人法律地位明确，易于识别，但缺陷在于难以反映法人的真实活动。因为在一个国家注册成立的公司，可能基本上脱离该国而在其他国家从事经营活动。另外纳税人也可能通过事先注册登记地的办法，达到规避国家税收管辖的目的。如在那些避税港设立的"招牌"公司。

第二，非自然人居民实际管理和控制中心所在地标准，即以非自然人居民的实际管理和控制中心地为标准来确定其居民身份。所谓非自然人居民的实际管理和控制中心地，是指作出和形成非自然人居民的经营管理重要决定和决策的地点。采用这一标准的主要有英国、新西兰、印度、新加坡和中国等。

第三，非自然人居民总机构所在地标准，即以非自然人居民的总机构所在地为标准来确定其居民身份。非自然人居民总机构是指负责管理和控制企业的日常经营业务活动的中心机构。一个国家可以同时采取上述一个或者多个标准来判断非自然人的居民身份。

（三）折中原则

折中原则是指属地原则与属人原则相结合的原则。为了最大限度地行使本国的税收管辖权，目前，包括我国在内的多数国家采用该原则。在属地原则中，大多数国家也采取了诸多不同的标准，以最大限度地扩大本国的税收管辖权。在属人原则中，大多数国家也采取了两个以上的标准，以最大限度地扩大本国管辖的纳税人范围。由于各国均采取多种原则来扩大自己的税收管辖权，各国税收管辖权存在较大的冲突和重叠，这些冲突和重叠需要由各国的国内法以及国家之间签订的双边或者多边税收协定或条约来解决。国内法解决税收管辖权冲突的方法一般被称为单边解决方法，两个或者两个以上的国家通过税收协定来解决税收管辖权冲突的方法一般被称为双边或多边解决方法。税收管辖权的冲突主要发生在所得税领域，但在商品税领域也存在税收管辖权的冲突。

复习思考题

1. 如何理解税法的概念和特征？
2. 简述税法的调整对象。
3. 税法有哪些作用？
4. 简述税法的基本原则？
5. 什么是征税对象？有什么特点？
6. 简述税率的概念和种类。
7. 什么是税务争议？
8. 试述税法的效力范围。

第三章　税收法律关系

第一节　税收法律关系概述

一、税收法律关系的概念和特征

（一）税收法律关系的概念

税收法律关系是由税收法律规范确认和调整的，在国家税收活动中各方当事人之间形成的具有权利和义务内容的社会关系。① 税收法律关系的实质，既是税收征纳关系在法律上的体现，侧重于国家依法强制征税和纳税人依法纳税的内容，又是税收分配关系在法律上的表现，侧重于国民收入在国家和纳税人之间的分配和再分配以及国家由此形成自身财政收入的全过程。

税收法律关系是一种国家意志关系。税收法律关系同其他法律关系一样，是建立在一定经济基础之上的上层建筑，是一种思想意志关系，反映的是国家意志。不同社会制度国家的税法代表不同统治阶级的意志，税收法律关系的性质也不相同。税收法律关系反映的是一种特殊的社会分配关系。税收法律关系的实质是税收关系在法律上的体现，税法规范是税收法律关系产生的前提。税收关系是国家强制参与国民收入分配和再分配活动而形成的特殊社会分配关系，税法调整这种特殊社会分配关系时，形成了国家有权征税，纳税人有义务纳税的权利和义务关系。

（二）税收法律关系的特征

税收法律关系作为一种特殊的法律关系，除了具有一般法律关系的共性外，还具有其自身的特殊性。如果我们把税法作为经济法体系中的一个部门法或者经济法中的一项具体的经济法律制度，税收法律关系无疑能比较鲜明地体现出作为国家干预经济之法的特点。税收法律关系与其他法律关系尤其是民事法律关系相比，具有以下显著特征：

1. 税收法律关系主体的特殊性

税收法律关系的主体一方始终是国家。税收征纳过程中，国家以及代表国家行使征税职能的国家机关自始至终都是税收法律关系的固有一方主体，与另一方主体，主要是依法负有纳税义务的单位、组织和个人即纳税人，共同参与形成税收法律关系。税收征纳关系得以实现的基础，不是财产权利，而是国家的政治权力，因此，缺乏国家这一主体要素，就无法形成税收法律关系。国家作为税收法律关系一方主体的固有性特征，使税收法律关

① 参见刘剑文著：《财税法专题研究》，北京大学出版社 2002 年版，第 58 页。

系区别于主体双方地位具有平等性的民事法律关系。

税收法律关系的这一特征常带有鲜明的行政法特征，也是其同一般的民事法律关系在主体上的区别。民事法律关系由民事法律规范调整，可在任何当事人之间发生，而税收是一种以国家为主体的分配关系，税法调整的税收关系主要是在国家和纳税人之间发生的，不论其在任何时间和任何地点，征税主体只能是代表国家行使税收管理权的国家税务机关等特定的国家机关，而不能是其他单位或个人。因此，税收法律关系主体一方不论是谁，另一方只能是国家。

2. 税收法律关系的国家意志性

税收法律关系是国家单方面意志的体现，而不是征纳双方意思表示一致的结果。民事法律关系是在法律上处于平等地位双方当事人意思表示一致达成协议产生的，是当事人意志表示一致的结果，是当事人意志以法律形式的表现。而税收法律关系实质上是一种纵向法律关系，即以国家为主体的征税方对纳税方的一种监督与管理关系，是国家单方面意志的体现。在税收法律关系中，对谁征税，对什么东西征税，征多少税等，国家都通过税法预先加以规定，只要当事人发生了税法规定的应纳税的事件或行为，就产生了税收法律关系，而不以征纳双方的意思表示一致为前提。

3. 税收法律关系主体双方的权利与义务具有单方面性和不对等性

首先，税收法律关系中的权利和义务具有单方面性。这一特征在税收征纳过程中最明显的表现就是作为税款的财产所有权的单向转移。一般来说，在税收征纳过程中，国家总是税收法律关系的权利主体，享有依法征税的单方面的权利；纳税人总是税收法律关系的义务主体，负有依法纳税的单方面的义务。因此，作为税款的那部分原来由纳税人所有的财产就转移给国家所有，形成为国家财政收入的组成部分；对此国家不再直接返还给原纳税人，所以就表现为财产所有权的单向转移的特点。这也是税收的非直接补偿性特征在税收法律关系中的一个具体反映。而民事法律关系总是以等价有偿为基本原则，追求权利与义务的对应和对等，所以，税收法律关系的这一特征使其同民事法律关系严格区别开来。

其次，税收法律关系是一种权利和义务不对等的法律关系，即税收法律关系的主体双方，各自享有的权利和义务是不对等的。税收法律关系中主体双方的权利和义务不对等，并不是说主体的权利或义务就是单一的，即并非一方只享有权利而不承担义务，另一方只承担义务而不享有权利，而是说在征纳双方都享有权利和承担义务的前提下，征税主体与具体的纳税人之间的权利和义务不一定对应和对等。因为税收法律关系是一种极为特殊的法律关系，当税务机关在税收征纳关系中充当权利主体的同时，其义务也相伴随产生，这就是所谓“职权”与“职责”的统一。同样，国家行使税收权力时，也要承担提供社会公共产品的义务。另外，在税收征纳法律关系中，纳税人在承担纳税义务的同时，也同时依法享有申请减免税、退税、咨询、陈述、复议、诉讼等权利。因此，准确地说，在具体的税收法律关系中，就某一具体的纳税人和征税主体之间的权利和义务来看，是一种权利和义务不对等的法律关系。但从整体来看，从国家和整个纳税人的关系来看，税收法律关系中的权利和义务是对应的，从理论上也应该是对等的。

同时，须强调的是，税收法律关系中的权利义务内容不对等，并不意味着税收法律关系征纳双方主体的法律地位不平等，法律面前人人平等的原则，在任何法律关系中都是适用的。

4. 税收法律关系的产生、变更和消灭以纳税人发生的税法规定的法律事实为前提

民事法律关系的产生虽然也要以一定的法律事实为前提，但还必须同时以主体双方的意思表示为要件。税收法律关系则不同，只要纳税人发生了税法规定的法律事实，即纳税人发生了纳税义务，同时也就产生了相应的税收法律关系。随着税收法律关系的产生，征税主体就必须依法履行征税的职权和职责，纳税主体同时依法履行纳税义务。纳税义务消灭，税收法律关系也随之消灭。

第二节 税收法律关系的构成要素

一、税收法律关系的要素

税收法律关系与其他法律关系一样，也由主体、内容和客体这三要素构成。这三要素构成了税收法律关系的整体。在税收法律关系三要素中，税收法律关系的主体是第一要素，税收法律关系的内容是基本要素，税收法律关系的客体是必不可少的要素。

(一)税收法律关系的主体

税收法律关系的主体，简称税收主体，是指在税收法律关系中依法享有权利和承担义务的当事人。按照税收法律关系主体行为的性质不同，可以将其分为两类：征税主体和纳税主体。当然，由于税收活动的复杂性，参与税收活动的各类主体种类很多，如税收协助、税务代理等法律关系中的协助或代理机构等主体，由于其不构成税收法律关系中的主线，并且不具有税收法律关系的鲜明特点，这里对该类主体不作深究，而重点分析征税主体和纳税主体。

1. 征税主体

征税主体是指参加税收法律关系，享有国家税收征管权力和履行国家税收征管职能，依法对纳税主体进行税收征收管理的国家机关。从严格意义上讲，只有国家才是征税主体，但是国家征税的权力总是通过立法授权具体的国家职能机关来行使的。因此，在我国，征税主体是一个包括国家各级政权机关和具体履行税收征管职能的各级财政机关、税务机关和海关两个层次在内的统一体。

第一层次的征税主体是国家各级政权机关，包括国家各级权力机关和行政机关。具体就是全国人大及其常委会和地方各级人大及其常委会，国务院及职能部门和地方各级人民政府。我国的税收立法权限就是根据宪法和有关法律在以上国家机关间进行分配的。其中，全国人大及其常委会拥有最广泛和最终的税收立法权，可以认为，其他国家机关都是根据全国人大及其常委会的直接或者间接授权而拥有税收立法权限的。该类主体通过行使税收立法权使国家的征税权得以表现在立法中，并通过监督管理以保障征税权的实现。

第二层次的征税主体是代表国家具体履行税收征收管理职能的各级财政机关、税务机关和海关。财政机关主要负责契税等少数税种的征管，海关负责关税等税种的征管，除此之外的其他大部分税收均由国家各级税务机关负责征收管理。因此，税务机关是人们普遍认为的传统意义上的征税主体，其既是专门的税收征收机关，又是税收管理的职能机关，

成为最主要、最基本的征税主体。该类主体是形式意义上的征税主体，负责具体的日常的税收征收和管理工作。

在税收法律关系中，还有一类征税主体容易被忽视，那就是委托代征人。一般而言，行政机关对经国家法定授权的权力不能转让，但法律明文规定的除外。在我国现行税法中，委托代征就是法律明文规定允许税务机关转让征税权力的一种情况。但是，需要强调的是，委托代征人的征税主体资格受法律的严格约束。具体来说，委托代征只有在下列情况下才成立：一是只有在特定的情况下，税务机关才能委托代征，如零散税收的征收；二是只有法律明文规定的组织或单位才能成为委托代征人，个人不能成为委托代征人；三是委托代征人必须以税务机关的名义进行征税；四是委托代征人的权限受到法律限制，如没有强制权力等。

2. 纳税主体

纳税主体有广义和狭义之分。狭义上的纳税主体就是通常所说的纳税人。广义上的纳税主体除纳税人之外，还包括扣缴义务人。纳税人是税法规定的负有纳税义务的单位和个人，这是最重要和最普遍的纳税主体。扣缴义务人是税法规定负有代扣代缴、代收代缴税款义务的单位和个人。纳税人和扣缴义务人有明显的区别。

对于纳税主体，根据我国现行税法的规定，有许多不同的划分方法。按照纳税主体在民法中身份的不同，可以分为自然人、法人、非法人单位；根据征税权行使范围的不同，可以分为居民纳税人和非居民纳税人等。不同种类的纳税主体，在税收法律关系中享受的权利和承担的义务不尽相同。比如居民纳税人在个人所得税上负有无限纳税义务，而非居民纳税人则只负有限纳税义务；具有法人资格的公司企业与非法人的个人独资企业和合伙企业在所得税的缴纳上就有很大的不同。因此，正确认识和区分纳税主体的性质、地位，有利于保障税收法律关系的正常运行。

(二)税收法律关系的内容

税收法律关系的内容是指税收法律关系主体依法享有的权利和承担的义务。由于税收法律关系的特殊性，尤其是在税收征纳法律关系中，税收法律关系主体双方具有单方面的权利义务，一般来说，征税主体总是权利主体，纳税主体总是义务主体。但按照法学一般原理，不存在着只享有权利而不承担义务或者只履行义务而不行使权利的主体。因此，就广义的税收法律关系的内容而言，尽管征纳双方的权利和义务不一定对应和相等，但征税主体和纳税主体都应该既享有一定权利，又承担一定义务。

根据我国现行税法，主要是《税收征收管理法》的规定，征税主体(以税务机关为代表)和纳税主体的权利和义务主要有以下几个方面：

1. 税务机关的权利和义务

税务机关在税收活动中依法享有广泛的权利，这样有助于保障国家征税权的实现。税务机关及税务人员在征税活动中依法享有的权利主要可概括为以下几项：

(1)税务管理权。具体包括税务登记管理权、账簿凭证管理权、纳税申报审核权、发票管理权等。

(2)税款征收权。这是税务机关最基本的权利。具体包括税款核定权、税额调整权、减免税的批准权、依法采取税收保全措施和税收强制执行措施的权利、代位权、撤销权等。

(3)税务检查权。包括对纳税人的财务会计资料如账簿、凭证、发票等的检查，对纳税人的应税商品、货物或其他财产进行查验登记，对纳税人的存款账户进行检查。

(4)税务违法处罚权。包括对纳税人违反税法规定的一般税收违法行为进行行政处罚；对情节严重、触犯刑律的，提请司法机关依法追究其刑事责任。

(5)税务行政复议权。上一级税务机关有权对各自的下一级税务机关作出的税务具体行政行为所引起的税务行政争议案件进行行政复议。

(6)税收行政立法权。税务机关有权在法律授权的范围内依照一定程序制定税收行政法规或地方性税收法规等。

(7)排除阻挠的权利。税务机关和税务人员依法执行职务，任何单位和个人不得阻挠。

税务机关的义务是对税务机关行使征税权的约束和限制，对于保护纳税主体的合法权利具有重要的意义。税务机关的义务有些是针对征税主体的，有些则是对国家和社会的。这些义务主要包括：

(1)依法征税的义务。税收的开征、停征以及减税、免税、退税、补税，依照法律和行政法规执行，不得擅自作出税收的开征、停征、减税、免税、退税、补税，以及作出与其他税收法律、行政法规相抵触的决定。应当将征收的税款按时足额入库，不得截留和挪用。

(2)提供服务的义务。税务机关应当广泛宣传税收法律、行政法规，普及纳税知识，无偿地为纳税人提供税务咨询服务。

(3)保密的义务。税务机关对纳税人的经营状况负有保密义务；税务机关应为检举人保密，并按照规定给予奖励。

(4)回避的义务。税务人员在核定应纳税额、调整税收定额、进行税务检查、实施税务行政处罚、办理税务行政复议时，与纳税人、扣缴义务人或者其法定代表人、直接责任人有法律规定应当回避情形的应当回避。

(5)给付手续费的义务。税务机关应当按照规定付给扣缴义务人代扣、代收税款的手续费，且不得强行要求非扣缴义务人代扣、代收税款。

(6)赔偿的义务。税务机关应当严格按照法定程序实施和解除税收保全措施，如因税务机关的原因，致使纳税人的合法权益遭受损失的，税务机关应当依法承担赔偿责任。

(7)依法接受监督的义务。上级税务机关应当对下级税务机关的执法活动依法进行监督；各级税务机关应当建立健全内部制约和监督管理制度；各级税务机关应当对其工作人员执行法律、行政法规和税收政策的情况进行监督检查；税务机关和税务人员应接受来自社会各方面的监督。

2. 纳税主体的权利和义务

纳税主体在税收活动中主要是承担纳税的义务，但税法也规定了纳税主体广泛的权利，既包括实体方面的权利，也包括程序方面的权利。纳税主体的权利主要是指纳税人的权利，也包括扣缴义务人的权利。这些权利主要包括以下几项：

(1)税收优惠权。纳税人依法享有申请减税、免税以及退税的权利。依法应当享受减免税和税收优惠的，可以申请减免。超过应纳税额多缴的税款在三年内发现的，可要求退还多缴的税款及同期银行存款利息。

(2)税收知情权。纳税人、扣缴义务人有权向税务机关了解国家税收法律、行政法规的规定以及与纳税程序有关的情况。

(3)税收秘密权。纳税人和扣缴义务人有权要求税务机关和税务人员为其保守技术信息、财务等商业秘密和个人隐私。纳税人、扣缴义务人的税收违法行为不属于保密范围。

(4)陈述申辩权。纳税人、扣缴义务人对税务机关作出的决定享有陈述和申辩的权利。

(5)延期申报权。纳税人、扣缴义务人不能按期办理纳税申报或者报送代扣代缴、代收代缴税款报告表的，经税务机关批准可以延期申报。

(6)延期纳税权。纳税人因有特殊困难，不能按期缴纳税款，经省、自治区、直辖市的税务机关批准可以延期缴纳税款，但最长不超过三个月。

(7)拒绝检查权。税务机关派出的人员进行检查时，未出示税务检查证和税务检查通知书的，被检查人有权拒绝检查。

(8)要求回避权。认为税务机关承办税务事宜的工作人员与本案有直接利害关系的，可以要求其回避。

(9)检举控告权。纳税人、扣缴义务人有权控告和检举税务机关、税务人员的违法违纪行为。

(10)税收救济权。纳税人依法享有申请行政复议，提起行政诉讼，请求国家赔偿的权利。

(11)获得赔偿权。税务机关滥用职权使纳税人、扣缴义务人的合法权益遭受损失的，应当依法承担赔偿责任。

(12)索取凭证权。税务机关征税必须给纳税人开具完税凭证；代扣代缴、代收代缴人在代扣代收税款时，纳税人索要凭证的应当为纳税人开具完税凭证。

(13)基本生活保障权。税务机关采取税收保全和强制执行措施时，不得查封、扣押纳税人个人及其扶养的家属维持生活必需的住房和用品。

纳税主体的义务主要包括以下几项：

(1)依法纳税的义务。纳税人、扣缴义务人必须依照法律、行政法规的规定和税务机关依法确定的时间、地点、数额缴纳税款，代扣代缴、代收代缴税款。

(2)税务登记的义务。纳税人应依法办理、变更或注销税务登记。

(3)按期申报纳税的义务。纳税人、扣缴义务人应当自行申报纳税。即使在纳税期间内没有应纳税款或享受减税、免税待遇的，也应当按照规定办理纳税申报。

(4)账簿、凭证方面的义务。纳税人必须依法进行账簿、凭证和发票的管理。

(5)提供纳税信息的义务。纳税人、扣缴义务人应当按照国家有关规定如实向税务机关提供与纳税和代扣代缴、代收代缴税款有关的信息。

(6)协助税务检查义务。纳税人、扣缴义务人应接受税务机关依法进行的税务检查；向税务机关提供生产销售情况和其他资料，主动接受并配合税务机关的税务检查，不得拒绝、隐瞒情况。

(三)税收法律关系的客体

税收法律关系的客体是税收法律关系主体的权利和义务共同指向的对象。它是征税主体和纳税主体的权利和义务得以存在的客观基础，是所有征纳权利和义务的依托。根据法律关系客体的一般理论，税收法律关系的客体应该包括物和行为两类。作为税收法律关系客体的物，指的是按照一定的征税对象和一定税率计算出来的应当上缴国家的货币和实物，通常称为税款，是税收法律关系最常见、最重要的客体。作为税收法律关系客体的行为，指的是征税主体和纳税主体特定的行为。具体包括作为征税主体的国家权力机关、行政机关及税收征收管理机关在制定、颁布、实施税法的过程中享有税收管理权限、履行税收征管职责、实现国家征税权的行为，如税款征收行为、税务检查行为以及纳税主体的特定的行为，如固定资产投资行为等。

基于税收法律关系的特殊性，也有人一反通说中法律关系客体即行为和物的观点，主张税收法律关系的客体是税收利益。认为在税收征纳法律关系中，税收利益表现为纳税主体部分财产的单向转移，同时也表现为征税主体税收收入的无偿取得。进一步说，纳税主体因偿还了公法上的债务，即缴纳税收，从而获得了要求并享有国家提供公共产品和公共服务的权利，与此同时，国家也因实现了公法上的债权，即获得税收，从而负有为社会提供公共产品的义务。税收利益是税收法律关系中各种权利和义务共同指向的核心内容，并由它联结了整个税收法律关系的运行，它也就成为税收法律关系中唯一的客体。对此观点，我们认为，所谓的税收利益，可作两种解释，一是税款本身，二是税收的“好处”，这里的“好处”也就是税收的功能和作用。如果说税收法律关系中的权利义务不是指向税款本身而是在税收之外，那就很令人费解了。从征纳双方的权利义务来分析，征税主体一方的权利在于保障征税权的落实，实现税收，义务则在于规范征税权的运用，防止对纳税主体财产权的侵害；纳税主体的权利义务则是在保证税收的同时，维护私人财产权不受侵犯。因此，征纳双方的权利和义务都是指向的税收本身，也就是税款，实际上就是通说中的“物”。

税收法律关系的客体与税法构成要素中的征税对象有区别也有联系，有时是一致的，有时则不同。如所得税的征税对象是所得额，而所得税征纳法律关系的客体是税款即应纳所得税额，两者显然不同。如固定资产投资方向调节税的征税对象是固定资产投资行为，相应的税收法律关系的客体也是固定资产投资行为，但最终指向的还是固定资产投资行为税税款。

第三节 税权的概念和基本权能

一、税权的概念和特征

税权，也称课税权，是指由宪法和法律赋予政府开征、停征及减税、免税、退税、补税和管理税收事务的权力的总称。① 税权是由法律规定的，是国家权力在税收上的表现。

① 参见陈清秀著：《税法总论》，台湾元照出版公司2006年版，第84页。

税权作为一个特定的税法范畴，具有以下特征：

第一，专属性。这是税权在主体方面的特征。税权是国家税收关系在法律上的表现。国家是税收关系中唯一的征税主体。因此，税权的权利主体总是国家，国家作为权利主体具有唯一性和统一性。这种唯一性和统一性，表明国家拥有的税权是国家之外任何其他主体不能拥有的，具有国家专属性。财政机关、税务机关和海关是代表国家行使税权的职能部门，它们拥有国家授予的征税职权，但不能说它们拥有国家税权。

第二，法定性。税权是法定权利，为国家的宪法和法律所设定。在现代世界各国，政府是否拥有税权必须通过宪法或有关法律作出严格规定。比如美国宪法规定，依照权力征税，必须按照议会通过的法律进行，并在议会中专门规定了税收议案的审议程序。我国宪法规定，公民有依照法律纳税的义务，这反衬出国家拥有税权。我国《税收征收管理法》第 3 条规定："税收的开征、停征以及减税、免税、退税、补税，依照法律的规定执行；法律授权国务院规定的，依照国务院制定的行政法规的规定执行。"

第三，优益性。税权不同于公民和市场主体的一般经济权利，它体现国家和全体人民的意志，涉及国家和全社会的利益。因此，税收机关代表国家行使税权时，享有一定的优益条件，实现国家的优先受益。这种优益性在征税行为方面表现为效力先定性。我国《税收征收管理法》第 88 条规定："纳税人、扣缴义务人、纳税担保人同税务机关在纳税上发生争议时，必须先依照税务机关的纳税决定缴纳或者解缴税款及滞纳金或者提供相应的担保，然后可以依法申请行政复议；对行政复议决定不服的，可以依法向人民法院起诉。"

第四，公示性。这是税权某项具体内容发生变更时表现出来的特征。由于税权的义务主体十分广泛，税权的某项内容的变更涉及众多纳税人的利益。为了切实贯彻税权法定原则，约束税收机关的行为，保护纳税人的利益，凡是税权内容发生变更的，都必须将变更的内容以法定方式公开，使纳税人知晓。税权的公示必然有利于防止税收机关及其工作人员滥用职权行为的发生，有利于监督各项税收工作。可见，税权的公示性是依法治税的内在属性。

第五，不可处分性。税权是政府的一种经济职权。征税机关有权实施税权，但无权对它作任意处分。税权的不可处分性表现为两个方面：一是征税机关不得自由转让税权，除非符合一定的法律条件并经过一定的法律程序；二是征税机关不得自由放弃税权。从这个意义上说，税权同时也是征税机关的一项法定义务。税权的不可处分性是它区别于一般经济权利的重要特征。

二、税权的基本权能

税权的基本权能也即税权的内容，是指税权中包含的具体权能。税收的开征、停征、减税、免税、退税、补税和征收管理是税权的统一的不可缺少的权能。

1. 开征权

开征权是税权的核心权能，它是指国家选择某一征税对象向相应纳税人强制无偿征收一定比例的货币或实物的决策权。简而言之，开征权是指国家决定开征某一种税收的权利。国家开征一种新税，就意味着将某一类财产或特定的行为确定为征税对象，将征税对象所涉及的某些单位和个人确定为纳税义务人。国家开征一种税，是将一部分财产从纳税人所有转为国家所有。这种财产所有权的转移必须通过一定的形式才能得以实现。开征权是国家参与部分社会产品和国民收入分配、再分配的经济关系在法律上的表现。因此，只有国家才是开征权的权利主体，但是国家征税的权力是集中通过国家最高权力机关及其授权的国家行政机关以立法形式实施的。

2. 停征权

停征权是指国家决定停止征收某一种税收的决策权。开征权的行使导致某一种新的税收的出现，而停征权的行使导致某一种旧的税收的终止。停征权的权利主体也是国家，具体表现为国家的最高权力机关及其授权的国家行政机关。

3. 减税权

减税是对纳税人应征税款减除一部分，从而减轻纳税人的纳税义务。减税权是决定对某些纳税人减税的权利。减税权的权利主体是国家最高权力机关及其授权的国家行政机关。征税机关也可以依法享有一定的减税权，例如，某些纳税人遇到特殊的暂时困难时，征税机关可依照税收管理权限的规定临时批准减税。

4. 免税权

免税是将纳税人的应纳税额全部免除，从而使纳税人不再承担纳税义务。豁免也是一种免税，它是指按照税法的规定，经过批准对全部应纳税款或欠税免予缴纳。免税权是决定对某些纳税人免税的权利。

5. 退税权

退税是将已经征收入库的税款，按照法定程序退还给原纳税人的行为，包括误征退税、政策退税和其他退税三种类型。退税权是征税机关拥有的依法办理退税的权利。

6. 加征权

税收加征是指在按税法规定的税率计算出纳税人的纳税额的基础上，再按此纳税额加征一定成数或倍数。在加征的情况下，纳税人的应纳税额为按税率计算的纳税额与加征额两项之和。可见，加征增加了纳税人的税负，它实际上是提高税率的一种方式。加征权是征税机关依法对某些纳税人按照纳税额加征一定成数或倍数税款的权利。国家赋予征税机关加征权，其目的在于限制某些经营或防止纳税人取得过多利润，调节经济和收入分配。

7. 税收检查权

税收检查权是税收机关依法对纳税人履行纳税义务的情况进行检查监督和对税收违章行为进行查处的权利。税收检查权是税收机关进行税收检查活动的依据，是贯彻和实施税法，保证税收收入的重要法律手段。对于税收检查权的内容，我国《税收征收管理法》作出了明确规定，包括查账权、场地检查权、责成提供资料权、询问权、查证权和查核存款账户权等。

8. 税收调整权

税收调整权是指国家最高权力机关及其授权的国家行政机关对税法规定的部分税收内容进行增减、修订和补充的权利。大的方面如全国人民代表大会常务委员会对《中华人民共和国个人所得税法》的修改，小的方面如财政部为调控股市而进行的印花税税率的调整。

第四节 纳税人权利

一、纳税主体的权利

(一)纳税人权利的概念

纳税主体的权利，是指为道德、法律或者习惯所认定为正当的纳税主体的利益、主张、资格、力量或自由。这是对纳税主体权利的广义界定。在狭义上，可以将纳税主体的权利界定为由税法规定或确认的，在税收法律关系中由纳税主体享有，并与征税主体的义务相对应的各种权利。纳税人在税收法律关系中所享有的权利，包括实体法方面的权利，也包括程序法方面的权利。

(二)我国现行税法规定的纳税人权利

现代税法日趋重视对纳税人权利的确认和保障。我国的纳税人权利集中体现在《税收征收管理法》中，具体内容如下：

1. 税收知情权

《税收征收管理法》第 8 条第 1 款规定："纳税人、扣缴义务人有权向税务机关了解国家税收法律、行政法规的规定以及与纳税程序有关的情况。"

2. 要求保密权

《税收征收管理法》第 8 条第 2 款规定："纳税人、扣缴义务人有权要求税务机关为纳税人、扣缴义务人的情况保密。税务机关应当依法为纳税人、扣缴义务人的情况保密。"

3. 申请减免权

《税收征收管理法》第 8 条第 3 款规定："纳税人依法享有申请减税、免税、退税的权利。"《税收征收管理法》第 33 条规定："纳税人可以依照法律、行政法规的规定书面申请减税、免税。"

4. 申请退税权

根据《税收征收管理法》第 8 条、第 51 条的规定，纳税人超过应纳税额缴纳的税款，税务机关发现后应当立即退还；纳税人自结算缴纳税款之日起 3 年内发现的，可以向税务机关要求退还多缴的税款并加算银行同期存款利息，税务机关及时查实后应当立即退还。

5. 陈述申辩权

《税收征收管理法》第 8 条第 4 款规定："纳税人、扣缴义务人对税务机关所作出的决定，享有陈述权、申辩权。"

6. 请求回避权

《税收征收管理法》第 12 条规定："税务人员征收税款和查处税收违法案件，与纳税人、扣缴义务人或者税收违法案件有利害关系的，应当回避。"

7. 选择纳税申报方式权

《税收征收管理法》第 26 条规定："纳税人、扣缴义务人可以直接到税务机关办理纳税申报或者报送代扣代缴、代收代缴税款报告表，也可以按照规定采取邮寄、数据电文或者其他方式办理上述申报、报送事项。"

8. 申请延期申报权

《税收征收管理法》第 27 条第 1 款规定：“纳税人、扣缴义务人不能按期办理纳税申报或者报送代扣代缴、代收代缴税款报告表的，经税务机关核准，可以延期申报。”

9. 申请延期缴纳税款权

《税收征收管理法》第 31 条第 2 款规定：“纳税人因有特殊困难，不能按期缴纳税款的，经省、自治区、直辖市国家税务局、地方税务局批准，可以延期缴纳税款，但是最长不得超过三个月。”

10. 拒绝检查权

《税收征收管理法》第 59 条规定：“税务机关派出的人员进行税务检查时，应当出示税务检查证和税务检查通知书，并有责任为被检查人保守秘密；未出示税务检查证和税务检查通知书的，被检查人有权拒绝检查。”

11. 委托税务代理权

《税收征收管理法》第 89 条规定：“纳税人、扣缴义务人可以委托税务代理人代为办理税务事宜。”

12. 取得代扣、代收手续费权

《税收征收管理法》第 30 条第 3 款规定：“税务机关按照规定付给扣缴义务人代扣、代收手续费。”

13. 索取完税凭证权

《税收征收管理法》第 34 条规定：“税务机关征收税款时，必须给纳税人开具完税凭证。扣缴义务人代扣、代收税款时，纳税人要求扣缴义务人开具代扣、代收税款凭证的，扣缴义务人应当开具。”

14. 索取收据或清单权

《税收征收管理法》第 47 条规定：“税务机关扣押商品、货物或者其他财产时，必须开付收据；查封商品、货物或者其他财产时，必须开付清单。”

15. 税收救济权

根据《税收征收管理法》第 8 条、第 88 条的规定，纳税人、扣缴义务人对税务机关所作出的决定，依法享有申请行政复议、提起行政诉讼的权利。

16. 请求国家赔偿权

根据《税收征收管理法》第 4 条、第 8 条、第 39 条的规定，纳税人、扣缴义务人对税务机关所作出的决定，享有请求国家赔偿的权利；税务机关滥用职权违法采取税收保全措施、强制执行措施，或者采取税收保全措施、强制执行措施不当，使纳税人、扣缴义务人或者纳税担保人的合法权益遭受损失的，应当依法承担赔偿责任。

17. 控告、检举、举报权

《税收征收管理法》第 8 条第 5 款规定：“纳税人、扣缴义务人有权控告和检举税务机关、税务人员的违法违纪行为。”《税收征收管理法》第 13 条规定：“任何单位和个人都有权检举违反税收法律、行政法规的行为。收到检举的机关和负责查处的机关应当为检举人保密。税务机关应当按照规定对检举人给予奖励。”

复习思考题

1. 简述税收法律关系的概念和特征。
2. 税收法律关系与税收关系有何区别和联系？
3. 对于税收法律关系的性质有几种看法？谈谈你自己的观点。
4. 税收法律关系的构成要素有哪些？
5. 税收法律关系的主体主要有哪几类？
6. 简要阐述税收法律关系的具体内容。

第四章　税法沿革与税制改革

第一节　税法与税制的关系

一、税制的概念和特点

税制是税收制度的简称。关于税制，存在着不同的理解和使用，范围时窄时宽。实践中，税制可以是关于某一具体税种的制度，如企业所得税制度、增值税制度；也可以是关于某一类税的制度，如流转税制度、所得税制度；还可以是指所有税种组成的税收体系。通常所说的税制改革中的“税制”，一般偏重于税收体系和税收征收管理方面的内容。按照我们的理解，税收制度有狭义和广义之分。狭义的税收制度仅指税制结构。所谓税制结构，是指税收制度中的税种组成以及各种税在其中所处的地位及相互关系，其核心是主体税种的选择和辅助税种的搭配问题，其实质就是一国的税收体系。税制结构说明一个国家一定时期税收制度的总体格局及其内部构造，是一个国家税收制度的基础和核心。广义的税收制度除了包括税制结构外、还包括税收征收管理体制和制度、税收立法体制等方面的内容。我们这里的税收制度是从广义上理解和使用的。

综上，税制是国家通过立法建立的，保障税收职能实现的，关于税收作为国家财政收入形式的制度的总称。税收制度包括税制结构、税收征收管理体制以及税收立法体制等方面。税制具有以下特征：

(1)税制是一个由税制结构、税收征收管理体制和税收立法体制组成的有机整体。这个整体有自己内部的组成要素、结构和功能。而各个组成要素也有自己的组成要素、结构和性能。

(2)一个国家或地区的税制，总是在特定的社会政治、经济条件下形成的。不同的社会政治、经济条件，决定了不同的税制。社会、政治、经济条件改变了，税制就必然发生变化。因此，税制不是一成不变的，而是处于不断的调整、变化之中。

(3)税制是由国家以法律形式确定的，而且由国家强制力保证其贯彻执行。税制是以国家税法作为依据建立并保障其实施的。

(4)税制是一国经济制度、尤其是一国财政制度的重要内容。其目的是保障国家利益和纳税人的合法权益，维护正常的税收秩序，保证国家的财政收入。

二、税制的内容

税制包括税制结构，税收立法体制、税收征收管理体制等方面的内容，下面分别现从理论上予以分析和介绍。

(一)税制结构的模式和类型

1. 税制模式

税制结构的模式简称税制模式，是指一国或地区根据政治经济状况选择税系、税种构成及其相互关系的形式。其核心是主体税种的选择及其与辅助税种间的配置关系。一个国家或地区的税收体系按照税种的多寡，可分为单一税制模式和复合税制模式。如果一种税能够体现税收原则的要求，或者一各国家或地区在一定时期内只征收一种税，那么，由一个税种所组成的税制结构也可以成为一种税制模式，即单一税制模式。复合税制模式是指由多种不同税组成并相互配合、相互补充而形成的税收制度。复合税制模式是多种税种并存，有主有次，形成主体税种和辅助税种。主体税种是税收收入在整个税收体系中占较大比重的税种。辅助税种则是税收收入在整个税收体系中占较小比重的税种。

复合税制模式同单一税制模式相比，有如下的优缺点：

(1)复合税制的优点。同单一税制模式相比较，复合税制的优点主要有：①税源充裕，能保证国家财政需要，税制有较大的弹性，能适应时政变动的需要；②复合税制涵盖面广，能捕捉各种税源，容易做到普遍课税和公平课税；③复合税制模式能够保证税源不致枯竭，并能促使社会经济综合平衡发展。

(2)复合税制模式的缺点：①税种过于繁杂；②税负分布不均；③征收成本高。

单一税制从理论上应该是存在的，但当今世界几乎所有国家均采用复合税制，税收体系由多税种构成，各税种之间既存在联系又有差别。

税制结构就是指实行复合税制的国家，按一定标准，在进行税收分类的基础上所形成的税收分布格局及其相互关系。因为在单一税制模式里，只有一种税种，不存在税收体系或税制结构问题，只有在复合税制模式中，由于多税种并存，才会形成税收体系和存在内部结构问题。在现代社会，由于税收履行着筹集资金、资源配置、收入分配和宏观调控等多种职能，因此，自然就会形成多种税同时并存，各税种及相对独立，又协调配合、互为补充的复合税制体系，并且按课税对象的特点，形成流转税、所得税、财产税、行为税等税类体系。复合税制模式是现代西方各国共同采用的税制模式。它是从各个方面选择课税对象、设置税种、确定征收办法，从而使具有不同特点、作用的各个税种，能够相互配合运用，更好地发挥组织财政收入、调节经济的作用。

2. 税制模式的类型

尽管各国普遍实行了复合税制，但是，由于各国经济条件、历史传统和政策目标不同，在税种设置、税收分布格局上也不完全相同，甚至存在着比较大的差异，因此也形成了各具特点的复合税制的多种类型：

(1)以资源税为主体税种的模式。该模式是国家选择各种自然资源作为征税对象，资源税收入在国家税收收入中占主要部分。通常为早期国家或现代的经济不发达国家或地区所采用。由于经济不发达、商业交易也不发达、收入水平低，难以通过流转税和所得税取得更多税收收入，土地、盐、矿产等自然资源方面的税收成为国家税收收入的主要来源。

(2)以流转税为主体税种的模式。以流转税为主体的税种结构模式，是指在整个税种体系中，以流转税作为主体税种，占税收收入的比重最大，并起主导作用。通常以商业交易发达国家或地区所采用。根据资料统计，绝大多数发展中国家、少数经济发达国家实行这种税制结构模式。

(3)以所得税为主体税种的模式。以所得税为主体的税种结构模式，是指在整个税种体系中，以所得税作为主体税，占最大比重，并起主导作用。根据资料统计，绝大多数经济发达国家如英国、美国、加拿大以及少数发展中国家实行这种税种结构模式。以所得税为主体的税种结构模式就其内部主体税特征而言，还可以进一步分为以下三种类型：以个人所得税为主体、以企业所得税为主体、以社会保险税主体。

(4)以流转税和所得税为主体税种的双主体模式。为德国、意大利、荷兰等国采用。双主体税种结构，是指在整个税种体系中，流转税和所得税占有相近的比重，在财政收入和调节经济方面共同起着主导作用。一般来说，在由流转税为主体向所得税为主体的转换过程中，或者在由所得税为主体向流转税为主体的转化过程中，都会形成双主体税制结构模式。双主体模式虽然是一种现实的税制结构模式，但从发展角度分析，只是一种转换时期的过渡模式，将被流转税为主体的税制结构模式，或所得税为主体的税制结构模式所替代。

我国目前的税制采取的就是复合税制模式。尽管在复合税制模式的类型选择上存在争论，但根据我国社会经济发展的现状和水平，根据流转税和所得税在国家税收收入中所占的实际比重，人们多倾向我国属于复合税制模式中流转税与所得税并重的双主体模式。

税制模式和税制模式的类型描述的是税收制度的总体框架及其状态，这种描述具有高度的概括性和整体性，反映税收制度的总体特征。税制模式不仅仅表明一国税制由哪些基本税种构成，分为几类；哪类税或哪个税种是主体税；哪类税或哪个税种是辅助税，并且这种总体特征的描述还表明了税制结构的功能，税收的活动方向以及活动范围等重要内容。

(二)税收立法体制

1. 税收立法体制的概念和类型

税收立法是指国家权力机关及其授权的行政机关依据法定程序，在法定权限范围内，制定、修改或废止税收法律规范的全部活动的总称。税收立法权是制定、修改、解释或废止税收法律、法规、规章和规范性文件的权力。它包括两方面的内容：一是什么机关有税收立法权；二是各级机关的税收立法权是如何划分的。税收立法权的明确有利于保证国家税法的统一制定和贯彻执行，防止各种越权自定章法、随意减免税收现象的发生。税收立法体制就是规定税收立法权限在国家政权机关相互之间的划分的制度，其核心是明确中央和地方之间以及权力机关和由其授权的行政机关之间的税收立法权限的划分。需要指出的是，这里的税法是广义上的税法，包括各个效力层次的税收法律规范，而非仅指税收法律和税收行政法规。

综观世界各国的税收立法体制，主要有以下两种类型：

一级立法体制与多级立法体制。这种类型是按照税收立法权限是否存在中央和地方的等级关系来划分的。在一级立法体制下，税收立法权专属于国家中央政权机关，任何地方政权机关均无权制定税收法规；在多级立法体制下，中央政权机关和经授权的地方各级政权机关都可在各自权限范围内制定税收法规，大多数国家，其中包括美国、加拿大、意大利、墨西哥等都实行的是这一体制。

一元化税收立法体制和多元化税收立法体制。一元化税收立法体制是指税收立法权仅由同一性质的国家机关(一般是国家权力机关或立法机关)行使，即立法机关性质单一化，如加拿大、墨西哥、澳大利亚、新西兰等国；多元化税收立法体制是指税收立法权由两个或多个不同性质的国家机关行使，一般是国家权力机关和由其授权的国家行政机关，如美国、英国、丹麦、荷兰、比利时等国。

税收立法体制，是由一个国家的立法体制所决定的。按照前述税收立法体制类型的划分，我国现行税收立法体制属于多级和多元化税收立法体制。所谓多级，是指我国税收立法权限在中央和地方之间进行划分，是一种纵向的划分方式。所谓多元，是指我国的税收法律规范，既包括由国家权力机关制定的，又包括由行政机关根据授权制定的，是一种税收立法权限的横向分配方式。由此，我国已初步构建了一个横向协作配合关系和纵向效力从属关系相统一的税收立法体制。

2. 我国税收立法权的划分

我国税收立法权划分的层次如下：

(1)全国性税种的立法权，即包括全部中央税、中央与地方共享税和在全国范围内征收的地方税税法的制定、公布和税种的开征、停征权，税收征收管理制度基本制度的设立属于全国人民代表大会(简称全国人大)及其常务委员会(简称常委会)。

(2)经全国人大及其常委会授权，全国性税种可先由国务院以“条例”或“暂行条例”的形式发布施行。经一段时期后，再行修订并通过立法程序，由全国人大及其常委会正式立法。

(3)经全国人大及其常委会授权，国务院有制定税法实施细则、增减税目和调整税率的权力。

(4)经全国人大及其常委会授权，国务院有税法的解释权；经国务院授权，国家税务主管部门(财政部、国家税务总局及海关总署)有税收条例的解释权和制定税收条例实施细则的权力。

(5)经国务院授权，省级人民政府有本地区地方税法的解释权和制定税法实施细则、调整税目、税率的权力，也可在上述规定的前提下，制定一些税收征收办法，还可以在全国性地方税条例规定的幅度内，确定本地区适用的税率或税额。上述权力除税法解释权外，在行使后和发布实施前须报国务院备案。

地区性地方税收的立法权应只限于省级立法机关或经省级立法机关授权同级政府，不能层层下放。所立税法可在全省(自治区、直辖市)范围内执行，也可只在部分地区执行。

(三)税收征管体制

1. 税收征管体制的概念和类型

税收征收管理体制是指在各级政府之间主要是在中央政府与地方政府之间划分税收收入、税收管理权限的制度。税收管理体制是国家税收制度的重要组成部分，也是国家经济管理体制和财政管理体制的一个重要组成部分。其实质是中央与地方各级政府之间税收权力的分配关系。税收管理体制是否完善合理，能否适应社会主义经济发展的客观要求，不仅关系到税收政策法律的正确贯彻执行和税收经济杠杆作用的发挥，而且对调动各级政府理财的积极性，促进国民经济持续、稳定、协调发展，保障经济体制改革顺利进行都有着十分重要的作用。

税收权力在中央和地方各级政府之间的划分，是税收管理体制的基本内容。税收权力的划分主要表现为税收管理权的划分与税收征收权的划分。税收管理权主要包括税种开征或停征权、税收调整权、税收减免权或加征权等权限在中央与地方政府之间的划分。税种的开征或停征权，即决定开征什么税种、停征什么税种，以及对已制定的税法决定何时开征、何时停征的权力。税收的调整权，即对某些税法规定允许在一定幅度内浮动的税制要素(如税率、税目、起征点等)作具体规定和进行调整的权限。税收的减免权或加征权，即审批、确定减免税或加征税的权限。税收征收权，即各项税收收入在中央和地方政府之间如何分配问题。税收收入的征收权的划分，是在中央和地方政府之间对一国的税收收入进行分配，这种分配属于财权的分配，它往往受事权划分的制约。税收收入在中央与地方政府之间的分配，主要有三种方式：

(1)按税种划分。即将一国税制所设置的税种，根据一定原则和标准划分为中央税和地方税，中央和地方都有各自独立的收入来源，这种划分方式称为彻底的分税制。它有利于规范中央与地方的税收分配，理顺中央与地方的税收权益关系。

(2)按税额划分。即将一国的税收收入，按照一定的原则和比例，划分为中央收入和地方收入，而不论税收收入是来自哪一个税种。这种划分方式称为税收分成制。它使中央与地方政府的税收收入同出一处，从而形成相互依赖、相互制约、共同发展的关系。

(3)税种划分与税额划分相结合。即将一国的税种，根据一定的原则和标准，划分为中央税、地方税和中央地方共享税。其中，中央税和地方税的划分属于按税种划分的方式，中央地方共享税则是按税额来划分中央与地方的税收收入。这种分配方式称为不彻底的分税制。它吸收了税种划分与税额划分二者的长处，适应性较广。

按照集权与分权关系的不同处理方式，税收管理体制可以划分为三种类型：中央集权型，其主要特征是，国家的税收管理权限集中于中央政府，地方政府的税收管理权限很小，地方政府的收入主要靠中央拨给；地方分权型，其主要特征是，国家的税收管理权限集中于地方政府，中央政府的税收管理权很小，中央政府主要依靠地方政府上缴取得收入；集权分权兼顾型，其主要特征是，中央政府集中掌握主要的税收管理权限和税种收入，地方政府有一定的、相对独立的管理税收的权力，但在不同程度上受到中央的制约。

上述三种类型的税收管理体制各有其优缺点，究竟采取何种类型的体制，要根据不同历史时期的政治体制、经济体制和财政体制的状况和要求加以选择。我国目前的税收管理体制，采取的是税种划分和税额划分相结合的方式，具有集权与分权相结合的特点。

2. 我国税收征管机关的设置

2018 年，根据我国经济和社会发展及推进国家治理体系和治理能力现代化的需要，对国税地税征管体制进行了改革。现行税务机构设置是中央政府设立国家税务总局(正部级)，原有的省及省以下国税地税机构两个系统通过合并整合，统一设置为省、市、县三级税务局，实行以国家税务总局为主与省、自治区、直辖市人民政府双重领导管理体制。此外，另由海关总署及下属机构负责关税征收管理和委托征收进出口的增值税、消费税等税收。

3. 税收征管范围的划分

目前，我国的税收分别由税务、海关等系统负责征收管理。具体规定如下：

(1)税务系统即国家税务总局系统负责征收和管理的税种有：增值税、消费税、车辆购置税、企业所得税、个人所得税、资源税、城镇土地使用税、耕地占用税、土地增值税、房产税、车船税、印花税、契税、城市维护建设税、环境保护税和烟叶税，共16个税种。

(2)海关系统负责征收和管理的项目有：关税、船舶吨税，同时负责代征进出口环节的增值税和消费税。

4. 分税制

分税制是在确定各级政府职能的基础上，按税种划分和明确各级政府财政收支范围的制度。具体地说，分税制是根据财权与事权相结合的原则，将税种统一划分为中央税、地方税、中央与地方共享税，并建立中央税收体系与地方税收体系，由税务机关征收管理。

根据国务院关于实行分税制财政管理体制的规定，我国的税收收入分为中央政府固定收入、地方政府固定收入和中央政府与地方政府共享收入。税种的具体划分如下：

(1)中央政府固定收入包括：消费税(含进口环节海关代征的部分)、车辆购置税、关税、海关代征的进口环节增值税等。

(2)地方政府固定收入包括：城镇土地使用税、耕地占用税、土地增值税、房产税、车船税、契税、环境保护税和烟叶税等。

(3)中央政府与地方政府共享收入包括：增值税(不含进口环节由海关代征的部分)，中央政府分享50%，地方政府分享50%；企业所得税，中国铁路总公司(原铁道部)、各银行总行及海洋石油企业缴纳的部分归中央政府，2002年所得税收入中央与地方各分享50%，2003年后所得税收入中央分享60%，地方分享40%；个人所得税，除储蓄存款利息所得的个人所得税外，其余部分的分享比例与企业所得税相同；资源税，海洋石油企业缴纳的部分归中央政府，其余部分归地方政府；城市维护建设税，中国铁路总公司、各银行总行、各保险总公司集中缴纳的部分归中央政府，其余部分归地方政府；印花税，多年来证券交易印花税收入的97%归中央政府，其余3%和其他印花税收入归地方政府。为妥善处理中央与地方的财政分配关系，经国务院决定，从2016年1月1日起，将证券交易印花税由现行按中央97%、地方3%比例分享，全部调整为中央收入。

三、税制与税法的关系

税制与税法是既有联系又有所区别。税制是有关于税收的制度，是国家以法律形式确定的关于税收的法规和制度的总称。它是国家和纳税人依法征税和纳税的行为准则和依据。税制与税法密不可分，存在很多一致的方面，很多情况下两者可以通用。

首先，税制与税法两者的联系可以从税收与税法的关系反映出来。在税收法定主义原则下，现代国家一切有关税收的事项都必须有税收法律规范作为依据。有税收必有税法，有税法才有税收，这是税收与税法关系的高度概括。税收法定主义原则的实质是有关征税权行使方式的原则，这就要求国家的税收管理体制要严格依据税收法律规范建立和运行。因此，税收制度也就是税收法律制度，税制的建立要以税法作为依据，税收和税制职能的发挥要以税法作为保障。税制改革的成果要通过税法来巩固，新的税收改革要通过税法指导来深化。在税制改革中，税法也要不断地调整、更新。

其次，税制的要素与税法的要素是一致的，都包括纳税人，征税对象，税率，纳税时间、纳税地点和纳税环节，税收特别措施，税务争议的处理和税收法律责任等方面的内容。

当然，在税制改革过程中，有些试验性的改革措施在一定地域范围内或特定的纳税人中间实施，而这些改革措施可能有别于原有的相关的法律规定，这就为特定的税收政策的作用留下了一定的空间。当税收政策为实践所验证，行之有效而全面推广时，就要将这些税收政策上升为税收法律规范。这里表现为税法与税收政策之间的互补关系，税收政策与税制改革配合关系。

税制与税法的区别在于两者角度、范围以及使用的场合不同。税法强调的是行为规范，税制强调制度；所有的税收法律规范都可称为税收制度，而狭义的税法则有其特定的含义，相对应的仅是税收基本制度；税法一般是在法学和法律当中使用，而税制一般多在经济学等范围内使用。

第二节　税法的历史沿革与税制改革

一、我国税法和税制的产生与发展概况

中华人民共和国的成立标志着我国政权性质和法律制度的根本转变。自中华人民共和国成立到现在，我国社会主义税收法律制度，是按照党和国家的路线、方针、政策，根据各个历史时期的政治经济形势与中心任务，以及各种税收本身特征而制定的。随着国家政治经济形势的发展变化，我国税收立法和税制走过了从建立、发展到不断完善的历程。具体可概括为以下几个阶段：1950—1978 年建立新中国税制、调整、修订以及简化合并税制阶段；1979—1993 年社会主义建设新时期以“利改税”为核心，税制全面恢复与改革阶段；1994 年建立适应社会主义市场经济体制要求的规范化税制阶段；对 1994 年税制的完善阶段。

二、1950—1978 年中华人民共和国税制建立、调整、修订以及简化合并税制阶段

（一）1950 年全国统一税法和税制的建立

中华人民共和国成立之初，为了适应全国政治上的统一、经济上迅速恢复和发展的要求，政务院于 1950 年 1 月公布施行了中华人民共和国成立后的第一个统一的税收法规，即《全国税政实施要则》，标志着全国统一的社会主义新税制的建立。《全国税政实施要则》是一个综合性的税收法规，规定了除农业税外在全国开征货物税、工商业税（包括坐商、行商、摊贩营业税及所得税）、盐税、关税、薪给报酬所得税、存款利息所得税、印花税、遗产税、交易税、屠宰税、房产税、地产税、特种消费行为税和车船使用牌照税等 14 种税。与此同时，政务院公布了《关于全国盐务工作的决定》《关于关税政策和海关工

作的决定》，这两个决定实际上是关于盐税和关税的基本法规。1950 年 4 月，政务院决定在全国开征契税，并公布了契税暂行条例。后经过 1950 年 6 月政务院和财政部对税收所做的调整，暂不开征遗产税和薪给报酬所得税，将房产税和地产税合并为城市房地产税，将《全国税政实施要则》规定的 14 种税改为 11 种，另加上盐税、契税和农业税，仍然为 14 个税种。为此，政务院先后公布各种税的暂行条例(交易税除外)以及货物税和工商业税暂行条例实施细则，公布了《中华人民共和国海关进出口税则》和《中华人民共和国海关进出口税则暂行条例》，在全国范围内统一执行。中央人民政府公布了《新解放区农业税暂行条例》。

中华人民共和国初期建立起来的税收制度，是一种以流转税为主要税种的多税种、多次征收的复税制结构，基本适应了我国当时生产力水平，同时也适应了当时经济上多种经济成分和多种经营方式同时并存的局面，对迅速医治通货膨胀、稳定物价、扭转财政困难的局面以及促进经济的恢复和发展等都发挥了重要的作用。

(二)1953 年修正税法、修订税制

随着 1952 年恢复国民经济的任务基本完成，开始进入第一个五年计划时期。为配合进行社会主义改造，1953 年 1 月起实施修改后的工商税制。1952 年 12 月 31 日，政务院发布了《关于税制若干修正及实行日期的通告》，同时公布了《商品流通税试行办法》等有关税收条例和规定，在“保证税收，简化手续”的原则指导下，对原来的工商税制作了若干修正，从 1953 年 1 月 1 日开始执行。修正的主要内容有：试行商品流通税；简化货物税；修订营业税；取消特种消费行为税；将交易税改为牲畜交易税等。经修改后的税种共有 14 种，即工商业税、货物税、商品流通税、牲畜交易税、印花税、车船使用牌照税、屠宰税、城市房地产税、契税、文化娱乐税、利息所得税、盐税、关税和农(牧)业税。

社会主义改造时期我国税制虽然在结构上开始向简化合并方向发展，但仍然是比较健全的。税收对与促进三大改造、积累建设资金、发展社会主义经济和保证“一五”计划的顺利完成作出了重要贡献。

(三)1958 年工商税制改革和全国农业税法的统一

1956 年生产资料私有制社会主义改造基本完成以后，社会主义经济结构变为基本单一的社会主义公有制经济。在“大跃进”的形势下，按照“基本上在原有税负基础上简化税制”的方针，国家于 1958 年 9 月对原工商税制进行了重大改革。主要内容是：将原来的商品流通税、货物税、营业税、印花税合并为工商统一税；工商所得税从工商税中独立出来；简化纳税环节；简化纳税办法。这次税制改革使税种大大减少，税制也进一步简化了。与此同时，1958 年 6 月 3 日全国人民代表大会常务委员会通过了《农业税条例》。该条例规定在全国统一按地区差别比例税率征收农业税，并贯彻了稳定负担、增产不增税的政策，从此，在全国范围内统一了农业税制度。1959 年停征了利息所得税。1962 年经过国务院批准开征了集市交易税，1964 年暂停征收，保留税种。1966 年停征文化娱乐税。此一时期，由于受“非税论”的影响，一些国营企业进行了“利税合一”的试点。1973 年以前，我国实际保留的税种有 11 个：工商统一税、工商所得税、牲畜交易税、车船使用牌照税、城市房地产税、屠宰税、集市交易税、契税、盐税、关税和农(牧)业税。

1958 年的税制改革，虽然有合理的方面，但由于受“左”的思想、单一经济结构和“非税论”的影响，过分强调税制的简化，使税收的作用受到很大的限制。经过这次税制改革，中华人民共和国成立以来建立的多税种、多次征的税制结构开始改变。

(四)1973 年工商税制改革

这次工商税制改革在基本上保持原有税负的前提下，按照“合并税种，简化征收方法，改革不合理的工商税收制度”的原则，片面强调合并税种，简化税目、税率，破坏了课税要素的统一规范性，税收的经济调节职能大为削弱。这次工商税制改革的依据是1973 年 2 月国务院批准的《工商税条例(草案)》，其主要内容是把工商统一税及其附加、城市房地产税、车船使用牌照税和屠宰税合并为工商税；简化税目和税率；改革税收征管制度。工商税中合并的税种，征税对象不同、计税依据不同、同流转税没有必然的联系，本来是无法合并的，将其合并为一种税，实际上是对这些税种的放弃。经过 1973 年税制改革，我国在很长一段时间内只剩下 11 种税：工商税，工商所得税、城市房地产税、车船使用牌照税、屠宰税、牲畜交易税、集市交易税、关税、盐税、契税和农业(牧)业税。而对工商企业实际征收的只有工商税和工商所得税，对国营企业只征收工商税，对集体企业只征收工商税和工商所得税。

至此，我国的税制结构已从复税制转向了基本的单一税制，税收只是成为筹集财政资金的一种形式，其他作用已经基本消失。

三、1979—1993 年社会主义税制全面恢复与改革阶段

1978 年中国共产党十一届三中全会以后，我国推行经济改革和对外开放政策，既有的税收法律制度难以适应经济发展的要求，由此促使我国税法进入全面改革时期。这一阶段税收立法的基本思路是适应调整各种经济分配关系的需要设置一些新税种；以“利改税”为中心理顺国家与国有企业的分配关系；适应对外开放需要建立涉外税法体系；充分发挥地方征税积极性，将税收划分为中央税、中央和地方共享税、地方税，并明确中央、地方税收管理权限。从 1979 年到 1993 年，我国初步建立了包括流转税法、所得税法、财产税法、行为税法、税收征收管理法等相对完备的税法体系。税收立法的重点是国有企业的“利改税”，涉外税法方面的立法。

(一)围绕国有企业利税进行税收立法

利改税的第一步是开征国营企业所得税，将国有企业利润大部分改为所得税上缴国家。为此，1983 年 4 月，财政部发布了《关于对国营企业征收所得税的暂行规定》。1984 年的第二步利改税，从税利并存过渡到完全以税代利，把国家同企业的分配关系用税法的形式固定下来。1984 年 9 月 18 日，国务院正式颁布《国营企业所得税条例(草案)》和《国营企业调节税征收办法》。

(二)工商税制全面改革

将综合性的工商税改为按产品、行业、各个生产环节的增值额不同，分别征收产品税、营业税、增值税和盐税，并由国务院于 1984 年 9 月发布了上述 4 种税的暂行条例草案。同时对原煤、原油、天然气、金属矿产品和其他非金属矿产品开征资源税；对国内企业单位开征或恢复开征城市维护建设税、城镇土地使用税、房产税和车船使用税。

(三)涉外税收立法

涉外税收立法是我国改革开放初期税收立法的另一个重点。(1)在涉外企业所得税法方面，国务院于1980年颁布了《中外合资经营企业所得税法》，1981年公布了《外国企业所得税法》。为更好地解决涉外企业所得税法存在的问题，适应新的发展要求，1991年又将上述二法合并、修改，颁布了《外商投资企业和外国企业所得税法》；(2)在涉外个人所得税立法方面，1980年颁布了《中华人民共和国个人所得税法》(以下简称《个人所得税法》)，并于1993年进行了修订；(3)在关税立法方面，1980—1993年，相继制定和修订进出口关税法规，并颁布了新的关税条例和进出口关税条例；(4)在涉外税收优惠立法方面，国务院单位颁布了《关于经济特区和沿海14个港口城市减征、免征企业所得税和工商统一税的暂行规定》《关于鼓励外商投资的规定》等一系列行政法规。

此外，对农业税，根据经济情况的发展变化，多次作了较大范围的调整。与此同时，除了进行一系列税收实体法的法制建设以外，我国还逐步建立和发展税收程序法体系，加强了在税收征管和对违反税法的法律责任等方面的税收立法工作。如1986年国务院发布了《税收征收管理暂行条例》，并在此基础上于1992年由七届全国人大通过了《中华人民共和国税收征收管理法》(以下简称《税收征收管理法》)，以及《全国人民代表大会常务委员会关于惩治偷税、抗税犯罪的补充规定》。

到1993年底，我国依法开征的税种包括：产品税、增值税、营业税、关税、集市交易税、牲畜交易税、国营企业所得税、集体企业所得税、私营企业所得税、城乡个体工商业户所得税、个人收入调节税、外商投资企业和外国企业所得税、个人所得税、农业税、资源税、盐税、城镇土地使用税、耕地占用税、房产税、城市房地产税、契税、烧油特别税、固定资产投资方向调节税、屠宰税、筵席税、车船使用税、印花税、城市维护建设税、国营企业奖金税、集体企业奖金税、事业单位奖金税、国营企业工资调节税、工商统一税等。此外还有“能源交通建设基金”和“教育附加费”等。我国的税制体系由原来的10多个税种发展到由30多个税种所组成。

经过上述税制的全面恢复和改革，完成了从基本单一的税制转换到多税种、多环节、多层次发挥作用的复税制；由原来以流转税为主体的税制转换到以流转税和所得税为主体，与其他发挥特殊作用的税种相互配合的税法体系，加强了税收在国民经济中积累资金和调节经济的作用。

四、1994年的税制改革

我国从1994年1月1日开始全面实施新的税制。它是我国社会主义市场经济体制条件下税收法制建设的一个重要里程碑。这次税制改革，无论从它所涉及的范围还是变更的程度来说，都是前所未有的。新税法的实施，为加快建立我国社会主义市场经济体制打下了坚实的基础。

(一)税制改革的必要性

这次税制改革是发展社会主义市场经济的客观要求。具体来说，税制改革的必要性体现在以下几个方面：

(1)我国社会主义市场经济体制的建立、发展和完善，要求建立一套与之相适应的新税制。

(2)建立社会主义市场经济不能没有宏观调控。只有加强包括税收杠杆在内的宏观调控，才能使我国的经济走上健康发展的道路。

(3)税制改革是深化经济体制改革诸环节中不可缺少的、重要的环节。

(4)税制改革是理顺分配关系的需要。理顺国家与企业、中央与地方的分配关系，要求建立一套科学、合理的税收制度。

(5)市场经济是开放的经济，我国经济是国际经济的有机组成部分。我国应同绝大多数国家一致，按照公平税负和简便的原则、对内外两套税制并存的情况尽快完成并轨。

(二)税制改革的指导思想和基本原则

税制改革的指导思想是：统一税法、公平税负、简化税制、合理分权、理顺分配关系、规范分配方式、保障财政收入、建立符合社会主义市场经济要求的税制体系。

根据上述指导思想所确立的税制改革基本原则是：税制改革要有利于加强中央的宏观调控能力；税制改革要有利于发挥税收调节个人收入相关悬殊和地区间经济发展差距过大的作用，促进协调发展，共同富裕；体现公平税负，促进公平竞争；体现国家产业政策，促进经济结构的有效调整，促进国民经济整体效益的提高和持续发展；简化、规范税制。

(三)税制改革的主要内容

这次税制改革全面改革了流转税，规范了个人所得税，统一了内资企业所得税，调整了地方税，并根据实际情况的需要，开征了一些新税种。改革的具体内容如下：

1. 流转税制的改革

流转税改革的主要目标是按照公平、中性、透明、普遍的原则，形成有利于资源优化配置的税收分配机制，贯彻公平税负、鼓励竞争、促进专业化合作的精神，总的税收负担将基本维持现有水平。

改革后的流转税由增值税、消费税和营业税组成，统一适用于内资、涉外企业，取消对外商投资企业和外国企业征收的工商统一税。对商品的生产、批发、零售和进口普遍征收增值税，并选择部分消费品交叉征收消费税，对不实行增值税的劳务交易和第三产业征收营业税。

(1)增值税改革。全面推行增值税是流转税制改革的重点，其主要内容是：实行价外计税；采取基本税率再加一档低税率和零税率的模式；实行发票注明税款，凭发票扣税的制度；对增值税的纳税人进行税务登记；使用增值税专用发票等。

(2)消费税改革。以需要进行特殊调节的部分最终消费品如高档、奢侈消费品为课税对象，采用从量定额和从价定率两种计征方法，主要在生产和进口环节征收。

(3)营业税改革。对提供应税劳务、转让无形资产或销售不动产等征收营业税，以发挥营业税在非商品领域中的作用。

(4)关税的改革。为了策应复关，应加快关税改革，为适应关贸总协定的要求，关税要作相应调整，主要是合理减让关税。

2. 所得税制的改革

企业所得税改革的目标是调整、规范国家与企业的分配关系，促进企业经营机制的转换，实现公平竞争。合并原国营企业所得税、集体企业所得税和私营企业所得税，取消国营企业调节税，统一为内资企业所得税；条件成熟后，再统一内资、涉外企业所得税；降低企业所得税税率，各类内资企业统一实行33%的比例税率；用税法规范企业所得税税前扣除项目和列支标准；建立规范的企业还贷制度；改革实行承包企业所得税的做法。合并个人所得税、个人收入调节税和城乡个体工商业户所得税，建立统一的个人所得税；个人所得税的费用扣除额为每月800元；对工资、薪金所得实行9级超额累进税率；对生产、经营所得的企事业单位的承包经营所得实行5级超额累进税率；对劳务报酬稿酬所得、特许权使用费所得实行比例税率。

3. 其他税种的改革

强化资源税；开征土地增值税；拟开征证券交易税、遗产税；将城市维护建设税改为城乡维护建设税；取消产品税、盐税、集市交易税、牲畜交易税、特别消费税、烧油特别税、资金税、工资调节税；取消对外商投资企业和外籍人员征收的城市房地产税和车船使用牌照税，统一房地产税和车船税，下放屠宰税、筵席税。

4. 税收征管制度的改革

在上述税种改革的同时，必须推行税征管理制度的改革。新的税收征管模式应该是一个以税收征管法为依据，以计算机现代化手段为依托，征收、管理、检查相互制约，申报、服务、稽核相互配合，科学、严密、实效的税收征管模式。依次税收征管制度改革的具体内容有：普遍建立纳税申报制度；积极推行税务代理制度；加速推进税收征管计算机化的进程；建立严格的税务稽核制度；适应分税制的需要，组织中央税收和地方税收两套税务机构；较为明确地划分了各级政权机关的税收立法权和管理权。

五、对1994年税制的改革与完善

(一)1994年税制的特点及存在的问题

1994年1月1日，我国进行了一次中华人民共和国成立以来规模最大、范围最广泛、内容最深刻的税制改革。但是随着经济形势的变化，1994年税制的问题在税收实施中逐步暴露出来。只有不断完善我国的税收制度，才能更好地适应我国经济体制改革和经济全球化趋势的需要。1994年税制对于完善我国市场经济体制，带动我国经济发展起到了十分积极的作用，但在实施过程中也暴露出一些问题，亟待解决和完善。

1. 流转税的问题

(1)增值税的问题。我国当时的增值税依然是生产型的增值税，即购入固定资产所含的进项税不能抵扣。这样，实际上造成了对固定资产的重复征税，企业税收负担较重。增值税一般纳税人和小规模纳税人负担不公平，从实际税负上比较，小规模纳税人的税负偏重。另外，虚开、伪造增值税专用发票，以骗取出口退税的情况还比较严重。

(2)消费税的问题。当时我国的消费税是低效率的，甚至是不合理的。有些消费税征收对象如汽车、首饰品等都是国家鼓励消费的项目或是对于内需有带动作用的项目。西方国家征收消费税，是对其所得税主体税种的补充，起到限制消费的作用，而我国则正相反，对于消费具有阻碍作用。而对一些需要限制消费的产品，如引起环境污染问题的产品如口香糖等却没有开立相应的税目。

2. 所得税的问题

(1)企业所得税的问题。我国当时的企业所得税是内外有别的两套，对于国内企业适用企业所得税的规定，而对于外商投资企业和外国企业适用外商投资企业和外国企业所得税。一方面两种企业适用不同的抵扣、加速折旧等规定，另一方面又对外企实行大量的税收优惠。这样不符合税收的公平原则，也不符合 WTO 的规则。同时企业所得税税率偏高，我国国有企业特别是大中型企业承担着相对最高的所得税税负，不利于企业的发展。

(2)个人所得税的问题。当时我国实行分类税制，分类项目多达 11 项，计税方法较复杂，比如，工薪所得实行的是总收入减去固定的扣除部分再纳税，固定扣除部分包括医疗、社会保险、住房公积金等。起征点和扣除额是 800 元，北京、上海为 1000 元，广州为 1260 元，在贫困地区，800 元可能算高收入，而对于一些大中城市，根据近年来我国社会经济形势的发展变化，尤其是城市居民生活消费水平的总体提高、物价的回升，以及货币分房与职工医疗保障改革的相继启动，800 元的扣除额就显得过低，工薪阶层税收负担相对较重。

3. 财产税的问题

当前，我国采用的是个别财产税，主要税种有房产税、城市房地产税、城镇土地使用税、车船使用税、车船使用牌照税、契税等。

我国的财产税制在以下方面存在着明显的不足：一是财产课税范围窄、税种少，收入规模小。全国财产税收入占税收总收入及地方税收入的比重过低，导致其职能弱化，难以充分发挥调节功能作用；二是内外两套财产税制，既增加了征管难度，又不符合世贸组织要求的统一、公平、公正的原则；三是计税依据不合理、不规范；四是财产评估制度、财产登记制度和财产税收政策不健全，税收征管不严，部门协作配合不够，税款流失现象较为严重；五是个别税种设置重叠，税基交叉，存在重复征税之嫌。

4. 其他问题

我国经济的发展对税制建设提出了更高的要求。除了 1994 年税制改革已经出台的税种需要不断完善外，还要根据市场经济的发展开立一些新税种以符合客观经济运行的需要。另外，应该清理各种税收优惠，形成稳定高效的税收体系。

(二)1994 年税制实施后税收政策的调整

1. 流转税方面

(1)改革增值税。2008 年 11 月，国务院常务会议批准了财政部、国家税务总局提交的增值税转型改革方案，决定自 2009 年 1 月 1 日起，在我国所有地区、所有行业推行增值税转型改革，实现由生产型增值税向消费型增值税的转型。在现行税率不变的情况下，增值税转型能普遍降低企业的税收负担，从而刺激投资，并有利于促进投资结构的改善和产业结构的升级，进而促进消费上升。合理、适度地扩大增值税征收范围，特别是逐步将具备条件的小规模纳税人归入一般纳税人的队伍。同时加强增值税发票管理，完善抵扣制度，加大稽查力度，发现涉税违法犯罪行为如虚开增值税发票、骗取出口退税等，坚决打击，不姑息、不迁就，触犯刑律的坚决移送司法机关追究其刑事责任。

(2)调整消费税。消费税的征收项目必须进行全面的调整，取消一些税目，例如为了刺激需求，鼓励消费，应取消对经济型轿车征收的消费税，使轿车更快进入普通百姓家庭，提高人民生活质量，真正使汽车工业成为我国国民经济的支柱产业；开设一些税目，例如对一些过度消费会对环境造成不利影响的商品应纳入征税范围。

(3)改革营业税。自2016年5月1日起，在全国范围内全面推开营业税改增值税试点，建筑业、房地产业、金融业、生活服务业等全部营业纳税人纳入试点范围，营业税也因此退出了我国历史舞台。

(4)降低关税。除少数幼稚产业外，其余行业的产品应继续大幅度降低进口关税税率，同时也促进内地企业不断降低生产成本，增强竞争力。同时完善出口退税机制。一要扩大出口退税的范围；二要改变退税环节，尤其对生产企业要普遍实行“免、抵、退”税办法；三要逐步提高退税率，真正做到零税率出口；四要改革现行退税指标管理办法，实行中央财政与地方财政共同负担退税的机制。

2. 所得税方面

(1)企业所得税方面。《企业所得税法》于2007年3月16日由第十届全国人民代表大会第十五次会议获得通过，并于2008年1月1日正式实施，新《企业所得税法》对于外商实行国民待遇，取消全面优惠，给不同类型的企业一个公平的竞争环境，统一税率为25%，内外一视同仁，减轻了内资企业负担。同时新《企业所得税法》的相关条款规定了保护幼稚产业、鼓励国内具有国际竞争能力的产业获得更快发展的税收制度。另外新《企业所得税法》体现了国家对西部开发、高新技术产业的支持，对西部的企业以及高新技术企业应给予更多的税收优惠，促使我国经济在不同地区能均衡发展，同时使产业结构升级换代逐步由劳动力密集型向资本密集型转化。

(2)个人所得税方面。1994年税制改革后，我国分别于2005年、2007年和2011年对《个人所得税法》作了较大的修改。2005年10月27日第十届全国人民代表大会常务委员会第十八次会议通过了《关于修改〈中华人民共和国个人所得税法〉的决定》，将工资、薪金的税基由800元提高为1600元，符合我国目前国民收入状况的水平，个人所得税税收调节的功能得到了强化。2007年6月29日第十届全国人民代表大会常务委员会第二十八次会议《关于修改〈中华人民共和国个人所得税法〉的决定》，将《个人所得税法》第12条修改为：“对储蓄存款利息所得开征、减征、停征个人所得税及其具体办法，由国务院规定。”同年12月29日第十届全国人民代表大会常务委员会第三十一次会议《关于修改〈中华人民共和国个人所得税法〉的决定》第五次修正《个人所得税法》，决定将个人所得税免征额自2008年3月1日起由1600元提高到2000元。2011年6月30日第十一届全国人大常委会第二十一次会议表决通过了《关于修改〈中华人民共和国个人所得税法〉的决定》，将个人所得税免征额从2000元提高到3500元，并且将个人所得税第1级税率由5%修改为3%，9级超额累进税率修改为7级，取消15%和40%两档税率，扩大3%和10%两个低档税率以及45%最高档税率的适用范围等。

但是当时的《个人所得税法》仍然有其他以下几个方面需进行完善。一是《个人所得税法》在纳税对象的分类上存在缺陷，不利于个人所得税的调节收入功能的实现。应实行综合和分类相结合的个人所得税制，对工资、薪金、劳务报酬等经常性劳动所得必须实行综合申报征收；要对综合征收部分实行超额累进税率(累进级数不超过3级，最高边际税率不超过30%，最低税率仍为5%)，对分类征收部分实行比例税率，同时允许各地政府在上下50%的幅度内进行调整，因地制宜，适应不同地区的经济发展水平。二是从便利原则出发，对工薪所得合并税率档次，降低税率，提高征税起点，使征税对普通百姓生活影响不大，同时合并一些所得项目，使计税方法简单化，将工薪劳务报酬、财产租赁经营所得等经常性所得合并为综合所得，统一征收。三是建立全面反映个人收入和大额支付的信息处理系统，建立分类和综合相结合的新的个人所得税制度。在降低低收入者税负的同时，提升高收入者的适用税率，加大对高收入者的调控力度，体现税收的调节作用，并针对个人收入所得中分项征收办法存在的偷逃税现象，研究扩大综合所得的项目，实行更为科学的征收管理办法。

3. 财产税方面

(1)合理设置税种，增加税种覆盖面。合并、统一房地产税制，设立房地产税。合并现行的房产税、城市房地产税和城镇土地使用税等三个税种，设立统一的房地产税。合并内外两套车船税税制。对凡在我国境内拥有车船的单位和个人，不论车船是否被使用以及使用的频率如何，均应缴纳车船税。适时开征遗产税和赠与税。在遗产税和赠与税的开征上，一是要科学地选择税制模式。基于我国遗产继承人可自行分割交接财产，公民的纳税意识不强等实际情况，宜选择总遗产税制和总赠与税制。二是科学确定征税对象、范围及征管程序，参照国际惯例，课税对象范围应包括动产和不动产，以超额累进税率并规定适当的起征点，合理确定扣除项目。三是制定有关部门相互协调配合的征管措施。

(2)扩大财产税征收范围，合理设置房地产税的税目。房地产税的征税范围应该扩大到城镇居民拥有的房屋、农村用于种植、放牧和其他农业性活动的土地及房屋。下设农村土地使用税和城镇房地产税，前者对农村用于种植、放牧和其他农业性活动的田、地、山、荡占地课征，后者主要对城镇企业和个人拥有的土地使用权及土地上的房屋和建筑物课征。

(3)调整车船使用税计税依据。作为世界通行的财产税的计税依据主要有两种：一是依车船原值作一定比例的扣除；二是依车船的市场价值，即评估值。从理论上讲，后者更科学，但是考虑到市场和评估工作本身的局限性、工作量和征收成本，现阶段可采用前者作为计税依据。至于扣除比例，中央可规定一个幅度范围，各地方政府视本地实际情况在此范围内确定具体的扣除比例。

4. 其他税种方面

建议早日开征遗产税、赠与税，减少不劳而获造成的贫富悬殊，以证券交易税代替原来的证券交易印花税，同时降低税率，活跃资本市场，扩大投资。适当时候开征燃油税，同时取消养路费等收费项目，规范其他收费项目。

(三)当前税制改革的总体目标

为了建立健全一套适应我国社会主义市场经济体制的税收制度，更好地促进经济和社会的发展，有必要对现行税制进行改革。改革要按照简税制、宽税基、低税率、严征管的原则，稳步推进。改革的总体目标如下：

1. 优化税制结构

(1)税种结构的优化。我国目前的税制结构仍然以流转税为主，流转税过大的税制结构与市场经济的发展是不相适应的，调整现行税制结构，逐步降低流转税的比重，增大非流转税收的份额，是发展我国市场经济的要求，也是税制改革的基本目标之一。

(2)中央税与地方税结构的优化。当前中央税有4个，共享税有6个，其余都是地方税。从税种数量上来看，地方税占大多数，但是从收入上看，地方税收入偏少，税基不稳定，体系不完善，一方面导致各种乱收费屡禁不止，以费挤税的现象非常普遍；另一方面也导致地方政府随意增减地方税收，影响了税收的法制性和透明度。因此，建立充裕、稳固的地方税体系不仅是优化税制结构的重要内容，也是规范地方政府行为，推动税费改革的前提。

2. 调整税收负担

首先是总量方面。我国的宏观税负自1999年来，几乎是一直呈上升趋势。1999年至2016年的宏观税负年均增长率高达15.9%。其次是结构方面。我国的行业之间、地区之间都存在着税负的不公平，但最大的不合理之处在于纳税人的负担结构，70%的税收由企业负担，30%的税收由个人负担，这与国外的情况正好相反。因此，需要在保持现有宏观税负水平的前提下，逐步调整税负结构，降低企业的负担水平。

3. 税收法制化

目前我国的税收法制建设相对薄弱，税收法律级次不高，法律少、法规多、规章更多。在现行的18个税种中，以法律形式颁布的只有8个，其余的都是以条例、暂行条例的形式发布或以规定、暂行办法、部门文件的形式公布，降低了税法的权威性，增加了执法的随意性。有必要加速税收法制化进程，提高税收法律级次，真正做到有法可依，执法必严，违法必究。

(四)当前税制改革的具体目标

1. 流转税的改革

(1)增值税的改革。增值税的改革，一是要减少增值税税率档次，逐步实行单一税率；二是要逐步扩大增值税一般纳税人的比例，严格确定小规模纳税人范围；三是要取消各环节的减免税，减少征管漏洞。

(2)消费税的改革。消费税的改革应配合增值税的改革来进行，要调整消费税的征税范围，适当扩大税基，将某些奢侈品和不利于环保的消费品纳入消费税征税范围，提高小汽车、摩托车、烟、酒、高档化妆品的税率，燃油税、车辆购置税并入消费税。

(3)关税的改革。关税的改革，既是我国加入世贸的基本承诺，也是我国加入世贸的基本义务。我国关税改革主要是一是关税削减，我国加入世贸时承诺："入世"后，立刻削减关税，并在合理期限内降低到世贸组织多数成员关税水平上；二要调关税约束，同意约束所有农产品关税，同意削减后的工业产品关税不再提高；三要维持免税，2005年取消半导体、计算机、计算机设备、电信设备的其他信息技术产品的关税，不对电子商务征税；四要完善海关估价制度。

2. 所得税的改革深化

(1)新《企业所得税法》对税收优惠政策作出了重大调整，形成了以"产业优惠"为主，"区域优惠"为辅，兼顾技术进步的新的税收优惠格局，并体现了以"特惠制取代"普惠制"的改革理念。例如保留了原税法已经执行的某些税收优惠政策。如继续保留执行农林牧渔业、基础设施投资、技术转让投资的税收优惠政策和国家已确定的其他鼓励类企业(即西部大开发地区的鼓励类企业）的所得税优惠政策，继续对符合条件的小型微利企业和国家需要重点扶持的高新技术企业实行优惠（小型微利企业20%的优惠税率，高新技术企业实15%的优惠税率）。增加了对创业投资企业和企业投资于环境保护、节能节水、安全生产等方面的税收优惠。创业投资企业的创业投资和企业购置用于环境保护、节能节水、安全生产等专用设备投资，可以按一定比例实行税额抵免。各个地方应当根据新法精神的规定进一步清理各种不符合法律法规规定的地方优惠政策。

（2）个人所得税的改革。最新的《个人所得税法》（2018）正在初步实践综合所得与分类相结合的个人所得税制，这较之前的规定有很大的进步。这主要表现在对部分税目的所得实行综合计征应纳税所得。具体而言，就是将税收居民个人的工资、薪金所得，劳务报酬所得，稿酬所得和特许权使用费所得按照纳税年度合并计算缴纳个人所得税。这里的按纳税年度计征是指税收居民个人自公历1月1日起至12月31日为止的期间所取得的包含上述四类的综合所得合并计算缴纳个人所得税。换言之，税收居民个人综合所得按年计算。当然，与税收居民个人相对应的非居民个人则按月或按次分项计算缴纳个人所得税。此外，当前最新《个人所得税法》还对相关税目作了相应调整。如将“个体工商户的生产、经营所得”调整为“经营所得”，不再保留“对企事业单位的承包经营、承租经营所得”，该项所得根据具体情况，分别并入综合所得或者经营所得。当然，它还对税率作了相应调整。譬如：（1）综合所得，适用3%~45%的超额累进税率；（2）经营所得，适用5%~35%的超额累进税率；（3）利息、股息、红利所得，财产租赁所得，财产转让所得和偶然所得，适用比例税率，税率为20%。

3. 其他税种的改革

（1）开征物业税。目前，我国对内资企业和个人征收房产税、城镇土地使用税，对外资企业和外籍个人征收城市房地产税，问题很多：一是内外两套税制并存，不符合国际惯例；二是部分房产税按房产原值减去一定比例后的余额计税，城镇土地税按城镇内外划分，使纳税人税负不公；三是税率设计不科学且多年不变，不利于调节收入。

房产税、土地使用税、城市房地产税的改革，可根据“对不动产开征统一规范的物业税”的思路进行，使物业税成为中外企业（个人）都适用的、以评估值为计税依据的、对不动产收入有明显调节作用的、对城镇建设资金筹集有决定意义的新税种。

（2）开征经营收入税。可考虑将城市维护建设税、教育费附加、地方教育基金、文化建设事业费等改革合并为一个独立税种，以城乡企业经营收入为课税对象，采用较低的比例税率，内外资企业统一适用。以保障城镇建设、文化教育的资金需要，同时改变目前的城市维护建设税“似税非税”、教育费附加“非税似税”的现状。

（3）开征社会保障税。可考虑按国际惯例，把现行的职工养老保险、失业保险、医疗保险等基金收费改为社会保障税，以促进社会保障事业的健康发展。

（4）开征证券交易税。开征证券交易税，相应取消证券交易的印花税，是1994年税制改革方案所确定的。在新的一轮税制改革中应不失时机及时开征。

（5）开征新的资源税。现行资源税征税范围过窄，很难起到保护资源和合理利用资源的目的。必须逐步扩大资源税征税范围，如水资源、土地资源、森林资源、海洋资源等，同时将耕地占用税合并到资源税中。2011年修改了《资源税暂行条例》。

(6)开征新的车船税。目前，我国对内资企业和个人征收车船使用税，对外资企业和外籍个人征收车船使用牌照税，应考虑尽快统一开征车船税，并扩大现有征税范围，提高车船税额。

(7)开征新的印花税。可考虑在扩大印花税征税范围的同时，将契税并入印花税。

(8)现行税制中已经取消固定资产投资方向调节税、筵席税、屠宰税、农业税、牧业税。

(9)环境保护税。2016年12月25日，第十二届全国人民代表大会常务委员会第二十五次会议通过了《中华人民共和国环境保护税法》。此外，根据税制改革规划，还将在适当时机考虑开征社会保障税、遗产与赠与税、证券交易税等新税种。

4. 税收征管体制的改革

税制改革是一项系统工程，必须根据《中共中央关于完善社会主义市场经济体制若干问题的决定》的有关精神进行。其中税收征收管理范围和税收收入的划分将进行调整。2018年7月，中共中央办公厅、国务院办公厅印发了《国税地税征管体制改革方案》(以下简称《改革方案》)，提出改革国税地税征管体制，合并省级和省级以下国税地税机构，划转社会保险费和非税收入征管职责，构建优化高效统一的税收征管体系，为高质量推进新时代税收现代化提供有力制度保证，更好发挥税收在国家治理中的基础性、支柱性、保障性作用。

《改革方案》中还提出国税地税征管体制改革的4条原则，即坚持党的全面领导；坚持为民便民利民；坚持优化高效统一；坚持依法协同稳妥。强调通过改革，逐步构建起优化高效统一的税收征管体系，为纳税人和缴费人提供更加优质高效便利服务，提高税法遵从度和社会满意度，提高征管效率，降低征纳成本，增强税费治理能力，确保税收职能作用充分发挥，夯实国家治理的重要基础。

《改革方案》为税务部门领导管理体制作了规定，明确国税地税机构合并后实行以税务总局为主、与省区市党委和政府双重领导的管理体制，并着眼建立健全职责清晰、运行顺畅、保障有力的制度机制，在干部管理、机构编制管理、业务和收入管理、构建税收共治格局、服务经济社会发展等方面提出了具体要求，明晰了税务总局及各级税务部门与地方党委和政府在税收工作中的职责分工，有利于进一步加强对税收工作的统一管理，理顺统一税制和分级财政的关系，充分调动中央和地方两个积极性。

《改革方案》还就完成新税务机构挂牌、制定新税务机构“三定”规定、开展社会保险费和非税收入征管职责划转、推进税费业务和信息系统整合优化、强化经费保障和资产管理、清理修改相关法律法规等重点改革任务进行了具体部署，并明确了相关保障措施。要求各省、市、县税务局按期逐级分步完成集中办公、新机构挂牌并以新机构名义开展工作。从严从紧控制机构数量，进一步优化各层级税务组织体系和征管职责，完善结构布局和力量配置，做到机构设置科学、职能职责清晰、资源配置合理。同时，明确从2019年1月1日起，将基本养老保险费、基本医疗保险费、失业保险费、工伤保险费、生育保险费等各项社会保险费交由税务部门统一征收。按照便民、高效的原则，合理确定非税收入征管职责划转到税务部门的范围，对依法保留、适宜划转的非税收入项目成熟一批划转一批，逐步推进。要求整合纳税服务和税收征管等方面业务，优化完善税收和缴费管理信息系统，更好便利纳税人和缴费人。

税制改革尤其要注意以下几个方面：一是税制改革的时机选择问题。尽管税制改革没有“黄道吉日”，但也不能无限期拖延，要根据经济形势的发展状况、国家财力和纳税人的承受能力，分步实施税收制度改革。增值税、企业所得税的改革先行，其他税种的改革随后。二是税务机构的设置问题。要本着有利于税收征管、方便纳税人、节约征税成本的原则，对现行税务机构的设置问题进行研究。三是税收立法问题。要根据我国税制改革的进程，加快税收立法，增强税法的权威性，杜绝执法的随意性。

复习思考题

1. 税法和税制的联系和区别分别是什么？
2. 简述税制的模式和类型。
3. 简述我国 1994 年税制改革的成功和不足。
4. 我国新《企业所得税法》的意义何在？
5. 流转税改革的主要内容是什么？
6. 简述我国税制改革的原则和目标。

第二编　税收实体法

第五章 流转税法

第一节 流转税概述

一、流转税的概念

流转税(commodity turnover tax；goods turnover tax)，又称流转课税、流通税，指以纳税人商品生产、流通环节的流转额或者数量以及非商品交易的营业额为征税对象的一类税收。流转税是商品生产和商品交换的产物，各种流转税(如增值税、消费税、关税)是政府财政收入的重要来源。

二、流转税的特点

第一，以商品生产、交换和提供商业性劳务为征税前提，征税范围较为广泛，既包括第一产业和第二产业的产品销售收入，也包括第三产业的营业收入；既对国内商品征税，也对进出口的商品征税，税源比较充足。

第二，以商品、劳务的销售额和营业收入作为计税依据，一般不受生产、经营成本和费用变化的影响，可以保证国家能够及时、稳定、可靠地取得财政收入。

第三，一般具有间接税的性质，特别是在从价征税的情况下，税收与价格的密切相关，便于国家通过征税体现产业政策和消费政策。

第四，同有些税类相比，流转税在计算征收上较为简便易行，也容易为纳税人所接受。

三、流转税改革

长期以来，增值税和营业税是我国最为重要的两个流转税税种，二者分立并行。其中，增值税的征税范围覆盖了除建筑业之外的第二产业，第三产业的大部分行业则课征营业税。这种税制安排，适应了当时的经济体制和税收征管能力，为促进经济发展和财政收入增长发挥了重要的作用。然而，随着市场经济的建立和发展，这种划分行业分别适用不同税制的做法，日渐显现出其内在的不合理性和缺陷，对经济运行造成扭曲，不利于经济结构优化，也会造成重复征税的问题。

2011 年经国务院批准，财政部和国家税务总局联合印发《营业税改征增值税试点方案》(财税〔2011〕110 号)，明确从 2012 年 1 月 1 日起开展营业税改征增值税(以下简称“营改增”)试点，正式拉开了营业税改征增值税的序幕。营改增的实施可以分为三个阶段：第一阶段，营改增在部分行业、部分地区试点，2012 年 1 月 1 日率先在上海市交通运输业和部分现代服务业开展营改增试点，随后试点范围分四批推广至北京、江苏、安徽、福建、广东、天津、浙江、湖北八个省市；第二阶段，营改增在部分行业、全国范围内开展，2013 年 8 月 1 日营改增试点推向全国，同时将广播影视服务纳入试点范围，随后铁路运输业、邮政业和电信业在全国范围实施营改增试点；第三阶段，营改增在所有行业开展，从 2016 年 5 月 1 日起，将试点范围扩大到建筑业、房地产业、金融业、生活服务业，并将所有企业新增不动产所含增值税纳入抵扣范围。2017 年 10 月 30 日，国务院常务会议通过《国务院关于废止〈中华人民共和国营业税暂行条例〉和修改〈中华人民共和国增值税暂行条例〉的决定(草案)》，标志着营改增正式完成，实施 60 多年的营业税正式退出历史舞台。

营改增完成后，增值税成为我国现行税制结构中最为重要的流转税税种。营改增是自 1994 年分税制改革以来，财税体制的又一次深刻变革，具有重大意义。一方面，营改增符合国际惯例，我国的流转税制度与国际接轨。绝大多数实行增值税的国家，都是对商品和服务共同征收增值税。在新形势下，逐步将增值税征税范围扩大至全部的商品和服务，以增值税取代营业税，符合国际通行的做法。另一方面，营改增是深化我国税制改革的必然选择，符合我国经济发展的需要。营改增是使相关企业免除重复征税制约而在总体上减轻税负的改革，起到促进市场主体放开手脚发挥潜力，推进自身业务经营和发展中的专业化细分，提升服务水准，进而提振消费和改善民生增进百姓实惠，并助益于扩大内需、推进产业升级换代，加快转变生产方式。

第二节 增值税法

一、增值税概述

(一)增值税的概念

增值税是对我国境内销售货物或者提供加工、修理修配劳务，销售服务、无形资产、不动产以及进口货物的单位和个人取得的增值额为课税对象征收的一种税。从性质而言，属于流转税、间接税的范畴。增值额，理论上是指企业在生产经营过程中新创造的那部分价值，即货物或劳务中 V+M 部分(社会产品的价值包括 C+V+M)，在我国相当于净产值或国民收入部分，实行增值税的国家，据以征税的增值额是一种法定增值额，并非理论上的增值额。法定增值额是指各国政府根据各自国家的国情、政策要求在增值税制度中人为确定的增值额。法定增值额可以大于、等于或小于理论增值额，从而形成生产型、收入型和消费型三个类型的增值税。

(二)增值税的类型

增值税按对外购固定资产处理方式的不同可划分为生产型增值税、收入型增值税和消费型增值税。

1. 生产型增值税

生产型增值税是指计算增值税时，不允许扣除任何外购固定资产的价款，作为课税基数的法定增值额除包括纳税人新创造的价值外，还包括当期计入成本外购固定资产价款部分，即法定增值额相当于当期工资、利息、租金、利润等理论增值额和折旧额之和。从整个国民经济来看，这一课税基数大体相当于国民生产总会的统计口径，被称为生产型增值税。

2. 收入型增值税

收入型增值税是指计算增值税时，对外购固定资产价款只允许扣除当期计入产品价值的折旧费部分，作为课税基数的法定增值额相当于当期工资、利息、租金和利润等各价值项目之和。从整个国民经济来看，这一课税基数相当于国民收入部分，故称为收入型增值税。此种类型的增值税从理论上讲是一种标准的增值税，但由于外购固定资产的价值是以计提折旧的方式转入产品价值的，且转入部分没有逐笔对应的外购凭证，由于以上规定，在实务中给凭发票扣税的计算方法带来困难，从而影响了这种方法的广泛采用。

3. 消费型增值税

消费型增值税是指在计算增值税时，允许将当期购入的固定资产价款一次全部扣除，作为课税基数的法定增值额相当于纳税人当期的全部销售额扣除外购的全部生产资料价款后的余额。从整个国民经济来看，这一课税基数仅限于消费资料价值的部分，被称为消费型增值税。此类型增值税在购进固定资产的当期因扣除额大大增加，会减少财政收入，消费型增值税操作简便，也便于管理，是三种类型中最简便、最能体现增值税优越性的一种类型。

自 2009 年 1 月 1 日，我国已经由生产型增值税转变为消费型增值税。

(三)增值税的特点和优劣

1. 增值税的特点

(1)避免重复征税，具有中性税收的特征。因为增值税只对货物或劳务销售额中没有征过税的那部分增值额征税，对销售额中属于转移过来的、以前环节已征过税的那部分销售额则不再征税，从而有效地排除了重叠征税因素。此外，增值税税率档次少，一些国家只采取一档税率，即使采取二档或三档税率的，其绝大部分货物一般也都是按一个统一的基本税率征税，这不仅使得绝大部分货物的税负是一样的，而且同一货物在经历的所有生产和流通的各环节的整体税负也是一样的。这种情况使增值税对生产经营活动基本不产生影响，从而使增值税具有了中性税收的特征。

(2)逐环节征税，逐环节扣税，最终消费者是全部税款的承担者。作为一种新型的流转税，增值税保留了传统营业税按流转额全值计税和道道征税的特点，同时还实行税款抵扣制度，即在逐环节征税的同时，还实行逐环节扣税。增值税税负具有逐环节向前推移的特点，作为纳税人的生产经营者并不是增值税的真正负担者，只有最终消费者才是全部税款的负担者。

(3)税基广阔，具有征收的普遍性和连续性。无论是从横向看还是从纵向看，都有着广阔的税基。从生产经营的横向关系看，无论工业、商业或者劳务服务活动，只要有增值收入就要纳税；从生产经营纵向关系看，每一货物无论经过多少生产经营环节，都要按各道环节上发生的增值额逐次征税。

2. 增值税的优点

增值税的优点是由增值税的特点决定的。

(1)能够平衡税负，促进公平竞争。增值税的不重复征税的特点，使得同一货物由全能厂生产和非全能厂生产所产生的税负之间的税负不平衡问题有所降低，适应商品经济的发展，为在市场经济下的公平竞争提供良好的外部条件。

(2)既便于对出口商品退税，又可避免对进口商品征税不足。世界各国为保护和促进本国经济的发展，在对外贸易上都采取奖出限入的经济政策。实行增值税后，国内货物重叠征税因素，使进口货物和国内同类货物承担相同的税负，既体现了国际间同等纳税的原则，又维护了国家经济权益。

(3)在组织财政收入上具有稳定性和及时性。征税范围的广阔性、征收的普遍性和连续性，使增值税有着充足的税源和为数众多的纳税人，从而使通过增值税组织的财政收入具有稳定性和可靠性。

(4)在税收征管上可以互相制约，交叉审计，避免发生偷税。与增值税实行税款抵扣的计税方法相适应，各国都实行凭发票扣税的征收制度。增值税发票使买卖双方在纳税上形成了一种利益制约关系，这种制约关系一方面可以避免纳税人偷税、漏税和错计税款，另一方面也有助于税务机关进行检查和监督。

3. 增值税的缺点

增值税的不足之处主要是：计算审核比较复杂，征收管理难度大，征收成本高，特别是对发票的控制、管理难度更大。这些问题在一定程度上阻碍了增值税制度的推广。

(四)增值税制度的产生与发展

增值税是在传统流转税的基础上发展起来的，传统流转税以商品流转额全额为计税依据，实行多环节征税。这种课税具有征税普遍、及时、收入稳定、可靠、计算简便等特点，适应于社会分工不发达、专业化程度较低的简单商品社会。而随着商品经济的发展，生产的专业化、社会化程度日益提高，社会分工越来越细，商品交易范围的加大和交易环节的增加，传统流转税按交易全额征税的弊端——台阶式重复征税、税上加税；鼓励大而全、小而全企业，不利于专业化分工协作；不利于拓展贸易范围(尤其是国际贸易的发展)等越来越明显，对此，各国都在努力找寻解决之道。

早在第一次世界大战后，德国和美国就有人提出增值税的设想，但未被采纳，1936年，法国曾尝试在工业生产领域的产成品阶段实行一次性课征的“生产税”，以替代过去按流转全额“道道征税”的营业税，未能成功。1948年，法国对生产税进行改造，将一次课征改为分段征收，道道扣税，并允许从应纳税额中扣除购进原材料、零部件或半成品价款中的已纳税款，从而使传统流转税有了实质性的进步，开始具有增值税的特征。1954年，法国又对生产税作了进一步的改进，将扣除范围扩大到生产经营所用的一切投入物，包括购入的固定资产，同时把征收范围延伸到商业批发环节，并改其名为增值税。所以，现在人们一般认为增值税发端于1954年的法国。

由于增值税既保留了传统流转税课征普遍，收入稳定、及时等特点，又有效地防止了重复征税、税上加税的现象发生，适应了专业化分工协作和拓展贸易等方面的需要，从而普遍受到各国政府的青睐，被许多国家采用。

我国于1979年引进增值税并开始在重复课税严重的机器机械行业、农机行业和日用机械产品等行业进行试点。在经过几年试点，积累了一定经验的基础上，国务院于1984年9月18日发布了《增值税条例(草案)》，自同年10月1日起实行。这标志增值税作为一个独立的税种在我国正式建立。但随着社会主义市场经济体制目标的确立，原增值税的实施范围和增值税条例的内容已不能适应新形势发展的需要，迫切需要进行改革，需要建立一个对经济活动具有较强适应性的规范化的增值税制度。为此，国务院及其财政部门本着适应发展社会主义市场经济的需要，借鉴国际成功经验，结合我国具体国情，于1993年颁布了《增值税暂行条例》和《增值税暂行条例实施细则》(财法定〔1993〕第38号)，此即1994年的增值税改革。

1994年开始实施的《增值税暂行条例》，对于保障财政收入、调控国民经济发展发挥了积极作用。但由于实行的是生产型增值税，不允许企业抵扣购进固定资产的进项税额，存在重复征税问题，制约了企业技术改进的积极性。随着这些年来经济社会环境的发展变化，各界要求增值税由生产型向消费型转变的呼声提高。党的十六届三中全会明确提出适时实施增值税转型改革，“十一五规划”明确在十一五期间完成这一改革。自2004年7月1日起，经国务院批准，东北、中部等部分地区已先后进行改革试点，取得了成功经验。为了进一步消除重复征税因素，降低企业设备投资的税收负担，鼓励企业技术进步和促进产业结构调整，有必要尽快在全国推开转型改革，尤其为应对目前国际金融危机对我国经济发展带来的不利影响，努力扩大需求，作为一项促进企业设备投资和扩大生产、国民经济平衡较快增长的重要举措，全面推行增值税转型改革的紧迫性更加突出。因此，2008年11月5日国务院第34次常务会议修订了《增值税暂行条例》，决定自2009年1月1日起，在全国推开增值税转型改革。与此相适应，2008年12月15日修订公布的《增值税暂行条例实施细则》自2009年1月1日起实施。

2011年11月16日，经国务院统一，财政部和国家税务总局联合发布了《营业税改增值税试点方案》，并首先选择上海市开展交通运输业和部分现代化服务业营业税改增值税试点。同时两部门还制定了《交通运输业和部分现代化服务业营业税改增值税试点实施办法》《交通运输业和部分现代化服务业营业税改增值税试点有关事项的规定》和《交通运输业和部分现代化服务业营业税改增值税试点过渡政策的规定》，自2012年1月1日起施行，至2012年8月1日已推广到全国试行。2013年12月4日，国务院常务会议决定，从2014年1月1日起，将铁路运输和邮政服务纳入“营改增”试点，至此交通运输业已全部纳入“营改增”范围。自2014年6月1日起，将电信也纳入“营改增”试点范围。

2016年3月23日，财政部和国家税务总局联合发布《关于全面推开营业税改增值税试点的通知》，决定自2016年5月1日起，在全国范围内全年推开营改增试点，建筑业、房地产业、金融业、生活服务业等全部营业税纳税人，纳入试点范围，由缴纳营业税改为缴纳增值税。自此开始，营改增试点扩大覆盖带了以前营业税的所有领域，营业税也因此退出了我国的历史舞台。

二、增值税的纳税主体

根据《中华人民共和国增值税暂行条例》以及《营业税改增值税试点实施办法》的规定，

增值税的纳税人是指在中华人民共和国境内发生应税销售行为以及进口货物的单位和个人。其中，“单位”是指企业(包括国有企业、集体企业、私营企业、外商投资企业、外国企业、股份制企业、其他企业)、行政单位、事业单位、军事单位、社会团体及其他单位；“个人”是指个体经营者及其他个人。所谓境内，是指销售货物的起运地或所在地在境内，以及销售的应税劳务发生在境内，境外的单位或者个人在境内提供应税劳务，在境内未设有经营机构的，以其境内代理人为扣缴义务人，在境内没有代理人的，以购买方为扣缴义务人。(参见《增值税暂行条例实施细则》第 8 条与第 9 条，《增值税暂行条例》第 18 条)

为了提高增值税管理的效率，保证凭增值税专用发票抵扣税款制度的顺利实行，我国增值税法将纳税人分为一般纳税人和小规模纳税人两类，纳税人的经营规模以及会计核算的健全程度是划分一般纳税人与小规模纳税人的主要依据，区分一般纳税人和小规模纳税人的主要意义在于，二者在增值税法中的地位不同：一般纳税人可以领购增值税专用发票，采用抵扣法缴纳增值税款；而小规模纳税人缴纳增值税款只能采取简易方法，不能采用抵扣法，自 2016 年 8 月 1 日起，除纳入增值税专用发票试点的月销售额超过 3 万元(或季销售额超过 9 万元)的住宿业，鉴证咨询业，建筑业，工业，信息传输、软件和信息技术服务业小规模纳税人外，其他小规模纳税人均无权自行开具增值税专用发票。国家税务总局发出了《关于扩大小规模纳税人自行开具增值税专用发票试点范围等事项的公告》(国家税务总局公告 2019 年第 8 号)，一是进一步拓宽小规模纳税人自开增值税专用发票的范围，自 2019 年 3 月 1 日起，将租赁和商务服务业，科学研究和技术服务业，居民服务、修理和其他服务业等三个行业纳入试点范围；二是取消小规模纳税人自开增值税专用发票应税销售额的限制标准，试点行业的所有小规模纳税人均可以自愿使用增值税发票管理系统自行开具增值税专用发票，不受月销售额标准的限制；三是规定小规模纳税人月销售额未超过 10 万元(或季度销售额未超 30 万元)的，只要是试点行业的纳税人，可以选择使用增值税发票管理系统自行开具增值税专用发票，也可以选择向税务机关申请代开。在实践中，为了有利于加强专用发票的管理，同时不影响小规模企业的经营活动，对已经办理税务登记的小规模纳税人(包括个体经营者)以及国家税务总局确定的其他可予代开增值税专用发票的纳税人，发生增值税应税行为、需要开具专用发票时，可向其主管税务机关申请代开增值税专用发票。

(一)一般纳税人

增值税一般纳税人是指年应征增值税销售额(以下称年应税销售额，包括一个公历年度内的全部应税销售额)超过财政部规定的小规模纳税人标准的企业和企业性单位(以下简称企业)。在 2015 年 4 月 1 日前，根据《增值税一般纳税人申请认定资格》的规定，凡增值税一般纳税人，均应依法向其企业所在地主管税务机关申请办理一般纳税人认定手续，以取得法定资格。自 2015 年 4 月 1 日起，根据国家税务总局《关于调整增值税一般纳税人管理有关事项的公告》(国家税务总局公告 2015 年第 18 号)的规定，增值税一般纳税人资格实行登记制，取消了行政审批，登记事项由增值税纳税人向其主管税务机关办理。

根据我国现行增值税法的规定，认定增值税一般纳税人的具体标准包括：

(1)应税行为年应税销售额超过 500 万元的试点纳税人。

(2)年应税销售额未超过规定标准的纳税人，会计核算健全，能够提供准确税务资料的，也可以向主管税务机关办理一般纳税人资格登记，成为一般纳税人。此外，试点纳税人兼有销售货物、提供加工修理修配劳务以及应税行为的，应税货物及劳务销售额与应税行为销售额应分别计算，分别适用增值税一般纳税人资格登记标准。

除国家税务总局另有规定外，纳税人一经认定为一般纳税人后，不得转为小规模纳税人。(参见《增值税暂行条例实施细则》第 33 条)

(二)小规模纳税人

增值税的小规模纳税人是指年销售额在规定标准以下，并且会计核算不健全，不能按规定报送有关税务资料的增值税纳税人。所称会计核算不健全是指不能够按照国家统一的会计制度规定设置账簿，根据合法、有效凭证核算。对符合条件的小规模纳税人，由税务征管机关依照税法规定的标准认定。(参见《增值税暂行条例》第 13 条，《增值税暂行条例实施细则》第 32 条)

根据《关于统一增值税小规模纳税人标准的通知》和《关于统一小规模纳税人标准等若干增值税问题的公告》的规定，认定小规模纳税人的具体标准为应税行为年应税销售额未超过 500 万元的试点纳税人。虽然小规模纳税人实行简易征税办法，并一般不使用增值税专用发票，但基于增值税征收管理中，一般纳税人与小规模纳税人之间存在的客观经济往来的实际情况，国家税务总局专门颁布了《增值税小规模纳税人征收管理办法》，加强对小规模纳税人缴纳增值税的管理，也帮助小规模纳税人提高经营管理水平。

三、增值税的征税范围

(一)征税范围的一般规定

自 2016 年 5 月 1 日起，伴随着营业税改增值税试点实施办法以及相关配套政策的实施，营改增试点行业扩大到服务、无形资产以及不动产，增值税的征税范围覆盖第一产业、第二产业和第三产业。根据《增值税暂行条例》《营业税改增值税试点实施办法》的规定，我国增值税的征税范围具体包括：

1. 销售或者进口货物

销售货物构成增值税的征税范围，必须是纳税人有偿转让货物的所有权。其中，“货物”是指有形动产，包括电力、热力、气体在内，不包括不动产和无形资产。销售不动产、转让无形资产属于营业税的征税范围，进口货物是指货物从国外进入我国海关境内。(参见《增值税暂行条例实施细则》第 2 条与第 3 条)

2. 提供应税劳务

提供应税劳务是指纳税人有偿提供加工、修理修配劳务，不包括单位或个体经营者聘用的员工为本单位或雇主提供加工、修理修配劳务，其中，“加工”是指受托加工货物，即委托方提供原料及主要材料，受托方按照委托方的要求制造货物并收取加工费的业务；“修配”是指受托对损伤和丧失功能的货物进行修复，使其恢复原状和功能的业务；“有偿”包括从购买方取得货币、货物或其他经济利益。(参见《增值税暂行条例实施细则》第 2 条与第 3 条)

3. 销售服务

销售服务，是指提供交通运输服务、邮政服务、电信服务、建筑服务、金融服务、现代服务、生活服务。各类服务的具体范围，根据财政部、国家税务总局制定的《销售服务、无形资产、不动产注释》确定。

4. 销售无形资产

销售无形资产，是指转让无形资产所有权或者使用权的业务活动。无形资产，是指不具实体形态，但能够带来经济利益的资产，包括技术、商标、著作权、商誉、自然资源使用权和其他权益性无形资产。技术，包括专利技术和非专利技术。自然资源使用权，包括土地使用权、海域使用权、探矿权、采矿权、取水权和其他自然资源使用权。其他权益性无形资产，包括基础设施资产经营权、公共事业特许权、配额、经营权(包括特许经营权、连锁经营权、其他经营权)、经销权、分销权、代理权、会员权、席位权、网络游戏虚拟道具、域名、名称权、肖像权、冠名权、转会费等。

5. 销售不动产

销售不动产，是指转让不动产所有权的业务活动。不动产，是指不能移动或者移动后会引起性质、形状改变的财产，包括建筑物、构筑物等。建筑物，包括住宅、商业营业用房、办公楼等可供居住、工作或者进行其他活动的建筑物。构筑物，包括道路、桥梁、隧道、水坝等建筑物。转让建筑物有限产权或者永久使用权的，转让在建的建筑物或者构筑物所有权的，以及在转让建筑物或者构筑物时一并转让其所占土地的使用权的，按照销售不动产缴纳增值税。

(二)属于征税范围的特殊行为

1. 视同销售货物的行为

根据《增值税暂行条例实施细则》第4条的规定，单位或者个体工商户的下列行为，视同销售货物，均要征收增值税：

(1)将货物交付其他单位或者个人代销——代销中的委托方。一般情况下，委托方收到代销清单时，发生增值税纳税义务；在收到代销清单前已收到全部或部分货款的，其纳税义务发生时间为收到全部或部分货物的当天；对于发出代销商品超过180天仍未收到代销清单及货款的，视同销售实现，一律征收增值税，其纳税义务发生时间为发出代销商品满180天的当天。

(2)销售代销货物——代销中的受托方。代销中受托方售出货物时发生增值税纳税义务，应按实际售价计算销项税并应将价款与税款转交给委托方。如取得委托方的增值税专用发票，还可以抵扣进项税额。受托方收取的代销手续费，应按“服务业”税目6%的税率征收营业税。

(3)设有两个以上机构并实行统一核算的纳税人，将货物从一个机构移送其他机构用于销售，但相关机构设在同一县(市)的除外。

(4)将自产或者委托加工的货物用于非增值税应税项目。

(5)将自产、委托加工的货物用于集体福利或者个人消费。

(6)将自产、委托加工或者购进的货物作为投资，提供给其他单位或者个体工商户。

(7)将自产、委托加工或者购进的货物分配给股东或者投资者。

(8)将自产、委托加工或者购进的货物无偿赠送其他单位或者个人。

2. 混合销售行为

一项销售行为如果既涉及货物又涉及非增值税应税劳务，为混合销售行为。其中，所称非增值税应税劳务，是指属于应缴营业税的交通运输业、建筑业、金融保险业、邮电通信业、文化体育业、娱乐业、服务业税目征收范围的劳务。混合销售行为的特点是非应税劳务是为了直接销售一批货物而提供的，二者之间是紧密相连的从属关系，它与一般的既从事这个税的应税项目，又从事另一个税的应税项目，二者之间没有直接从属关系的兼营行为是完全不同的。纳税人的销售行为是否属于混合销售行为，由国家税务总局所属征收机关确定。(参见《增值税暂行条例实施细则》第 5 条)

根据我国现行增值税法的规定，纳税人销售自产货物并同时提供建筑业劳务的行为，或者有财政部、国家税务总局规定的其他混合销售情形，应当分别核算货物的销售额和非增值税应税劳务的营业额，未分别核算的，由主管税务机关核定其货物的销售额，除此之外，从事货物的生产、批发或者零售的企业、企业性单位和个体工商户(包括以从事货物的生产、批发或者零售为主，并兼营非增值税应税劳务的单位和个体工商户)的混合销售行为，视为销售货物，应当缴纳增值税；其他单位和个人的混合销售行为，视为销售非增值税应税劳务，不缴纳增值税。(参见《增值税暂行条例实施细则》第 5、6、7 条)

3. 兼营行为

(1)兼营非应税劳务行为。它具体是指纳税人在从事应税货物销售或提供应税劳务的同时，还从事非应税劳务(即原营业税法规定的各项劳务)，且从事的非应税劳务与某一项销售货物或提供应税劳务并无直接的联系和从属关系。我国现行税法规定，纳税人兼营销售货物、增值税应税劳务和营业税应税劳务应分别核算销售额和营业额，未分别核算的由主管税务机关分别核定货物、增值税应税劳务的销售额和营业税应税劳务的营业额。(参见《增值税暂行条例实施细则》第 7 条)

(2)兼营不同税率的货物或应税劳务行为。它具体是指纳税人生产、销售不同税率的货物，或者既销售货物又提供应税劳务的行为。对此，我国《增值税法暂行条例》第 3 条规定，应当分别核算不同税率货物或者应税劳务的销售额；未分别核算销售额的，从高适用税率。这样规定有利于促进纳税人健全账簿，正确核算应纳税额。

(3)兼营免征、减征增值税项目的行为。纳税人兼营免税、减征增值税的项目，应当分别核算免税、减税项目的销售额，如果纳税人不单独核算其免税、减税项目的销售额的，税务机关将不予办理免税、减税。(参见《增值税暂行条例》第 16 条)

(三)属于征税范围的特殊项目

具体是指其他应征增值税的业务，主要包括：

(1)货物期货(包括商品期货和贵金属期货)，在期货的实物交割环节征收增值税。

(2)银行销售金银的业务。

(3)典当业销售的死当物品，寄售商店代销的寄售物品(包括居民个人寄售的物品在内)。

(4)集邮商品(如邮票、首日封、邮折等)的生产、调拨，以及邮政部门以外的其他单位与个人销售集邮商品的业务。

四、增值税的税率

(一)增值税税率的种类

由于增值税的中性税收特征及一般实行税款抵扣的计税方法，增值税的税率档次不宜过多。从世界各国增值税税率的设置情况来看，一般有以下几种类型：

1. 基本税率

这是根据一国生产力发展水平、财政政策的需要、消费者的承受能力，并考虑历史上流转税税负水平后确定的适用于绝大多数货物和应税劳务的税率。

2. 低税率

即对基本生活用品和劳务确定的适用税率，由于增值税税负最终构成消费者的支出，所以设置低税率的根本目的是鼓励某些货物或劳务的消费，或者说是为了照顾消费者的利益，保证消费者对基本生活用品的消费。各国一般对实行低税率的货物和劳务采取在税制中分别列举品目的方式。一般来说，采用低税率的货物和劳务不宜过多，否则会影响增值税发挥其应有的作用。

3. 高税率

对奢侈品、非生活必需品或劳务确定的适用税率。采用高税率是为了发挥增值税的宏观调控作用，限制某些货物和劳务的消费，增加财政收入。

4. 零税率

一般来说，各国增值税都规定有零税率，其实施范围主要是出口货物。

如果不包括对出口货物实施的零税率在内，一般来说，实行增值税的国家凡采取两档税率的，大多是一个基本税率和一个低税率；凡采取三档税率的，大多是一个基本税率、一个低税率和一个高税率，或者一个基本税率、两个低税率；有少数要兼采用三档以上的税率。

(二)我国的增值税税率

根据《增值税法暂行条例》以及财政部、国家税务总局《关于全面推开营业税改征增值税试点的通知》(财税〔2016〕36 号)、《关于简并增值税税率有关政策的通知》(财税〔2014〕57 号)等文件的规定，我国现行增值税法对一般纳税人和小规模纳税人适用不同的计税方法和税率，对一般纳税人设置了三档税率，此外对其出口货物实行零税率；对小规模纳税人则实行 3%的征收率和 5%的征收率，增值税税率和征收率的调整由国务院决定。(参见《增值税暂行条例》第 2、12 条)

《关于深化增值税改革有关政策的公告》(财政部、税务总局、海关总署公告 2019 年第 39 号)文件中规定增值税一般纳税人(以下称纳税人)发生增值税应税销售行为或者进口货物，原适用 16%税率的，税率调整为 13%；原适用 10%税率的，税率调整为 9%。纳税人购进农产品，原适用 10%扣除率的，扣除率调整为 9%。纳税人购进用于生产或者委托加工 13%税率货物的农产品，按照 10%的扣除率计算进项税额。原适用 16%税率且出口退税率为 16%的出口货物劳务，出口退税率调整为 13%；原适用 10%税率且出口退税率为 10%的出口货物、跨境应税行为，出口退税率调整为 9%。

1. 基本税率

增值税一般纳税人销售或者进口货物，提供加工、修理修配劳务，除低税率适用范围和销售个别旧货适用征收率外，税率一律为13%，这就是通常所说的基本税率。

2. 低税率

增值税一般纳税人销售交通运输、邮政、基础电信、建筑、不动产租赁服务，销售不动产，转让土地使用权，销售或者进口生活必需品和农用品、矿产品等货物，适用9%的低税率，具体适用范围为：(1)粮食等农产品、食用植物油、食用盐；(2)自来水、暖气、冷气、热水、煤气、石油液化气、天然气、二甲醚、沼气、居民用煤炭制品；(3)图书、报纸、杂志、音像制品、电子出版物；(4)饲料、化肥、农药、农机、农膜；(5)国务院规定的其他货物。

纳税人销售服务、无形资产，除另有规定外，均适用6%的低税率。

3. 零税率

增值税纳税人出口货物(一是报送出境的货物；二是输往海关管理的保税工厂、保税仓库和保税区的货物)，适用零税率，但是国务院另有规定的除外。境内单位和个人跨境销售国务院规定范围内的服务、无形资产，适用零税率。

在此必须强调，零税率和免税是两个完全不同的概念。零税率仅适用于出口环节，是鼓励出口的优惠政策。零税率的适用结果是，国家将对某一出口货物报送出境以前所有环节征收的增值税全部退还，这样国家对离境出口的货物自始没有征收到任何增值税，简而言之，零税率意味着出口退税；一方面国家对出口货物，先逐环节征税，至出口时退还，最终没有征税；另一方面，对出口商来说，购进时付出进项税额，出口时获得退还，实际上不承担税负。免税则是指国家对特定纳税人的某一商品或劳务在特定环节(期间)免征全部税款。在免税的情况下，纳税人先发生一个为正数的应纳税额，通过申请而获得免除。因此免税是纳税人对国家的纳税义务被免除，而零税率适用的结果是产生国家对纳税人(即出口商)的义务，通过退税而获得清偿。可见零税率和免税在性质是不同的，切不可混淆。

4. 征收率

征收率主要适用于小规模纳税人，征收率的调整，由国务院决定。2009年1月1日前，小规模纳税人的征收率为6%。根据条例的规定，经国务院批准，从1998年起已经将小规模纳税人划分为工业和商业两类，征收率分别为6%和4%。考虑到增值税转型改革后，一般纳税人的增值税负担水平总体降低，为了平衡小规模纳税人与一般纳税人之间的税负水平，促进中小企业的发展和扩大就业，应当降低小规模纳税人的征收率。同时考虑到现实经济活动中，小规模纳税人的经营十分普遍，实际征管中难以明确划分工业和商业小规模纳税人，因此《增值税暂行条例》对小规模纳税人的征收率作了修订，自2009年1月1日起，对小规模纳税人不再设置工业和商业两档征收率，将征收率统一降至3%。

此外，根据国家税务总局《关于发布〈纳税人转让不动产增值税征收管理暂行办法〉的公告》(国家税务总局公告2016年第14号)和财政部、国家税务总局《关于进一步明确全面推开营改增试点有关劳务派遣服务、收费公路通行费抵扣等政策的通知》(财税〔2016〕47号)、《关于进一步明确全面推开营改增试点有关再保险、不动产租赁和非学历教育等政策的通知》(财税〔2016〕68号)等文件规定，部分不动产出租和转让、差额纳税的劳务派遣服务等情形，增值税征收率为5%。

5. 部分货物适用增值税低税率和简易办法征收增值税的规定

根据财政部、国家税务总局《关于全国实施增值税转型改革若干问题的通知》(财税〔2008〕170号)、《关于部分货物适用增值税低税率和简易办法征收增值税政策的通知》(财税〔2009〕9号)、《关于简并增值税税率有关政策的通知》(财税〔2014〕57号)和《纳税人转让不动产增值税征收管理暂行办法》(国家税务总局公告2016年第14号)等规范性文件的规定，部分货物适用增值税税率和实行增值税简易征收办法的政策如下：

(1)一般纳税人销售自己使用过的属于《增值税暂行条例》第10条规定不得抵扣且未抵扣进项税额的固定资产，按简易办法依3%征收率减按2%征收增值税。

(2)一般纳税人销售自己使用过的其他固定资产，按照财政部、国家税务总局《关于全国实施增值税转型改革若干问题的通知》(财税〔2008〕170号)第4条的规定执行：第一，销售自己使用过的2009年1月1日以后购进或者自制的固定资产，按照适用税率征收增值税；第二，2008年12月31日以前未纳入扩大增值税抵扣范围试点的纳税人，销售自己使用过的2008年12月31日以前购进或者自制的固定资产，按照4%征收率减半即2%征收增值税；第三，2008年12月31日以前已纳入扩大增值税抵扣范围试点的纳税人，销售自己使用过的在本地区扩大增值税抵扣范围试点以前购进或者自制的固定资产，按照3%征收率减按2%征收增值税；销售自己使用过的在本地区扩大增值税抵扣范围试点以后购进或者自制的固定资产，按照适用税率征收增值税。

(3)一般纳税人销售自己使用过的除固定资产以外的物品，应当按照适用税率征收增值税。

(4)小规模纳税人(除其他个人外，下同)销售自己使用过的固定资产，减按2%征收率征收增值税。

(5)小规模纳税人销售自己使用过的除固定资产以外的物品，应按3%的征收率征收增值税。

(6)纳税人销售旧货，按照简易办法依照3%征收率减按2%征收增值税。所称旧货，是指进入二次流通的具有部分使用价值的货物(含旧汽车、旧摩托车和旧游艇)，但不包括自己使用过的物品。

(7)一般纳税人销售自产的下列货物，可选择按照简易办法依照3%征收率计算缴纳增值税：第一，县级及县级以下小型水力发电单位生产的电力。小型水力发电单位，是指各类投资主体建设的装机容量为5万千瓦以下(含5万千瓦)的小型水力发电单位；第二，建筑用和生产建筑材料所用的砂、土、石料；第三，以自己采掘的砂、土、石料或其他矿物连续生产的砖、瓦、石灰(不含粘土实心砖、瓦)；第四，用微生物、微生物代谢产物、动物毒素、人或动物的血液或组织制成的生物制品；第五，自来水(对属于一般纳税人的自来水公司销售自来水按简易办法依照3%征收率征收增值税，不得抵扣其购进自来水取得增值税扣税凭证上注明的增值税税款)；第六，商品混凝土(仅限于以水泥为原料生产的水泥混凝土)。一般纳税人选择简易办法计算缴纳增值税后，36个月内不得变更。

(8)一般纳税人销售货物属于下列情形之一的，暂按简易办法依照3%征收率计算缴纳增值税：第一，寄售商店代销寄售物品（包括居民个人寄售的物品在内）；第二，典当业销售死当物品；第三，经国务院或国务院授权机关批准的免税商店零售的免税品。

（9）一般纳税人转让其取得的不动产（包括以直接购买、接受捐赠、接受投资人入股、自建以及抵债等各种形式取得的不动产，房地产开发企业销售自行开发的房地产项目除外），按照以下规定缴纳增值税：第一，一般纳税人转让其2016年4月30日前取得（不含自建）的不动产时的作价后的余额为销售额，按照5%的征收率计算应纳税额。第二，一般纳税人转让其2016年4月30日前取得的自建的不动产，可以选择适用简易计税方法计税，以取得的全部价款和价外费用为销售额，按照5%的征收率计算应纳税额。第三，一般纳税人转让其2016年4月30日前取得（不含自建）的不动产，选择适用一般计税方法计税的，以取得的全部价款和价外费用为销售额计算应纳税额。纳税人应以取得的全部价款和价外费用扣除不动产购置原价或者取得不动产时作价后的余额，按照5%的预征率向不动产所在地主管税务机关预缴税款，向机构所在地主管税务机关申报纳税。第四，一般纳税人转让其2016年4月30日前自建的不动产，选择适用一般计税方法计税的，以取得的全部价款和价外费用为销售额计算应纳税额。纳税人应以取得的全部价款和价外费用，按照5%的预征率向不动产所在地主管税务机关预缴税款，向机构所在地主管税务机关申报纳税。第五，一般纳税人转让其2016年5月1日后取得（不含自建）不动产，适用一般计税方法计税的，以取得的全部价款和价外费用为销售额计算应纳税额。纳税人应以取得的全部价款扣除不动产购置原价或者取得不动产时的作价的余额，按照5%的预征率向不动产所在地主管税务机关预缴税款，向机构所在地主管税务机关申报纳税。第六，一般纳税人转让其2016年5月1日后自建的不动产，适用一般计税方法计税的，以取得的全部价款和价外费用为销售额计算应纳税额。纳税人应以取得的全部价款和价外费用，按照5%的预征率向不动产所在地主管税务机关预缴税款，向机构所在地主管税务机关申报纳税。

五、增值税应纳税额的计算

增值税的计算方法有直接计算法和间接计算法之分。所谓直接计算法是指先直接计算出增值额，再乘以税率，求出应纳增值税的方法。具体运用上又分为加法（将构成增值额的各要素相加）和减法（又称扣额法，以产品销售额扣除法定扣除额后的余额作为增值额）。所谓间接计算法，又称扣税法，是指并不直接计算增值额，而采用抵扣税款的方法，计算应纳增值税的税额。

我国目前除对小规模纳税人采用简易征收法并不得抵扣进项税额外，对于一般纳税人，均采用国际上通行的（购进）扣税法，在计算纳税人的应纳增值税税额时，按照税法规定的范围凭进货发票注明的税额，从当期的销项税额中抵扣购进货物或者应税劳务已缴纳的增值税税额（即进项税额）。其中，“当期”是指税务机关依照税法规定对纳税人确定的纳税期限；只有在纳税期限内实际发生的销项税额、进项税额，才是法定的当期销项税额或当期进项税额。

（一）销项税额的确定

销项税额是指纳税人销售货物或者提供应税劳务，按照销售额或应税劳务收入和规定的税率计算并向购买方收取的增值税税额，其计算公式为：

当期销项税额=当期(不含税)销售额×适用税率

销项税额=组成计税价格×适用税率

公式中税率为6%、9%或13%，而销售额或组成计税价格的确定是正确计算销项税额的关键。

1. 销售的一般规定

增值税的应税销售额为纳税人销售货物或者提供应税劳务向购买方收取的全部价款和价外费用，但是不包括收取的销项税额。其中，价外费用是指纳税人向购买方收取的手续费、补贴、基金、集资费、返还利润、奖励费、违约金、滞纳金、延期付款利息、赔偿金、代收款项、代垫款项、包装费、包装物租金、储备费、优质费、运输装卸费以及其他各种性质的价外收费。但下列项目不包括在内：

(1)受托加工应征消费税的消费品所代收代缴的消费税。

(2)以委托方名义开具发票代委托方收取的款项。

(3)同时符合以下条件代为收取的政府性基金或者行政事业性收费：①由国务院或者财政部批准设立的政府性基金，由国务院或者省级人民政府及其财政、价格主管部门批准设立的行政事业性收费；②收取时开具省级以上财政部门印制的财政票据；③所收款项全额上缴财政。

(4)销售货物的同时代办保险等而向购买方收取的保险费，以及向购买方收取的代购买方缴纳的车辆购置税、车辆牌照费。

销售额以人民币计算。纳税人以人民币以外的货币结算销售额的，应当折合成人民币计算。纳税人销售货物或者提供应税劳务的价格明显偏低并无正当理由的，由主管税务机关核定其销售额。

2. 价款和税款合并收取情况下的销售额

因增值税是价外税，纳税人向购买方销售货物或提供应税劳务所收取的价款中不应包含增值税税款，价款和增值税税款在增值税专用发票上也是分别注明的。但在经济业务中，有的一般纳税人如商品零售企业，将货物或应税劳务直接销售给消费者。使用单位或小规模纳税人，则只能开具普通发票，而不能开具增值税专用发票。另外，小规模纳税人发生销售货物或应税劳务，除通过税务机关代开增值税专用发票，也只能开具普通发票，将销售货物或应税劳务的价款和增值税税款合并定价，合并收取。这样，在计算应纳增值税税额时，应将含增值税的销售额换算成不含增值税的销售额。换算公式为：

不含税销售额=含税销售收入÷(1+税率)

【例题 5-1】 某生产企业(一般纳税人，货物适用税率 13%)，当月向商场批发货物，开具的增值税专用发票注明销售额为 300 万元；向消费者零售货物，开具的普通发票注明的销售额为 100 万元，请计算销项税额。

解：当月该企业的销项税额=300×13%+100÷(1+13%)×13%=50.5(万元)

3. 价外费用销售额的确定

纳税人向购买方收取的价外费用一律视为含税收入，在征税时换算成不含税收入再并入销售额。

【例题 5-2】 甲销售货物 100 万元给乙，请丙运输公司运输，并代垫运输费 2 万元，甲未将运费发票转交给乙。请计算运费的销项税额。

解：承运方丙收到运费后，开出去的运输发票上的抬头写乙，但发票给甲。甲在向乙收取货款及代垫运费时将运费发票再转交给乙。如此，在确定甲的销售额时，这笔代垫运费可以不用计入。如果运输发票上的抬头不是写的乙或者甲未将发票转交给乙，那么当甲再向乙收取运费时，应该向乙另开收据(或发票)，则该代垫运费便需要讲入甲的销售额，按照价外收入计税。

销项税额 = 2÷(1+13%)×13% = 0.23(万元)

4. 混合销售和兼营非应税劳务的销售额

应征增值税的混合销售行为，其销售额为货物销售额与非应税劳务的营业额的合计，销售货物(包括增值税应税劳务)的销售额根据实际情况来判断含税与否，非应税劳务的营业额应视为含税收入，在并入销售额时应将其换算成不含税收入再并入销售额。

与混合销售的销售额的确定方法相同，对纳税人兼营非应税劳务的且按规定应当征收增值税的，其销售额为货物或应税劳务与非应税劳务的销售额的合计。

5. 视同销售行为销售额的确定

纳税人销售货物或应税劳务的价格明显又无正当理由的，或者有视同销售行为而无销售额的，由主管税务机关核定其销售额。税务机关应按下列顺序核定销售额：

按纳税人当月同类货物的平均销售价格确定。

(1)按纳税人最近时期同类货物的平均销售价格确定。

(2)按组成计税价格(简称组价)确定，其公式为：

组成计税价格 = 成本×(1+成本利润率)

如销售的货物是应征收消费税的货物，则组成计税价格应包括消费税在内，其计算公式为：

组成计税价格 = 成本×(1+成本利润率)+消费税税额

或

组成计税价格 = 成本×(1+成本利润率)÷(1-消费税税率)

上述公式中的成本为实际生产成本或实际采购成本；而成本利润率则一般规定为10%，若是征收消费税的货物，则应按消费税的有关规定确定。

6. 以外汇结算的销售额

增值税的销售额按人民，纳税人以外汇结算销售额的，其销售额的人民币折合率可以选择销售额发生的当天或当月 1 日中国人民银行公布的外汇牌价(原则上为中间价)。纳税人应当事先确定何种折合率，确定后 1 年内不得变更。

7. 特殊销售方式下的销售额

(1)折扣折让方式销售。折扣销售也称商业折扣、价格折扣，是指销货方在销售货物或应税劳务时，因购货方购货数量较大等原因而给予购货方的价格优惠。比如购买 10 件，销售价格折扣10%；购买20件，销售价格折扣20%等。根据税法规定，纳税人销售货物并向购买方开具增值税专用发票后，由于购货方在一定时期内累计购买货物、劳务、服务、无形资产、不动产达到一定数量，或者由于市场价格下降等原因，销货方给予购货方相应的价格优惠或补偿等折扣。折让行为，销货方可按现行《增值专用发票使用规定》的有关规定开具红字增值税专用发票。应注意的是：

首先，折扣销售仅限于货物价格的折扣，如果销货者将自产、委托加工和购买的货物用于实物折扣，则该实物数额不能从货物销售额中减除，且该实物应按《增值税暂行条例》中规定的"视同销售货物"中"赠送他人"计算征收增值税。

其次，折扣销售不同于销售折扣，销售折扣是指销货方在销售货物或应税劳务时，为了鼓励购货方及早偿还货款，缩短企业的平均收款期，按协议约定给予企业的一种折扣优惠(例如，10日内付款，货款折扣3%；20日内付款，折扣8%；30日内全价付款)。销售折扣发生在销货之后，是一种融资性质的理财费用，因此，销售折扣不得从销售额中减除。企业在确定销售额时，应把折扣销售和销售折扣严格区分开来。

最后，折扣销售不同于销售折让。销售折让是指在货物售出后，由于其品种、性能等方面的原因购货方虽求退货，但销货方需要给予购货方的一种价格折让。销售折让与销售折扣相比较，虽然都是在货物销售后发生的，但因为销售折让其实质导致销售额的减少，因而税法规定，对销售折让可以折让后的货款作为销售额计征增值税。

(2)以旧换新销售。以旧换新销售是指纳税人在销售自己的货物时，有偿收回旧货物的行为因为销售货物与收购货物是两个不同的业务活动，销售额与收购额不能相互抵减。为了防止出现销售额不实，减少纳税的现象，税法规定，采取以旧换新销售按新货同期销售价格确定销售额，不得扣减旧货收购价格(但金银首饰除外，金银首饰按实际收到的多余价款征收增值税)。

(3)还本销售。还本销售是指纳税人在销售货物后，到一定期限由销售方一次或分次退还给购货方全部或部分价款。这种方式实际上是一种筹资，是以货物换取资金的使用价值，到期还本不付息的方法。税法规定还本销售方式销售货物，其销售额就是货物销售价格，不得扣减还本支出。

(4)以物易物销售。以物易物销售是指购销双方不是以货币结算，而是以同等价款的货物相互结算的一种购销方式。采取这种方式销售的作购销处理，以各自发出的货物核算销售额，并计算销项税额，以各自收到的货物核算购货额，并计算进项税额。

(5)包装物押金的处理。纳税人为销售货物而出租出借包装物收取的押金，如果单独记账核算，且没有逾期，则不并入销售额征税，但对逾期包装物押金，无论是否退还均并入销售额征税。这里的逾期是指合同约定实际逾期或以1年为限，对收取1年以上的押金，无论是否退还均并入销售额征税。征税时应注意两个问题：一是逾期包装物押金都视为含税收入，需换算成不含税价再并入销售额；二是征税税率为所包装货物适用税率。

但自1995年6月1日起，对啤酒、黄酒之外的其他酒类收取的包装物押金，无论是否逾期一律并入销售额征税。

(6)直销企业的税务处理。直销企业先将货物销售给直销员，直销员再将货物销售给消费者的，直销企业的销售额为其向直销员收取的全部价款和价外费用。直销员将货物销售给消费者时，应按照现行规定缴纳增值税。直销企业通过直销员向消费者销售货物，直接向消费者收取货款，直销企业的销售额为其向消费者收取的全部价款和价外费用。

(7)贷款服务的销售额。贷款服务，以提供贷款服务取得的全部利息及利息性质的收入为销售额。银行提供贷款服务按期计收利息的，结息日当日计收的全部利息收入，均应计入结息日所属期的销售额，按照现行规定计算缴纳增值税。自2018年1月1日起，资管产品管理人运营资管产品提供的贷款服务以2018年1月1日起产生的利息及利息性质的收入为销售额。

(8)直接收费金融服务的销售额。直接收费金融服务，以提供直接收费金融服务收取的手续费、佣金、酬金、管理费、服务费、经手费、开户费、过户费、结算费、转托管费等各类费用为销售额。

(9)发卡机构、清算机构和收单机构提供银行卡跨机构资金清算服务，按照以下规定执行：①发卡机构以其向收单机构收取的发卡行服务费为销售额，并按照此销售额向清算机构开具增值税发票。②清算机构以其向发卡机构、收单机构收取的网络服务费为销售额，并按照发卡机构支付的网络服务费向发卡机构开具增值税发票，按照收单机构支付的网络服务费向收单机构开具增值税发票。清算机构从发卡机构取得的增值税发票上记载的发卡行服务费，一并计入清算机构的销售额，并由清算机构按照此销售额向收单机构开具增值税发票。③收单机构以其向商户收取的收单服务费为销售额，并按照此销售额向商户开具增值税发票。

(二)进项税额的确定

增值税的进项税额是指纳税人购进货物或者接受应税劳务所支付或者负担的增值税额。进项税额是与销售项税额相对应的一个概念，在开具增值税专用发票的情况下，它们之间的对应关系是，销售方收取的销项税额就是购买支付的进项税额。对于任何一个增值税的一般纳税人而言，其在经营活动中，既会发生销售货物或提供应税劳务，又会发生购进货物或者接受应税劳务，因此每一个一般纳税人都会有收取的销项税额和支付的进项税额。增值税的核心就是用纳税人收取的销项税额抵扣其支付的进项税额，其余额即为纳税人实际应缴纳的增值税税额。当然，哪些进项税额准予抵扣，在各国的增值税法中都是有严格规定的。纳税人违反规定，随意抵扣进项税额，在法律上将以偷税论处。

1. 准予从销项税额中抵扣的进项税额项目

根据《增值税暂行条例》第8条的规定，下列进项税额准予从销项税额中抵扣：

(1)从销售方取得的增值税专用发票上注明的增值税额。

(2)从海关取得的海关进口增值税专用缴款书上注明的增值税额。

(3)自境外单位或者个人购进劳务、服务、无形资产或者境内的不动产，从税务机关或者扣缴义务人取得的代扣代缴税款的完税凭证上注明的增值税额。

(4)购进农产品，除取得增值税专用发票或者海关进口增值税专用缴款书外，按照农产品收购发票或者销售发票上注明的农产品买价和10%的扣除率计算的进项税额。进项税额计算公式：

进项税额=买价×扣除率

需要注意的是：第一，购买的免税农产品必须是农业生产者(个人、单位，小规模纳税人）自产自销种植或者养殖的初级农业产品。第二，其买价仅限于税务机关批准使用的收购凭证上明标价款。第三，对烟叶税纳税人按规定缴纳的烟叶税，准予并入烟叶产品的买价计算增值税的进项税额，并在计算缴纳增值税时予以抵扣。具体计算方法如下：

烟叶收购金额=烟叶收购价款×（1+10%）

烟叶税应纳税额=烟叶收购金额×税率（20%）

准予抵扣进项税额=（烟叶收购金额+烟叶税应纳税额）×扣除率

一般纳税人从农民专业合作社购进的免税农业产品，可按10%的扣除率计算折扣增值税进项税额。

此外，增值税一般纳税人购置税控收款机所支付的增值税税额（以购进税控收款机取得的增值税专用发票上注明的增值税税额为准），准予在该企业当期的增值税销项税额中抵扣。增值税一般纳税人用于采集增值税专用发票抵扣属于防伪税控通用设备，可按购置上述设备取得的增值税专用发票所注明的增值税税额，计入当期增值税进项税额。

2. 不得从销项税额中抵扣的进项税额项目

根据《增值税暂行条例》的规定，下列项目的进项税额不得从销项税额中抵扣：

（1）一般纳税人有下列情形之一者，就近销售额依照增值税税率计算应纳税额，不得抵扣进项税额，也不得使用增值税专用发票：第一种情形是会计核算不健全，或者不能够提供准确税务资料的；第二种情形是应当办理一般纳税人资格登记而未办理的。

（2）用于简易计税办法计税项目、免征增值税项目、集体福利或者个人消费的购进货物、劳务、服务、无形资产和不动产。

（3）非正常损失的购进货物及相关劳务和交通运输服务。非正常损失具体包括：自然灾害损失、因管理不善造成货物被盗窃、发生霉烂变质等损失；其他非正常损失，这种情形应作进项税额的转出。

（4）非正常损失的在产品、产成品所耗用的购进货物（不包括固定资产）、劳务和交通运输服务。

（5）非正常损失的不动产，以及该不动产所耗用的购进货物、设计服务和建筑服务。

（6）非正常损失的不动产在建工程所耗用的购进货物、设计服务和建筑服务。

（7）购进的旅客运输服务、贷款服务、餐饮服务、居民日常服务和娱乐服务。

（8）纳税人接受贷款服务向贷款方支付的与该笔贷款直接相关的投融资顾问费、手续费、咨询费等费用。

（三）计算应纳税额的时间限定

一般纳税人应纳增值税税额的计算公式为：

应纳税额=当期销项税额-当期进项税额

公式中的“当期”是个十分重要的时间限定，具体是指税务机关依照法律规定对纳税人确定的纳税期限：只有在纳税期限内实际发生的销项税额、进项税额，才是法定的当期销项税额或当期进项税额。

1. 销项税额的时间限定

根据销售货物或应税劳务的货款结算方式不同，当期销项税额的时间（即增值税纳税义务发生时间）有不同的规定：

(1)采取直接收款方式销售货物，不论货物是否发出，均为收到销售额或取得索取销售额的凭据的当天。

(2)采取托收承付和委托银行收款方式销售货物，为发出货物并办妥托收手续的当天(不论是否收款)。

(3)采取赊销和分期收款方式销售货物，为按合同约定的收款日期的当天，无书面合同的或者书面合同没有约定收款日期的，为货物发出的当天。

(4)采取预收货款方式销售货物，为货发出的当天，但生产销售生产工期超过 12 个月的大型机械设备、船舶、飞机等货物，为收到预收款或者书面合同约定的收款日期的当天。

(5)委托其他纳税人代销货物，为收到代销单位的代销清单或者收到全部或者部分货款的当天。未收到代销清单及货款的，为发出代销货物满 180 日的当天。

(6)销售应税劳务提供劳务同时收讫销售额或取得索取销售额的凭据的当天。

(7)发生视同销售货物行为的货物移送的当天。

2. 进项税额抵扣的时间限定

(1)增值税专用发票进项税额的抵扣时限。取消增值税发票认证。一般纳税人取得增值税发票后，可以自愿使用增值税发票选择确认平台查询、选择用于申报抵扣、出口退税或者代办退税增值税发票信息。

(2)海关进口增值税专用缴款书进项税额的抵扣时限。增值税一般纳税人进口货物，取得海关进口增值税专用缴款书，应当在开具之日起 360 日向主管国税机关报送《海关完税凭主抵扣清单》，申请稽核比对。

(四)应纳税额的计算

1. 小规模纳税人应纳税额的计算

根据《增值税暂行条例》第 11 条的规定，小规模纳税人发生应税销售行为，实行按照销售额和征收率计算应纳税额的简易办法，并不得抵扣进项税额。应纳税额计算公式：

应纳税额=(不含税)销售额×征收率(3%)

上述公式中的销售额是指销售货物或提供应税劳务时向购买方收取的全部价款和价外费用，但不包括按 3%的征收率收取的增值税税额。

根据《增值税暂行条例实施细则》第 30 条的规定，若小规模纳税人销售货物和提供应税劳务时，取得的销售收入为含增值税税额的销售额，则小规模纳税人应先将含税销售额换算为不含税销售额后才能计算应纳税额。计算公式为：

应纳税额=含税销售额÷(1+征收率)×征收率

2. 一般纳税人应纳税额的计算

根据《增值税暂行条例》第 4 条的规定，一般纳税人销售货物或者提供应税劳务，应纳税额为当期销项税额抵扣当期进项税额后的余额，当期销项税额小于当期进项税额不足抵扣时，其不足部分可以结转下期继续抵扣。计算公式为：

应纳税额=当期销项税额-当期进项税额

3. 进口货物应纳增值税额的计算

进口货物的纳税人，无论是一般纳税人还是小规模纳税人，均应按照组成计税价格和规定的税率计算应纳税额，不得抵扣进项税额。其计算公式为：

应纳税额=组成计税价格×税率

如果进口的货物不征消费税，则上述的组价公式为：

组成计税价格=关税完税价格+关税税额

如果进口的货物应征消费税，则上述的组价公式为：

组成计税价格=关税完税价格+关税+消费税

六、增值税的优惠和出口货物退(免)税

(一)起征点

根据《增值税暂行条例》第17条的规定，纳税人销售额未达到国务院财政、税务主管部门规定的增值税起征点的，免征增值税；达到起征点的，依照本条例规定全额计算缴纳增值税。

根据《增值税暂行条例实施细则》第37条的规定，增值税起征点的适用范围限于个人。增值税起征点的幅度规定如下：

(1)销售货物的，为月销售额5000—20000元；

(2)销售应税劳务的，为月销售额5000—20000元；

(3)按次纳税的，为每次(日)销售额300—500元。

上述所称销售额，是指本细则第30条第1款所称小规模纳税人的销售额。

省、自治区、直辖市财政厅(局)和国家税务局应在规定的幅度内，根据实际情况确定本地区适用的起征点，并报财政部、国家税务总局备案。

对增值税小规模纳税人中月销售额未达到10万元的企业和非企业性单位，免征增值税。2017年12月31日前，对月销售额2万元(含本数)至3万元的增值税小规模纳税人，免征增值税。

(二)减免规定

根据《增值税暂行条例》第15条的规定，下列项目免征增值税：

(1)农业生产者销售的自产农产品。其中，所称农业，是指种植业、养殖业、林业、牧业、水产业；农业生产者，包括从事农业生产的单位和个人；农产品，是指初级农产品，具体范围由财政部、国家税务总局确定。(参见《增值税暂行条例实施细则》第35条)

(2)避孕药品和用具。

(3)古旧图书。

(4)直接用于科学研究、科学试验和教学的进口仪器、设备。

(5)外国政府、国际组织无偿援助的进口物资和设备。

(6)由残疾人的组织直接进口供残疾人专用的物品。

(7)销售的自己使用过的物品。

除前款规定外，增值税的免税、减税项目由国务院规定。任何地区、部门均不得规定免税、减税项目。

根据《增值税暂行条例实施细则》第36条的规定，纳税人销售货物或者应税劳务适用免税规定的，可以放弃免税，依照条例的规定缴纳增值税。放弃免税后，36个月内不得

再申请免税。

根据财政部、国家税务总局《全面推开营业税改征增值税试点的通知》(财税〔2016〕36号)及其附件《营业税改征增值税试点过渡政策的规定》，自2016年5月1日起，下列项目免征增值税。

(1)托儿所、幼儿园提供的保育和教育服务。托儿所、幼儿园，是指经县级以上教育部门审批成立、取得办园许可证的实施0~6岁学前教育的机构，包括公办和民办的托儿所、幼儿园、学前班、幼儿班、保育院、幼儿院。公办托儿所、幼儿园免征增值税的收入，是指在省级财政部门和价格主管部门审核报省级人民政府批准的收费标准以内收取的教育费、保育费。民办托儿所、幼儿园免征增值税的收入，是指在报经当地有关部门备案并公示的收费标准范围内收取的教育费、保育费。超过规定收费标准的收费，以开办实验班、特色班和兴趣班等为由另外收取的费用以及与幼儿入园挂钩的赞助费、支教费等超过规定范围的收入，不属于免征增值税的收入。

(2)养老机构提供的养老服务。养老机构，是指依照民政部《养老机构设立许可办法》(民政部令第48号)设立并依法办理登记的为老年人提供集中居住和照料服务的各类养老机构；养老服务，是指上述养老机构按照民政部《养老机构管理办法》(民政部令第49号)的规定，为收住的老年人提供的生活照料、康复护理、精神慰藉、文化娱乐等服务。

(3)残疾人福利机构提供的育养服务。

(4)婚姻介绍服务。

(5)殡葬服务。殡葬服务，是指收费标准由各地价格主管部门会同有关部门核定，或者实行政府指导价管理的遗体接运(含抬尸、消毒)、遗体整容、遗体防腐、存放(含冷藏)、火化、骨灰寄存、吊唁设施设备租赁、墓穴租赁及管理等服务。

(6)残疾人员本人为社会提供的服务。

(7)医疗机构提供的医疗服务。医疗机构，是指依据国务院《医疗机构管理条例》(国务院令第149号)及卫生部《医疗机构管理条例实施细则》(卫生部令第35号)的规定，经登记取得医疗机构执业许可证的机构，以及军队、武警部队各级各类医疗机构。具体包括：各级各类医院、门诊部(所)、社区卫生服务中心(站)、急救中心(站)、城乡卫生院、护理院(所)、疗养院、临床检验中心，各级政府及有关部门举办的卫生防疫站(疾病控制中心)、各种专科疾病防治站(所)，各级政府举办的妇幼保健所(站)、母婴保健机构、儿童保健机构，各级政府举办的血站(血液中心)等医疗机构。本项所称的医疗服务，是指医疗机构按照不高于地(市)级以上价格主管部门会同同级卫生主管部门及其他相关部门制定的医疗服务指导价格(包括政府指导价和按照规定由供需双方协商确定的价格等)为就医者提供《全国医疗服务价格项目规范》所列的各项服务，以及医疗机构向社会提供卫生防疫、卫生检疫的服务。

(8)从事学历教育的学校提供的教育服务。

(9)学生勤工俭学提供的服务。

(10)农业机耕、排灌、病虫害防治、植物保护、农牧保险以及相关技术培训业务，家禽、牲畜、水生动物的配种和疾病防治。

(11)纪念馆、博物馆、文化馆、文物保护单位管理机构、美术馆、展览馆、书画院、图书馆在自己的场所提供文化体育服务取得的第一道门票收入。

(12)寺院、宫观、清真寺和教堂举办文化、宗教活动的门票收入。

(13)行政单位之外的其他单位收取的符合《营业税改征增值税试点实施办法》第10条规定条件的政府性基金和行政事业性收费。

(14)个人转让著作权。

(15)个人销售自建自用住房。

(16)2018年12月31日前，公共租赁住房经营管理单位出租公共租赁住房。

(17)台湾航运公司、航空公司从事海峡两岸海上直航、空中直航业务在大陆取得的运输收入。

(18)纳税人提供的直接或者间接国际货物运输代理服务。纳税人提供直接或者间接国际货物运输代理服务，向委托方收取的全部国际货物运输代理服务收入，以及向国际运输承运人支付的国际运输费用，必须通过金融机构进行结算。纳税人为大陆(内地)与香港、澳门、台湾地区之间的货物运输提供的货物运输代理服务参照国际货物运输代理服务有关规定执行。委托方索取发票的，纳税人应当就国际货物运输代理服务收入向委托方全额开具增值税普通发票。

(19)以下利息收入：①2016年12月31日前，金融机构农户小额贷款，小额贷款是指单笔且该农户贷款余额总额在10万元(含本数)以下的贷款；②国家助学贷款；③国债、地方政府债；④人民银行对金融机构的贷款；⑤住房公积金管理中心用住房公积金在指定的委托银行发放的个人住房贷款；⑥外汇管理部门在从事国家外汇储备经营过程中，委托金融机构发放的外汇贷款；⑦统借统还业务中，企业集团或企业集团中的核心企业以及集团所属财务公司按不高于支付给金融机构的借款利率水平或者支付的债券票面利率水平，向企业集团或者集团内下属单位收取的利息。

(20)被撤销金融机构以货物、不动产、无形资产、有价证券、票据等财产清偿债务。

(21)保险公司开办的一年期以上人身保险产品取得的保费收入。

(22)下列金融商品转让收入：①合格境外投资者(QFII)委托境内公司在我国从事证券买卖业务；②香港市场投资者(包括单位和个人)通过沪港通买卖上海证券交易所上市A股；③对香港市场投资者(包括单位和个人)通过基金互认买卖内地基金份额；④证券投资基金(封闭式证券投资基金，开放式证券投资基金)管理人运用基金买卖股票、债券；⑤个人从事金融商品转让业务。

(23)金融同业往来利息收入。

(24)同时符合下列条件的担保机构从事中小企业信用担保或者再担保业务取得的收入(不含信用评级、咨询、培训等收入)3年内免征增值税。

(25)国家商品储备管理单位及其直属企业承担商品储备任务，从中央或者地方财政取得的利息补贴收入和价差补贴收入。

(26)纳税人提供技术转让、技术开发和与之相关的技术咨询、技术服务。

(27)同时符合《营业税改征增值税试点过渡政策的规定》条件的合同能源管理服务。

(28)2017年12月31日前，科普单位的门票收入，以及县级及以上党政部门和科协开展科普活动的门票收入。

(29)政府举办的从事学历教育的高等、中等和初等学校(不含下属单位)，举办进修班、培训班取得的全部归该学校所有的收入。

(30)政府举办的职业学校设立的主要为在校学生提供实习场所、并由学校出资自办、由学校负责经营管理、经营收入归学校所有的企业，从事《销售服务、无形资产、不动产注释》中"现代服务"(不含融资租赁服务、广告服务和其他现代服务)、"生活服务"(不含文化体育服务、其他生活服务和桑拿、氧吧)业务活动取得的收入。

(31)家政服务企业由员工制家政服务员提供家政服务取得的收入。

(32)福利彩票、体育彩票的发行收入。

(33)军队空余房产租赁收入。

(34)为了配合国家住房制度改革，企业、行政事业单位按房改成本价、标准价出售住房取得的收入。

(35)将土地使用权转让给农业生产者用于农业生产。

(36)涉及家庭财产分割的个人无偿转让不动产、土地使用权。

(37)土地所有者出让土地使用权和土地使用者将土地使用权归还给土地所有者。

(38)县级以上地方人民政府或自然资源行政主管部门出让、转让或收回自然资源使用权(不含土地使用权)。

(39)随军家属就业。

(40)军队转业干部就业：从事个体经营的军队转业干部，自领取税务登记证之日起，其提供的应税服务3年内免征增值税。为安置自主择业的军队转业干部就业而新开办的企业，凡安置自主择业的军队转业干部占企业总人数60%(含)以上的，自领取税务登记证之日起，其提供的应税服务3年内免征增值税。享受上述优惠政策的自主择业的军队转业干部必须持有师以上部队颁发的转业证件。

除此之外，还有其他免征增值税项目：

(1)再保险服务。

(2)各党派、共青团、工会、妇联、中科协、青联、台联、侨联收取党费、团费、会费，以及政府间国际组织收取会费，属于非经营活动，不征收增值税。

(3)青藏铁路公司提供的铁路运输服务免征增值税。

(4)中国邮政集团公司及其所属邮政企业提供的邮政普遍服务和邮政特殊服务，免征增值税。

(5)自2016年1月1日起，中国邮政集团公司及其所属邮政企业为金融机构代办金融保险业务取得的代理收入，在"营改增"试点期间免征增值税。

(6)中国信达资产管理股份有限公司、中国华融资产管理股份有限公司、中国长城资产管理公司和中国东方资产管理公司及各自经批准分设于各地的分支机构，在收购、承接和处置剩余政策性剥离不良资产和改制银行剥离不良资产过程中开展的部分业务免征增值税，依具体规定施行。

(7)全国社会保障基金理事会、全国社会保障基金投资管理人运用全国社会保障基金买卖证券投资基金、股票、债券取得的金融商品转让收入，免征增值税。

(8)对部分国际航运保险业务免征增值税。

(9)对社保基金会、社保基金投资管理人在运用社保基金投资过程中，提供贷款服务取得的全部利息及利息性质的收入和金融商品转让收入，免征增值税。

(10)境外教育机构与境内从事学历教育的学校开展中外合作办学，提供学历教育服务取得的收入免征增值税。

(三)增值税即征即退和扣减规定

1. 增值税即征即退

(1)一般纳税人提供管道运输服务，对其增值税实际税负超过3%的部分实行增值税即征即退政策。

(2)经人民银行、银监会或者商务部批准从事融资租赁业务的试点纳税人中的一般纳税人，提供有形动产融资租赁服务和有形动产融资性售后回租服务，对其增值税实际税负超过3%的部分实行增值税即征即退政策。商务部授权的省级商务主管部门和国家经济技术开发区批准的从事融资租赁业务和融资性售后回租业务的试点纳税人中的一般纳税人，2016年5月1日后实收资本达到1.7亿元的，从达到标准的当月起按照上述规定执行；2016年5月1日后实收资本未达到1.7亿元但注册资本达到1.7亿元的，在2016年7月31日前仍可按照上述规定执行，2016年8月1日后开展的有形动产融资租赁业务和有形动产融资性售后回租业务不得按照上述规定执行。

(3)一般纳税人销售其自行开发生产的软件产品，按13%税率征收增值税后，对其增值税实际税负超过3%的部分实行即征即退政策。一般纳税人将进口软件产品进行本地化改造后对外销售，其销售的软件产品也可按规定享受即征即退政策。

(4)纳税人安置残疾人应享受增值税即征即退优惠政策。

上述所称增值税实际税负，是指纳税人当期提供应税服务实际缴纳的增值税额占纳税人当期提供应税服务取得的全部价款和价外费用的比例。

2. 扣减增值税规定

(1)退役士兵创业就业。

对自主就业退役士兵从事个体经营的，在3年内按每户每年12000元为限额依次扣减其当年实际应缴纳的增值税、城市维护建设税、教育费附加、地方教育附加和个人所得税。限额标准最高可上浮20%，各省、自治区、直辖市人民政府可根据本地区实际情况在此幅度内确定具体限额标准，并报财政部和国家税务总局备案。纳税人年度应缴纳税款小于上述扣减限额的，以其实际缴纳的税款为限；大于上述扣减限额的，应以上述扣减限额为限。纳税人的实际经营期不足1年的，应当以实际月份换算其减免税限额。换算公式为：减免税限额=年度减免税限额÷12×实际经营月数。

纳税人在享受税收优惠政策的当月，持中国人民解放军义务兵退出现役证或中国人民解放军士官退出现役证以及税务机关要求的相关材料向主管税务机关备案。

对商贸企业、服务型企业、劳动就业服务企业中的加工型企业和街道社区具有加工性质的小型企业实体，在新增加的岗位中，当年新招用自主就业退役士兵，与其签订1年以上期限劳动合同并依法缴纳社会保险费的，在3年内按实际招用人数予以定额依次扣减增值税、城市维护建设税、教育费附加、地方教育附加和企业所得税优惠。定额标准为每人每年6000元，最高可上浮50%，各省、自治区、直辖市人民政府可根据本地区实际情况在此幅度内确定具体定额标准，并报财政部和国家税务总局备案。

纳税人按企业招用人数和签订的劳动合同时间核定企业减免税总额，在核定减免税总额内每月依次扣减增值税、城市维护建设税、教育费附加和地方教育附加。纳税人实际应缴纳的增值税、城市维护建设税、教育费附加和地方教育附加小于核定减免税总额的，以实际应缴纳的增值税、城市维护建设税、教育费附加和地方教育附加为限；实际应缴纳的增值税、城市维护建设税、教育费附加和地方教育附加大于核定减免税总额的，以核定减免税总额为限。

纳税年度终了，如果企业实际减免的增值税、城市维护建设税、教育费附加和地方教育附加小于核定的减免税总额，企业在企业所得税汇算清缴时扣减企业所得税。当年扣减不足的，不再结转以后年度扣减。

计算公式为：企业减免税总额＝∑每名自主就业退役士兵本年度在本企业工作月份÷12×定额标准。

(2)重点群体创业就业。

对持就业创业证(注明“自主创业税收政策”或“毕业年度内自主创业税收政策”)或2015年1月27日前取得的就业失业登记证(注明“自主创业税收政策”或附着“高校毕业生自主创业证”)的人员从事个体经营的，在3年内按每户每年12000元为限额依次扣减其当年实际应缴纳的增值税、城市维护建设税、教育费附加、地方教育附加和个人所得税。限额标准最高可上浮20%，各省、自治区、直辖市人民政府可根据本地区实际情况在此幅度内确定具体限额标准，并报财政部和国家税务总局备案。

纳税人年度应缴纳税款小于上述扣减限额的，以其实际缴纳的税款为限；大于上述扣减限额的，应以上述扣减限额为限。

对商贸企业、服务型企业、劳动就业服务企业中的加工型企业和街道社区具有加工性质的小型企业实体，在新增加的岗位中，当年新招用在人力资源社会保障部门公共就业服务机构登记失业半年以上且持就业创业证或2015年1月27日前取得的就业失业登记证(注明“企业吸纳税收政策”)人员，与其签订1年以上期限劳动合同并依法缴纳社会保险费的，在3年内按实际招用人数予以定额依次扣减增值税、城市维护建设税、教育费附加、地方教育附加和企业所得税优惠。定额标准为每人每年6000元，最高可上浮30%，各省、自治区、直辖市人民政府可根据本地区实际情况在此幅度内确定具体定额标准，并报财政部和国家税务总局备案。

按上述标准计算的税收扣减额应在企业当年实际应缴纳的增值税、城市维护建设税、教育费附加、地方教育附加和企业所得税税额中扣减，当年扣减不足的，不得结转下年使用。

(四)出口货物退(免)税管理规定

所谓出口货物退(免)税，是指货物报关出口销售后，将纳税人在国内实际承担的税收按规定的出口退税率计算退税并予退还增值税、消费税，或者免征出口环节增值税、消费税的制度，对出口产品实行退税政策是国际惯例，是国家支持外贸出口的重要手段。根据WTO规则要求，各成员国可以对本国出口产品实行退税，但退税的最大限度不能超过出口产品在国内已征的税款。在此范围内，各成员国可以根据自身的经济发展需要和国家财政承受能力，确定恰当的出口退税水平。国际通行的税收规则，一般都是以法定的征税税率确定出口货物的退税率，其目的在于鼓励本国产品出口，以不含税价格进入国际市场，增强产品的竞争能力。

根据《增值税暂行条例》第25条的规定，纳税人出口货物适用退(免)税规定的，应当向海关办理出口手续，凭出口报关单等有关凭证，在规定的出口退(免)税申报期内按月向主管税务机关申报办理该项出口货物的退(免)税。具体办法由国务院财政、税务主管部门制定。出口货物办理退税后发生退货或者退关的，纳税人应当依法补缴已退的税款。据此，财政部、国家税务总局自1994年以来，制定了《出口货物退(免)税管理办法(试行)》和《生产企业出口货物“免、抵、退”税管理操作规程(试行)》等规范性文件。目前，出口退(免)税已经成为我国调整产业结构和出口结构，促进外贸发展，保证国际收支平衡的重要宏观调控手段。

七、增值税的纳税地点和纳税期限

(一)纳税义务发生时间

根据《增值税暂行条例》第19条和《增值税暂行条例实施细则》第38条的规定，增值税纳税义务发生时间为：

(1)发生应税销售行为，为收讫销售款项或者取得索取销售款项凭据的当天；先开具发票的，为开具发票的当天。其中，收讫销售款项或者取得索取销售款项凭据的当天，按销售结算方式的不同，具体为：①采取直接收款方式销售货物，不论货物是否发出，均为收到销售款或者取得索取销售款凭据的当天；②采取托收承付和委托银行收款方式销售货物，为发出货物并办妥托收手续的当天；③采取赊销和分期收款方式销售货物，为书面合同约定的收款日期的当天，无书面合同的或者书面合同没有约定收款日期的，为货物发出的当天；④采取预收货款方式销售货物，为货物发出的当天，但生产销售生产工期超过12个月的大型机械设备、船舶、飞机等货物，为收到预收款或者书面合同约定的收款日期的当天；⑤委托其他纳税人代销货物，为收到代销单位的代销清单或者收到全部或者部分货款的当天。未收到代销清单及货款的，为发出代销货物满180天的当天；⑥销售应税劳务，为提供劳务同时收讫销售款或者取得索取销售款的凭据的当天；⑦纳税人发生本细则第4条第(3)项至第(8)项所列视同销售货物行为，为货物移送的当天。

(2)进口货物，为报关进口的当天。

(3)增值税扣缴义务发生时间为纳税人增值税纳税义务发生的当天。

(二)纳税地点

根据《增值税暂行条例》第22条的规定，增值税纳税地点为：

(1)固定业户应当向其机构所在地的主管税务机关申报纳税。总机构和分支机构不在同一县(市)的，应当分别向各自所在地的主管税务机关申报纳税；经国务院财政、税务主管部门或者其授权的财政、税务机关批准，可以由总机构汇总向总机构所在地的主管税务机关申报纳税。

(2)固定业户到外县(市)销售货物或者应税劳务，应当向其机构所在地的主管税务机关申请开具外出经营活动税收管理证明，并向其机构所在地的主管税务机关申报纳税；未开具证明的，应当向销售地或者劳务发生地的主管税务机关申报纳税；未向销售地或者劳务发生地的主管税务机关申报纳税的，由其机构所在地的主管税务机关补征税款。

(3)非固定业户销售货物或者应税劳务，应当向销售地或者劳务发生地的主管税务机关申报纳税；未向销售地或者劳务发生地的主管税务机关申报纳税的，由其机构所在地或者居住地的主管税务机关补征税款。

(4)进口货物，应当向报关地海关申报纳税。

扣缴义务人应当向其机构所在地或者居住地的主管税务机关申报缴纳其扣缴的税款。

(三)纳税期限

根据《增值税暂行条例》第 23、24 条的规定，增值税的纳税期限分别为 1 日、3 日、5 日、10 日、15 日、1 个月或者 1 个季度。纳税人的具体纳税期限，由主管税务机关根据纳税人应纳税额的大小分别核定；不能按照固定期限纳税的，可以按次纳税。

纳税人以 1 个月或者 1 个季度为 1 个纳税期的，自期满之日起 15 日内申报纳税；以 1 日、3 日、5 日、10 日或者 15 日为 1 个纳税期的，自期满之日起 5 日内预缴税款，于次月 1 日起 15 日内申报纳税并结清上月应纳税款。

扣缴义务人解缴税款的期限，依照上述规定执行。

纳税人进口货物，应当自海关填发海关进口增值税专用缴款书之日起 15 日内缴纳税款。

(四)增值税专用发票的使用和管理

增值税专用发票的使用和管理如何，直接关系到整个增值税制度能否正常、有效运作，关系到增值税原理能否实现。增值税专用发票不仅是纳税人从事经济活动的重要商事凭证，而且也是记载销货方销项税额和购货方进项税额的凭证。

增值税专用发票主要是一般纳税人可以开具和使用的。按照以往的规定，小规模纳锐人需要使用增值税专用发票的，只能预缴税款后再向税务机关申请代开发票。营改增后，税务机关代开发票的压力明显增加。为保障全面推开营改增试点工作顺利实施，税务总局进一步优化纳税服务，自 2016 年 8 月 1 日起在全国 91 个城市开展的住宿业小规模纳税人自行开具增值税专用发票试点工作，2016 年 11 月将试点范围扩大到全国。住宿业小规模纳税人可以自行开具发票，一方面提升了开票的便利性，有助于提升小微企业的竞争能力，帮助小微企业发展壮大；另一方面，方便了营改增后接受服务的纳税人及时取得增值税专用发票，进一步完善了增值税抵扣链条。同时这一做法也有效减轻了税务机关工作量，优化了纳税服务资源配置。

根据《国家税务总局关于开展鉴证咨询业增值税小规模纳税人自开增值税专用发票试点工作有关事项的公告》(国家税务总局公告 2017 年第 4 号)的规定，自 2017 年 3 月 1 日起，全国范围内月销售额超过 3 万元(或季销售额超过 9 万元)的律师事务所、会计师事务所、税务师事务所、咨询公司等鉴证咨询业增值税小规模纳税人提供认证服务、鉴证服务、咨询服务、销售货物或发生其他增值税应税行为，需要开具专用发票的，可以通过增值税发票管理新系统自行开具，不再需要往返税务机关代开，主管税务机关也不再为其代开。

根据《国家税务总局关于进一步明确营改增有关征管问题的公告》(国家税务总局公告

2017年第11号)的规定，自2017年6月1日起，将建筑业纳入增值税小规模纳税人自行开具增值税专用发票的试点范围。月销售额超过3万元(或季销售额超过9万元)的建筑业增值税小规模纳税人提供建筑服务、销售货物或发生其他增值税应税行为，需要开具增值税专用发票的，通过增值税专用发票管理新系统自行开具。自开发票试点纳税人销售其取得的不动产，需要开具增值税专用发票的，仍需向税务机关申请代开。

为了加强增值税专用发票的管理，国家税务总局于2006年10月17日修订了1993年发布的《增值税专用发票使用规定》，这是我国增值税专用发票管理的重要依据。该规定明确了增值税专用发票的基本联次，领购要求、专用发票的开具、认证管理以及使用增值税专用发票的违法处置。此外《刑法》还对虚开增值税专用发票等犯罪行为作出了规定。

1. 专用发票的领购

增值税专用发票仅限于增值税的一般纳税人领购使用。小规模纳税人确需使用的，由主管税务机关代为填开。一般纳税人如果会计核算不健全，或不能向税务机关准确提供增值税销项税额、进项税额、应纳税额数据以及其他有关增值税税务资料的，或者有发票违法行为在限制内仍未改正的，或者销售的货物全部属于免税项目的，则不得领购使用专用发票。

2. 专用发票的开具

一般纳税人从事应纳增值税的活动，必须向购买方开具专用发票，但下列情形不得开具专用发票：(1)向消费者销售应税项目；(2)销售免税货物；(3)销售报送出口的货物、在境外销售劳务；(4)将货物用于非应税项目；(5)将货物用于集体福利或个人消费；(6)提供劳务(应当征收增值税的除外)、服务、转让无形资产或不动产。

此外，向小规模纳税人销售应税项目，可以不开具专用发票。另外，商业零售的烟、酒、食品、服装、化妆品等消费品不得开具专用发票；对生产经营机器、机车、汽车、轮船、锅炉等大型机械、电子设备的工商企业，凡直接销售给使用单位的，应开具普通发票，如购货方索取增值税专用发票，销货方可开具专用发票。

专用发票的基本联次统一规定为四联，各联次必须按以下规定用途使用：(1)第一联为存根联，由销货方留存备查；(2)第二联为发票联，由购货方作付款的记账凭证；(3)第三联为税款抵扣联，由购货方作扣税凭证；(4)第四联为记账联，由销货方做销售的记账凭证。

一般纳税人必须按规定时限开具专用发票，不得提前或滞后。对虽未到专用发票开具时间，或者未到纳税义务发生时间，但是企业已开具专用发票的，要及时足额计入当期销售额。凡已经开具了专用发票，而未将销售额计入销售账户核算的，一律按偷税论处。

如果销售方销售货物并向购买方开具专用发票后，发生了退货或销售折让，作为一般纳税人的销售方计算销项税时，当然可以扣除退货金额或折让金额，但是增值税具有相互对应性，销售方的销项税额就是购货方的进项税额，销售方的销项税额按照减除了退货金额或折让金额或折让金额的销售额来计算，而购货方却按照原金额来计算进项税额，则必将导致国家应收税额的减少，因此为了保障增值税扣除的连续性，发生销货退货或销售折让时，根据不同情况，分别按以下办法办理专用发票处理手续。

(1)购买方在未付货款并且未作账务处理的情况下，需将原发票联和税款抵扣联主动还给销货方。销售方收到后，应在该发票联和税款抵扣联及有关的存根联、记账联上注明“作废”字样，作为扣减当期销项税额的凭证。未收到购买方退还的专用发票的，销售方不得扣减销项税额，属于销售折让的，销售方应按折让后的货款额开专用发票。

(2)在购买方已付货款，或者贷款未付但已作账务处理，发票联及抵扣联无法退还的情况下，购买方必须取得当地主管税务机关开具红字专用发票的合法依据，即进货退出或索取折让证明单。销售方在未收到上述证明单之前，不得开具红字专用发票，红字专用发票的存根联、记账联作为销售方扣减当期销项税额的凭证，其发票联、税款抵扣联作为购买方扣减进项税额的凭证。购买方收到红字专用发票后，应将红字专用发票所注明的增值税税额从当期进项税额中扣减，如不扣减，造成不纳税减少纳税人，属于偷税行为。

3. 对专用发票被盗、丢失的处理

纳税人必须严格按有关规定保管和使用专用发票，对违反规定发生被盗、丢失专用发票的纳税人，应依法处以1万元以下的罚款，并可视具体情况，在最长不超过半年的期限内，中止纳税人领购专用发票的权利。

此外，纳税人丢失专用发票后，必须按规定程序向当地主管税务机关、公安机关挂失。各地税务机关要代为收取“挂人登报费”，帮助失票人在《中国税务报》上代登“遗失声明”。

4. 对代开、虚开专用发票行为的处理

代开发票是指与自己没有发生直接购销关系的他人开具发票的行为；虚开发票是指在没有任何事实的前提下，为他人、为自己或让他人为自己或介绍他人开具发票的行为。对于上述两种违法行为，一律按票面所列商品的适用税率全额征补税款，并按偷税行为给予处罚；代开、虚开发票的行为构成犯罪的，应依法给予刑事处分。

我国《刑法》对有关增值税专用发票方面的犯罪有许多具体规定。例如《刑法》第205条规定，虚开增值税专用发票或者虚开用于骗取出口退税、抵扣税款的其他发票的，处3年以下有期徒刑或者拘役，并处2万元以上20万元以下罚金；虚开的税款数额较大或者有其他严重情节的，处3年以上10年以下有期徒刑，并处5万元以上50万元以下罚金；虚开的税款数额巨大或者有其他特别严重情节的，处10年以上有期徒刑或者无期徒刑，并处5万元以上50万元以下罚金或者没收财产。有上述行为骗取国家税款，数额特别巨大，情节特别严重，给国家利益造成特别重大损失的，处无期徒刑或者死刑，并处没收财产。

单位犯本条规定之罪的，对单位判处罚金，并对其直接负责的主管人员和其他直接责任人员，处3年以下有期徒刑或者拘役；虚开的税款数额较大或者有其他严重情节的，处3年以上10年以下有期徒刑；虚开的税款数额巨大或者有其他特别严重情节的，处10年以上有期徒刑或者无期徒刑。

虚开增值税专用发票或者虚开用于骗取出口退税、抵扣税款的其他发票，是指有为他人虚开、为自己虚开、让他人为自己虚开、介绍他人虚开行为之一的。

第三节 消费税法

消费税法是调整消费税征纳关系的法律规范的总称。我国现行消费税法律规范是国务院 1993 年 12 月 13 日发布实施，2008 年 11 月 5 日修订通过的《消费税暂行条例》。

一、消费税概述

(一)消费税的概念

消费税，也称货物税，是以特定消费品的流转额为计税依据而征收的一种商品税，是对商品或劳务课税的一种主要形式。在世界各国普遍开征，目前，世界上已有 100 多个国家开征了这一税种或类似税种。

有的学者将消费税分为一般消费税和特别消费税，一般消费税实际上就是货物税，特别消费税是对特定的、限制性消费品征税，范围较窄。我国征收的消费税属于特别消费税。①

根据计税依据、纳税环节的不同，消费税可以分为直接消费税和间接消费税。直接消费税以消费者的实际消费金额为计税依据，直接向消费者课税，纳税人和负税人均为消费者。间接消费税以消费品价金或消费佣金为计税依据，在消费品生产或销售环节征税，消费税税款随消费品价金转嫁给消费者，纳税义务人为消费品的生产经营者，负税人仍为消费者。我国及世界大多数国家开征的消费税均为间接消费税。

(二)消费税的特征

消费税是对特定消费品和消费行为在特定环节征收的一种流转税，与其他税种相比较，消费税具有以下特点：

1. 征收范围具有选择性

从概念上，消费税应对全部消费品和消费行为课税，但由于消费税立法的目的通常是对特定的消费品的生产经营或消费行为进行调控，因此，各国实际上只是有选择地对部分消费品或消费行为征收消费税。限制消费、节约资源、体现受益原则等为众多国家采用，成为决定消费税征税范围的依据。我国在普遍征收增值税的基础上，选择少数消费品和消费行为交叉征收消费税，其征税范围主要包括特殊消费品、奢侈品、高能耗消费品、不可再生的稀缺资源消费品和税基广阔、消费普遍、不影响人民生活水平又具有一定财政意义的普通消费品。

2. 征收环节的单一性

消费税只在消费品生产、流通或消费的某一环节一次性征收，而不是道道课征。我国现行消费税属于多环节征收的商品税，一般选择在出厂销售或进口环节征收。这既降低了征收成本，又提高了征管效率。

3. 征收方法具有灵活性

现行消费税的计征方法比较灵活，根据各类消费品的特点，同时兼顾计征方便，既可以采取对应税消费品或消费行为制定比例税率，依其销售价格实行从价定率征收，也可以采取对应税消费品制定单位税额，依其销售数量实行从量定额征收。

---

① 参见国家税务总局税收科学研究所编著：《西方税收理论》，中国财政经济出版社 1997 年版，第 198 页。

4. 税率税额具有差别性

根据消费品的不同种类、档次或者消费品中某一物质成分的含量，以及消费品的市场供求关系、价格水平、国家的产业政策和消费政策等情况，对消费品制定高低不同的税率或税额。

5. 税收负担具有转嫁性

消费税无论在哪个环节征收，也无论实行价内税或价外税，消费品中所含消费税税款都由消费者承担。

6. 税收调节具有特殊性

现行消费税属于国家运用税收杠杆对某些消费品或消费行为进行特殊调节的税种。其特殊性表现在两个方面：一是不同的征税项目税负差异大，对需要限制或控制消费的应税消费品设计较高的税率，体现特殊的调节目的；二是现行消费税同增值税相配合实行双重调节，对某些需要特殊调节的消费品或消费行为征收增值税的同时，再征收一道消费税，形成对特殊消费品双重调节的税收调节体系。

(三)开征消费税的意义

尽管今天消费税在许多国家都不以其作为最重要的税种，但消费税自身仍有其特定的、不可替代的财政意义、经济意义和社会意义。在对货物普遍征收增值税的基础上，选择少数消费品再征收一道消费税，意义在于调节产品结构，引导消费方向，保证国家财政收入。

二、消费税的纳税人

《消费税暂行条例》第 1 条规定，消费税的纳税义务人，是指在中华人民共和国境内生产、委托加工和进口法定消费品的单位和个人。这里的“单位”包括国有企业、集体企业、私有企业、股份制企业、合营企业、合作企业、行政单位、事业单位、军事单位、社会团体及涉外企业等一切从事生产、委托加工和进口应税消费品的单位。“个人”指个体经营者和其他个人，包括中国公民和外国公民。单位和个人构成消费税纳税人必须同时具备两项条件：一是发生应税行为，即从事生产(包括自产自用)、委托加工和进口应税消费品；二是应税行为发生在中国境内，即应税行为发生在消费税法效力目前所及地域范围内。具备了上述条件的自然人、法人、非法人社会组织，均为消费税的纳税人。

三、消费税的征税范围

消费税征税范围包括 15 个税目，这 15 项概括起来可以分为四大类：

(1)过度消费会对人类健康、社会秩序、生态环境等方面有害的消费品，如烟、酒及酒精、鞭炮、焰火等；

(2)奢侈品和非生活必需品，如贵重首饰及珠宝玉石、化妆品等；

(3)高能耗及高档消费品，如汽车、摩托车；

(4)不可再生和不可替代的石油类消费品，如成品油、木质一次性筷子、实木地板等；

消费税具体税目包括：

(一)烟

凡是以烟叶为原料加工生产的产品，不论使用何种辅料，均属于本税目的征收范围，包括卷烟(进口卷烟、白包卷烟、手工卷烟和未经国务院批准纳入计划的企业及个人生产的卷烟)、雪茄烟和烟丝。

“卷烟”子目又分为“甲类卷烟”和“乙类卷烟”两个细目。甲类卷烟是按照每标准条(200 支)调拨价格在 70 元(含 70 元，不含增值税)以上卷烟；乙类卷烟是指每标准条调拨价格在 70 元(不含增值税)以下的卷烟。

(二)酒

酒是酒精度在 1 度以上的各种酒类饮料。酒精又名乙醇，是指用蒸馏或合成方法生产的酒精度在 95 度以上的无色透明液体。酒类包括粮食白酒、薯类白酒、黄酒、啤酒、果啤和其他酒。

(三)高档化妆品

本税目征收范围包括高档美容、修饰类化妆品、高档护肤化妆品和成套化妆品。

高档美容、修饰类化妆品是指香水、香水精、香粉、口红、指甲油、胭脂、眉笔、唇笔、蓝眼油、眼睫毛以及成套化妆品。

舞台、戏剧、影视演员化妆用的上妆油、卸装油、油彩，不属于本税目的征收范围。高档护肤类化妆品征收范围另行制定。

(四)贵重首饰及珠宝玉石

包括以金、银、白金、宝石、珍珠、钻石、翡翠、珊瑚、玛瑙等高贵稀有物质以及其他金属、人造宝石等制作的各种纯金银首饰及镶嵌首饰和经采掘、打磨、加工的各种珠宝玉石。对出国人员免税商店销售的金银首饰征收消费税。

(五)鞭炮、焰火

包括各种鞭炮、焰火。体育上用的发令纸、鞭炮药引线，不按本税目征收。

(六)成品油

本税目包括汽油、柴油、石脑油、溶剂油、航空煤油、润滑油、燃料油七个子目。

(1)汽油。汽油是指由天然或人造原油经蒸馏所得的直馏汽油组分，二次加工汽油组分及其他高辛烷值组分按比例调合而成的或用其他原料、工艺生产的辛烷值不小于 66 的各种汽油和以汽油组分为主，辛烷值大于 50 的经调合可用作汽油发动机燃料的非标油。

(2)柴油是指由天然或人造原油经常减压蒸馏在一定温度下切割的馏分，或用于二次加工柴油组分调合而成的倾点在-50 号至 30 号的各种柴油和以柴油组分为主、经调和精制可用作柴油发动机的非标油。

(3)石脑油。石脑油又叫轻汽油、化工轻油，是以石油加工生产的或二次加工汽油经加氢精制而得的用于化工原料的轻质油。石脑油的征收范围包括除汽油、柴油、煤油、溶剂油以外的各种轻质油。

(4)溶剂油。溶剂油是以石油加工生产的用于涂料和油漆生产、食用油加工、印刷油墨、皮革、农药、橡胶、化妆品生产的轻质油。溶剂油的征收范围包括各种溶剂油。

(5)航空煤油。航空煤油也叫喷气燃料，是以石油加工生产的用于喷气发动机和喷气推进系统中作为能源的石油燃料。航空煤油的征收范围包括各种航空煤油。

(6)润滑油。润滑油是用于内燃机、机械加工过程的润滑产品。润滑油分为矿物性润滑油、植物性润滑油、动物性润滑油和化工原料合成润滑油。润滑油的征收范围包括以石油为原料加工的矿物性润滑油，矿物性润滑油基础油。植物性润滑油、动物性润滑油和化工原料合成润滑油不属于润滑油的征收范围。

(7)燃料油。燃料油也称重油、渣油。燃料油征收范围包括用于电厂发电、船舶锅炉燃料、加热炉燃料、冶金和其他工业炉燃料的各类燃料油。

(七)小汽车

汽车是指由动力驱动，具有4个或4个以上车轮的非轨道承载车辆。

本税目征收范围包括含驾驶员座位在内最多不超过9个座位(含)的，在设计和技术特性上用于载运乘客和货物的各类乘用车和含驾驶员座位在内的座位数在10~23座(含23座)的在设计和技术特性上用于载运乘客和货物的各类中轻型商用客车。

用排气量小于1.5升的乘用车底盘(车架)改装、改制的车辆属于乘用车征收范围。用排气量大于1.5升的乘用车底盘(车架)或用中轻型商用客车底盘(车架)改装、改制的车辆属于中轻型商用客车征收范围。

含驾驶员人数(额定载客)为区间值的(如8~10人；17~26人)小汽车，按其区间值下限人数确定征收范围。

电动汽车不属于本税目征收范围。

(八)摩托车

包括轻便摩托车和摩托车两种。对最大设计车速不超过50千米每小时，发动机气缸总工作容量不超过50毫升的三轮摩托车不征收消费税。自2014年12月1日起，取消气缸容量250毫升(不含)以下的小排量摩托车消费税。

(九)高尔夫球及球具

高尔夫球及球具是指从事高尔夫球运动所需的各种专用装备，包括高尔夫球、高尔夫球杆及高尔夫球包(袋)等。

高尔夫球是指重量不超过45.93克、直径不超过42.67毫米的高尔夫球运动比赛、练习用球；高尔夫球杆是指被设计用来打高尔夫球的工具，由杆头、杆身和握把三部分组成；高尔夫球包(袋)是指专用于盛装高尔夫球及球杆的包(袋)。

本税目征收范围包括高尔夫球、高尔夫球杆、高尔夫球包(袋)。高尔夫球杆的杆头、杆身和握把属于本税目的征收范围。

(十)高档手表

高档手表是指销售价格(不含增值税)每只在10000元(含)以上的各类手表。

本税目征收范围包括符合以上标准的各类手表。

(十一)游艇

游艇是指长度大于8米小于90米，船体由玻璃钢、钢、铝合金、塑料等多种材料制作，可以在水上移动的水上浮载体。按照动力划分，游艇分为无动力艇、帆艇和机动艇。

本税目征收范围包括艇身长度大于8米(含)小于90米(含)，内置发动机，可以在水上移动，一般为私人或团体购置，主要用于水上运动和休闲娱乐等非牟利活动的各类机动艇。

(十二)木制一次性筷子

木制一次性筷子，又称卫生筷子，是指以木材为原料经过锯段、浸泡、旋切、刨切、烘干、筛选、打磨、倒角、包装等环节加工而成的各类一次性使用的筷子。

本税目征收范围包括各种规格的木制一次性筷子。未经打磨、倒角的木制一次性筷子属于本税目征收范围。

(十三)实木地板

实木地板是指以木材为原料，经锯割、干燥、刨光、截断、开榫、涂漆等工序加工而成的块状或条状的地面装饰材料。实木地板按生产工艺不同，可分为独板(块)实木地板、实木指接地板、实木复合地板三类；按表面处理状态不同，可分为未涂饰地板(白坯板、素板)和漆饰地板两类。

本税目征收范围包括各类规格的实木地板、实木指接地板、实木复合地板及用于装饰墙壁、天棚的侧端面为榫、槽的实木装饰板。未经涂饰的素板属于本税目征税范围。

(十四)电池

电池是一种将化学能、光能等直接转换为电能的装置，一般由电极、电解质、容器、极端，通常还有隔离层组成的基本功能单元，以及用一个或多个基本功能单元装配成的电池组。范围包括：原电池、蓄电池、燃料电池、太阳能电池和其他电池。

对无汞原电池、金属氰化物镍蓄电池、锂原电池、锂离子蓄电池、太阳能电池、燃料电池和全钒液流电池免征消费税，2015 年 12 月 31 日前对铅蓄电池缓征消费税；2016 年 1 月 1 日起，对铅蓄电池按 4%税率征收消费税。

(十五)涂料

涂料是指涂于物体表面能形成具有保护、装饰或特殊性能的固态涂膜的一类液体或固体材料的总称。

对施工状态下挥发性有机物含量低于 420 克/升(含)的涂料免征消费税。

四、消费税的税率

消费税采用比例税率和定额税率两种形式，以适应不同应税消费品的实际情况。消费税税目、税率的调整权在国务院。

消费税根据不同的税目或子目确定相应的税率或单位税额。经整理汇总的消费税税目、税率(税额)见表 5-1：

表 5-1 **消费税税目、税率(税额)**

税目	税率
一、烟	
1. 卷烟	
(1)甲类卷烟(调拨价 70 元及以上)	56%加 0.003 元/支
(2)乙类卷烟(调拨价 70 元以下)	36%加 0.003 元/支

续表

税目	税率
(3)批发环节	11%加0.003元/支
2. 雪茄烟	36%
3. 烟丝	30%
二、酒	
1. 白酒	20%加0.5元/500克
2. 黄酒	240元/吨
3. 啤酒	
(1)甲类啤酒(每吨出厂价在3000元及以上)	250元/吨
(2)乙类啤酒(每吨出厂价在3000元以下)	220元/吨
4. 其他酒	10%
三、高档化妆品	15%
四、贵重首饰及珠宝玉石	
1. 金银首饰、铂金首饰和钻石及钻石饰品	5%
2. 其他贵重首饰和珠宝玉石	10%
五、鞭炮、焰火	15%
成品油	
1. 汽油	1.52元/升
2. 柴油	1.20元/升
3. 航空煤油	1.20元/升
4. 石脑油	1.52元/升
5. 溶剂油	1.52元/升
6. 润滑油	1.52元/升
7. 燃料油	1.20元/升
七、小汽车	3%、5%、9%、12%、25%、40%
八、摩托车	3%、10%
九、高尔夫球及球具	10%
十、高档手表	20%
十一、游艇	10%
十二、木制一次性筷子	5%
十三、实木地板	5%

续表

税目	税率
十四、电池	4%
十五、涂料	4%

五、消费税应纳税额的计算

(一)销售应税消费品应纳税额的计算

税法规定，实行从价定率计征消费税的，消费税应纳税额的计算公式为：

应纳消费税税额=销售额×税率

纳税人销售应税消费品的，销售额为纳税人销售应税消费品时向购买方收取的全部价款和价外费用，但不包括向购货方收取的增值税税款。如果纳税人应税消费品的销售额中未扣除增值税款或者因不得开具增值税专用发票而发生价款和增值税税款合并收取的，在计算应纳税税额时应当换算为不含增值税税款的销售额。其换算公式为：

应税消费品的销售额=含增值税的销售额÷(1+增值税税率或征收率)

实行从价定率办法计算应纳税额的应税消费品连同包装销售的，无论包装是否单独计价，也不论在会计上如何核算，均应并入应税消费品的销售额中征收消费税；如果包装物不作价随产品销售，而是收取押金，此项押金则不应并入应税消费品的销售额中征税，但对因逾期未收回包装物不再退还押金和已收 1 年以上的押金，应并入应税消费品的销售额，按照应税消费品的适用税率征收消费税。对既作价随同应税消费品销售，又另外收取押金的包装物，凡纳税人在规定期限内不予退还的，均应并入应税消费品的销售额，按照应税消费品的适用税率征收消费税。

纳税人销售的应税消费品，以外汇计算销售额的，应当按照外汇市场价格折合成人民币计算应纳税额。

(二)自产自用应税消费品应纳税额的计算

纳税人自产自用金银首饰以外的其他应税消费品，用于连续生产应税消费品的，免征消费税；用于其他方面的，于移送使用时纳税，其计税价格按照纳税人生产的同类消费品的销售价格计算纳税；没有同类消费品销售价格的，按照组成计税价格计算纳税。

1. 有同类消费品销售价格的自产自用应税消费品应纳税额的计算公式：

应纳消费税额=(同类消费品销售价格×自用数量)×税率

如果当月同类消费品各期销售价格高低不同，应按销售数量加权平均计算。但销售的应税消费品的销售价格明显偏低又无正当理由的，不得列入加权平均计算。如果当月无销售，应按照同类消费品上月或最近月份的销售价格计算纳税。对应税消费品价格明显偏低又无正当理由的，按下列顺序确定销售额：

按纳税人当月同类应税消费品的平均销售价格确定；

按纳税人近段时期同类应税消费品的平均销售价格确定；

按组成计税价格确定。

2. 没有同类消费品销售价格的自产自用应税消费品应纳税额的计算公式：

应纳消费税额=组成计税价格×自用数量×税率

组成计税价格=(成本+利润)÷(1-消费税税率)

(三)委托加工应税消费品应纳税额的计算

委托加工应税消费品，按照受托方的同类消费品的销售价格计算纳税；没有同类消费品销售价格的，按照组成计税价格计算纳税。组成计税价格的计算公式为：

应纳消费税额=组成计税价格×自用数量×税率

组成计税价格=(材料成本+加工费)÷(1-消费税税率)

其中，材料成本是指委托方所提供加工材料的实际成本，加工费是指受托方加工应税消费品向委托方所收取的全部费用(包括代垫、辅助材料的实际成本)。委托加工应税消费品的纳税人必须在委托加工合同上如实注明(或以其他方式提供)材料成本，凡未提供材料成本的，受托方所在地主管国家税务机关有权核定其材料成本。

(四)进口应税消费品应纳税额的计算

进口的应税消费品，应从价定率计算应纳税额的，按照组成计税价格计算纳税。组成计税价格计算公式为：

应纳消费税额=组成计税价格×自用数量×税率

组成计税价格=(关税完税价格+关税)÷(1-消费税税率)

(五)从量定额计税的消费品应纳税额的计算

实行从量定额计征消费税的，其计税依据为销售数量，应纳税额的计算公式为：

应纳消费税额=销售数量×税率

销售数量按以下办法确定：销售应税消费品的，为应税消费品的销售数量；自产自用应税消费品的，为应税消费品的移送使用数量；委托加工应税消费品的，为纳税人收回的应税消费品数量；进口应税消费品的，为海关核定的应税消费品进口征税数量。

六、消费税的税收优惠

对纳税人出口的应税消费品，除国家限制出口的应税消费品外，免征消费税。出口应税消费品办理退税后，发生退关或者国外退货，进口时予以免税的，报关出口的单位、个人必须及时向其所在地主管国家税务机关申报补缴已退的消费税税款；或者经主管国家税务机关批准，暂不办理补税，待其转为国内销售时，再申报补缴消费税。

对用外购或委托加工的已税烟丝、已税香烟及酒精等 8 种应税消费品连续生产应税消费品，在计税时按当期生产领用数量准予扣除外购的应税消费品已纳的消费税税款。

航空煤油暂缓征收消费税，对进口石脑油暂免征收消费税，子午线轮胎免征消费税。

七、消费税的征收管理

消费税属于价内税，并实行单一环节征收，一般在应税消费品的生产、委托加工和进口环节缴纳，在以后的批发、零售等环节中，由于价款中已包含消费税，因此不必再缴纳消费税。从 1995 年 1 月 1 日起，金银首饰由生产销售环节征税改为零售环节征税；从 2002 年 1 月 1 日起，钻石及钻石饰品由生产、进口环节改为零售环节征税。

(一)消费税的征收机关

消费税由纳税人向主管国家税务机关缴纳。但进口的应税消费品的消费税由海关代征。个人携带或邮寄进境的应税消费品的消费税，由海关连同关税一并征收。

(二)消费税纳税义务发生时间

境内生产应税消费品，除金银首饰外，由生产者在销售时纳税。金银首饰消费在零售环节征收，纳税人销售金银首饰，其纳税义务发生时间为收讫销售货款或取得索取销售货款凭据的当天；用于馈赠、赞助、集资、广告、样品、职工福利、奖励等方面的金银首饰，其纳税义务发生时间为移送的当天；带料加工、翻新改制的金银首饰，其纳税义务发生时间为受托交货的当天。

纳税人生产销售其他应税消费品，其纳税义务发生时间分别为：

(1)纳税人采取赊销和分期收款结算方式的，其纳税义务发生时间为销售合同规定的收款日期的当天；

(2)纳税人采取预收货款结算方式的，其纳税义务发生时间为发出应税消费品的当天；

(3)纳税人采取托收承付和委托银行收款方式的，其纳税义务发生时间为发出应税消费品并办妥托收手续的当天；

(4)纳税人采取其他结算方式的，其纳税义务发生时间为收讫销售款或者索取销售款凭据的当天。

纳税人自产自用的应税消费品，用于连续生产应税消费品的不纳税，用于其他方面的，于移送使用的当天纳税。

委托加工的应税消费品，由受托方于委托方提货时代收代缴税款。

进口的应税消费品，除金银首饰外，由进口报关的单位和个人报关进口的当天纳税。经营单位进口金银首饰的消费税在零售环节征收，由纳税人向住所地主管国家税务机关申报纳税。

(三)消费税的纳税期限

消费税的纳税期限分别为1日、3日、5日、10日、15日、1个月或者1个季度。纳税人的具体纳税期限，由主管国家税务机关根据纳税人应纳税额的大小分别核定；不能按照固定期限纳税的，可以按次纳税。纳税人进口应税消费品，应当自海关填发海关进口消费税专用缴款书起15日内缴纳税款。

(四)消费税的纳税地点

纳税人销售应税消费品，以及自产自用应税消费品，应当向纳税人核算地主管国家税务机关申报纳税。如果纳税人到外县(市)销售或委托外县(市)的单位或个人代销自产应税消费品的，应于应税消费品销售后，返回纳税人核算地或所在地缴纳消费税。纳税人的总机构与分支机构不在同一县(市)的，应在生产应税消费品的分支机构所在地缴纳消费税。经国家税务总局或省级国家税务局批准，纳税人分支机构应纳消费税税款也可由总机构汇总向总机构所在地主管国家税务机关解缴消费税税款。

委托加工应税消费品，受托方应向其所在地主管国家税务机关解缴消费税税款。

进口应税消费品，进口人或者代理人应向报关地海关申报纳税。

第四节 关税法和船舶吨税法

一、关税法概述

(一)关税的概念

关税是指以进出关境的货物或物品为征税对象，以其流转额作为计税依据的一种税。①《中华人民共和国进出口关税条例》第 2 条规定："中华人民共和国准许进出口的货物、进境物品，除法律、行政法规另有规定外，海关依照本条例规定征收进出口关税。"关税是一种涉外的商品税，也是流转税的特殊表现形式。

(二)关税的特征

关税作为流转税体系中的一个独立税种，具有以下特点：

1. 关税的征收对象是进出关境的货物或物品

作为征税对象的"货物"和"物品"以进出关境为征收关税的重要特征。"货物"和"物品"的区别在于是否具有贸易性。"货物"是指具有贸易性的进出口商品。"物品"是指具有非贸易性的个人消费商品，例如入境旅客随身携带的行李物品、私人间邮递进出境的物品等。

2. 关税以进出关境为纳税环节

关税以货物和物品进出关境为唯一的纳税环节。即进出关税的货物在进出关境这一环节征收税款之后，在国内流通的任何环节都不再征收关税。

3. 关税以货物或物品的流转额作为计税依据

关税的流转额以进出关境的货物或物品的完税价格来确定。完税价格通常为到岸价格或离岸价格，不能确定到岸价格或离岸价格是，由海关估定。

4. 关税具有涉外性

关税涉及国家主权和经济利益，与国际贸易息息相关，并且经常被主权国家运用为对外政治、经济博弈的重要手段，因此具有很明显的涉外性。

5. 关税由海关负责征收

关税不同于我国其他绝大多数税种由税务机关负责征收，关税由海关负责征收。《中华人民共和国海关法》第 2 条规定："中华人民共和国海关是国家的进出关境(以下简称进出境)监督管理机关。海关依照本法和其他有关法律、行政法规，监管进出境的运输工具、货物、行李物品、邮递物品和其他物品(以下简称进出境运输工具、货物、物品)，征收关税和其他税、费，查缉走私，并编制海关统计和办理其他海关业务。"

(三)关税的分类

按照通过关境的货物和物品的流向为标准，关税可以分为进口关税、出口关税和过境关税。这是最基本和最普遍的一种分类方式。

① 刘剑文主编：《财税法学》，高等教育出版社 2004 年版，第 462 页。

1. 进口税

进口税是一国海关对进口货物或物品所征收的关税。它一般在外国货物或物品直接进入关境时征收，是关税中最主要的一种。

2. 出口税

出口税是指当本国货物出境时，海关对出口货物征收的一种关税。许多国家为了增强本国商品在国际市场的竞争实力，纷纷削减或废除出口关税。但在某些特殊情况，如为了保护本国天然资源或者工业原料来源，有些国家也会通过征收出口税来限制出口。

3. 过境税

过境税是对通过本国关境运输的货物课征的关税。过境税的主要目的是增加财政收入，在重商主义时代盛行。因为这种关税对国家贸易负面影响较大，因此现在国家一般都不课征过境税。

根据我国现行的法律法规，我国目前只对进出境货物征收进口关税和出口关税。并且出口关税只对少数几种出口商品征收。《中华人民共和国进出口关税条例》(以下简称《进出口关税条例》)第 2 条规定："中华人民共和国准许进出口的货物、进境物品，除法律、行政法规另有规定外，海关依照本条例规定征收进出口关税。"

按照征收关税的目的为标准，关税可以分为财政关税、保护关税和混合关税。

1. 财政关税

财政关税也成"收入关税"，是以增加财政收入为主要目的征收的关税。财政关税在国际贸易兴起的早起比较普遍，现在关税的收入功能在国家财政收入构成的地位日益淡化，因此仅有少数工业不太发达的发展中国家还在征收财政关税。

2. 保护关税

保护关税只是以保护本国经济发展为目的而开征的关税。保护关税大多体现在进口关税上。它通过加重进口商品的关税负担来削弱外国商品在国内市场的竞争力，从而达到保护本国经济、民族工业发展的目的。

3. 混合关税

混合关税是指兼有财政关税和保护关税两项目的关税。混合关税比较符合现代国际贸易发展的潮流，被较多国家采用。

二、关税的纳税人

关税的纳税人，是指根据关税法律制度的规定，负有缴纳关税义务的单位和个人。《进出口关税条例》第 5 条规定："进口货物的收货人、出口货物的发货人、进境物品的所有人，是关税的纳税义务人。"

由此，我们可以将进口货物的收货人、出口货物的发货人视为贸易性商品的关税纳税人。而进境物品的所有人视为非贸易品关税的纳税人。《进出口关税条例》第 58 条规定："进境物品的纳税义务人是指，携带物品进境的入境人员、进境邮递物品的收件人以及以其他方式进口物品的收件人。"关税的纳税义务人分类如图 5-1：

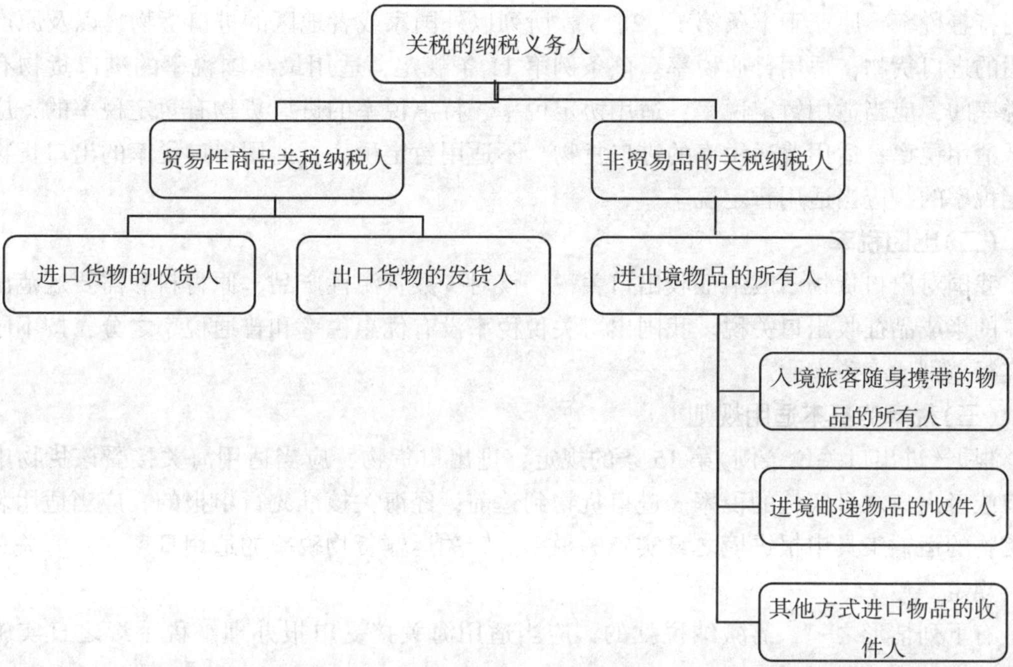

图 5-1 关税的纳税义务人

三、关税税率

(一)进口税率

根据《进出口关税条例》第 9 条的规定，进口关税设置最惠国税率、协定税率、特惠税率、普通税率、关税配额税率等税率。对进口货物在一定期限内可以实行暂定税率。出口关税设置出口税率。对出口货物在一定期限内可以实行暂定税率。

进口货物适用的税率，由进口货物的原产地决定。根据《中华人民共和国进出口货物原产地条例》第 3、7、9 条的规定，进口货物的原产地按照以下规则确定：

(1)完全在一个国家(地区)获得的货物，以该国(地区)为原产地；

(2)两个以上国家(地区)参与生产的货物，以最后完成实质性改变的国家(地区)为原产地；

(3)对于石油产品，应以石油购自国为原产国；

(4)对于机器、仪器等货物所需要适用的零部配件，如果与主件同时进口，并且数量合理，则按主件原产地确定其原产地；若分别进口，则按各自的原产地确定。

根据《进出口关税条例》第 10 条的规定，原产于共同适用最惠国待遇条款的世界贸易组织成员的进口货物，原产于与我国签订含有相互给予最惠国待遇条款的双边贸易协定的国家或者地区的进口货物，以及原产于我国境内的进口货物，适用最惠国税率。原产于与我国签订含有特殊关税优惠条款的区域性贸易协定的国家或者地区的进口货物，适用协定税率。原产于与我国签订含有特殊关税优惠条款的贸易协定的国家或者地区的进口货物，适用特惠税率。原产于本条第1、2、3款所列以外国家或者地区的进口货物，以及原产地不明的进口货物，适用普通税率。该条例第11条规定，适用最惠国税率的进口货物有暂定税率的，应当适用暂定税率；适用协定税率、特惠税率的进口货物有暂定税率的，应当从低适用税率；适用普通税率的进口货物，不适用暂定税率。适用出口税率的出口货物有暂定税率的，应当适用暂定税率。

（二）出口税率

我国对出口货物一般不征收出口关税，仅对少数资源性产品、原材料和需要规范出口秩序的半成品征收出口关税。我国出口关税税率没有优惠税率和普通税率之分，按不同商品实行差别比率税率。

（三）税率的基本适用规则

根据《进出口关税条例》第15条的规定，进出口货物，应当适用海关接受该货物申报进口或者出口之日实施的税率。进口货物到达前，经海关核准先行申报的，应当适用装载该货物的运输工具申报进境之日实施的税率。转关运输货物税率的适用日期，由海关总署另行规定。

有下列情形之一，需缴纳税款的，应当适用海关接受申报办理纳税手续之日实施的税率：

（1）保税货物经批准不复运出境的；

（2）减免税货物经批准转让或者移作他用的；

（3）暂准进境货物经批准不复运出境，以及暂准出境货物经批准不复运进境的；

（4）租赁进口货物，分期缴纳税款的。

补征和退还进出口货物关税，应当按照相关条例的规定确定适用的税率。因纳税义务人违反规定需要追征税款的，应当适用该行为发生之日实施的税率；行为发生之日不能确定的，适用海关发现该行为之日实施的税率。

海关应当按照有关规定对进境物品进行归类、确定完税价格和确定适用税率。为适应形势发展的需要，海关总署于2019年4月发布的第63号公告对2018年第140号公告公布的《中华人民共和国进境物品归类表》（表5-2）及《中国人民共和国进境物品完税价格表》的归类和税率进行相应调整，归类原则和完税价格确定原则不变。进境物品适用海关填发税款缴纳书之日实施的税率和完税价格。

四、关税的完税价格

关税的完税价格，是指为了计算应纳关税税额而由海关审核确定的进出口货物或物品的价格。关税的完税价格是海关以进出口货物的实际成交价格为基础，经调整确定的计征关税价格，成交价格不能确定时，完税价格由海关依法估定。进出境物品的完税价格由海关依法确定。由于国际贸易中的货物价格形式多样，各国海关估价的基准价格也有所区别，通常采用离岸价格或到岸价格为估价依据。

表 5-2　　　　　　　　　**中华人民共和国进境物品归类表**

税号	物品类别	范　围	税率
01000000	食品、饮料、药品	食品：包括乳制品、糖制品、调味品，人参、高丽参、红参、奶粉及其他保健品、补品等； 饮料：包括矿泉水、汽水，咖啡、茶，其他无酒精饮料。 药品：包括中药酒等。	13%
		国家规定减按 3%征收进口环节增值税的进口药品。①	3%
02000000	酒	包括啤酒、葡萄酒(香槟酒)、黄酒、果酒、清酒、米酒、白兰地、威士忌、伏特加、朗姆酒、金酒、白酒、保健酒、鸡尾酒、利口酒、龙舌兰、柯迪尔酒、梅子酒等用粮食、水果等含淀粉或糖的物质发酵或配制而制成的含乙醇的酒精饮料。	50%
03000000	烟	包括卷烟、雪茄烟、再造烟草、均化烟草、其他烟草及烟草代用品的制品，烟丝、斗烟、水烟、烟末等。	50%
04000000	纺织品及其制成品	衣着：包括外衣、外裤、内衣裤、衬衫/T 恤衫、其他衣着等； 配饰：包括帽子、丝巾、头巾、围巾、领带、腰带、手套、袜子、手帕等； 家纺用品：包括毛毯、被子、枕头、床罩、睡袋、幔帐等； 其他：包括毛巾、浴巾、桌布、窗帘、地毯等。	20%
05000000	皮革服装及配饰	包括各式皮革服装及皮质配饰。	20%
06000000	箱包及鞋靴	箱：包括各种材质的箱子； 挎包、背包、提包：包括各种材质的挎包、背包、提包； 钱包、钥匙包：包括各种材质的钱包、钥匙包、卡片包； 其他：包括化妆包、包装袋(盒、箱)等。	20%
		鞋靴：包括皮鞋、皮靴、运动鞋、其他鞋靴等。	
07000000	表、钟及其配件、附件	高档手表：完税价格在人民币 10000 元及以上的手表。	50%
		表：包括高档手表外其他各种表； 钟：包括座钟、挂钟、台钟、落地钟等； 配件附件：包括各种表、钟的配件、附件。	20%

① 对国家规定减按 3%征收进口环节增值税的进口药品，按照货物税率征税。抗癌药品、罕见病药品定义及范围详见《关于抗癌药品增值税政策的通知》(财税〔2018〕47 号)和《关于罕见病药品增值税政策的通知》(财税〔2019〕24 号)。

续表

税号	物品类别	范　围	税率
08000000	金银、贵重首饰及珠宝玉石	贵重首饰及珠宝玉石(不含钻石)：包括天然或养殖珍珠、宝石或半宝石(不含钻石)，用天然或养殖珍珠、宝石或半宝石(不含钻石)制成的物品，以贱金属为底的非镶嵌钻石的包贵金属首饰。	50%
		钻石及钻石首饰。	20%
		金银：包括金、银、铂等贵金属及包贵金属，贵金属及包贵金属制的首饰(以贱金属为底的非镶嵌钻石的包贵金属首饰除外)、金银器和其他制品。	13%
09000000	化妆品、洗护用品	化妆品：包括芳香类化妆品、唇用化妆品、眼用化妆品、指(趾)甲化妆品、粉状化妆品和特殊功能类化妆品等。 芳香类化妆品：香水和花露水； 唇用化妆品：唇膏、唇彩、唇线笔等； 眼用化妆品：睫毛膏(液、油)、眼线笔(液)、眉笔、眼影、眼睑膏等； 指(趾)甲化妆品：洗甲(趾)液、去指(趾)甲油、指(趾)甲油、指(趾)甲膏等； 粉状化妆品：粉底、粉饼、扑面粉、胭脂(粉)、腮红(粉)等； 其他美容品或化妆品：用于消除皱纹、美化唇型的皮内注射美容制品。	50%或20%
		洗护用品：包括清洁用品、护肤用品、护发用品和其他洗护用品。 清洁用品：洗面奶(乳、皂)、洁面霜(露、蜜、粉、啫哩)、卸妆水(乳、膏、液、油)、鼻贴膜、去黑头膏(液)、剃须膏(泡沫)、磨砂膏、按摩膏、去角质膏(粉)，牙膏、牙粉、牙线、漱口水，香皂、浴液、洗手液； 护肤用品：化妆水(含爽肤水、柔肤水、紧肤水、护肤水、收缩水)、须后水、面霜、眼霜、日霜、晚霜、冷霜、防晒霜(油)、晒黑油、祛斑霜、护肤膏(霜、露、乳液、喷雾)、隔离霜、面膜、面膜膏(粉)、眼膜、颈膜、护手霜、润唇膏、痱子粉、爽身粉、皮肤护理软膏； 护发用品：洗/护发液、发乳、发油、发蜡、焗油膏、发胶、发泥、定型水(啫哩、摩丝)、烫发剂、染发剂； 其他用品：丰(美、健)乳霜、纤体霜(膏)、健美霜、紧致霜、除臭露(剂)、精油、防蚊液等。	50%或20%

续表

税号	物品类别	范　围	税率
10000000	家用医疗、保健及美容器材	医疗器材：包括呼吸器具、矫形器具、夹板及其他骨折用具，血糖计、血糖试纸、电动洗眼器、红外线耳探热针、空气制氧机、治疗用雾化机、电动血压计、病人用拐杖、病人用轮椅等及上述物品的配件、附件； 保健器材：包括按摩床、按摩椅等及上述物品的配件、附件； 美容器材：包括蒸汽仪、喷雾器、化妆/美容专用工具等及上述物品的配件、附件。	20%
11000000	厨卫用具及小家电	厨房用具：包括各种材料制的餐具、刀具、炊具、灶具，锅、壶、杯、盘、碗、筷子、勺、铲、餐刀、餐叉、切菜刀、案板、削皮刀、绞肉机、食品研磨机、搅拌器、净水器、煤气灶、煤气点火器等；电饭煲、微波炉、电磁炉、抽油烟机、消毒碗柜、家用洗碗机、电烤箱、面包机、豆浆机、酸奶机、榨汁机、咖啡机、制冰机、饮水机、食品调理机、煮蛋器等厨房用具及配件、附件； 卫生用具、洁具：包括热水器、水龙头、淋浴用具、座便器及配件、附件等。 小家电：包括灯具、风扇、电暖器、电热毯、电烫斗、电吹风机、电动剃须刀、电动毛发推剪器，增湿机、除湿机、增除湿一体机、空气清新机、家用吸尘器、扫地机器人、地板打蜡机、电动剪草机等电器及上述物品的配件、附件等。	20%
		电话机等信息技术产品：包括固定电话机、手持移动电话机、可视电话机、寻呼机等。	13%
12000000	家具	包括各种材料制的沙发、组合式家具、柜、橱、台、桌、椅、书架、床、床垫、坐具等。	13%
13000000	空调及其配件、附件	包括空气调节器及其配件、附件等。	20%
14000000	电冰箱及其配件、附件	包括各式电冰箱、冰柜、红酒柜及其配件、附件等。	20%
15000000	洗衣设备及其配件、附件	包括波轮式洗衣机、滚筒式洗衣机、干衣机/烘干机、脱水机、家用地毯洗涤机等及上述物品的配件、附件。	20%
16000000	电视机及其配件、附件	包括各式电视机、电视收音联合机、电视收音录音联合机、电视录像联合机等及上述物品的配件、附件。	20%

续表

税号	物品类别	范围	税率
17000000	摄影(像)设备及其配件、附件	包括电视摄像机、照相机(数字照相机除外)、照相制版机、放大机，胶卷、胶片、感光纸、镜箱、闪光灯、滤色镜、测光表、曝光表、遮光罩、水下摄影罩、半身镜、接镜环、取景器、自拍器、洗像盒、显影罐等。	20%
		视频摄录一体机、数字照相机、存储卡等信息技术产品。	13%
18000000	影音设备及其配件、附件	包括录音笔、录音机、收音机、MP3 播放机、MP4 播放机、收录音机、数码录放音器、电唱机、激光电唱机、放像机、录像机、激光视盘机、(单)功能座、音箱、自动伴唱机、卡拉 OK 混音器等及上述物品的配件、附件。	20%
		耳机及耳塞机，磁盘、磁带、光学媒体、半导体媒体以及其他影音类信息技术产品。	13%
19000000	计算机及其外围设备	包括个人计算机及其存储、输入、输出设备和附件、零部件。	13%
20000000	书报、刊物及其他各类印刷品	包括书报、刊物及其他各类印刷品。	13%
21000000	教育用影视资料	包括教育专用的电影片、幻灯片，原版录音带、录像带、磁盘、磁带、光学媒体、半导体媒体、唱片，地球仪、解剖模型、人体骨骼模型、教育用示意牌等。	13%
22000000	文具用品、玩具、游戏品、节日或其他娱乐用品	文具用品：包括各种书写用具及材料、照像簿、集邮簿、印刷日历、月历、放大镜、望远镜、绘图用颜料、装订用具、誊写钢板等各种文具用品。	20%
		文具类信息技术产品：电子计算器、电子字典、记事簿、电子(纸)书。 玩具：包括三轮车、单脚滑行车、踏板车及类似的带轮玩具；玩偶车；玩偶；缩小(按比例缩小)的模型及类似娱乐用模型；智力玩具等及上述物品的零件及附件。 游戏品(视频游戏控制器及设备、桌上或室内游戏用品)：包括电子游戏机和视频游戏控制器、扑克牌、中国象棋、国际象棋、跳棋等棋类用品、麻将及类似桌上游戏用品等，及其上述游戏的零件、附件。 节日或其他娱乐用品：包括圣诞节、狂欢节等节日用品、魔术道具及嬉戏品等。	13%

续表

税号	物品类别	范围	税率
23000000	邮票、艺术品、收藏品	包括中国大陆及境外各种邮票、小型张、纪念封等，纪念币，以及艺术品、收藏品。	20%
24000000	乐器	包括各种键盘类、弓弦类、拨弦类、打击类、管乐类等乐器及节拍器、音叉、定音器等器具及上述乐器的配件、附件。	20%
25000000	运动用品、钓鱼用品	高尔夫球及球具：包括高尔夫球杆和高尔夫球。	50%
		除高尔夫球以外各种球类，各种健身器具、航空和航海模型、钓鱼用品等，一般体育活动、体操、竞技、游泳、滑冰、滑雪及其他户内外活动用具及其配件、附件。	20%
26000000	自行车	包括不带发动机、电动机的自行车、三轮脚踏车、婴孩车及其他非机动脚踏车，及上述物品的配件、附件。	20%
27000000	其他物品	其他不能归入上述类别的物品。	20%

(一)进口货物完税价格

1. 一般进口货物的完税价格

(1)以进口货物的实际成交价格为基础计算关税完税价格。

根据《进出口关税条例》第 18 条的相关规定，进口货物的完税价格由海关以符合法律法规规定条件的成交价格以及该货物运抵中华人民共和国境内输入地点起卸前的运输及其相关费用、保险费为基础审查确定。进口货物的成交价格，是指卖方向中华人民共和国境内销售该货物时买方为进口该货物向卖方实付、应付的，并按照法律规定调整后的价款总额，包括直接支付的价款和间接支付的价款。

进口货物关税完税价格=货价+采购费用(包括该货物运抵中华人民共和国境内输入地点起卸前的运输及其相关费用、保险费、包装费和支付的佣金等费用)

进口货物的成交价格应当符合下列条件：

①对买方处置或者使用该货物不予限制，但法律、行政法规规定实施的限制、对货物转售地域的限制和对货物价格无实质性影响的限制除外；

②该货物的成交价格没有因搭售或者其他因素的影响而无法确定；

③卖方不得从买方直接或者间接获得因该货物进口后转售、处置或者使用而产生的任何收益，或者虽有收益但能够法律规定进行调整；

④买卖双方没有特殊关系，或者虽有特殊关系但未对成交价格产生影响；

(2)以海关估价方法计算关税完税价格。

进口货物的到岸价格经海关审查未能确定的，海关经了解有关情况，并与纳税义务人进行价格磋商后，依次以下列价格估定该货物的完税价格：

①与该货物同时或者大约同时向中华人民共和国境内销售的相同货物的成交价格；

②与该货物同时或者大约同时向中华人民共和国境内销售的类似货物的成交价格；

③与该货物进口的同时或者大约同时，将该进口货物、相同或者类似进口货物在第一级销售环节销售给无特殊关系买方最大销售总量的单位价格，但应当扣除本条例第22条规定的项目；

④按照下列各项总和计算的价格：生产该货物所使用的料件成本和加工费用，向中华人民共和国境内销售同等级或者同种类货物通常的利润和一般费用，该货物运抵境内输入地点起卸前的运输及其相关费用、保险费；

⑤以合理方法估定的价格。

纳税义务人向海关提供有关资料后，可以提出申请，颠倒前款第③项和第④项的适用次序。

2. 几种特殊进口货物的完税价格

(1)根据《进出口关税条例》第23条的规定，以租赁方式进口的货物，以海关审查确定的该货物的租金作为完税价格。纳税义务人要求一次性缴纳税款的，纳税义务人可以选择按照法律规定估定完税价格，或者按照海关审查确定的租金总额作为完税价格。

(2)根据《进出口关税条例》第24条的规定，运往境外加工的货物，出境时已向海关报明并在海关规定期限内复运进境的，应当以境外加工费和料件费以及复运进境的运输及其相关费用和保险费审查确定完税价格。

(3)根据《进出口关税条例》第25条的规定，运往境外修理的机械器具、运输工具或者其他货物，出境时已向海关报明并在海关规定期限内复运进境的，应当以境外修理费和料件费审查确定完税价格。

(4)根据《中华人民共和国海关审定进出口货物完税价格办法》第34条的相关规定，对国内单位留购的进口货样、展览品和广告陈列品，以留购价格为完税价格，但买方在支付留购价款之外又直接或间接向卖方提供其他经济利益的除外。

(5)《中华人民共和国海关审定进出口货物完税价格办法》第35条规定，根据减税或者免税进口的货物应当补税时，应当以海关审查确定的该货物原进口时的价格，扣除折旧部分价值作为完税价格，其计算公式为：完税价格=海关审查确定的该货物原进口时的价格（1-补税时实际已进口的时间(月)/监管年限×12)。

“补税时实际已进口的时间”按月计算，不足1个月但是超过15日的，按照1个月计算；不超过15日的，不予计算。

(二)出口货物完税价格

根据《进出口关税条例》第26条的规定，出口货物的完税价格由海关以该货物的成交价格以及该货物运至中华人民共和国境内输出地点装载前的运输及其相关费用、保险费为基础审查确定。出口货物的成交价格，是指该货物出口时卖方为出口该货物应当向买方直接收取和间接收取的价款总额。出口关税不计入完税价格。其计算公式为：

出口货物完税价格=离岸价格/（1+出口税率)

离岸价格应以该项货物运离关境前的最后一个口岸的离岸价格为实际离岸价格。若该项货物从内地起运，则从内地口岸至最后出境口岸所支付的国内段运输费用应予扣除。根据《海关审定进出口货物完税价格办法》第 44 条的规定，离岸价格不包括装船以后发生的费用。出口货物在成交价格以外支付给国外的佣金，应予扣除，未单独列明的，则不予扣除。出口货物在成交价格以外，买方还另行支付的货物包装费，应计入成交价格。当离岸价格不能确定时，完税价格由海关估定。

(三)关税应纳税额的计算

应税货物的税则归类和进口货物原产地确定后，即可根据应税货物的完税价格和适用税率计算进出口货物应纳的关税税额。

应纳税额计算有从价计税、从量计税、复合计税和滑准计税等四种方式。

1. 从价计征

应纳关税税额=应税进口货物数量×单位完税价格×适用税率

2. 从量计征

应纳关税税额=应税进口货物数量×单位货物税额

3. 复合税率计税

复合税率计税即同时用从价计征或从量计征在计算应税进口货物的应纳关税税额。我国目前实行的复合税都是先计征从量税，再计征从价税。

应纳关税税额=进口完税价格×适用税率+进口货物数量×单位货物税额

4. 滑准税应纳税额

应纳关税税额=应税进口货物数量×单位完税价格×滑准税税率

五、关税的税收优惠

关税的税收优惠主要指的是关税的减免。我国逐步清理进口关税和进口环节增值税的政策性减免规定。1998 年 1 月 1 日起，对符合国家产业政策鼓励的外商投资项目、国内投资项目以及利用外国政府和国际组织贷款项目进口的设备免征进口税收。通过调整使进口税收减免政策趋于规范。我国关税法规定的关税减免，分为固定性减免、审核性减免和临时性减免。

(一)固定性减免

固定性减免也称为法定减免，即依照关税基本法规的规定对列举的征税对象给予减免关税的优惠。只要进出口货物符合法律规定的减免税条件，海关就必须依法给予税收减免。

1.《海关法》对关税减免的规定

第 57 条规定，特定地区、特定企业或者有特定用途的进出口的货物，可以减征或者免征关税。特定减税或者免税的范围和办法由国务院规定。

第 59 条规定，经海关批准暂时进口或者暂时出口的货物，以及特准进口的保税货物，在货物收发货人向海关缴纳相当于税款的保证金或者提供担保后，准予暂时免纳关税。

2.《进出口关税条例》对关税优惠的规定

第 44 条规定，因残损、短少、品质不良或者规格不符的原因，由进出口货物的发货人、承运人或者保险公司免费补偿或者更换的相同货物，进出口时不征收关税。

第 45 条规定，下列进出口货物，免征关税：

(1)关税税额在人民币 50 元以下的一票货物；

(2)无商业价值的广告品和货样；

(3)外国政府、国际组织无偿赠送的物资；

(4)在海关放行前损失的货物；

(5)进出境运输工具装载的途中必需的燃料、物料和饮食用品。

(6)在海关放行前遭受损坏的货物，可以根据海关认定的受损程度减征关税。

3. 我国缔结参加的国际条约规定

免征关税的货物、物品，海关应当按照规定予以减免关税。

(二)审核性减免

审核性减免不同于固定性减免，在审核性减免中，是否减免关税以及减免的数额都由海关审定之后决定。

有下列情形之一的进口货物，海关可以酌情减免税：

(1)在境外运输途中或者在起卸时，遭受到损坏或者损失的；

(2)起卸后海关放行前，因不可抗力遭受损坏或者损失的；

(3)海关查验时已经破漏、损坏或者腐烂，经证明不是保管不慎造成的。

(三)临时性减免

临时性减免是进出口货物的收货人或其代理人要求对其进出口货物临时减免关税时适用的情况。收发货人或者他们的代理人应当在货物进出口前书面说明要求减免关税的理由，并附上必要的证明材料，向所在地的海关申请。所在地海关审查属实后，转包海关总署，由海关总署或者海关总署会同财政部按照国务院的规定审查批准。

六、关税的征收管理规则

(一)关税征收机关

根据我国《进出口关税条例》第 2 条的规定，我国准许进出口的货物、进境物品，除法律、行政法规另有规定外，海关依照本条例规定征收进口关税。

(二)关税缴纳期限

进口货物的纳税义务人应当自运输工具申报进境之日起 14 日内，出口货物的纳税义务人除海关特准的外，应当在货物运抵海关监管区后、装货的 24 小时以前，向货物的进出境地海关申报。进出口货物转关运输的，按照海关总署的规定执行。

纳税义务人应当自海关填发税款缴款书之日起 15 日内向指定银行缴纳税款。纳税义务人未按期缴纳税款的，从滞纳税款之日起，按日加收滞纳税款 5‰的滞纳金。

纳税义务人因不可抗力或者在国家税收政策调整的情形下，不能按期缴纳税款的，经海关总署批准，可以延期缴纳税款，但是最长不得超过 6 个月。

(三)关税税款的缴纳

我国目前缴纳关税的方式主要有：

1. 集中缴纳

集中交纳是指应缴纳的关税由北京海关负责计征，通过中国银行营业部集中缴入中央总金库，作为中央财政收入，实行集中缴纳的方式仅有对外贸易部所属的进出口公司向国外订货并对外承付货款的应税进口货物，应纳关税由总公司在北京海关集中缴纳。① 税款每半个月缴纳一次。

2. 分散缴纳

分散交纳，也称口岸缴纳，是指应纳的关税由货物进出口地的海关征收并通过中国银行当地分支机构将税款划入中央金库。实行口岸缴纳方式的有：(1)虽由外贸总公司向国外订货，但是总公司并不负担对外承付货款，这就有各地进口海关征税；(2)地方外贸公司自行订购或代其他单位订购的进口货物，以及其他单位自行订购的进口货物，由进口地海关征税；(3)出口货物一律在出口所在地海关纳税。

(四)关税税款的退还

根据《进出口关税条例》的有关规定，有下列情形之一的，纳税义务人自缴纳税款之日起1年内，可以申请退还关税，并应当以书面形式向海关说明理由，提供原缴款凭证及相关资料：

(1)已征进口关税的货物，因品质或者规格原因，原状退货复运出境的；

(2)已征出口关税的货物，因品质或者规格原因，原状退货复运进境，并已重新缴纳因出口而退还的国内环节有关税收的；

(3)已征出口关税的货物，因故未装运出口，申报退关的；

海关应当自受理退税申请之日起30日内查实并通知纳税义务人办理退还手续。纳税义务人应当自收到通知之日起3个月内办理有关退税手续。

按照其他有关法律、行政法规规定应当退还关税的，海关应当按照有关法律、行政法规的规定退税。

(五)关税税款的补征和追征

根据《进出口关税条例》的有关规定，进出口货物放行后，海关发现少征或者漏征税款的，应当自缴纳税款或者货物放行之日起1年内，向纳税义务人补征税款。但因纳税义务人违反规定造成少征或者漏征税款的，海关可以自缴纳税款或者货物放行之日起3年内追征税款，并从缴纳税款或者货物放行之日起按日加收少征或者漏征税款的5‱的滞纳金。海关发现海关监管货物因纳税义务人违反规定造成少征或者漏征税款的，应当自纳税义务人应缴纳税款之日起3年内追征税款，并从应缴纳税款之日起按日加收少征或者漏征税款5‱的滞纳金。

海关发现多征税款的，应当立即通知纳税义务人办理退还手续。纳税义务人发现多缴税款的，自缴纳税款之日起1年内，可以书面形式要求海关退还多缴的税款并加算银行同期活期存款利息；海关应当自受理退税申请之日起30日内查实并通知纳税义务人办理退还手续。纳税义务人应当自收到通知之日起3个月内办理有关退税手续。

(六)税收保全措施

根据我国《海关法》的相关规定，出口货物的纳税义务人在规定的纳税期限内有明显的转移、藏匿其应税货物以及其他财产迹象的，海关可以责令纳税义务人提供担保；纳税

① 黄运武主编：《大学税法教程》，中国财政经济出版社2003年版，第192页。

义务人不能提供纳税担保的，经直属海关关长或者其授权的隶属海关关长批准，海关可以采取下列税收保全措施：

(1)通知纳税义务人开户银行或者其他金融机构暂停支付纳税义务人相当于应纳税款的存款；

(2)扣留纳税义务人价值相当于应纳税款的货物或者其他财产。

纳税义务人在规定的纳税期限内缴纳税款的，海关必须立即解除税收保全措施；期限届满仍未缴纳税款的，经直属海关关长或者其授权的隶属海关关长批准，海关可以书面通知纳税义务人开户银行或者其他金融机构从其暂停支付的存款中扣缴税款，或者依法变卖所扣留的货物或者其他财产，以变卖所得抵缴税款。

采取税收保全措施不当，或者纳税义务人在规定期限人已缴纳税款，海关未立即解除税收保全措施，致使纳税义务人的合法权益受到损失的，海关应当依法承担赔偿责任。

(七)关税争议的行政救济

根据我国《海关法》第64条的规定，纳税义务人同海关发生纳税争议时，应当先缴纳税款，并可以依法申请行政复议；对复议决定仍不服的，可以依法向人民法院提起诉讼。

七、法律责任

(一)刑事法律责任

刑事法律责任主要涉及的是走私行为。违反《海关法》及有关法律、行政法规，逃避海关监管，偷逃应纳税款、逃避国家有关进出境的禁止性或者限制性管理，有下列情形之一的，是走私行为：

(1)运输、携带、邮寄国家禁止或者限制进出境货物、物品或者依法应当缴纳税款的货物、物品进出境的；

(2)未经海关许可并且未缴纳应纳税款、交验有关许可证件，擅自将保税货物、特定减免税货物以及其他海关监管货物、物品、进境的境外运输工具，在境内销售的；

(3)有逃避海关监管，构成走私的其他行为的。

有上述行为之一，尚不构成犯罪的，由海关没收走私货物、物品及违法所得，可以并处罚款；专门或者多次用于掩护走私的货物、物品，专门或者多次用于走私的运输工具，予以没收，藏匿走私货物、物品的特制设备，责令拆毁或者没收。

有下列行为之一的，按走私行为论处：①直接向走私人非法收购走私进口的货物、物品的；②在内海、领海、界河、界湖，船舶及所载人员运输、收购、贩卖国家禁止或者限制进出境的货物、物品，或者运输、收购、贩卖依法应当缴纳税款的货物，没有合法证明的。

上述走私行为按照下类规定处罚：①走私国家禁止进出境的物品的，没收走私物品和违法所得，可以并处人民币5万元以下的罚款；②走私国家限制进出口或者依法应当缴纳关税的货物、物品的，没收走私货物、物品和违法所得，可以并处走私货物、物品等值以下或者应缴税款3倍以下的罚款；③伪报、瞒报进出口货物价格偷逃关税的，没收违法所得，可以并处偷逃关税金额3倍以下的罚款；④专门用于掩护走私的货物、物品，应当没收；藏匿走私货物、物品的特制设备，应当没收或者责令拆毁。走私货物、物品无法没收时，应当追缴走私货物、物品的等值价款。

(二)违法海关监管规定的行为及其法律责任

违反海关法规但不构成走私行为的，是违反海关监管规定的行为：

(1)违反国家进出口管理法规，没有领取许可证件擅自进出口货物的，没收货物或者责令退运；经发证机关核准补发许可证件的，处货物等值以下的罚款。

(2)有下列行为之一的，处货物、物品等值以下或者应缴税款2倍以下的罚款：①逃避海关监管，运输、携带、邮寄货物、物品进出境，但有关货物、物品不属于国家禁止进出境的物品、国家限制进出口或者依法应当缴纳关税的货物、物品的。②未经海关许可，擅自开拆、提取、交付、发运、调换、改装、抵押、转让海关监管货物或者海关尚未放行的进出境物品的。③经营保税货物的运输、储存、加工、装配、寄售业务，有关记录不真实或者数量短少不能提供正当理由的。④未经海关许可，将特定免税或者免税进口的货物、物品移作他用的。⑤进出口境货物的品名、数量、规格、价格、原产国别、贸易方式、消费国别、贸易国别或者其他应当申报的项目申报不实的。⑥不按照规定期限将暂时进出口货物复运出境、擅自留在境内或者境外的。⑦不按照规定期限将过境、转运、通运货物运输出境，擅自留在境内的。⑧未经海关批准并补缴关税，擅自转让进出境运书工具的自用材料、物品的。

有下列行为之一的，处人民币5万元以下的罚款：①未经国务院授权的机关批准，运输工具不经设立海关的地点进出境的。②在海关监管区停留的进出境运输工具，未经海关同意擅自驶离的。③进出境运输工具从一个设立海关的地点驶往另一个设立海关的地点，尚未办结海关手续又未经海关批准，中途改驶境外或者境内未设立海关的地点。

有下列行为之一的，处人民币3万元以下的罚款：①进出境运输工具到达或者驶离设立海关的地点，未按照规定向海关交验有关单证或者交验的单证不真实的。②不按照规定接受海关对进出境运输工具、货物、物品进行检查、查验的。③进出境运输工具未经海关同意，擅自装卸进出境货物、物品或者上下进出境旅客的。④进出境运输工具未经海关同意，擅自兼营境内客货运输或者用于进出境运输以外的其他用途的。⑤进出境运输工具未按照规定办理海关手续，擅自改营境内运输的。⑥经营保税货物的储存、加工、装配、寄售业务，不按照规定办理收存、交付、核销手续或者中止、延长、转让有关合同不按照规定向海关办理手续的。⑦在海关监管区以外存放海关监管货物，未经海关同意或者不接受海关监管的。⑧擅自开启或者损毁海关加施于运输工具、仓库场所或者货物的封志的。

有下列行为之一的，处人民币2万元以下的罚款：①进境运输工具在逃境以后向海关申报以前，出境运输工具在办结海关手续以后出境以前，不按照交通主管机关或者海关指定的路线行进的。②载运海关监管货物的进出境船舶、汽车不按照海关指定的路线行进的。③进出境船舶和航空器，由于不可抗力被迫在未设立海关的地点停泊、降落，以及抛掷或者起卸货物、物品，不向附近海关报告而无正当理由的。

(三)海关工作人员违反规定的法律责任

海关工作人员必须秉公执法，廉洁自律，忠于职守，文明服务，不得有下列行为：

(1)包庇、纵容走私或者与他人串通进行走私；

(2)非法限制他人人身自由，非法检查他人身体、住所或者场所，非法检查、扣留进出境运输工具、货物、物品；

(3)利用职权为自己或者他人谋取私利；

(4)索取、收受贿赂；

(5)泄露国家秘密、商业秘密和海关工作秘密；

(6)滥用职权，故意刁难，拖延监管、查验；

(7)购买、私分、占用没收的走私货物、物品；

(8)参与或者变相参与营利性经营活动；

(9)违反法律程序或者超越权限执行职务；

(10)其他违法行为。

根据我国《海关法行政处罚实施细则》规定，海关工作人员滥用职权、故意刁难、拖延监管、查验的，依照国务院关于国家机关工作人员奖惩规定给予行政处分；徇私舞弊、玩忽职守或者放纵走私的，根据情节轻重，依照国务院关于国家机关工作人员奖惩规定给予行政处分或者依照法律规定追究刑事责任。

(四)申诉程序

(1)纳税义务人对海关确定的进出口货物的征税、减税、补税或者退税等有异议时，应当先按照海关核定的税额缴纳税款，然后自海关填发税款缴纳证之日起60日内，向海关书面申请复议。逾期申请复议的，海关不予受理。

(2)海关总署收到纳税义务人的复议申请后，应当在60日内作出复议决定，并制成决定书交海关送达申请人。

(3)纳税义务人对海关总署的复议决定仍然不服的，可以自收到复议决定书之日起15日内，向人民法院起诉。当事人逾期不履行海关的处罚决定又不申请复议或者向人民法院提起诉讼的，作出处罚决定的海关可以将其保证金抵缴或者将其被扣留的货物、物品、运输工具依法变价抵缴，也可以申请人民法院强制执行。

八、船舶吨税

船舶吨税，简称吨税，是对自境外港口进入境内港口的船舶，按照船舶净吨位和吨税执照期限征收的一种税。船舶吨税为世界多数国家开征，具有使用费性质，是外国船舶因使用本国港口和助航设施而向本国缴纳的使用费。国务院于2011年11月23日通过的《中华人民共和国船舶吨税暂行条例》(以下简称《船舶吨税暂行条例》)，自2012年1月1日起施行。1952年9月16日政务院财政经济委员会批准、1952年9月29日海关总署发布的《中华人民共和国海关船舶吨税暂行办法》同时废止。我国船舶吨税的现行征税依据是2017年12月27日第十二届全国人民代表大会常务委员会第三十一次会议通过《中华人民共和国船舶吨税法》(以下简称《船舶吨税法》)，自2018年7月1日起施行。

(一)征税范围

根据我国《船舶吨税法》的规定，自中华人民共和国境外港口进入境内港口的船舶(以下简称“应税船舶”)，应当依法缴纳船舶吨税。应税船舶的使用人或其委托的外轮代理公司，都是船舶吨税的纳税人。

下列船舶免征船舶吨税：

(1)应纳税额在人民币50元以下的船舶；

(2)自境外以购买、受赠、继承等方式取得船舶所有权的初次进口到港的空载船舶；

(3)吨税执照期满后24小时内不上下客货的船舶；

(4)非机动船舶(不包括非机动驳船)；

(5)捕捞、养殖渔船；

(6)避难、防疫隔离、修理、终止运营或者拆解，并不上下客货的船舶；

(7)军队、武装警察部队专用或者征用的船舶；

(8)警用船舶；

(9)依照法律规定应当予以免税的外国驻华使领馆、国际组织驻华代表机构及其有关人员的船舶；

(10)国务院规定的其他船舶。

(二)船舶吨税的税率与应纳税额的计算

我国的船舶吨税设置优惠税率和普通税率。中华人民共和国籍的应税船舶，船籍国(地区)与中华人民共和国签订含有相互给予船舶税费最惠国待遇条款的条约或者协定的应税船舶，适用优惠税率。吨税按照船舶净吨位和吨税执照期限征收。应税船舶负责人在每次申报纳税时，可以按照《吨税税目税率表》(表5-3)选择申领一种期限的吨税执照。其他应税船舶，适用普通税率。

表5-3　**吨税税目税率表**

税目(按船舶净吨位划分)	税率(元/净吨)						备注
	普通税率(按执照期限划分)			优惠税率(按执照期限划分)			
	1年	90日	30日	1年	90日	30日	
不超过2000净吨	12.6	4.2	2.1	9.0	3.0	1.5	拖船和非机动驳船分别按相同净吨位船舶税率的50%计征税款
超过2000净吨，但不超过10000净吨	24.0	8.0	4.0	17.4	5.8	2.9	
超过10000净吨，但不超过50000净吨	27.6	9.2	4.6	19.8	6.6	3.3	
超过50000净吨	31.8	10.6	5.3	22.8	7.6	3.8	

吨税的应纳税额按照船舶净吨位乘以适用税率计算。吨税由海关负责征收。海关征收吨税应当制发缴款凭证。应税船舶负责人缴纳吨税或者提供担保后，海关按照其申领的执照期限填发吨税执照。

复习思考题

一、选择题

1. 增值税是属于(　　)中的一种。

A. 流转税　B. 所得税　C. 财产税　D. 资源税

2. 增值税对出口商品适用(　　)。

A. 高税率　B. 基本税率　C. 低税率　D. 零税率

3. 增值税的征税对象为(　　)。

A. 营业额　B. 增值额　C. 销售额　D. 毛利

4. 批发商或零售商的纳税人，年应税销售额 在 80 万元以下的为(　　)。

A. 一般纳税人　B. 小规模纳税人　C. 低额纳税人　D. 高额纳税人

5. 以生产或提供劳务为主并兼营货物批发或零售的纳税人，年应税销售额在(　　)以上的为一般纳税人。

A. 50 万元　B. 80 万元　C. 60 万元　D. 70 万元

6. 一切从事销售或者进口货物，提供应税劳务的单位和个人，都是(　　)的纳税人。

A. 增值税　B. 营业税　C. 消费税　D. 行为税

7. 某厂自产的产品作为福利发给本厂职工，该批发产品制造成本为 20 万元人民币，利润为 20%，按当月同类产品的平均售价计算为 28 万元人民币，请问该批产品计征增值税的销售额为(　　)。

A. 20 万元人民币　B. 28 万元人民币

C. 24 万元人民币　D. 32 万元人民币

8. 某进出口公司进口电器一批，因遇特殊经济困难申请缓纳关税，海关准予缓纳 2 个月。缓税到期时，公司按规定缴纳关税 100 万元，该公司还需支付利息(　　)。

A. 1 万元　B. 2 万元　C. 6 万元　D. 12 万元

9. 下列各项中，符合关税有关对特殊进口货物完税价格规定的有(　　)。

A. 运往境外加工的货物，应以加工后进境时的到岸价格为完税价格

B. 准予暂时进口的施工机械，按同类货物的到岸价格为完税价格

C. 转让进口的免税旧货物，以原入境的到岸价格为完税价格

D. 留购的进口货样，以留购价格作为完税价格

10. 某公司因承担国家重要工程项目，经批准免税进口了一套科技设备，使用 2 年后项目结项，后将该设备出售给另一家企业。该设备的到岸价格为 500 万元，关税税率为 10%，海关规定的监管年限为 5 年，按规定公司应补缴税款(　　)。

A. 25 万元　B. 30 万元　C. 35 万元　D. 40 万元

二、简答题

1. 增值税的概念及类型有哪些？
2. 区分一般纳税人和小规模纳税人的标准和意义是什么？
3. 增值税的税率(包括征收率)规定有哪些？
4. 何谓退税率？我国政府为什么要规定退税率而不按法定税率退税？
5. 退税与免税的区别是什么？
6. 增值税的免税项目有哪些？
7. 简述消费税的概念和特征。
8. 简述我国消费税的征收范围。

9. 烟、酒及酒精的税率分别是多少？

10. 试结合消费税的征税范围论述我国消费税法的宏观调控作用。

三、计算题

某公司从 A 国进口一台电子设备，离岸价格为 1000 万元，此外支付的运费为 10 万元，运输保险费为 20 万元，购货佣金 4 万元，1 年后，该设备发生故障运回 A 国修理(出境时已向海关报明)。随后在海关规定的期限内运输进境。经海关审定的修理费 15 万元、料件费 10 万元，进口关税税率为 20%。请问两次进口所缴纳的关税金额是多少？

第六章 所得税法

第一节 所得税法概述

一、所得税法的概念和特征

(一)所得税的概念

所谓所得税，亦称收益税，是指以纳税人在一定期间内的纯所得(净收入)额为征税对象的一类税的统称。所得税首创于英国，是世界各国普遍开征的税种，但各个国家有关所得税的法定名称及分类方式并不完全相同。如日本将所得税分为法人所得税，资本、利息所得税，个人所得税；瑞典有国家所得税、公众表演所得税、公共所得税和利润分享税等；而加拿大、巴西、新加坡则只有所得税一个名称。

应该指出的是，每一个国家所得税种的多寡并不表示该国所得税课征范围的大小，更不表示税负的轻重，而往往是一国基于本国政治、经济、文化诸因素的考虑，以立法的形式予以规定。

尽管所得税的名称形形色色，国际上通行的是以纳税人为标准，将所得税划分为个人所得税和公司所得税。经济合作发展组织(OECD)和国际货币基金组织(IMF)将所得、利润和资本利得课征的税收划归为所得税，并分为3个子目：(1)个人所得税，包括收入课征的税收；(2)公司所得税，包括对企业经营所得、资本利得以及非居民公司取得上述收入课征的税收；(3)其他所得税，主要指那些划分不清的所得税收入。目前，我国的所得税由个人所得税、企业所得税构成。

(二)所得税法的概念

作为税种法，所得税法是与所得税相对应的。所得税法，亦称收益税法，是指由国家制定或认可的调整在所得税的征收与管理过程中所产生的各种社会关系的法律规范的总称。从这一概念，我们可以得出以下结论：

(1)所得税法是与所得税相对应的税种法，由于所得税在各税种中具有主体税种的地位，所以所得税法在税收实体法中也占有相当重要的地位。

(2)所得税法的调整对象是所得税法律关系主体间在所得税的征收和管理过程中所产生的各种社会关系的总称，其中主要的、占主导地位的是国家税务机关与纳税人之间的所得税征纳关系。

(3)所得税法是有关所得税的法律规范的总和，而不只是其中某一部分或某一方面的法律规定，它既存在于《个人所得税法》《企业所得税法》等直接规定所得税的法律、法规之中，又存在于其他与所得税相关的法律、法规之中，如《税收征收管理法》《公司法》等。

(三)所得税法的特征

作为一种法律规范，所得税法同其他税法一样，是由国家指定或认可并由国家的强制力保障其实施的强制性的社会规范，它具有一般税法规范的共同特征。但是，所得税法又主要是以所得税征纳关系为调整对象的，所以又区别于其他税法规范。

所得税法的特征直接体现在所得税的特征上。所得税作为一种现代税收制度，除具有一般税收的强制性、无偿性和固定性的共性外，还具有以下几个显著特点：

1. 所得税为直接税

直接税和间接税是相对应的。直接税是指税负不能由纳税人转嫁出去而由其自己承担的各种税。间接税是指税负可以由纳税人转嫁出去由他人负担的各种税，如增值税、消费税等。

2. 所得税是对人税

对人税是相对于对物税和对事税而言的。对人税以所得的取得者自然人和法人为实际纳税人；对物税着眼于具体的物，以物为对象课征的税，如财产税；对事税是着眼于具体的事实课征的税，如印花税。

3. 所得税通常适用累进税率

对所得额课税，税率可以采取累进税率和比例税率两种形式。前者较后者能够更好地使纳税人的税收负担与其纳税能力相适应，体现税收公平主义原则的要求，从而较好地起到调节收入、调节利润的作用。

4. 所得税一般实行源泉征收

所谓源泉征收，就是对某些所得由支付者代为扣缴所得税。这一制度由英国率先于1908 年开始实行。其优点是能较好地控制税源，保证税款按时足额入库。因此，现在多数实行所得税制的国家也都对某些所得采取源泉征收的方法，我国所得税也有实行源泉征收的规定。

二、所得税法律制度的模式

由于世界上不同国家的经济发展水平各不相同，加上政治法律制度上存在着很大差异，按其课征方式，所得税法律制度通常分为以下三种模式：

(一)分类所得税制度

分类所得税制亦称个别所得税制，是指对纳税人不同类型的所得规定不同税种，或虽以同一种税种但实行不同的课征方法和不同税率予以课征的法律制度。它并不是将纳税人一定时期的各类所得加以汇总计征所得税，而是对各类所得实行不同的税率，并就所得的源泉进行课征所得税。

分类所得税的立法依据在于，对不同性质的所得项目应适用不同的税率，分别承担轻重不同的税负。因此，分类所得税制的优点包括：(1)可以按不同性质的所得，分别采用不同的税率，实行差别待遇；(2)可以广泛采用源泉课征法，从而既可以控制税源，又可减少汇税人的税收负担。英国是分类所得税制的主要代表。

(二)综合所得税制度

综合所得税制亦称一般所得税制，是指对纳税人的各种类型的所得基本上按照同一种征收方式和同一税率征收的法律制度。它是综合纳税人在一定时期内的各种所得作法定减免和扣除后，就其余额按累进税率征收的法律制度。

综合所得税的立法依据在于，既然所得税是一种对人税，课税依据就应是人的总体负担能力，其应税所得应当是综合纳税人全年各种所得的总额，减除法定的宽免额和扣除额后，按统一的累进税率课征。所以，综合所得税的突出优点，就是最能体现纳税人的实际负担水平，最符合支付能力原则或量能课税的原则。但这种办法计算核实纳税人的总所得较困难，手续较复杂，征收费用较多，易出现偷漏税现象。美国是实行典型的综合所得税制的国家。

(三)分类综合所得税制度

分类综合所得税制亦称混合所得税制。分类综合所得税制是当今世界上广泛实行的一种所得税制，它反映了综合所得税制与分类所得税制的趋同态势。其主要优点在于，它既坚持了按支付能力课税的原则，又对纳税人不同来源的收入实行综合计算(综合所得税制的优点所在)，坚持对不同性质的收入实行区别对待的原则，对所列举的特定收入项目按特定的方法和税率课征(分类所得税制的优点)。除此之外，它还具有稽查方便，有利于减少偷漏税等方面的优点，实为一种较好的所得税课税制度。必须指出的是，目前世界上几乎没有一个国家实行纯粹的综合制，亦无一个国家实行单一的分类制。一般均为综合与分类的混合制，所不同的只是有的以综合制为主，有的以分类制为主，二者所占的分量有所差别。

三、应税所得

(一)应税所得的概念

所得税就是以所得为征税对象的税种，那么，确定其征税对象就成为所得税征管的一个至为关键的问题。因此，必须区分一般所得、总所得和应税所得三者之间的关系。一般所得，指的是全部所得，但并非税法上的总所得。因为，在各国税法上，一般都有征税所得和非征税所得之分。非征税所得，如国债利息，虽然也构成纳税人所得的一部分，但并不包括在总所得范围之内。总所得是指各种征税所得之和，然而，各国税法却又并非按总所得征税而都按应税所得征税。所以，所得税的征税对象实际上是应税所得，是一个特定的概念，而非一般所得或总所得。

综观各国所得税法，通常将应税所得规定为：自然人或法人在一定期间内，由于劳动、经营、投资或把财产提供给他人使用而获得的继续性收入，在扣除为取得收入所需费用后的余额。

(二)应税所得的特征

应税所得是纳税人在特定期间(通常为 1 年)内所拥有的具有合法来源性质的，以货币形式表现的纯所得，是按所得税法规定将可扣除的项目从总所得中扣除后的余额。作为所得税的征税对象，应税所得是所得税区分于其他税种的主要标志，具有以下几个基本特征：

1. 应税所得是有合法来源性质的所得

自然人和法人从事正常生产或商业经营等取得的所得，须是国家经济政策和法律允许并予以保护的所得。至于非法所得，如走私、贪污等收入都不属于所得税的课征范围，国家将依法予以没收。

2. 应税所得须是纯所得

如前所述，应税所得是对总所得作了法定扣减后的余额，也就是说，在纳税人取得的任何一项所得之中，均含有相应的物化劳动和活劳动的投入和支出。因此，要对所得征税，只有在依法作了合理扣减消耗和支出后，才能依法课征所得税。

3. 应税所得应为货币所得或能够以货币衡量和计算其价值的所得

税法规定的所得，仅限于经济上的所得，而不包括精神上的所得。精神上的所得，如荣誉性、知识性的所得和体质上、心理上的所得，都不属于应税所得。经济上的所得包括现象所得和实物所得，实物所得如不能用货币衡量和计算其价值，则无法按率计征。因此，各国都规定，应税所得应当是货币所得或能以货币表示其价值之所得。

（三）应税所得的分类

各国基于国情，对应税所得分类的规定并非一致，但从总体上可归为以下五类：

(1)经营所得，亦称事业所得，是指纳税人从事工业、农业、畜牧业、建筑业、金融业、服务业等一切生产性或非生产性经营活动所取得的纯收益。判断依据在于纳税人取得该项所得的经济活动是否为其主要经济活动。

(2)财产所得，是指纳税人凭借拥有的财产或通常销售财产所获取的收益。财产所得又分为两类：一类是不动产所得和动产所得，即纳税人从其拥有的不动产和动产上所取得的定期收益；另一类是由财产包括各种动产和不动产的转让过程中所产生的溢价收益，通常又称为资本所得。

(3)劳动所得，亦称劳务所得，是指个人从事劳务活动所获取的报酬，通常是个人所得税的征税对象。劳动所得又分为独立劳动所得和非独立劳动所得。前者指自由职业者从事专业性劳务取得的报酬；后者指纳税人因雇佣关系或相当于该关系而取得的工资、薪金、奖金等工资性报酬。

(4)投资所得，是指纳税人通过直接或间接投资形式所取得的股息、红利、利息、特许权使用费等项收益。投资所得是纳税人凭借占有资产而产生的利润追索权所获得的收益，属无形动产所得。

(5)其他所得，指除上述四类所得以外的其他所得，如保险赔偿金、终身劳保津贴、财产赠与所得、博彩收入等。

四、我国所得税法的演变及立法概况

（一）我国所得税法的演变

1799 年，英国为对法战争开征“三级税”而制定的所得税法及分类所得税法被认为是现代所得税的起源。进入 19 世纪后大多数西方国家相继开征了所得税，而且由于所得税的种种优越性，在各国税收体系中已逐渐占据了主体税种的地位。据不完全统计，世界上实行所得税法律制度的国家和地区达 140 个，其中 39 个国家或地区的所得税收入为第一位的财政收入，如美国在1975年所得税占联邦财政总收入的75%。

我国所得税法制的建立比英国晚了一个多世纪。清末曾提议创办所得税法，但“审而未决”；北洋政府虽于1914年颁布了我国历史上第一部所得税法规，即《所得税条例》，同样颁而未行；国民党政府为开辟财源，抵补裁厘损失，于1936年颁行《所得税暂行条例》及其施行细则。

中华人民共和国成立以后，废除了国民党政府实行的所得税制度，在1950年公布的《工商业税暂行条例》中，把所得税并入工商业税。1958年实行工商制改革，把所得税从工商税中分离出来，成为一个独立税种，并正式定为“工商所得税”，但仅限于对国有企业以外的单位和个人征收。与此同时，全国人民代表大会常务委员会制定了《农业税条例》，对农业收入依法课征农业税。

党的十一届三中全会以来，我国的所得税制从1980年起开始逐步建立和发展。特别是党的十四大确定建立社会主义市场经济体制以来，我国对现行税制进行了大幅度的结构改革。到1994年税制全面改革以前，我国的所得税法体系的主要变化有以下几方面的内容：

(1)改变了过去国有企业只上缴利润不上缴所得税的做法，对所有企业都征收所得税，相继开征了国有企业所得税、集体企业所得税和私营企业所得税，并制定了《国营企业所得税条例(草案)》《集体企业所得税暂行条例》《私营企业所得税暂行条例》。

(2)完成分别对外商投资企业和外国企业征收所得税的立法。为了适应对外经济合作和技术交流的需要，维护国家权益，我国于1980年颁布了《中外合资经营企业所得税法》，又于1981年颁布了《外国企业所得税法》，开始建立规范对涉外企业征收所得税的法律制度。

(3)个人所得税方面，我国于1980年颁布了《中华人民共和国个人所得税法》(以下简称《个人所得税法》)，主要是规定对取得高额收入的外国人征收所得税；1986年开征了城乡个体工商业户所得税；1987年又明确了境内有住所的中国公民征收个人收入调节税。这三种税的征收，是我国所得税制为适应经济体制改革而迈出的新步伐，在调节个人收入、缓解分配不公等方面发挥了积极作用。

(4)农业税方面，1983年11月，国务院制定了《关于对农林特产收入征收农业税的若干规定》。

经过1994年税制的全面改革，我国已基本形成了与社会主义市场经济体制相适应的税收体制和税法体制。其中，所得税制及所得税法制改革的主要内容有：

(1)内资企业所得税方面，从1994年起统一内资企业所得税，即合并国营企业所得税、集体企业所得税和私营企业所得税，取消能源交通基金、预算调节基金和国营企业调节税，并颁布统一适用于内资企业的《企业所得税暂行条例》。

(2)涉外企业所得税方面，统一涉外企业所得税，颁布统一适用于中外合资经营企业、中外合作经营企业和外资企业等的《外商投资企业和外国企业所得税法》，在表现形式和效力上，采取“法律”形式，较内资企业所得税法有更高的法律效力和更强的稳定性，进一步完善了我国吸收外资的法律环境。

(3)个人所得税方面，合并个人所得税、个人收入调节税和城乡个体工商业户所得税，开征统一的个人所得税，并对1980年颁布的《个人所得税法》作了相当程度的修订。

(4)农业税方面，为了配合此次全面的工商税制改革，国务院于1994年1月发布了《关于对农业特产收入征收农业税的规定》，进一步加强了对农业税进行征收管理的规范立法工作。

(二)我国现行所得税立法概况

经过2007年的税制改革，我国所的税制度得到了进一步完善，所得税体制更加合理化和人性化。改革的主要内容有：

(1)企业所得税方面，从2008年1月1日起实行新的所得税法，即《中华人民共和国企业所得税法》(以下简称《企业所得税法》)，同时，1991年4月9日第七届全国人民代表大会第四次会议通过的《中华人民共和国外商投资企业和外国企业所得税法》和1993年12月13日国务院发布的《中华人民共和国企业所得税暂行条例》废止。企业所得税法统一规制内资企业所得税和外资企业所得税，为我国各企业创造了一个成熟规范、公平竞争的税收法制环境。

(2)个人所得税方面，为适应不断提高的消费水平，2005年10月27日全国人大常委会修改了《个人所得税法》，提高了应税扣除额，由原来的800元提高到了1600元，自2006年1月1日施行。2007年6月29日第十届全国人大常委会第二十八次会议对《个人所得税法》进行了第四次修订，国务院被赋予了对个人所得税的征收范围更大的权力。随后，国务院决定自2007年8月15日起，将储蓄存款利息所得个人所得税的使用税率由20%调减为5%。2008年10月，针对我国社会经济面临的新情况，为了增加个人储蓄存款收益，国务院决定自2008年10月9日起，对储蓄存款利息所得暂免征收个人所得税。2011年6月30日第十一届全国人大常委会第二十一次会议对《个人所得税法》进行了第六次修订，调整了“工资、薪金所得”项目费用扣除标准，从原来的每月2000元提高到3500元，并将“工资、薪金所得”项目费用的适用税率由原来的9级超额累进税率制改为7级超额累进税率制，将部分税款缴入国库的期限从7日延长至15日。目前适用的《个人所得税法》是于2018年8月31日，由第十三届全国人民代表大会常务委员会第五次会议修改通过并公布的，自2019年1月1日起施行的。新修订的《个人所得税法》将“工资、薪金所得”项目费用扣除标准，从原来的每月3500元提高至5000元。

(3)农业税方面，2005年12月19日十届全国人大常委会第十九次会议决定，废除《中华人民共和国农业税条例》，从此结束了农业税在我国长达46年的历程，这也是长期呼吁要减轻农民负担的结果，为发挥农业的基础作用，稳定粮食生产具有重要意义。

第二节 企业所得税法

一、企业所得税法的概述

(一)企业所得税及企业所得税法的概念

企业所得税是以企业为纳税人，以企业一定期间的纯所得额为计税依据而征收的一种税。企业所得税的计税依据是应纳税所得额，它以利润为主要依据，但不是直接意义上的会计利润，更不是收入总额。在计算所得税时，计税依据的计算涉及纳税人的成本、费用、税收激励或限制措施等各个方面，因此所得税计税依据的计算较为复杂。企业所得税的特点主要包括：(1)通常以纯所得为征税对象；(2)通常以经过计算得出应纳税所得额为计税依据；(3)纳税人和实际负担人通常是一致的，因而可以直接调节纳税人的收入(增值税、消费税等间接税纳税人与实际负担人不一致)。企业所得税法是国家制定的用以调整企业所得税的征税和管理过程中所发生的税收关系的法律规范的总和。现行企业所得税法的基本规范，是2007年3月16日第十届全国人民代表大会第五次全体会议修订通过的《中华人民共和国企业所得税法》和2007年11月28日国务院第197次常务会议通过的《中华人民共和国企业所得税法实施条例》。

(二)企业所得税法的特征

企业所得税法的特征，主要通过其所规定的企业所得税的特征加以体现。与其他非所得税类的税种，以及与同属所得税类的个人所得税相比较，企业所得税法主要有以下几个特征：

1. 企业所得税以企业的生产经营所得和其他所得为征税对象

这是企业所得税作为独立税种的最本质特征。作为纳税人的企业，往往要承担消费税、增值税、营业税等多项税负，但就其按税法确实的生产经营所得和其他所得而言，只须缴纳企业所得税。企业所得税的其他特征都是由这一根本特征派生出来的。

2. 企业所得税的计征与企业财务会计制度具有紧密的联系

这一特征主要表现在两个方面：(1)企业所得税的计征较其他所得税税种的计征复杂得多，因此必须有完善合理的企业财务会计制度与之配套。由于企业的生产经营管理状况复杂多变，加上国家政策影响，同时还要进行各种生产成本、费用和损失的扣除并涉及对企业资产的税务处理等一系列问题，企业所得税的应纳税所得额和应纳税额较难确定，必须要通过企业财务会计制度加以协助确定。(2)企业所得税的应税所得与企业会计所得存在差异。虽然二者都是以生产经营所得进行一定扣除后的余额作为计算基础，但由于两种所得所依据的法规制度不同，其计算标准、适用对象和发挥的作用等均有所区别。

3. 企业所得税具有显著的涉外税收性

虽然个人所得税也涉及对非居民纳税义务人和境外所得征税的问题，但没有企业所得税明显。这主要是因为：(1)非居民企业所得税是企业所得税一个非常重要的组成部分，涉外企业是企业所得税的重要来源；(2)居民企业也经常发生境外所得收入，特别是实力雄厚的集团企业在进行对外投资贸易活动中取得的境外所得。企业所得税的这一特征主要表现在：有关主权国家对税收管辖权的规定。一国依据何种原则，采用何种税收管辖权，是其进行涉外征税的首要问题。我国结合属人主义原则和属地主义原则，同时采取居民税收管辖权和所得来源地税收管辖权。由于各国行使税收管辖权的不同，往往会产生对企业或个人进行国际重复征税的问题，需要有关国家之间通过签订双边协定等方式加以解决。一国为防止涉外企业国际避税必须与他国签订防范涉外企业国际避税的有关协定。在我国，涉外企业避税主要是通过关联企业采取转让定价以转移利润的方式来实现的。防范涉外企业避税不仅需要加强国内避税立法，还要加强国际间反避税的合作。

(三)我国企业所得税的立法概况

在2008年以前，我国企业所得税法律体系是经过1991年对涉外企业所得税法的改革和1994年对内资企业的改革，并于2007年税制改革确定下来的，统一适用于内外资企业的《企业所得税法》。自2008年1月1日开始，我国企业所得税法律体系进入了一个新的阶段。

比较内外资企业统一前后的企业所得税法，可以发现统一后的企业所得税法对原有的企业所得税制度进行了重大的调整，具体表现在以下几个方面：

1. 统一了内资、外资企业适用的企业所得税法

自2007年1月1日起，废除《外商投资企业和外国企业所得税法》和《企业所得税暂行条例》，统一适用《企业所得税法》。这次改革也彻底改变了原来按资金来源形式对企业征收不同税的制度。《企业所得税》自2008年1月1日生效以后，上述法律和行政法规失去效力。

2. 以法人为标准的主体制度，强调企业为纳税主体

统一后的《企业所得税法》把纳税人的范围确定为企业和其他取得收入的组织，取消了原来以往内资企业税法制度以“独立经济核算”为标准确定纳税人的规定，采取了与世界各国一致的做法，即规定作为纳税人的“企业”必须具备法人资格，排除了个人独资企业、合伙企业以及企业的分支机构作为纳税人的地位。引进“居民企业”和“非居民企业”的概念，实行了“登记注册地标准”和“实际管理机构地标准”相结合的办法确定纳税人。同时，为避免重复征税，规定个人独资企业和合伙企业不适用新《企业所得税法》，而仍只征收个人所得税。这些不仅符合国际惯例，而且符合经济全球化的需要。

3. 统一并适用降低的企业所得税税率

统一后的企业所得税法把企业所得税税率确定为25%，这一税率的确定一方面考虑到原税率档次过多，使不同类型的企业名义税率和实际税率差距较大，有必要统一税率；另一方面考虑到了内外资企业的税赋公平原则。《企业所得税法》生效以前，内资企业和外资企业所得税的名义税率均为33%，但对特殊领域外资企业适用24%、15%等多种税收优惠政策，对内资微利企业分别实行27%、18%的两档照顾税率，外资企业的实际税率比内资企业的税率水平低很多，不利于内外资企业的公平竞争，也有必要统一税率。统一后的企业所得税税率降低了许多，这种税率水平低于世界上100多个国家和地区，尤其是周边国家和地区，这有利于吸引外资，引进先进技术，增强竞争力。

4. 统一了税收优惠政策

取消了原来主要针对经济特区、经济技术开发区等区域优惠政策的待遇，实行“产业优惠为主，区域优惠为辅”的优惠政策，高新技术和节能环保产业成为重点优惠的对象。税收优惠政策的导向从改革开放初期尽可能多地吸引外资转向更加贴近或者有利于产业结构的调整。为避免对经济生活造成剧烈的波动，基于法的稳定性、纳税人的信赖利益原则及不溯及既往的原则，还规定了一系列的过渡措施。

5. 统一和规范了税前扣除标准

统一后的《企业所得税法》明确了征税对象，对哪些征税、哪些不征税作出了明确规定，如财政拨款不予征税。《企业所得税法》将收入总额界定为“企业以货币形式和非货币

形式从各种来源取得的收入”，同时将财政拨款、纳入财政管理的行政事业性收费、政府性基金等属于财政性资金的收入作为“不征税收入”，将国债利息收入，符合条件的居民企业之间的股息、红利收入等规定为“免税收入”，明确了企业所得税的应纳税所得范围。以前内资企业所得税实行计税工资制度，外资企业所得税实行据实扣除制度，《企业所得税法》实施以后，内外资企业的工资支出、公益性捐助支出、广告费支出等各项支出扣除政策得到了统一。对企业实际发生的固定资产、无形资产、长期待摊费用、投资资产和存货等方面的扣除也作出了统一规定。

6. 统一了纳税方式

以往税法规定内资企业以独立经济核算的单位为纳税人就地纳税，外资企业则实行总机构汇总纳税，统一后的《企业所得税法》不分内外资企业，对居民纳税人按照企业登记注册地为纳税地点，但登记注册地在境外的，以实际管理机构所在地为纳税地点，对于居民企业在我国境内设立的不具有法人资格的营业机构，汇总于居民企业缴纳所得税；非居民企业以机构、场所所在地为纳税地点，非居民企业在中国境内设立两个或者两个以上机构、场所的，经税务机关审核批准，可以选择由其主要机构、场所汇总缴纳企业所得税。非居民企业需要在税源扣缴税款的以扣缴义务人所在地为纳税地点。

7. 完善了反避税制度

统一后的《企业所得税法》为了打击日益严重的避税现象，有效防范避税行为，一方面对防止关联方转让定价作出明确规定；另一方面将独立交易原则的范围扩大到一切业务往来(包括无形资产和劳务方面的成本分摊)。同时，增加了税务机关和关联企业的预约定价安排、强化关联企业报送关联业务往来报表的义务、避税港税制、防范资本弱化制度、一般反避税制度。

二、企业所得税的纳税主体

根据我国《企业所得税法》的规定，我国企业所得税的纳税主体以法人为标准，强调企业为纳税主体，并将企业分为居民企业和非居民企业。

(一)居民企业

居民企业，是指依法在中国境内成立，或者依照外国(地区)法律成立但实际管理机构在中国境内的企业。居民企业应当承担无限纳税义务，就其来源于中国境内、境外的所得缴纳企业所得税。我国采用了法人登记注册地标准和实际管理机构地标准相结合的方式认定企业所得税的居民企业，具体包括：

1. 国内企业

国内企业是指在中国境内登记注册的企业，其主要办事机构即住所在我国的，具有中国国籍的企业。包括有限责任公司、股份有限公司、国有独资公司及其他们所设立的不具有法人资格的机构、场所；但不包括合伙企业和个人独资企业。

2. 实际管理机构在中国的外国企业

实际管理机构是指跨国企业的实际有效的指挥、控制和管理中心，是行使居民税收管辖权的国家判定法人居民身份的主要标准。实际管理机构所在地的认定，一般以股东大会的场所、董事会的场所以及行使指挥监督权力的场所等因素来综合判断。主要是指外国企业在中国境内设立的分支机构或者营业机构。

(二)非居民企业

非居民企业，是指依照外国(地区)法律成立且实际管理机构不在中国境内，但在中国境内设立机构、场所的，或者在中国境内未设立机构、场所，但有来源于中国境内所得的企业。这里有三层含义：(1)非居民企业是外国企业，是依照外国法律在中国境外设立的，具有外国国籍的企业；(2)非居民企业的实际管理机构所在地不在中国境内；(3)非居民企业有来源于中国境内的所得。

非居民企业在中国境内设立机构、场所的，应当就其所设机构、场所取得的来源于中国境内的所得，以及发生在中国境外但与其所设机构、场所有实际联系的所得，缴纳企业所得税。非居民企业在中国境内未设立机构、场所的，或者虽设立机构、场所但取得的所得与其所设机构、场所没有实际联系的，应当就其来源于中国境内的所得缴纳企业所得税。

上述的机构、场所，是指管理机关、营业机构、办事机构和工厂、开采自然资源的场所、承包建筑安装勘探等工程作业的场所和提供劳务的场所以及营业代理人。所谓营业代理人，是指具有下列任何一种关系受企业委托代理其从事经营的公司、企业和其他经济组织或者个人：(1)经常代表委托人接受采购业务，并签订购货合同代为采购商品；(2)与委托人签订代理协议或者合同，经常储存属于委托人的产品或者商品，并代表委托人向他人交付其产品或者商品。

三、企业所得税的征税对象

企业所得税的征税对象，是指企业的生产经营所得、其他所得和清算所得。

(一)居民企业的征税对象

居民企业承担全面纳税义务，就其来源于中国境内、境外的所得缴纳企业所得税。所得包括销售货物所得、提供劳务所得、转让财产所得、股息红利等权益性投资所得，以及利息所得、租金所得、特许权使用费所得、接受捐赠所得和其他所得。

(二)非居民企业的征税对象

非居民企业承担有限纳税义务，根据其是否在中国境内设立机构、场所，规定如下：

(1)非居民企业在中国境内设立机构、场所的，应当就其所设机构、场所取得的来源于中国境内的所得，以及发生在中国境外但与其所设机构、场所有实际联系的所得，缴纳企业所得税。

(2)非居民企业在中国境内未设立机构、场所的，或者虽设立机构、场所，但取得的所得与其所设机构、场所没有实际联系的，应当就其来源于中国境内的所得缴纳企业所得税。

上述所称“实际联系”，是指非居民企业在中国境内设立的机构、场所拥有据以取得所得的股权、债权，以及拥有、管理、控制据以取得所得的财产。

四、企业所得税的计税依据和应纳税所得额

内资企业所得税的计税依据即为其应纳税所得额，是纳税人每一纳税年度的收入总额

减去准予扣除项目后的余额。其计算公式为：

应纳税所得额=收入总额-准予扣除项目金额

从上述计算公式可以看出，要确定企业所得税的应纳税所得额，须先要确定其收入总额。统一后的《企业所得税法》增加了对收入总额的界定，即企业以货币形式和非货币形式从各种来源取得的收入，为收入总额；严格区分征税收入和免税收入，区别在于前者本身即不构成应税收入，而后者本身已构成应税收入但予以免除纳税。这对于纳税人申报纳税及税务机关确定税收提供了极大的帮助，应纳税所得额的计算变得相对简明了。

(一)应纳税收入

按照《企业所得税法》第6条的规定，纳税人的应纳税收入主要包括：

(1)销售货物收入，是指纳税人有偿转让货物的所有权取得的收入。销售货物收入构成企业所得税的范围，须同时具备两个条件：第一，所转让的货物是有形动产，包括电力、热力、气体等，转让无形资产或不动产不属于企业所得税销售货物的行为；第二，必须是有偿转让，即转让方从购买方取得货币、实物或其他经济利益。

(2)提供劳务收入，是指纳税人从事设计、装潢、安装、制图、化验、测试、医疗、法律、会计、咨询、讲学、新闻、广播、翻译、审稿、书面、雕刻、影视、演出、表演、广告、展览、技术服务、介绍服务、经纪服务、代办服务以及其他劳务取得的所得。

(3)转让财产收入，是指纳税人有偿转让各类财产取得的收入，包括转让固定资产、有价证券、股权，以及其他财产而取得的收入。

(4)股息、红利等权益性投资收益，是指纳税人对外投资入股分得的股利、红利收入。

(5)利息收入，是指纳税人购买各种债券等有价证券的利息、外单位欠款付给的利息，以及其他利息收入。

(6)租金收入，是指纳税人出租固定资产、包装物，以及其他财产而取得的租金收入。

(7)特许权使用费收入，是指纳税人提供或者转让专利权、非专利技术、商标权、著作权，以及其他特许权的使用权而取得的收入。

(8)接受捐赠收入，是指企业接受其他单位和个人所捐赠的货币和财物所取得的收入。

(9)其他收入，是指除上述各项收入之外的一切收入，包括固定资产盘盈收入、罚款收入、因债权人缘故确实无法支付的应付款项、物资及现金的溢余收入、教育费附加返还款、包装物押金收入以及其他收入。

(二)不征税收入

我国《企业所得税法》第7条还规定，收入总额中的下列收入为不征税收入：

(1)财政拨款；

(2)依法收取并纳入财政管理的行政事业性收费、政府性基金；

(3)国务院规定的其他不征税收入。

(三)准予扣除的项目

根据《企业所得税法》第8条的规定，企业实际发生的、与取得收入有关的、合理的支出，准予在计算应纳税所得额时扣除。具体包括：

(1)成本，即生产、经营成本，是指纳税人为生产、经营商品和提供劳务等所发生的各项直接费用和各项间接费用。

(2)费用，即纳税人为生产、经营商品和提供劳务等所发生的销售(经营)费用、管理费用和财务费用。

(3)税金，即纳税人按规定缴纳的消费税、城乡维护建设税、关税、资源税、土地增值税、房产税、车船税、土地使用税、印花税、教育费附加等产品销售税金及附加。

(4)损失，即纳税人生产、经营过程中的各项营业外支出，已发生的经营亏损和投资损失，以及其他损失。

纳税人的财务、会计处理与税收规定不一致的，应依照税收规定予以调整，按税收规定允许扣除的金额，准予扣除。

准予扣除项目的具体规定：

(1)企业发生的公益性捐赠支出，在年度利润总额12%以内的部分，准予在计算应纳税所得额时扣除。

(2)企业使用或者销售存货，按照规定计算的存货成本，准予在计算应纳税所得额时扣除。

(3)企业转让资产，该项资产的净值，准予在计算应纳税所得额时扣除。

(4)在计算应纳税所得额时，企业按照规定计算的固定资产折旧，准予扣除。

(5)在计算应纳税所得额时，企业按照规定计算的无形资产摊销费用，准予扣除。

(6)在计算应纳税所得额时，企业发生的下列支出作为长期待摊费用，按照规定摊销的，准予扣除：

①已足额提取折旧的固定资产的改建支出；

②租入固定资产的改建支出；

③固定资产的大修理支出；

④其他应当作为长期待摊费用的支出。

(四)不得扣除的项目

根据《企业所得税法》第10条的规定，在计算应纳税所得额时，下列支出不得扣除：

(1)向投资者支付的股息、红利等权益性投资收益款项；

(2)企业所得税税款；

(3)税收滞纳金；

(4)罚金、罚款和被没收财物的损失；

(5)超过规定标准的捐赠支出；

(6)赞助支出；

(7)未经核定的准备金支出；

(8)企业之间支付的管理费、企业内营业机构之间支付的租金和特许权使用费，以及非银行企业内营业机构之间支付的利息；

(8)与取得收入无关的其他支出。

不得扣除项目的具体规定：

(1)企业对外投资期间，投资资产的成本在计算应纳税所得额时不得扣除。

(2)企业在汇总计算缴纳企业所得税时，其境外营业机构的亏损不得抵减境内营业机构的盈利。

(3)在计算应纳税所得额时，下列固定资产不得计算折旧扣除：

①房屋、建筑物以外未投入使用的固定资产；

②以经营租赁方式租入的固定资产；

③以融资租赁方式租出的固定资产；

④已足额提取折旧仍继续使用的固定资产；

⑤与经营活动无关的固定资产；

⑥单独估价作为固定资产入账的土地；

⑦其他不得计算折旧扣除的固定资产。

(4)在计算应纳税所得额时，下列无形资产不得计算摊销费用扣除：

①自行开发的支出已在计算应纳税所得额时扣除的无形资产；

②自创商誉；

③与经营活动无关的无形资产；

④其他不得计算摊销费用扣除的无形资产。

(五)非居民企业应纳税所得额

(1)非居民企业在中国境内设立机构、场所的，就其所设机构、场所取得的来源于中国境内的所得，以及发生在中国境外但与其所设机构、场所有实际联系的所得，按上面规定的方法确定应纳税所得额。

(2)非居民企业在中国境内未设立机构、场所的，或者虽设立机构、场所但取得的所得与其所设机构、场所没有实际联系的，就其来源于中国境内的所得按照下列方法计算其应纳税所得额：

①股息、红利等权益性投资收益和利息、租金、特许权使用费所得，以收入全额为应纳税所得额；

②转让财产所得，以收入全额减除财产净值后的余额为应纳税所得额；

③其他所得，参照前两项规定的方法计算应纳税所得额。

四、企业所得税的税率

企业所得税的税率是指纳税人应纳税所得额征税的比率，即企业应纳税额与应纳税所得额的比率。国家对纳税人征税的多少以及纳税人的税收负担水平，均与税率高低有直接关系。税率是企业所得税法的一个基本的要素。

根据《企业所得税法》的规定，税率实现了“降、并、减”，如将“现行内资企业和外资企业所得税税率均规定为33%。对一些特殊区域的外资企业实行24%、15%的优惠税率和对内资微利企业分别实行27%、18%的优惠照顾等多档税率共存的现象统一降低、合并以及减少为25%、20%和15%，并且赋予了各自不同的性质和意义。25%是企业所得税的基本税率，20%为限定税率，15%属优惠税率。

统一内外资企业所得税，并将所得税税率定格为25%，是在经过大量测算和多方论证并考虑以下几个方面的因素才确定的：

1. 税率公平的原因

虽然内、外资企业的名义税率都是33%，但实质上外资企业优惠多，据统计外资企业实际税率为15%；内资企业优惠少一些，它的实际税率为25%左右。这就人为造成了税赋的不公平，从而可能影响内、外资企业的公平竞争。统一税率能为内、外资企业营造一个税赋公平的环境，有利于企业的良性竞争。

2. 防范恶意避税

原来对外资企业优惠多，使一些企业有意在境外注册，然后回国内投资以求得更多的优惠达到避税的目的；对内资微利企业分别实行27%、18%的二档照顾税率和“企业上一年度发生亏损，可以用当年所得予以弥补，按弥补亏损后的所得额确定税率”之规定，使一些企业有意避“高税率”而在“低税率”上打主意。统一后的税率基本可以打消“假外资”真“内资”的动机，铲除了在本期税前所得做手脚的隐患。

3. 与世界上多数国家的企业所得税的税率相当

目前多数国家的公司(法人)所得税税率一般都在30%~40%，如英国为33%、法国为33.3%、新西兰为33%、新加坡和韩国为30%。

五、企业所得税的税收优惠

为公平税赋，新税制改变了原来对外资企业所得税税收优惠过滥的状况，采取了从严控制的原则对原来企业所得税税收优惠政策偏向于外资企业的做法进行了更改，统一了税收优惠政策，实行“产业优惠为主，区域优惠为辅”的税收优惠政策。具体采用了以下五种方式对税收优惠政策进行了整合：

(1)取消生产性外资企业、高新技术产业开发区内高新技术企业定期减免优惠政策，以及产品主要出口的外资企业减半优惠政策。

(2)在全国范围内对国家高新技术企业实行15%的优惠税率，同时扩大对创业投资机关、非营利公益组织的税收优惠，以及企业投资于环保、节能节水、安全生产方面的税收优惠。

(3)保留对基础设施建设企业、农林牧渔业的税收优惠政策。

(4)对劳服企业、福利企业、资源综合利用企业的直接减免政策，分别用特定人员的工资加计扣除政策、残疾职工工资加计扣除政策、减计综合利用资源经营收入政策来替代。

(5)对经济特区和上海浦东新区在新法实施后改立的国家需要重点扶持的高新技术企业，自投产起予以“两免减半”的优惠政策，同时继续执行西部大开发地区的鼓励类企业所得税税收优惠政策，即对上述两类企业实施过渡性优惠政策。

(一)免税收入

免税收入是指只要符合法定条件，无须税务机关审批即可享受免税的优惠，属法定免税。《企业所得税法》第26条规定，企业的下列收入为免税收入：

(1)国债利息收入；

(2)符合条件的居民企业之间的股息、红利等权益性投资收益；

(3)在中国境内设立机构、场所的非居民企业从居民企业取得与该机构、场所有实际联系的股息、红利等权益性投资收益；

(4)符合条件的非营利组织的收入。

(二)可以免征、减征企业的所得税

可以免征、减征企业所得税是指由纳税人申请并经税务机关审查决定是否予以减免税的制度，属酌定减免税。《企业所得税法》第27条规定，企业的下列所得，可以免征、减征企业所得税：

(1)从事农、林、牧、渔业项目的所得；

(2)从事国家重点扶持的公共基础设施项目投资经营的所得；

(3)从事符合条件的环境保护、节能节水项目的所得；

(4)符合条件的技术转让所得；

(5)非居民企业在中国境内未设立机构、场所的，或者虽设立机构、场所但取得的所得与其所设机构、场所没有实际联系的，来源于中国境内的所得。

(三)低税率制度

(1)符合条件的小型微利企业，减按20%的税率征收企业所得税。国家需要重点扶持的高新技术企业，减按15%的税率征收企业所得税。

根据《企业所得税法实施条例》第92条的规定，小型微利企业是指从事国家非限制和禁止行业，并符合下列条件的企业：(1)工业企业，年度应纳税所得额不超过30万元，从业人数不超过100人，资产总额不超过3000万元；(2)其他企业，年度应纳税所得额不超过30万元，从业人数不超过80人，资产总额不超过1000万元。

根据财税〔2011〕117号的内容，财政部、国家税务总局进一步规定，自2012年1月1日至2015年12月31日，对年应纳税所得额低于6万元的小型微利企业，其所得减按50%计入应纳税所得额，按20%的税率缴纳企业所得税。

根据财税〔2015〕34号文件的规定，自2015年1月1日至2017年12月31日，对年应纳税所得额低于20万元的小型微利企业，其所得减按50%计入应纳税所得额，按20%的税率缴纳企业所得税。

根据财税〔2015〕99号文件的规定，自2015年10月1日起至2017年12月31日，对年应纳税所得额在20万元至30万元的小型微利企业，其所得减按50%计入应纳税所得额，按20%的税率缴纳企业所得税。

根据财税〔2018〕77号文件的规定，自2018年1月1日至2020年12月31日，符合《企业所得税法实施条例》第92条规定的条件的小型微利企业，年应纳税所得额低于100万元的，其所得减按50%计入应纳税所得额，按20%的税率缴纳企业所得税。

(2)企业的下列支出，可以在计算应纳税所得额时加计扣除：

①开发新技术、新产品、新工艺发生的研究开发费用。企业为开发新技术、新产品、新工艺发生的研究开发费用，未形成无形资产计入当期损益的，在按照规定据实扣除的基础上，按照开发费用的75%加计扣除；形成无形资产的，按照无形资产成本的175%进行摊销，除法律另有规定的除外，摊销年限不得低于10年。

②安置残疾人员及国家鼓励安置的其他就业人员所支付的工资。企业安置残疾人员的，在按照支付给残疾职工工资据实扣除的基础上，按照支付给残疾职工工资的100%加计扣除。企业安置国家鼓励安置的其他就业人员所支付的工资的加计扣除办法，由国务院另行规定。

(3)创业投资企业从事国家需要重点扶持和鼓励的创业投资，可以按投资额的一定比例抵扣应纳税所得额。创业投资企业采取股权投资方式投资于未上市的中小高新技术企业2年以上的，可以按照其投资额的70%在股权持有满2年的当年抵扣该创业投资企业的应纳税所得额；当年不足抵扣的，可以在以后纳税年度结转抵扣。

(4)企业的固定资产由于技术进步等原因，确需加速折旧的，可以缩短折旧年限或者采取加速折旧的方法。

(5)企业按照《资源综合利用企业所得税优惠目录》的规定，综合利用资源，生产符合国家产业政策规定的产品所取得的收入，可以在计算应纳税所得额时，减按90%计入收入总额。

(6)企业购置用于环境保护、节能节水、安全生产等专用设备的投资额，可以按一定比例实行税额抵免。

(7)民族自治地方的自治机关对本民族自治地方的企业应缴纳的企业所得税中属于地方分享的部分，可以决定减征或者免征。自治州、自治县决定减征或者免征的，须报省、自治区、直辖市人民政府批准。

(8)对企业和个人取得的2009年及以后年度发行的地方政府债券利息收入，免征企业所得税。地方政府债券是指经国务院批准，以省、自治区、直辖市和计划单列市政府为发行和偿还主体的债券。

税收优惠的具体办法，由国务院规定。根据国民经济和社会发展的需要，或者由于突发事件等原因对企业经营活动产生重大影响的，国务院可以制定企业所得税专项优惠政策，报全国人民代表大会常务委员会备案。

六、企业所得税的抵免

企业所得税的抵免是指行使居民税收管辖权的国家，对其居民纳税企业来自国外的所得征收所得税时，允许居民企业将其已在境外缴纳的所得税从其应纳所得税中扣除的制度。实行税收抵免是基于承认所得税来源地优先管辖权，又不排除居民税收管辖权而产生的。税收抵免具有以下优点：

(1)保证对一笔所得必须征一次税。

(2)避免国际重复征税，使投资者向国外投资所得与国内投资所得的税负大致相等，有利于推动国际投资。

(3)有利于维护各国的税收管辖权和税收利益。

企业所得税的税收抵免有全额抵免和限额抵免之分，大多数国家都实行限额抵免，我国也实行限额抵免。《企业所得税法》将税收抵免分为直接抵免和间接抵免。

（一）企业所得税的直接抵免

《企业所得税法》第 23 条规定，企业取得的下列所得已在境外缴纳的所得税税额，可以从其当期应纳税额中抵免，抵免限额为该项所得依照企业所得税法规定计算的应纳税额；超过抵免限额的部分，可以在以后五个年度内，用每年度抵免限额抵免当年应抵税额后的余额进行抵补：

(1)居民企业来源于中国境外的应税所得；

(2)非居民企业在中国境内设立机构、场所，取得发生在中国境外但与该机构、场所有实际联系的应税所得。

根据以上规定，在企业的应纳税所得额实行直接抵免时，应当注意：

(1)企业已在境外缴纳的所得税税额，是来源于中国境外的所得在境外实际缴纳的所得税款，不包括减免税或纳税人后又得到补偿以及由他人代为承担的税款。但中外双方已签订避免双重征税协定的，按协定的规定执行。

(2)扣除限额，即纳税人境外所得按照我国内资企业所得税法的规定进行各项法定扣除后的应纳税所得额，按法定税率计算出的应纳税额。扣除限额应分国别(地区)不分项计算，即源自不同国家的境外所得应分别计算扣除限额，但源自同一国家(地区)的各项所得应汇总计算，其计算公式为：

境外所得税税款扣除限额+境内、境外所得税按税法计算的应纳税总额×(来源于某外国的所得额/境内、境外所得总额)

(3)当纳税人源自境外所得在境外实际缴纳的税款低于扣除限额时，可以从应纳税额中按实扣除；超过扣除限额的，其超过部分不得在本年度的应纳税额中扣除，也不得列为费用支出，但可用以后年度税额扣除的余额补扣，补扣期限最长不得超过 5 年。

（二）企业所得税税额的间接扣除

企业所得税税额的间接扣除，是国际间避免对母子公司间转移的所得双重征税的重要措施。我国及其他一些国家在企业所得税中也规定了间接扣除。

我国《企业所得税法》第 24 条规定，居民企业从其直接或者间接控制的外国企业分得的来源于中国境外的股息、红利等权益性投资收益，外国企业在境外实际缴纳的所得税税额中属于该项所得负担的部分，可以作为该居民企业的可抵免境外所得税税额，在该项所得依照企业所得税法规定计算的应纳税额限额内抵免。

七、企业所得税应纳税额的计算

《企业所得税法》第 22 条规定，企业的应纳税所得额乘以适用税率，减除依照本法关于税收优惠的规定减免和抵免的税额后的余额，为应纳税额。由于企业所得税按纳税年度计算，分月或者分季预缴的制度，其计算公式也不同：

1. 企业年度应纳税额的计算

企业年度应纳税额=年应纳税所得额×税率

年应纳税所得额=企业的收入总额-不征税收入-减免税收入-各项扣除-允许弥补的

亏损

2. 企业预缴应纳税额的计算

本季(本月)预缴应纳税额=本季(本月)累计应纳税额-上季(上月)累计已纳税额

八、企业所得税的征收管理

(一)纳税登记

企业在外地设立的分支机构和从事生产、经营的场所，自领取营业执照之日起 30 日内，持有关证件，向税务机关申报办理税务登记。税务机关应当自收到申报之日起 30 日内审核并发给税务登记证件。

(二)纳税地点

1. 居民企业的纳税地点

居民企业以企业登记注册地为纳税地点；但登记注册地在境外的，以实际管理机构所在地为纳税地点，居民企业在中国境内设立不具有法人资格的营业机构的，应当汇总计算并缴纳企业所得税；

2. 非居民企业的纳税地点

非居民企业在中国境内设立机构、场所的，应当就其所设机构、场所取得的来源于中国境内的所得，以及发生在中国境外但与其所设机构、场所有实际联系的所得，以机构、场所所在地为纳税地点。非居民企业在中国境内设立两个或者两个以上机构、场所的，经税务机关审核批准，可以选择由其主要机构、场所汇总缴纳企业所得税。

居民企业在中国境内未设立机构、场所的，或者虽设立机构、场所但取得的所得与其所设机构、场所没有实际联系的，就其来源于中国境内的所得应缴纳的所得税，实行源泉扣缴，以支付人为扣缴义务人，以扣缴义务人所在地为纳税地点。

3. 征收方式

企业所得税按纳税年度计算。纳税年度自公历 1 月 1 日起至 12 月 31 日止。企业在一个纳税年度中间开业，或者终止经营活动，使该纳税年度的实际经营期不足 12 个月的，应当以其实际经营期为一个纳税年度。企业依法清算时，应当以清算期间作为一个纳税年度。

企业所得税分月或者分季预缴。企业应当自月份或者季度终了之日起 15 日内，向税务机关报送预缴企业所得税纳税申报表，预缴税款。企业应当自年度终了之日起 5 个月内，向税务机关报送年度企业所得税纳税申报表，并汇算清缴，结清应缴应退税款。企业在报送企业所得税纳税申报表时，应当按照规定附送财务会计报告和其他有关资料。

4. 关联企业应纳税所得额的调整

纳税人与其关联企业之间的业务往来，应当按照独立企业之间的业务往来收取或者支付价款、费用。不按照独立企业之间的业务往来收取或者支付价款、费用，而减少其应纳税所得额的，税务机关有权进行合理调整。认定关联企业的条件及税务机关进行合理调整的顺序和方法，按照《税收征收管理法》及《税收征收管理法实施细则》的有关规定执行。

5. 源泉扣缴

对非居民企业在中国境内未设立机构、场所的，或者虽设立机构、场所但取得的所得与其所设机构、场所没有实际联系的，就其来源于中国境内的所得缴纳企业所得税，实行源泉扣缴，以支付人为扣缴义务人。税款由扣缴义务人在每次支付或者到期应支付时，从支付或者到期应支付的款项中扣缴。

对非居民企业在中国境内取得工程作业和劳务所得应缴纳的所得税，税务机关可以指定工程价款或者劳务费的支付人为扣缴义务人。

应当扣缴的所得税，扣缴义务人未依法扣缴或者无法履行扣缴义务的，由纳税人在所得发生地缴纳。纳税人未依法缴纳的，税务机关可以从该纳税人在中国境内其他收入项目的支付人应付的款项中，追缴该纳税人的应纳税款。

扣缴义务人每次代扣的税款，应当自代扣之日起7日内缴入国库，并向所在地的税务机关报送扣缴企业所得税报告表。

第三节 个人所得税法

一、个人所得税法的概述

（一）个人所得税的概念

个人所得税是指以个人所得为征税对象，并且由获得所得的个人缴纳税款的一种制度。个人所得税是各国普遍开征的一种税，于1799年在英国创立，目前已有140多个国家开征了个人所得税，尤其是发达国家，因其人均国民生产总值较高，个人收入较多，因而个人所得税的收入在整个税收收入中占有较高的比重，如美国等国家的个人所得税为最多的第一号税种，从而使个人所得税在整个税制中占有重要的地位。

各国之所以广泛开征个人所得税，主要是考虑到此税的征收是财政收入的重要来源，它能够促进资源的有效配置，在一定程度上能够更好地发挥税收的自动稳定机能，进一步促进社会公平目标的实现。应该说，社会和经济越发展，个人所得税的有效征收就越重要。

个人所得税是直接税，其税负由获得收入的个人直接承担，因而对国民权利和国民生活影响较大，征税难度也较大。为此必须加强法制建设，严格依法治税。

（二）个人所得税法的概念

个人所得税法，在我国有广义和狭义两种解释。广义的个人所得税法是指调整征税机关与自然人（居民个人、非居民个人）之间在个人所得税的征纳与管理过程中所发生的社会关系的法律规范的总称。它既包括《个人所得税法》，又包括其他与个人所得税有关的法律规范，如《税收征收管理法》《个人所得税法实施条例》，以及国家税务总局的有关行政解释。狭义的个人所得税法，就是调整个人所得税征纳关系的基本法，即《个人所得税法》。简而言之，个人所得税法，就是有关个人所得税的法律规定。

（三）我国个人所得税法的立法沿革

我国在1950年由政务院颁布的《全国税收实施要则》中，曾设置薪给报酬所得税，但未开征。1950年曾开征过利息所得税，主要是针对个人存款利息所得、公债和其他证券利息以及其他利息所得税，但此税已于1959年停征。

我国第一部《个人所得税法》诞生于1980年，十一届三中全会以后，随着改革开放方针的贯彻落实，为维护国家税收利益，遵循国际惯例，与1980年9月10日第五届全国人民代表大会审议通过了《中华人民共和国个人所得税法》(简称《个人所得税法》)，并同时公布实施。同年12月14日，经国务院批准，财政部公布《个人所得税法施行细则》。《个人所得税法》作为我国第一部较为完整的个人所得税领域的法律，对于我国个人所得税税制的建立和发展具有重要意义。以上法律、法规体现了适当调节个人收入，贯彻公平税负，实施合理负担的原则，采取分项的征收制，具有税率低，扣除额宽、征税面积小、计算简便等特点。对在中国境内居住的个人所得和不在境内居住的个人而从中国取得所得都要征税。

此后，随着国内个体经济的迅速发展，对个体工商户之间的课税问题又日益突出，为稳定国家与个体工商户之间的分配关系，调节个体工商户与其他居民的收入差距，国务院于1986年1月颁布了《中华人民共和国个体工商户所得税暂行条例》，并且于同年开始实施。同年9月，为适应改革开放以后出现的公民收入水平差距拉大的情况，调节公民收入水平，国务院又发布了《中华人民共和国个人收入调节税暂行条例》，从1987年1月1日起对个人收入达到应税标准的中国公民征收个人收入调节税，缴纳个人收入调节税后不再缴纳个人所得税，从而形成了我国个人所得税课税三个法律、法规并存的局面，这些税收法律、法规的实施，对促进对外经济技术交流与合作，缓解社会分配的矛盾，增加财政收入等都发挥了积极的作用。

随着社会形势的发展，“三税制”逐渐暴露出一些矛盾和问题，主要造成税制和税法的不统一，使不同税种的纳税主体之间的税负差距很大，在个人所得税、个人收入调节税的课税要素方面存在着一些不科学、不合理之处等。有鉴于此，为规范和完善对个人所得税的制度，适应建立社会主义市场经济体制的要求，公平税负，简化税制，有必要对“三税制”进行修改和合并，制定一部统一的既适应于中外籍纳税人，也适应于个体工商户和其他人员的新的个人所得税法。1993年10月31日第八届全国人大常委会第四次会议通过了《关于修改〈中华人民共和国个人所得税法〉的决定》，同时公布修改后的《个人所得税法》，自1994年1月1日施行。1994年1月28日国务院第142号令发布了《个人所得税实施条例》。1999年8月30日九届全国人大常委会第十一次会议通过了第二次修正的《个人所得税法》，其内容主要针对当时投资不足、消费疲软的经济特点而取消了储蓄存款利息免税待遇。2000年9月，财政部、国家税务总局根据《国务院关于个人独资企业和合伙企业征收所得税问题的通知》有关“对个人独资企业和合伙企业停征企业所得税，只对投资者的经营所得征收个人所得税”的规定，制定了《关于个人独资企业和合伙企业投资者征收个人所得税的规定》。从2001年1月1日起，个人独资企业和合伙企业停止征收企业所得税，统一按照《个人所得税法》的有关规定依法缴纳个人所得税。2005年10月27日十届全国人大常委会通过了第三次修正《个人所得税法》的决定，此次修正主要是提高了个人所得税的扣除额，将原来的800元起征，修正为现在的1600元起征。2007年3月16日颁布的《企业所得税法》也作出了同样的规定，将对个人独资企业和合伙企业所得只征收个人所得税的规定上升到了法律的高度。

2008年2月18日修订，自2008年3月1日起施行的《国务院关于修改〈中华人民共和国个人所得税法实施条例〉的决定》，将企事业单位承包经营、承租经营所得的税前必要费用扣除标准提高至2000元，并将附加减除费用标准由3200元调整为2800元。2011年7月19日第三次修改的《国务院关于修改〈中华人民共和国个人所得税法实施条例〉的决定》，将企事业单位承包经营、承租经营所得的税前必要费用扣除标准提高至3500元，将《个人所得税法》第6条第3款规定的附加减除费用标准调整为1300元。

2011年6月30日，根据第十一届全国人大常委会第二十一次会议《关于修改〈中华人民共和国个人所得税法〉的决定》，将工资、薪金所得税前扣除标准由2000元提高至3500元，并将工资、薪金所得税率由9级超额累进税率调整为7级超额累进税率，加大了对高收入者的调节力度。此次修改内容于2011年9月1日起施行。

目前适用的是2018年8月31日由第十三届全国人民代表大会常务委员会第五次会议修改通过并公布的《个人所得税法》，自2019年1月1日起施行。最新的《个人所得税法》正在初步实践综合所得与分类相结合的个人所得税制，对部分税目的所得实行综合计征应纳税所得。具体而言，就是将税收居民个人的工资、薪金所得，劳务报酬所得，稿酬所得和特许权使用费所得按照纳税年度合并计算缴纳个人所得税。同时，将工资、薪金所得税前扣除标准调至5000元起征。最新的《个人所得税法》还对相关税目作了相应调整。如将“个体工商户的生产、经营所得”调整为“经营所得”，不再保留“对企事业单位的承包经营、承租经营所得”，该项所得根据具体情况，分别并入综合所得或者经营所得。当然，它还对税率作了相应调整。譬如：(1)综合所得，适用3%~45%的超额累进税率；(2)经营所得，适用5%~35%的超额累进税率；(3)利息、股息、红利所得，财产租赁所得，财产转让所得和偶然所得，适用比例税率，税率为20%。

二、个人所得税的纳税主体

根据《个人所得税法》的规定，我国个人所得税的纳税主体是在中国境内居住有所得的个人，以及不在中国境内居住而从中国境内取得所得的个人，包括中国国内公民，在华取得所得的外籍人员和港、澳、台同胞。上述纳税主体依据住所和居住时间两个标准区分为居民纳税人和非居民纳税人，分别承担不同的纳税义务。

(一)居民纳税人

在中国境内有住所，或者无住所而一个纳税年度内在中国境内居住满183日的个人是居民纳税义务人，应当承担无限纳税义务，即就其从中国境内和和境外取得的所得，依法缴纳个人所得税。具体包括：

(1)在我国境内有住所的个人，即因户籍、家庭、经济利益关系在我国境内习惯性居住的个人。所谓习惯性居住是判定居民或非居民的一个法律意义上的标准，而不是指实际居住或在某一特定时期内的居住。如因学习、工作、探亲、旅游等在中国境外居住的，在其原因消除后，必须回到中国境内居住的个人，则中国即为该纳税人的习惯居住地。

(2)无住所而一个纳税年度内在中国境内居住满183日的个人，即在一个纳税年度中在我国境内居住183日。在一个纳税年内一次临时离境不超过30日或者多次临时离境累计不超过90日的，不扣减日数。

(3)我国《个人所得税法》还规定了一种例外的情况，即在中国境内无住所，但是居住

1年以上5年以下的个人，其源于中国境内之所得，经主管税务机关的批准，可以只就中国境内公司、企业以及其他经济组织或个人支付的部分缴纳个人所得税；居住超过5年的个人，从第6年起，应当就其源于中国境内的全部所得缴纳个人所得税。

(二)非居民纳税人

非居民纳税人，是指不符合居民纳税人判定标准的纳税义务人，非居民纳税人负无限纳税义务，即仅就其来源中国境内的所得，向中国缴纳个人所得税。依据所得来源地税收管辖权原则，我国个人所得税法确定了以下几种非居民纳税人：

(1)在我国境内无住所又不居住在我国的自然人；

(2)在我国境内无住所而一个纳税年度内在中国境内居住不满183日的自然人；

(3)在我国境内无住所，但居住满183日，且在一个纳税年度内一次离境超过30日或者多次离境累计超过90日的自然人；

(4)此外，在我国境内无住所，但在一个纳税年度中在我国境内连续或者累计居住不超过90日的个人，其来源于我国境内的所得，由境外雇主支付并且不由该雇主在我国境内的机构、场所负担的部分，免予缴纳个人所得税。

上面所提“在我国境内”，是指在中国大陆地区，目前还不包括香港、澳门和台湾地区。

三、个人所得税的征税对象

我国《个人所得税法》将个人所得税分为境内所得和境外所得。《个人所得税法实施条例》规定，下列所得，不论支付地点是否在我国境内，均为来源于我国境内的所得：

(1)因任职、受雇、履约等而在我国境内提供劳务取得的所得；

(2)将财产出租给承租人在我国境内使用而取得的所得；

(3)转让我国境内的建筑物、土地使用权等财产或者在我国境内转让其他财产取得的所得；

(4)许可各种特许权在我国境内使用而取得的所得；

(5)从我国境内的公司、企业及其他经济组织或者个人取得的利息、股息、红利所得。

另外，由于我国《个人所得税法》采用分类所得税制，明确列举了9项应纳税个人所得：

(1)工资、薪金所得，是指个人因任职或者受雇而取得的工资、薪金、资金、年终加薪、劳动分红、津贴、补贴以及与任职或者受雇有关的其他所得。

(2)劳务报酬所得，是指个人从事设计、装潢、安装、制图、化验、测试、医疗、法律、会计、咨询、讲学、新闻、广播、翻译、审稿、书画、雕刻、影视、录音、录像、演出、表演、广告、展览、技术服务、介绍服务、经纪服务、代办服务以及其他劳务取得的所得。

(3)稿酬所得，是指个人因其作品以图书、报刊形式出版、发表而取得的所得。

(4)特许权使用费所得，是指个人提供专利权、商标权、著作权、非专利技术以及其他特许权的使用权取得的所得，提供著作权的使用权取得的取得，不包括稿酬所得。

(5)经营所得，是指个体工商户从事工业、手工业、建筑业等行业的生产经营，或者从事办学、医疗、咨询等有偿服务活动所取得的所得，以及取得的与上述生产、经营有关的各项应税所得。此外，还包括个人承包经营、承租经营以及转包、转租取得的所得，但不包括个人按月或者按次取得的工资、薪金性质的所得。

(6)利息、股息、红利所得，是指个人拥有债权、股权而取得的利息、股息、红利所得。

(7)财产租赁所得，是指个人出租建筑物、土地使用权、机器设备、车船以及其他财产取得的所得。

(8)财产转让所得，是指个人转让有价证券、股权、建筑物、土地使用权、机器设备、车船以及其他财产取得的所得。

(9)偶然所得，是指个人得奖、中奖、中彩以及其他偶然性质的所得。

此外，上述第(1)项至第(4)项所得(以下称综合所得)，居民个人按纳税年度合并计算个人所得税，非居民个人按月或者按次分项计算个人所得税；第(5)项至第(9)项所得，依照本法规定分别计算个人所得税。

四、个人所得税的税率

个人所得税的税率是个人所得税税额与应纳税所得额之间的比例。个人所得税根据不同的征税项目，分别规定了三种不同的税率：

(1)综合所得，适用3%~45%的超额累进税率；

(2)经营所得，适用5%~35%的超额累进税率；

(3)利息、股息、红利所得，财产租赁所得，财产转让所得，偶然所得，适用比例税率，税率为20%。

表6-1 个人所得税率表一(综合所得适用)

级数	全年应纳税所得额	税率(%)
1	不超过36000元的部分	3
2	超过36000元不超过144000元的部分	10
3	超过144000元不超过300000元的部分	20
4	超过300000元不超过420000元的部分	25
5	超过420000元不超过660000元的部分	30
6	超过660000元不超过960000元的部分	35
7	超过960000元的部分	45

表6-2 个人所得税率表二(经营所得适用)

级数	全年应纳税所得额	税率(%)
1	不超过30000元的部分	5

续表

级数	全年应纳税所得额	税率(%)
2	超过 30000 元不超过 90000 元的部分	10
3	超过 90000 元不超过 300000 元的部分	20
4	超过 300000 元不超过 500000 元的部分	25
5	超过 500000 元的部分	30

五、个人所得税应纳税额的计算

个人所得税根据我国的实际情况，本着有利于防止税款流失和便于征管的原则，实行分项扣除、分项定率、分项征收的计征办法。税款的计算公式如下：

1. 综合所得应纳税额的计算

综合所得应纳税额的计算公式：

应纳税额=应纳税所得额×适用税率-速算扣除数

=(每月工资、薪金所得-5000)×适用税率-速算扣除数

综合所得包括工资、薪金所得，劳务报酬所得，稿酬所得和特许权使用费所得。居民个人的综合所得，以每一纳税年度的收入额减除费用 60000 元以及专项扣除、专项附加扣除和依法确定的其他扣除后的余额，为应纳税所得额。专项扣除包括居民个人按照国家规定的范围和标准缴纳的基本养老保险、基本医疗保险、失业保险等社会保险费和住房公积金等；专项附加扣除包括子女教育、继续教育、大病医疗、住房贷款利息和住房租金等支出。稿酬所得的收入额按照所取得收入的 70%计算。以每月收入额减除费用 5000 元后的余额，为应纳税所得额。非居民个人的工资、薪金所得，以每月收入额减除费用 5000 元后的余额为应纳税所得额；劳务报酬所得、稿酬所得、特许权使用费所得，以每次收入额为应纳税所得额。

由于工资、薪金所得在计算应纳税所得额时，适用的是超额累进税率，所以计算比较烦琐。运用速算扣除数计算法，可以简化计算进程。速算扣除数是指采用超额累进税率征税的情况下，根据超额累进税率表中划分的应纳税所得额级距和税率，先用全额累进方法计算出税额，再减去用超额累进方法计算的应纳税额以后的差额。当超额累进税率表中的级距和税率确定以后，各级速算加除数也固定不便，成为计算应纳税额的常数。

2. 经营所得应纳税所得额的计算

经营所得应纳税所的额的计算公式：

应纳税额=应纳税所得额×适用税率-速算扣除数

=(全年收入总额-成本费用及损失)×适用税率-速算扣除数

经营所得，以每一纳税年度的收入总额减除成本、费用以及损失后的余额，为应纳税所得额。成本、费用，是指纳税义务人从事生产、经营所发生的各项直接支出和分配计入成本的间接费用以及销售费用、管理费用、财务费用；所受的损失，是指纳税义务人在生产、经营过程中发生的各项营业外支出。从事生产、经营的纳税人未提供完整、准确的纳

税资料，不能正确计算应纳税所得额的、由主管税务机关核定其应纳税所得额。

个人独资企业的投资者以全部生产、经营所得为应纳税所得额；合伙企业的投资者按照合伙企业的全部生产、经营所得和合伙协议约定的分配比例，确定应纳税所得额，合伙协议没有约定的，以全部生产、经营所得和合伙人数平均计算每个投资者的应纳税所得额。

3. 利息、股息、红利所得应纳税额的计算

利息、股息、红利所得应纳税额的计算公式：

应纳税额=应纳税所得额×适用税率

=每次收入额×20%

利息、股息、红利所得应纳税额，以支付利息、股息、红利时取得的收入为一次，以每次收入额为应纳税额。

4. 财产租赁所得应纳税额的计算

财产租赁所得应纳税额的计算公式

(1)每月收入不足4000元的

应纳税额=应纳税所得额×适用税率

=(每月收入额-准予扣除项目-修缮费用〈800为限〉-800)×20%

(2)每月收入在4000元以上的

应纳税额=应纳税所得额×适用税率

=(每月收入额-准予扣除项目-修缮费用〈800为限〉)×(1-20%)×20%

财产租赁所得，每次收入不超过4000元的，减除费用800元；4000元以上的，减除20%的费用，其余额为应纳税所得额，以1个月内取得的收入为一次。在确定财产租赁的应纳税所得额时，纳税人在出租过程中缴纳的税金和教育费附加，可持完税(缴款)凭证，从其财产租赁收入中扣除。还准予扣除能提供有效凭证，证明由纳税人负担的该出租财产实际开支的修缮费用，允许扣除的修缮费用，以每次800元为限，一次扣除不完的，准予在下一次继续扣除，直到扣完为止。

5. 财产转让所得应纳税额的计算

财产转让所得应纳税额的计算公式：

应纳税额=应纳税所得额×适用税率

=(收入总额、财产原值-合理费用)×20%

财产转让所得，按照一次转让财产的收入额减除财产原值和合理费用后的余额，为应纳税所得额，计算纳税。

6. 偶然所得应纳税额的计算

偶然所得应纳税额的计算公式：

应纳税额=应纳税所得额×适用税率

=每次收入额×20%

偶然所得，以每次取得该项收入为一次，以每次收入额为应纳税所得额。

7. 其他事项

个人将其所得对教育事业和其他公益慈善事业捐赠的部分，按照国务院有关规定从应

纳税所得中扣除。专项附加扣除的具体范围、标准和实施步骤，由国务院财政、税务主管部门商有关部门确定。

六、个人所得税的税收优惠

(一)个人所得税的减免

个人所得税的减免有直接减免和间接减免两种方式。我国《个人所得税法》采取前一种方式，具体内容如下：

1. 个人所得税的免征项目

(1)省级人民政府、国务院部委和中国人民解放军以上单位，以及外国组织、国际组织颁发的科学、教育、技术、文化、卫生、体育、环境保护等方面的奖金。

(2)国债和国家发行的金融债券利息。

(3)按照国家统一规定发给的补贴、津贴。但因任职或受雇，从所在单位取得津贴、补贴，应计入工资、薪金所得，不属于免税范围。

(4)福利费、抚恤金、救济金。

(5)保险赔款。

(6)军人的转业费、复员费、退役金。

(7)按照国家统一规定发给干部、职工的安家费、退职费、基本养老金或者退休费、离休费、离休生活补助费。

(8)依照中国有关法律规定应予免税的各国驻华使馆、领事馆的外交代表、领事官员和其他人员的所得。

(9)中国政府参加的国际公约，签订的协议中规定免税的所得。

(10)见义勇为的奖金。对乡、镇(含乡、镇)以上人民政府或经县(含县)以上的人民政府主管部门批准成立的有机构、有章程的见义勇为基金或者类似性质的组织，奖励见义勇为者的奖金或奖品，经主管税务机关核准，免征个人所得税。

(11)企业和个人按照省级以上人民政府规定的比例提取并缴付的住房公积金、医疗保险金、失业保险金，不计入个人当期的工资、薪金收入，免征个人所得税。超过规定的比例缴付的部分计征个人所得税。个人领取原提存的住房公积金、医疗保险金、失业保险金时，免征个人所得税。

(12)对个人取得的教育储蓄存款利息所得以及国务院财政部门确定的其他专项储蓄存款或者储蓄性专项基金存款的利息所得，免征个人所得税。

(13)储蓄机构内从事代扣代缴工作的办税人员取得的扣缴利息手续费所得，免征个人所得税。

(14)经国务院财政部门批准免税的其他所得。

2. 个人所得税的减征

我国《个人所得税法》明确规定以下情况应予减税：

(1)残疾、孤老人员和烈属的所得；

(2)因严重自然灾害造成重大损失的；

(3)其他经国务院财政部门批准减税的。

(二)个人所得税的抵免

个人所得税的抵免，是避免对同一所得双重征税的措施。有的国家规定，不仅从境外取得的所得，允许从其应纳税额中扣除已在国外缴纳的所得税额，而且对境内某些所得的已纳税额也允许抵免。个人所得税的抵免，又有全额抵免与限额抵免之分。

我国《个人所得税法》规定，纳税义务人从中国境外取得的所得，准予其在应纳税额中，扣除依照所得来源国家或者地区的法律应当缴纳并且已经实际缴纳的税额。但扣除额不得超过该纳税义务人境外所得依照税法规定计算的应纳税额。在计算时，应区别不同国家或者地区和不同应税项目，依照税法规定的费用减除标准和适用税率计算；同一国家或者地区内不同应税项目的应纳税额之和，为该国家或者地区的扣除限额。

纳税义务人在中国境外一个国家或者地区实际已经缴纳的个人所得税税额，低于依照我国所得税法规定计算出的该国家或者地区扣除限额的，应当在中国缴纳差额部分的税款；超过该国家或者地区扣除限额的，其超过部分不得在本纳税年度的应纳税额中扣除，但是可以在以后纳税年度的该国家或者地区扣除限额的余额中补扣，补扣期限最长不得超过 5 年。纳税义务人申请扣除已在境外缴纳的个人所得税税额时，应当提供境外税务机关填发的完税凭证原件。

七、个人所得税的征收管理

(一)个人所得税的征收方式

个人所得税的征收方式主要有推定法、课源法、申报法、课源与申报并用法。由于我国《个人所得税法》颁行时间不长，公民纳税意识薄弱，加之我国实现分项所得税制，因而我国个人所得税的征收方式实行源泉扣缴与自行申报并用法，注重源泉扣缴。

个人各项应纳税所得支付单位的，实行源泉扣缴，以支付单位为扣缴义务人。

个人应纳税所得没有扣缴义务人的，以及在两处以上取得工资、薪金所得的，实行自行申报，由纳税人申报纳税。申报时应重新计算应纳税额，再从中扣除已代扣缴的税款。

根据征收个人所得税的时间期限，个人所得税的征收方式可分为按月计征和按年计征。个体工商户的生产、经营所得，对企事业单位的承包经营、承租经营所得，特定行业的工资、薪金所得，从中国境外取得的所得，实行按年计征应纳税额，其他所得应纳税额实行按月计征。

《个人所得税法》第 9 条规定，个人所得税以所得人为纳税人，以支付所得的单位或者个人为扣缴义务人。扣缴义务人应当按照国家规定办理全员全额扣缴申报。纳税人有中国公民身份号码的，以中国公民身份号码为纳税人识别号；纳税人没有中国公民身份号码的，由税务机关赋予其纳税人识别号。扣缴义务人扣缴税款时，纳税人应当向扣缴义务人提供纳税人识别号。

《个人所得税法》第 10 条规定，有下列情形之一的，纳税人应当依法办理纳税申报：(1)取得综合所得需要办理汇算清缴；(2)取得应税所得没有扣缴义务人；(3)扣缴义务人未扣缴税款；(4)取得境外所得；(5)因移居境外注销中国户籍；(6)非居民个人在中国境内从两处以上取得工资、薪金所得；(7)国务院规定的其他情形。

(二)个人所得税的征收期限

《个人所得税法》规定的征收期限，分三种不同情况确定：

(1)按月扣缴或者申报纳税的，征收期限为次月7日内。

(2)按年度纳税的，征收期限为年度终了后30日内，如对企事业单位的承包经营、承租经营所得以及从境外取得所得的个人所得税的征收。个体工商户的生产、经营所得虽实行按年度征税，但同时实行按月预缴，其税款缴纳期限为次月7日内。

(3)按取得所得时间分次纳税的，征收期限为每次取得所得的7日内。这只对纳税人在1年内分次取得承包经营、承租经营所得适用。

(三)个人所得税的征收地点

根据《个人所得税法》的规定，个人所得税的征收地点为：

(1)自行申报缴纳个人所得税的纳税义务人，其纳税地点为所得取得地。

(2)在中国境内两处或两处以上取得所得的，可以由纳税人选择其中一处所得取得地作为其纳税地点。纳税地点一经选定，若需变更，应经原主管税务机关批准。

(3)从中国境外取得所得，其申报纳税地点由纳税人选定，一经选定，若需变更，应经原主管税务机关批准。

(4)源泉扣缴纳税的，扣缴义务人所在地为税收征收地点。

(四)纳税调整

纳税调整，又称个人所得税一般反避税条款，这是加强税收征管的规定。关联交易以及其他各种损害国家税收利益的手段在现实中总是不同程度被利用。税收漏洞需要堵住，否则，这也不利于个人所得税公平作用的发挥。具体操作方案还有待实施条例以及其他相关规定。

有下列情形之一的，税务机关有权按照合理方法进行纳税调整：

(1)个人与其关联方之间的业务往来，不符合独立交易原则且无正当理由；

(2)居民个人控制的，或者居民个人和居民企业共同控制的设立在实际税负明显偏低的国家(地区)的企业，无合理经营需要，对应当归属于居民个人的利润不作分配或者减少分配；

(3)个人实施其他不具有合理商业目的安排而获取不当税收利益。税务机关依照前款规定作出纳税调整，需要补征税款的，应当补征税款，并依法加收利息。

(五)纳税申报与汇算清缴

居民个人取得综合所得按年计算个人所得税；有扣缴义务人的，由扣缴义务人按月或者按次预扣预缴税款，居民个人年度终了后需要补税或者退税的，按照规定办理汇算清缴。预扣预缴办法由国务院税务主管部门制定。

居民个人向扣缴义务人提供专项附加扣除信息的，扣缴义务人按月预扣预缴税款时应当按照规定予以扣除，不得拒绝。非居民个人取得综合所得，有扣缴义务人的，由扣缴义务人按月或者按次扣缴税款，不办理汇算清缴。

扣缴义务人每月所扣的税款，应当在次月15日内缴入国库，并向税务机关报送纳税申报表。纳税人取得综合所得需要办理汇算清缴的，应当在取得所得的次年3月1日至6月30日内办理汇算清缴。纳税人取得经营所得的，应当在月度或者季度终了后15日内向税务机关报送纳税申报表，并预缴税款；次年 3 月 31 日前办理汇算清缴。纳税人取得应税所得没有扣缴义务人的，应当在取得所得的次月 15 日内向税务机关报送纳税申报表，并缴纳税款。纳税人取得应税所得，扣缴义务人未扣缴税款的，纳税人应当在次年 6 月 30 日前，缴纳税款；税务机关通知限期缴纳的，纳税人应当按照期限缴纳税款。纳税人从中国境外取得所得的，应当在取得所得的次年 3 月 1 日至 6 月 30 日内申报纳税。纳税人因移居境外注销中国户籍的，应当在注销中国户籍前办理税款清算。非居民个人在中国境内从两处以上取得工资、薪金所得的，应当在取得所得的次月 15 日内向税务机关申报纳税。

纳税人办理汇算清缴退税或者扣缴义务人为纳税人办理汇算清缴退税的，税务机关审核后，按照国库管理的有关规定办理退税。

(六)税收征管中的部门合作

公安、人民银行、金融监督管理等相关部门应当协助税务机关确认纳税人的身份、银行账户信息。教育、卫生、医疗保障、民政、人力资源社会保障、住房城乡建设、人民银行、金融监督管理等相关部门应当向税务机关提供纳税人子女教育、继续教育、大病医疗、住房贷款利息、住房租金等专项附加扣除信息。

个人转让不动产的，税务机关应当依据不动产登记信息核验应缴的个人所得税，登记机构办理转移登记时，应当查验与该不动产转让相关的个人所得税的完税凭证。个人转让股权办理变更登记的，登记机关应当查验与该股权交易相关的个人所得税的完税凭证。有关部门依法将纳税人、扣缴义务人遵守本法的情况纳入信用信息系统，并实施联合激励或者惩戒。

八、我国逃避个人所得税现状分析及其法律对策

一般而言，逃税是指纳税人采取某种非法的手段或措施，减少或躲避就其应税所得本应承担的纳税义务的行为；避税则是指纳税人通过某种形式上不违法的方式，减少或躲避就其应税所得本应承担的纳税义务的行为。我们所讨论的逃避个人所得税的行为，包括上述两种行为，既有非法行为，又有形式上不违法而实质是为了达到不法目的行为，更多的是指后者而言。

考察中国目前个人所得税的实际状况。我们认为以下两方面因素是造成我国个人所得税税源大量流失的主要原因：一是个人除工资、薪金所得之外取得的大量“副收入”。有国外人士认为，中国人靠“副收入”支撑“高消费”。而这占个人所得大部分的收入往往又是没有纳税的。所以，这一部分收入是造成中国个人所得税税源流失的一个很重要的原因。二是实际应当包括在个人工薪所得中的分配给个人的福利性实物。我国《个人所得税法实施条例》中明确规定，“个人取得的应税所得，包括现金、实物和有价证券”，并注明了对实物计征个人所得税的核价方法，但在实际生活中，由于对个人的实物性收入难以核定计征，仍处于普遍不征税的状况。在西方各国的税制改革中，许多国家都通过把大部分的附加福利列入应税所得范围的办法来扩大个人所得税税基。因此，我国也应参照这一做法，逐渐分步骤地将个人的实物性收入计算也纳入应税所得之内。

综上所述，参考其他国家的通行做法，从防范的角度而言，我国应建立起以纳税申报

制度为基础，税款核定和税收审计为保证，税务代理为辅助，税法的宣传教育为先导的一整套防范个人逃避所得税的法律措施。具体表现在：

1. 完善的申报制度

纳税人申报纳税，是个人所得税征管工作的基础性环节，亦是防范逃避税的第一个环节。多数国家不但要求纳税人申报，而且采取有效措施提高申报质量。如在申报制度中规定纳税人申报，而且采取有效措施提高申报质量；在申报制度中规定了申报主体、申报时间、申报使用的表格种类，不申报或不按期申报的处理等内容，其中以申报主体、申报使用的表格种类两项内容最为重要。另外在申报的方式上，一般都要求双向申报，即纳税人和有支付能力的单位都要申报，便于交叉核对。

2. 严格的税款核定

税款核定是防范逃避税的最关键的环节。税款核定以申报表为基础，一般分为四种情况：一是对申报准确、真实的，由税务部门将纳税通知单送交纳税人；二是对申报不实、不当或不填申报表的，税务部门根据所获取的资料，按照规定的方法，另行核定税款；三是有欺骗行为的，税务部门有权在一定期限内补充核定；四是对于一些特殊情况，可以临时核定。

3. 严密的税收审计

税收审计是防范逃避税的最后环节。多数国家的税收审计分为常规审计和临时审计两种。其中以常规审计为主，包括书面和面谈两种形式，可以事先通知纳税人，也可以突击检查。临时审计是由有关职能部门提供的材料、有关人员的检举揭发等信息所进行的非经常性审计。

4. 有效的税务代理

税务代理是防范逃避税的辅助环节。税务代理包括代办纳税事务和税务咨询两方面的内容，其作用主要在于协助纳税人履行纳税义务，确保纳税申报制度的顺利实施。

5. 科学的电脑化征管

税收征管电脑网络化是防范逃避税的重要"硬件"基础。个人所得税的征收范围广、征收量大，逃避税的机会也相应增多。为此，西方国家广泛运用电脑进行征收管理，电脑的功能现已由单纯的数字报送发展到信息储存、信息交流、税源控管、税款征收、档案管理等各个方面。

6. 系统的宣传教育

为提高公民的纳税意识，各国都十分重视税法的宣传教育。可以通过在学校开设税法课程、新闻媒介重点宣传及在税务部门设立专门机构等方法向全社会全方位、多层次地进行宣传。

为了防止个人所得税避税问题的发生，2018 年新修订的《个人所得税法》第 8 条将个人反避税写入法条中："有下列情形之一的，税务机关有权按照合理方法进行纳税调整：(一)个人与其关联方之间的业务往来不符合独立交易原则而减少本人或者其关联方应纳税额，且无正当理由；(二)居民个人控制的，或者居民个人和居民企业共同控制的设立在实际税负明显偏低的国家(地区)的企业，无合理经营需要，对应当归属于居民个人的利润不作分配或者减少分配；(三)个人实施其他不具有合理商业目的的安排而获取不当税收利益。税务机关依照前款规定作出纳税调整，需要补征税款的，应当补征税款，并依法加收利息。”

九、我国个人所得税法的进一步完善

修订后的《个人所得税法》虽然朝着科学化、规范化和国际化的方向迈进了一大步，但经过几年的实践证明，它仍存在着一些缺陷与不足。为使《个人所得税法》继续得以完善，进一步与国际标准接轨，我们认为在充分借鉴国外成功立法经验的基础上，结合我国的实际情况，应对《个人所得税法》从以下五个方面进行完善：

1. 改革个人所得税的分类所得税制度模式，实现向分类综合所得税制的转化

我国1980年的《个人所得税法》采用的是分类所得税制，1987年的《个人收入调节税暂行条例》采用的是分类综合所得税制，修订后的《个人所得税法》仍然采用分类所得税制。从发展趋势看，我国《个人所得税法》应采用国际上通行的分类综合所得税制。因为，分类所得税制虽然计征方便，但不能较好地体现税收公平主义原则，不能有效地消除纳税人负担差异；综合所得税制虽然可以消除这一差异，但又对不同来源的收入实施税收歧视。而分类综合所得税制综合上述两类税制的优点，因而为大多数经济比较发达的国家和地区所采用。在我国，鉴于个体工商户实为自然人的状况，在应税所得中没有必要设立个体工商户生产、经营所得的必要，而应将之分散在其他应税所得中。并将工资、薪金收入，承包、转包收入，财产租赁收入，财产转让收入等合并为综合收入，在作合理的费用扣除后，适用累进税率，其余收入适用比例税率。这样就可以充分发挥分类综合所得税制的优点，适应国际发展的趋势。

2013年11月召开的十八届三中全会《中共中央关于全面深化改革若干重大问题的决定》指出，要实行分类与综合相结合的个人所得税制。鉴于目前税务机关对纳税人信息的掌控力不足，近期个人所得税改革也就只能以分类所得制为主，并逐步向综合所得税制推进，不可能一蹴而就。

2018年新修订的《个人所得税法》首次尝试了分类与综合所得税制。在综合考虑我国目前纳税人的纳税意识淡漠、税务征管能力不强、相关法规政策不配套等限制性因素的基础上，将所得项目从11类减为9类，以走向综合与分类相结合的混合征收模式为目标，一方面，将居民纳税人的工资薪金、劳务报酬、稿酬、特许权使用费四类所得项目，实行按年汇总纳税、日常分月或分次预扣预缴、年终汇算清缴；另一方面，将经营所得、财产转让所得、财产租赁所得、利息、股息、红利所得、偶然所得等方面的所得项目继续实行分类征收模式。总体而言，我国当前实行综合与分类相结合的个人所得税混合征收模式，较好地适应了我国经济社会发展新形势的需要，既兼采分类所得税制与综合所得税制之长，又能充分发挥量能课税的作用，而且稽征相对方便，可减少偷逃税款现象的发生。

2. 进一步扩大税基

修订后的《个人所得税法》虽然扩大了税基，但还不够，应根据经济生活的发展，进一步扩大税基。其措施一是应根据新情况增加一些新的应税所得，如期货交易所得，同时要加强对分配给个人的福利实物收入的课税，避免税收的流失；二是取消或降低一些费用扣除，如对企业事业单位的承包所得、承租所得的费用扣除可适当降低；三是对个人购买

国债和国家发行金融债券的利息征收预提税。

3. 推广税收指数化，建立弹性税制

税收指数化是指根据通货膨胀的情况相应调整费用扣除和税率表中的应税所得额级距，再按适用税率计税。这样可有效地防止因通货膨胀所导致的税率攀升，抵消通货膨胀对税收公平的消极影响。目前，我国《个人所得税法》只是在对工薪所得课征涉外个人所得税方面，规定可以根据纳税人的平均收入水平、生活水平以及汇率变化情况确定附加减除费用，形成了随通货膨胀调整税制的雏形。今后，有必要先将现行仅对纳税人涉外所得适用的灵活性条款延伸至全部所得，然后在条件成熟时再采用正式的税收指数化条款，并采取从只调整费用扣除额到同时调整税率表和应税所得额级距这种逐步过渡的方式。

此次税改，将居民个人的基本费用扣除标准统一设置为5000元，这种全国“一刀切”的做法尽管便于降低税收征管成本，但不同地区、不同家庭的生活成本存在较大差异，尽管通过专项附加扣除制度进行了相应的调整与修正，但仍不能有效地消除税负不公。未来我国税制改革可以实行扣除费用指数化，即基本费用扣除标准应该根据各地实际情况进行动态调整。同时，实践中还应根据教育、养老、住房、医疗等民生支出的具体变化情况，适时对专项附加扣除的范围及其标准进行动态调整，以确保我国税制的弹性。

4. 改进不公平的差别待遇，规范税前费用扣除，进一步实现税负公平

我国《个人所得税法》中不公平的差别待遇主要体现在三个方面：一是工薪所得与劳务报酬所得同为勤劳所得，却实行差别待遇；二是对工资、薪金所得等勤劳所得采用3%~45%的超额累进税率，利息、股息、红利、财产租赁、财产转让所得等非勤劳所得采用了20%的比例税率，前者的最高税率大大高于后者，不但会影响按劳分配原则的实施，且会导致税负失平；三是对同为非勤劳所得的股息、红利课税，而对存款，金边债券利息免税，有失公平。故应对同一性质的所得平等征税，尽可能实现税负的公平。

另外，税负不公平还表现在《个人所得税法》所采用的统一固定数额的费用扣除上。具体表现在：(1)不同的纳税人取得不同的应税所得，所花费的成本和费用不相同，故费用扣除应有所区别，如稿酬所得。(2)还要考虑地区间经济发展的不平衡状况，应就东部和中西部发展水平确定一个发展指数，正确制定不同的扣除标准。(3)法定扣除还应考虑家庭负担的差异，应该制定出需要赡养父母的家庭和不需要赡养父母的家庭不同的扣除标准。因此，《个人所得税法》对生活费给予的扣除，不应是固定的，而应是浮动的，即应随着国家汇率、物价水平和家庭生活费支出增加诸因素的变化而变化。此外，还应增加一些特定项目的免税，如依国家赔偿法取得的赔偿金、各类学校学生获得的奖学金等。

5. 改革个人所得税税收征收管理体制，形成以纳税申报为基础，以税务稽查为保证，以税务代理为辅助的征管模式

修订后的《个人所得税法》采取源泉征收为主、自行申报为辅的征收方式，在目前是符合我国国情的。因为我国公民的纳税意识还比较薄弱，自行申报纳税的观念尚未普遍形成，为了加强税源控制，堵塞税收漏洞，实行以代扣代缴为主的税款征收方式是比较切合实际的，但根据国际惯例，从培养公民自觉履行纳税义务的角度来看，应从以下方面来改革现行征管模式：(1)完善纳税申报制度，建立全国统一的纳税人纳税专用编码；实行纳税人和有支付能力的单位双向申报；详细规定申报主体、申报表格等内容，使纳税人有章

可循。(2)推行税务代理制度，提高纳税申报质量，实行全国统一的、公开的税务代理资格认证制度。

6. 建立纳税人信用制度

当前税务部门本着“方便扣除和减税”的原则，实行“纳税人申报就能扣除，预缴环节就能享受，证明材料自行留存，税务机关事后抽查”的税收征管方式，对于征纳部门而言，的确是节约、便利，但鉴于当前我国纳税人自愿纳税意识较弱的现实，税务当局一定要加强宣传，避免专项附加扣除成为新的税收漏洞。当务之急，是要全面实行金融资产实名制，建立个人信用制度，推进银税联网工程，强化公民依法纳税意识。

7. 实行以家庭为单位的联合申报制

现行个人所得税以个人为单位进行征税，忽略家庭收入的整体性，从而造成税收负担不公。假设现有两个两口之家，不考虑其他扣除因素，甲家庭夫妇二人每人每月各取得收入 5000 元，乙家庭只有丈夫每月取得收入 10000 元，妻子没有收入。从家庭整体来看，两个家庭每月收入相同，但在现行个人所得税制下，甲家庭无须纳税，而乙家庭则需纳税。通常情况下，家庭的收入状况比个人能更好地反映纳税人的纳税能力，因此，以家庭为申报单位，将配偶及未婚子女所得综合起来进行联合申报，才能更好地体现税负公平，可以实现相同收入的家庭具有相同的个人所得税税负的横向公平，收入不同的家庭具有不同的个人所得税税负的纵向公平。

复习思考题

一、选择题

1.《中华人民共和国企业所得税法》所称居民企业，是指依法在中国境内成立，或者依照外国(地区)法律成立但(　　)在中国境内的企业。

A. 总机构　　B. 分支机构　　C. 实际管理机构　　D. 生产经营机构

2. 根据《中华人民共和国企业所得税法》，企业所得税的税率为(　　)。

A. 15%　　B. 20%　　C. 25%　　D. 33%

3. 2019 年甲公司销售一批产品，开具的增值税专用发票上注明价款 40 万元、金额栏注明折扣价款 3 万元，适用增值税税率为 13%，甲公司应确认的产品销售收入为(　　)万元。

A. 37　　B. 40　　C. 43.29　　D. 46.8

4. 企业从事下列项目的所得，可以免征企业所得税的有(　　)。

A. 农作物新品种的选育　　B. 牲畜、家禽的饲养

C. 远洋捕捞　　D. 花卉作物的种植

E. 海水养殖

5. 企业取得的下列收入中不属于企业所得税法所称的利息收入的是(　　)。

A. 存款利息　　B. 贷款利息　　C. 股息　　D. 债券利息

6. 个人所得税采用(　　)的征收制。

A. 差别　　B. 总量　　C. 分项　　D. 平等

7. 我国以自然人居民和非居民纳税人的划分标准是(　　)。

A. 习惯性住所标准　　B. 时间标准

C. 永久性住所标准　　D. 习惯性住所和时间标准

8. 对商品营销活动中，企业和单位对营销业绩突出的职工以培训班、研讨会、工作考察等名义组织旅游活动，通过免收差旅费、旅游费对雇员实行的营销业绩奖励，应按(　)征收个人所得税。

A. 劳务报酬所得　　B. 股息、红利所得

C. 其他所得　　D. 工资、薪金所得

9. 下列不适用20%税率的个人所得税项目有(　　)。

A. 财产租赁所得　　B. 财产转让所得

C. 出租居民住用房所得　　D. 偶然所得

二、简答题

1. 简述所得税法的概念和基本特征。

2. 简述所得税法律制度的三种基本模式。

3. 所得税有何特点？与流转税有何不同？

4. 企业所得税的纳税人是如何界定的？不同的纳税人征税范围有何区别？

5. 计算企业所得税应纳税所得额时，准予扣除的项目有哪些？

6. 试论述应税所得的特征及分类。

7. 简述我国企业所得税法中关于企业税收优惠的条件。

8. 试比较分析个人所得税法中居民纳税义务人和非居民纳税义务人。

9. 简述个人所得税法中关于个人所得税的减免。

10. 简述我国个人所得税的改革方向。

三、计算题

中国公民李某每月工资9000元，任职于境内甲企业，同时为乙企业的个人大股东，2016年1～12月取得以下收入：

(1)取得保险赔款3000元。

(2)取得甲企业支付的独生子女补贴10000元。

(3)购买福利彩票，一次中奖收入20000元。

(4)取得不含税兼职收入3000元，按照合同约定相关的个人所得税由支付报酬的单位负担。

(5)5月份因持有某上市公司股票而取得红利12000元，已知该股票为李某去年1月份从公开发行和转让市场取得的。

(6)7月份甲企业购置一批住房低价出售给职工，李某以26万元的价格购置了其中一套住房(甲企业原购置价格为50万元)。

(7)8月份将其拥有的两处住房中的一套(已使用7年)出售，不含税转让收入200000元，该房产买价90000元，另支付其他允许税前扣除的相关税费8000元。

(8)10月份乙企业为李某购买了一辆小轿车并将所有权归到李某名下，已知该车购买价为300000元，经当地税务机关核定，乙企业在代扣个人所得税税款时允许税前减除的

数额为 100000 元。

根据上述资料，回答下列问题：

(1)李某从任职单位取得的全年工资和独生子女补贴共计应缴纳的个人所得税。

(2)针对李某取得的兼职收入，支付报酬的单位应该为李某负担的个人所得税。

(3)李某取得的福利彩票中奖收入和保险赔款，应缴纳的个人所得税。

(4)李某取得的红利所得应缴纳的个人所得税。

(5)李某低价从单位购房应缴纳的个人所得税。

(6)李某出售住房应缴纳的个人所得税。

(7)乙企业为李某购车应代扣代缴的个人所得税。

第七章　财产与行为税法

第一节　财产与行为税概述

一、财产税的概念和特征

财产税是以财产为征税对象，并对财产进行占有、使用或收益的主体征收的一类税。所谓财产，一般泛指自然资源以及人类创造的多种物质财富和非物质财富。但作为财产税课税对象的财产仅只能是某些特定的财产而已。同其他税种相比，财产税具有以下主要特征：

1. 征税对象是财产

财产税的征收不以商品交换为经济前提，只要存在法定的应税财产，就可以对其征收财产税，这是财产税与商品税、所得税的根本区别。

2. 计税依据是财产额

财产税的计税依据不是商品的流转额或所得额，而是纳税人占有、使用和收益的财产额，即应税财产的数量或价值。

3. 属于直接税，税负不易转嫁

财产税属于直接税，由对财产进行占有、使用或收益的主体直接承担，而且财产税主要对使用、消费过程中的财产征税，而不是对生产、流通领域的财产征税，因此税负不易转移。

4. 财产税是辅助税种

财产税历史上曾经在税收体系中占主体地位，但随着社会经济的发展，如今世界各国以所得税、商品税为主，财产税作为地方税在全部财政收入中所占的比重较小，但已经成为地方财政收入的主要来源。

二、行为税的概念和特征

行为税(亦称行为课税)是指以纳税人的某种行为为课税对象而征收的一种税。行为课税的最大特点是征纳行为的发生具有偶然性或一次性。行为税是国家对某些特别的行为所征收的一种税，其具有明显的政策性目的。征收行为税能够因地制宜、因时制宜，随时根据需要开征或停征。为调整行为税征收与缴纳权利及义务关系国家制定了相应的法律规范即行为税法律规范。属于行为课税的税种有固定资产投资方向调节税、印花税、车辆购置税土地使用税、耕地占用税等。与其他税种相比，行为税有以下几个主要特点：

(1)具有较强针对性和目的性。屠宰税只对猪、牛、羊、马、驴、骡、骆驼的屠宰行为征税，除增加地方政府财政收入的目的外，还寓有制约宰杀耕畜之意。开征筵席税在于引导合理消费，提倡勤俭节约的社会新风尚。目前屠宰税和筵席税已经废止。

(2)合法权益的保障性。如牲畜交易税由买方纳税后取得合法凭证，借以证明牲畜的正当来源商事凭证如合同、产权契据等在完纳印花税后，可借以增强法律效力。

(3)具有较强的灵活性。当某种行为的调节已达到预定的目的时即可取消。

(4)收入的不稳定性。往往具有临时性和偶然性，收入不稳定。

(5)征收管理难度大。由于征收面比较分散，征收标准也较难掌握，征收管理较复杂。

(6)税收调节具有及时性。能有效地配合国家的政治经济政策，"寓禁于征"，有利于引导人们的行为方向，针对性强，可弥补其他税种调节的不足。

三、财产税的分类

财产税依据不同的标准有很多种分类，常见的有以下几种：

1. 从征税方式不同划分，可分为一般财产税和特别财产税

所谓一般财产税是指对纳税人拥有的全部财产实行的综合课征，故也称综合财产税。"一般"即是对纳税人全部财产的概括描述，但在实践中，许多国家对一般财产税的征收并非以全部财产额为计税依据，而是要规定一定的宽免额或扣除额。所谓特别财产税是指对特定类型财产课征的财产税，故也称个别财产税或特种财产税。"特别"即是针对纳税人的一种或几种财产单独和合并而言，如对土地课征的土地税，对房产课征的房产税，对土和房产合并课征的房地产税等，均属于个别财产税。个别财产税是财产税最早存在的形式，它的课征一般不需要考虑免税和扣除。①

2. 从课征时财产的所处的运动状态划分，又可分为静态财产税和动态财产税

所谓静态财产税是指对纳税人在一定时间内保有的财产进行课征的一种财产税。"静态"表征着一定时期内权利未发生变动时财产；所谓动态财产税是指对转移或变动中的财产课征的财产税，"动态"则反映着一定时期权利发生移转变动的财产。前者如房产税、地产税等，后者如继承税或遗产和赠与税等。

四、行为税的立法原则

行为税立法的基本原则，是制定、解释和执行行为税法规范的指导思想。现行税法并未对此作出规定，但从理论角度进行分析，结合税收的实践，行为税立法应遵循如下原则：

1. 寓禁于征的原则

行为税是对某些特定行为的征税，而人们在社会生活中的行为是各式各样的，有的是积极的，有的是消极的。行为税应对那些消极的应受到限制和约束的行为征税或征重税，而对那些积极的应受鼓励的行为不征税或征低税，以体现国家的产业政策和宏观调控的

① 参见张守文著：《税法原理》，北京大学出版社 2016 年版，第 212 页。

需要。

2. 灵活性原则

行为税征税具有很大的灵活性。国家开征行为税，一般都是为了配合贯彻一定时期的国家政策，在税收政策规定方面，可以因地制宜、因时制宜，具有较大的灵活性。国家因政策需要开征某种行为税，一旦达到征税目的，该税种就可以停征或取消，这是因时制宜的体现。某些行为不具有普遍性，因而，或是中央统一立法，地方按需要实施，或是将立法权下放给地方，由地方按实际需要立法，这都是因地制宜的体现。总之，行为税立法应有利于国家灵活调节经济生活。

3. 轻税原则

在市场经济条件下，人们的行为应由市场来调节。因此，在征收行为税、调控人们行为的前提下，应尽量减少对人们行为的过度干预，坚持轻税原则。

第二节 房产税法

一、房产税的概念和特点

房产税是以房屋为征税对象，以房产余值或房产租金为计税依据向拥有房屋产权的所有人或使用人征收的一种税。我国现行调整房产税关系的法律规范为 1986 年 9 月 15 日国务院颁布并于 2011 年 1 月 8 日修订的《房产税暂行条例》，且外商投资企业、外国企业和组织以及外籍个人也需依照该条例缴纳房产税。① 房产税具有以下特征：

(1)以房产为征税对象，税目单一。房产税以房产这种特定的财产为征税对象，其税目只有一个即房屋，而且没有子目。

(2)以房产余值或房产租金为计税依据。

(3)实行固定税率，计算简便。

二、房产税的沿革

房产税在世界各国的税收体系中，都是一个历史悠久的税种。西方国家最早的房产税是法国的烟囱税，以后相继产生了炉火税、窗税。

据学者考证，早在周朝时就对房屋征税。中华人民共和国成立后，我国也非常重视房产税。1951 年 8 月 8 日政务院正式颁布了《中华人民共和国城市房地产税暂行条例》。该条例将房产、地产合并为一个税种，称为城市房产税。1984 年工商税制改革，又将两者分开，房产税又成为一个独立税种。

现行房产税的基本法律规范是 1986 年国务院颁布施行，并于 2011 年 1 月 8 日根据《国务院关于废止和修改部分行政法规的决定》(国务院令第 588 号)修订的《中华人民共和

① 参见刘剑文著：《财税法——原理、案例与材料》，北京大学出版社 2017 年版，第 268 页。

国房产税暂行条例》(以下简称《房产税暂行条例》);2009 年以前,外商投资企业、外国企业和外籍人员的房产征税的征收适用《城市房地产税暂行条例》,2009 年 1 月 1 日,国务院令发布第 546 号令宣布废除《城市房地产税暂行条例》,并规定自此以后,外商投资企业、外国企业和组织以及外籍个人,也依照《中华人民共和国房产税暂行条例》缴纳房产税。从这个意义上看,我国房产税的缴纳主体在法律适用上实现了统一。

三、我国房产税制度的主要内容

(一)纳税人

根据我国现行房地产税的有关规定,房产税的纳税人是指在我国境内拥有房屋产权的单位和个人包括在我国拥有房屋的涉外单位和外籍人员。

产权属于全民所有的,由经营管理的单位缴纳。产权出典的,由承典人缴纳。产权所有人、承典人不在房产所在地的,或者产权未确定及租典纠纷未解决的,由房产代管人或者使用人缴纳。凡以分期付款购买使用商品房,且购销双方均为获得房产证书期间,应确定房屋的实际使用人为房产税的纳税人,缴纳税款。以上列举的产权所有人、经营管理单位、承典人、房产代管人或者使用人,统称为纳税义务人。

(二)征税对象

房产税的征税对象是房产。所谓房产,是以房屋形态表现的财产。所谓房屋是指具备屋面和围护结构,可供人们居住或储藏物资的场所。而相对独立于房屋之外的建筑物,如烟囱、水塔、室外游泳池等不属于房产,因而也不是房产税的征税对象。

(三)征税范围

房产税的征税范围是坐落在城市、县城、建制镇和工矿区的经营性房产。城市是指国务院批准设立的市,包括市区、郊区和市辖县城。县城是指未设立建制镇的县人民政府所在地。建制镇是指经省、自治区、直辖市人民政府批准设立的建制镇。工矿区是指工商业比较发达、人口比较集中、符合国务院规定的建制镇标准,但尚未设立建制镇的大中型工矿企业所在地。对上述建制镇和工矿区开征房产税都须经省、自治区、直辖市人民政府批准。

(四)房产税的计税依据

房产税的计税依据是以房产的计税价值或房产租金收入而定。

1. 从价计征

按房产计税价值征税的,就称为从价计征。根据现行《房产税暂行条例》的规定,房产税依照房产原值一次减除 10%~30%后的余值计算缴纳。具体减幅由省、自治区、直辖市人民政府规定。没有房产原值作为依据的,由房产所在地税务机关参考同类房产核定。

2. 从租计征

按照房产租金收入征税的,就称为从租计征。根据现行《房产税暂行条例》的规定,以房产租金收入为房产税的计税依据。

(五)房产税的税率

房产税的税率,依照房产余值计算缴纳的,税率为 1.2%;依照房产租金收入计算缴纳的，税率为12%。自2008年3月1日起，对个人出租住房，不区分用途，按4%的税率征收房产税。

(六)房产税应纳税额计算

1. 从价计征的房产税应纳税额的计算

从价计征是按房产的原值减除一定比例后的余值计征，其公式是：

应纳税额=计税余值×适用税率

=应税房产原值×(1-扣除比例)×1.2%

2. 从租计征的房产税应纳税额的计算

从租计征是按房产的租金收入计征，其公式是：

应纳税额=租金收入×12%(或4%)

【例题7-1】 某国有企业坐落在某市郊区，其生产经营用房会计账本记载房产原值8000万元，包括冷暖通风等设备150万元，该企业还建有一所职工学校，一座内部职工医院和一所幼儿园，房产原值分别为300万元、200万元、100万元。当地规定允许减除房产原值的30%，请计算该企业应缴纳的税额。

解： 该企业自办的学校、医院、幼儿园自用的房产以及设在农村的仓库，均可以免征房税，则其全年应纳的房税额为：

8000×(1-30%)×1.2%=67.2(万元)

【例题7-2】 某市某居民自由房屋一栋共8间，其中家庭生活居住2间；出租给外地企业办事处使用3间，每月租金1500元；另外3间开办小卖部经营百货用品(经核定房产原值60000元)。该地区规定按房产原值一次扣除20%后的余值计税。请计算该居民当年应纳房产税额。

解： 该居民当年应纳房产税额为

1500×12×12%+60000×(1-20%)×1.2%=2736(元)

(七)税收优惠

下列房产免征房产税：

(1)国家机关、人民团体、军队自用的房产；

(2)由国家财政部门拨付事业经费的单位自用的房产；

(3)宗教寺庙、公园、名胜古迹自用的房产；

(4)个人所有非营业用的房产；

(5)经财政部门批准免税的其他房产。

除以上法定减免事项外，如纳税人确有困难，可由纳税人提出申请，经省、自治区、直辖市人民政府批准，定期减税或者免税房产税。

以上的“自用房产”是指免税单位用于自身业务范围内的房产，免税单位的出租住房及非自身业务使用的生产、经营性用房不属于免税范围。个人拥有的营业性用房或出租的住房，也不属于免税的范围，应当依法征收房产税。

第三节　契　税　法

一、契税的概念

契税是我国境内的土地使用权、房屋所有权发生权属转移时，对产权承受人征收的一种财产税。根据我国《物权法》及相关法律的规定，国有土地使用权的出让转让，房屋所有权的移转时，双方都需要订立书面合同(契约)，契税因而得名。

二、契税的沿革

契税在我国历史也很久远。东晋时期已经开始对田宅等征税，当时名为“估税”。①当时规定，凡买卖田宅、奴婢、牛马，立有契据者，每一万钱交易额官府征收四百钱即税率为4%，其中卖方缴纳3%，买方缴纳1%。北宋开宝二年(公元969年)，开始征收印契钱(性质上是税，只是名称为钱)。这时不再由买卖双方分摊，而是由买方缴纳，并规定缴纳期限为2个月。从此，开始以保障产权为由征收契税。以后历代封建王朝对土地、房屋的买卖、典当等产权变动都征收契税，但税率和征收范围不完全相同。如清初顺治四年(公元1647年)规定，民间买卖、典押土地和房屋登录于官时，由买主依买卖价格，每一两银纳三分(即3%)。到清朝末年，土地、房屋的买卖契税税率提高到9%，典当契税税率提高到6%。

中华民国成立后，于1914年颁布契税条例。规定税率为：买契9%，典契6%。另外，还有一些免税规定：官方、自治团体和具有公益性的法人在买卖、典当土地房屋时免纳契税。1917年，北洋政府将税率改为买契6%，典契3%，各省征收附加税，但以不超过正税的1/3为限。

1927年国民政府公布验契暂行条例及章程，将契税划归地方收入。1934年国民政府第二次全国财政会议上，通过了《契税办法四项》，要求各省整理契税，规定买契6%，典契3%为税率高限，附加税以不超过正税的一半为原则。至此，契税税率在全国统一起来。1940年，国民政府公布《契税暂行条例》，将税率改为买契5%，典契3%。1942年修改《契税暂行条例》，将税目扩大为买卖、典当、赠与和交换，后又增加了分割和占有两个税目。由于契税是以保障产权的名义征收的，长期以来都是纳税人自觉向政府申报税，请求验印或发给契证。因此，契税在群众中影响较深，素有“地凭文契官凭印”、“买地不税契，诉讼没凭据”的谚语。

中华人民共和国成立后，政务院于1950年发布《契税暂行条例》，规定对土地、房屋的买卖、典当、赠与和交换征收契税。1954年财政部经政务院批准，对《契税暂行条例》的个别条款进行了修改，规定对公有制单位承受土地、房屋权属转移免征契税。社会主义改造完成以后，土地禁止买卖和转让，征收土地契税也就自然停止了。这样使得契税征收范围大大缩小，收入额很小。到“文化大革命”后期，全国契税征收工作基本处于停顿

① 参见刘剑文著：《财税法——原理、案例与材料》，北京大学出版社2017年版，第291页。

状态。

改革开放后，国家重新调整了土地、房屋管理方面的有关政策，房地产市场逐步得到了恢复和发展。为适应形势的要求，从1990年开始，全国契税征管工作全面恢复。恢复征收后，契税收入连年大幅度增加，从1990年的1.34亿元增加到1997年的36亿元，成为地方税收中最具增长潜力的税种。但由于《契税暂行条例》立法年代久远，很多规定与当前的实际情况相脱节，实际工作中难以操作和执行。为了适应建立和发展社会主义市场经济形势的需要，充分发挥契税筹集财政收入和调控房地产市场的功能，从1990年起，就着手开始了《契税暂行条例》的修订工作。其间经过大量的调查研究，数易其稿。1997年7月7日，李鹏总理签署国务院第224号令，发布了《中华人民共和国契税暂行条例》，并于同年10月1日起开始实施。

三、我国契税制度的主要内容

(一)纳税人

凡在中华人民共和国境内转移土地、房屋权属，承受土地、房屋权属转移的单位和个人是纳税人。所谓承受，是指以受让、购买、受赠、交换等方式取得土地、房屋权属的行为。所谓土地房屋权属，是指土地使用权和房屋所有权。

(二)征税对象

契税的征税对象是在中国境内发生产权转移变动的土地、房屋。未发生权属转移变动的土地、房屋不是契税的征税对象。

根据现行《契税暂行条例》的规定，转移土地、房屋权属是指下列行为：

(1)国有土地使用权出让，是指国家以土地所有者的身份将土地使用权在一定年限内让与土地使用者，并由土地使用者向国家支付土地使用权出让金的行为。

(2)土地使用权转让，是指土地使用权人将自己享有的权利依法转移给其他公民或法人的行为，包括出售、赠与和交换，但不包括农村集体土地承包经营权的转移。

(3)房屋买卖，是指房屋所有权人以取得价金为目的而将房屋及其所有权移交给买方的行为。

(4)房屋赠与，是指房屋所有人将房屋所有权无偿转移给受赠人的行为，以赠与房屋的实际交付为生效要件。

(5)房屋交换，是指房屋所有者之间相互交换房屋的行为。房屋交换的一般概念是指房屋住户、用户、所有人，在双方之间或多方自愿的基础上，通过交换或多角交换，相互交换房屋的使用权和所有权。这里仅指交换房屋所有权的行为。

除上述五种基本形式外，实际中常将下列权属的转移形式也视同土地使用权转让、房屋买卖或房屋赠与征收契税。如以土地、房屋权属作价投资、入股，以土地、房屋权属抵债，以获奖方式承受土地、房屋权属的，以预购方式或者预付集资建房款方式承受土地、房屋权属的等，但典当、继承、分割、出租或抵押等不属于契税的征税范围。

(三)计税依据

土地、房屋的转移方式不同，契税的计税依据也不同，但不外乎是成交价格、核定价格或者价格差额，具体情况如下：

(1)国有土地使用权出让、土地使用权出售、房屋买卖，为成交价格。所谓成交价格，是指土地、房屋权属转移合同所约定的价格，包括承受者应交付的货币、实物、无形资产或者其他经济利益。

(2)土地使用权赠与、房屋赠与，由征收机关参照土地使用权出售、房屋买卖的市场价格核定。

(3)土地使用权交换、房屋交换的，其计税依据为所交换土地使用权、房屋的价格差额。如交换价格差额不为零时，由多交付货币、实物、无形资产或者其他经济利益的一方缴纳税款。

上述成交价格明显低于市场价格并且无正当理由的，或者所交换土地使用权、房屋的价格的差额明显不合理并且无正当理由的，由征收机关参照市场价格核定。

此外，以划拨方式取得土地使用权的，经批准转让房地产时，应由房地产转让者补缴契税，其计税依据为补缴的土地使用权出让费或者土地收益。

(四)契税的税率

契税采用比例税率，税率为3%~5%。具体的适用税率，由省、自治区、直辖市人民政府在前款规定的幅度内按照本地区的实际情况确定，并报财政部和国家税务总局备案。

(五)契税应纳税额的计算

契税应纳税额，依照省、自治区、直辖市人民政府确定的适用税率和计税依据计算征收。应纳税额计算公式为：

应纳税额=计税依据×税率

应纳税额以人民币计算。转移土地、房屋权属以外汇结算的，按照纳税义务发生之日中国人民银行公布的人民币市场汇率中间价折合成人民币计算。

【例题7-3】 某居民甲将一套私有房屋出售给居民乙，成交价格350000元，双方签订购买合同。甲又另将自己两套一室一厅的住房与居民丙交换一套三室一厅的住房，并支付换房差价55000元。当地政府规定的契税税率为3%，请计算该居民甲、乙、丙应纳的契税税额。

解： 甲应纳契税税额=55000×3%=1650(元)

乙应纳契税税额=350000×3%=10500(元)

丙不需要缴纳契税。

(六)税收减免

有下列情形之一的，减征或免征契税：

(1)国家机关、事业单位、社会团体、军事单位承受土地、房屋用于办公、教学、医疗、科研和军事设施的，免征契税；

(2)城镇职工按规定第一次购买公有住房在国家规定标准面积以内的，免征契税；

(3)因不可抗力灭失住房而重新购买住房的，酌情准予减征或免征契税；

(4)纳税人承受荒山、荒沟、荒丘、荒滩土地使用权，用于农林牧渔生产的，免征契税；

(5)外国驻华使(领)馆和国际组织驻华机构及其外交官员及其他外交人员，承受土地、房屋权属的免征契税；

(6)县以上政府征用、占用土地、房屋后，重新承受土地、房屋权属的单位和个人，是否减征或免征契税，由各省级人民政府确定；

(7)公租房经营单位购买住房作为公租房的免征契税；

(8)财政部规定的其他减征、免征契税的项目。

以上经批准减免税的纳税人改变有关土地、房屋权属用途，不在减免税之列，应当补缴已经减免的税款。

符合减免税的纳税人，要在签订转移产权合同后10日内向土地、房屋所在地的征税机关办理减免税手续。

第四节　车辆购置税法

一、车辆购置税的概念和特点

(一)车辆购置税的概念

车辆购置税是对我国境内通过购买、进口、自产、受赠、获奖或者以其他方式取得并自用应税车辆的行为的单位和个人征收的一种税。2014年12月2日以国家税务总局令第33号公布了《车辆购置税征收管理办法》，2015年12月28日国家税务总局令第38号《国家税务总局关于修改〈车辆购置税征收管理办法〉的决定》对此予以修正。现行车辆购置税法的基本规范是2018年12月29日第十三届全国人民代表大会常务委员会第七次会议通过，并于2019年7月1日起施行《中华人民共和国车辆购置税法》(以下简称《车辆购置税法》)。《车辆购置税法》实施后，上述办法和决定予以废止。

(二)车辆购置税的特点

除具有税收的共同特点外，车辆购置税还有其自身独立的特点：

1. 征收范围单一

作为财产税的车辆购置税，是以购置的特定车辆为课税对象，而不是对所有的财产或消费财产征税，范围窄，是一种特种财产税。

2. 征收环节单一

车辆购置税实行一次课征制，它不是在生产、经营和消费的每一环节实行道道征收，而只是在退出流通进入消费领域的特定环节征收。

3. 税率单一

车辆购置税只确定一个统一比例税率征收，税率具有不随课税对象数额变动的特点，计征简便、负担稳定，有利于依法治税。

4. 征收方法单一

车辆购置税根据纳税人购置应税车辆的计税价格实行从价计征，以价格为计税标准，课税与价值直接发生关系，价值高者多征税，价值低者少征税。

5. 征税具有特定目的

车辆购置税具有专门用途，由中央财政根据国家交通建设投资计划，统筹安排。这种特定目的的税收，可以保证国家财政支出的需要，既有利于统筹合理地安排资金，又有利于保证特定事业和建设支出的需要。

6. 价外征收，税负不发生转嫁

车辆购置税的计税依据中不包含车辆购置税税额，车辆购置税税额是附加在价格之外的，且纳税人即为负税人，税负不发生转嫁。

二、我国车辆购置税制度的主要内容

(一)纳税人

车辆购置税的纳税人是指在我国境内购置应税车辆的单位和个人。其中购置是指购买使用行为、进口使用行为、受赠使用行为、自产自用行为、获奖使用行为以及以拍卖、抵债、走私、罚没等方式取得并使用的行为，这些行为都属于车辆购置税的应税行为。

车辆购置税的纳税人具体是指：

所称单位，包括国有企业、集体企业、私营企业、股份制企业、外商投资企业、外国企业以及其他企业，事业单位、社会团体、国家机关、部队以及其他单位。

所称个人，包括个体工商户及其他个人，既包括中国公民又包括外国公民。

(二)车辆购置税的征税对象及范围

车辆购置税的征税范围包括：汽车、摩托车、电车、挂车、农用运输车。车辆购置税征收范围的调整，由国务院决定并公布。现行各类应税车辆具体范围见表 7-1：

表 7-1　　各类应税车辆具体范围

应税车辆	具体范围	注　　释
汽　　车	各类汽车	
摩托车	轻便摩托车	最高设计时速不大于 50km/h，发动机汽缸总排量不大于 $50cm^3$ 的两个或者三个车轮的机动车
	二轮摩托车	最高设计车速大于 50km/h，或者发动机汽缸总排量大于 $50cm^3$ 的两个车轮的机动车
	三轮摩托车	最高设计车速大于 50km/h，或者发动机汽缸总排量大于 $50cm^3$，空车重量不大于 400kg 的三个车轮的机动车
电车	无轨电车	以电能为动力，由专用输电电缆线供电的轮式公共车辆
	有轨电车	以电能为动力，在轨道上行驶的公共车辆
挂车	挂 车	无动力设备，独立承载，由牵引车辆牵引行驶的车辆
	半 挂 车	无动力设备，与牵引车辆共同承载，由牵引车辆牵引行驶的车辆

续表

应税车辆	具体范围	注　　释
农用运输车	三轮农用运输车	柴油发动机，功率不大于 7.4kW，载重量不大于 500kg，最高车速不大于 40km/h 的三个车轮的机动车
	四轮农用运输车	柴油发动机，功率不大于 28kW，载重量不大于 1500kg，最高车速不大于 50km/h 的四个车轮的机动车

购买使用国产应税车辆和进口应税车辆，直接进口使用应税车辆，受赠使用应税和免税车辆，获奖使用应税车辆，其他方式取得并使用应税车辆(如拍卖、抵债、罚没等取得并使用)都属于车辆购置税的征税范围。

为了体现税法的统一性、固定性、强制性和法律的严肃性特征，车辆购置税征收范围的调整，由国务院决定，其他任何部门、单位和个人无权擅自扩大或缩小车辆购置税的征税范围。

(三)计税依据

车辆购置税的计税依据是纳税人所购置车辆的价格，计税价格根据不同情况，按照下列规定确定：

(1)纳税人购买自用的应税车辆的计税价格，为纳税人购买应税车辆而支付给销售者的全部价款和价外费用，不包括增值税税款。含税价格的换算为：

计税价格=含增值税的支付价÷(1+13%)

(2)纳税人进口自用的应税车辆的计税价格的计算公式为：

计税价格=关税完税价格+关税+消费税

(3)纳税人自产、受赠、获奖或者以其他方式取得并自用的应税车辆的计税价格，由主管税务机关参照最低计税价格核定。国家税务总局参照应税车辆市场平均交易价格，规定不同类型应税车辆的最低计税价格。

(4)纳税人购买自用或者进口自用应税车辆，申报的计税价格低于同类型应税车辆的最低计税价格，又无正当理由的，按照最低计税价格征收车辆购置税。

(四)税率和应纳税额计算

1. 税率

我国车辆购置税的税率采取统一比例的模式，具体税率为 10%。同时国务院根据不同时期的政策，有权对车辆购置税的税率进行调整，引导消费，进行宏观调控。

为促进节能减排，扩大内需，保护环境，优化能源利用结构，从 2009 年至 2017 年，关于 1.6 升及以下排量乘用车车辆购置税的税率在 5%~7.5%来回波动，具体政策如下：

2009 年 1 月，财政部与国家税务总局联合发文《关于减征 1.6 升及以下排量乘用车车辆购置税的通知》(财税〔2009〕12 号)，规定对 2009 年 1 月 1 日至 12 月 31 日购置 1.6 升及以下排量乘用车，暂减按 5%的税率征收车辆购置税。同年年底，两机关再次发文，规定对 2010 年 1 月 1 日至 12 月 31 日购置 1.6 升及以下排量乘用车，暂减按 7.5%的税率征收车辆购置税(财税〔2009〕154 号)；2015 年 10 月至 2016 年 12 月 31 日，该部分车辆的税率再次降低到 5%(财税〔2015〕104 号)，2017 年 1 月 1 日至 2017 年 12 月 31 日期间，税率回升至 7.5%，并规定自 2018 年起，税率恢复正常即 10%(财税〔2016〕136 号)。

2. 应纳税额计算

(1)购买自用应税车辆应纳税额的计算。在应纳税额的计算当中，应注意以下费用的计税规定：

购买者随购买车辆支付的工具件和零部件价款应作为购车价款的一部分，并入计税依据中征收车辆购置税。

支付的车辆装饰费应作为价外费用并入计税依据中计税。

代收款项应区别征税。凡使用代收单位(受托方)票据收取的款项，应视作代收单位价外收费，购买者支付的价费款，应并入计税依据中一并征税；凡使用委托方票据收取，受托方只履行代收义务和收取代收手续费的款项，应按其他税收政策规定征税。

销售单位开给购买者的各种发票金额中包含增值税税款，因此，计算车辆购置税时，应换算为不含增值税的计税价格。

购买者支付的控购费，是政府部门的行政性收费，不属于销售者的价外费用范围，不应并入计税价格计税。

销售单位开展优质销售活动所开票收取的有关费用，应属于经营性收入，企业在代理过程中按规定支付给有关部门的费用，企业已作经营性支出列支核算，其收取的各项费用并在一张发票上难以划分的，应作为价外收入计算征税。

【例题 7-4】 宋某 2019 年 7 月份从某汽车有限公司购买一辆小汽车供自己使用，支付了含增值税税款在内的款项 232000 元，另支付代收临时牌照费 500 元、代收保险费 1000 元，支付购买工具件和零配件价款 3000 元，车辆装饰费 1300 元。所支付的款项均由该汽车有限公司开具“机动车销售统一发票”和有关票据。请计算宋某应纳车辆购置税。

解： 计税依据 = (232000+500+1000+3000+1300) ÷ (1+13%) ≈ 210442.48(元)

应纳税额 = 210442.48×10% ≈ 21044.25(元)

(2)进口自用应属车辆应纳税额的计算。纳税人进口自用的应税车辆应纳税额的计算公式为：

应纳税额 = (关税完税价格+关税+消费税)×税率

【例题 7-5】 外贸进出口公司 2019 年 8 月份从国外进口 10 辆宝马公司生产的某型号排量在 1.6 升以下的小轿车。该公司报关进口这批小轿车时，经报关地海关对有关报关资料的审查，确定关税完税价格为每辆 185000 元人民币，海关按关税政策规定每辆征收了关税 46200 元，并按消费税、增值税有关规定分别代征了每辆小轿车的进口消费税 25600 元和增值税 33312.5 元。由于联系业务需要，该公司将一辆小轿车留在本单位使用。根据以上资料，请计算应纳车辆购置税。

解： 计税依据 = 185000+46200+25600 = 256800（元）

应纳税额 = 256800×10% = 25680（元）

(3)其他自用应税车辆应纳税额的计算。纳税人自产自用、受赠使用、获奖使用和以其他方式取得并自用应税车辆的，凡不能取得该型车辆的购置价格，或者低于最低计税价格的，以国家税务总局核定的最低计税价格作为计税依据计算征收车辆购置税：

应纳税额 = 最低计税价格×税率

【例题 7-6】 某客车制造厂将自产的一辆某型号的客车，用于本厂后勤服务，该厂在办理车辆上牌落籍前，出具该车的发票，注明金额 65000 元，并按此金额向主管税务机关申报纳税。经审核，国家税务总局对该车同类型车辆核定的最低计税价格为 80000 元。请计算该车应纳车辆购置税。

解： 应纳税额 = 80000×10% = 8000（元）

(五)车辆购置税的减免

下列情形免征车辆购置税：

(1)外国驻华使馆、领事馆和国际组织驻华机构及其外交人员自用的车辆，予以免税；

(2)中国人民解放军和中国人民武装警察部队列入军队武器装备订货计划的车辆，予以免税；

(3)设有固定装置的非运输车辆，予以免税，如防汛、森林消防部门用于指挥、检查、调度、报汛(警)、联络的由特定厂家生产的设有固定装置的指定型号的车辆；

(4)有国务院规定予以免税或者减税的其他情形的，按照规定免税或者减税。

根据财政部、国家税务总局、工业和信息化部发布的《关于免征新能源汽车车辆购置税的公告》(2014 年第 53 号)规定，自 2014 年 9 月 1 日至 2017 年 12 月 31 日，对购置的新能源汽车免征车辆购置税。①

根据财政部、国家税务总局发布的《关于城市公交企业购置公共汽电车辆免征车辆购置税的通知》(财税〔2016〕84 号)规定，自 2016 年 1 月 1 日起至 2020 年 12 月 31 日止，对城市公交企业购置的公共汽电车辆免征车辆购置税。

根据财政部、国家税务总局联合发文《关于减征 1.6 升及以下排量乘用车车辆购置税的通知》(财税〔2016〕136 号)的规定，自 2017 年 1 月 1 日起至 12 月 31 日止，对购置 1.6 升及以下排量的乘用车减按 7.5%的税率征收车辆购置税，自 2018 年 1 月 1 日，税率恢复至 10%。

---

① 参见徐孟洲、徐阳光著：《税法》，中国人民大学出版社 2017 年版，第 219 页。

第五节 车船税法

一、车船税制度概述

车船税是指对在我国境内应依法到公安、交通、农业、渔业、军事等管理部门办理登记的车辆、船舶，根据其种类，按照规定的计税依据和年税额标准计算征收的一种财产税。

我国对车船课税历史悠久。早在公元前129年(汉武帝元光六年)，我国就开征了算商车。明清时，曾对内河商船征收船钞。1945年6月，国民党政府公布了《使用牌照税法》，在全国统一开征车船使用牌照税。中华人民共和国成立后，中央人民政府政务院于1951年9月颁布了《车船使用牌照税暂行条例》，在全国部分地区开征。1973年简化税制、合并税种时，把对国营企业和集体企业征收的车船使用牌照税并入工商税。从那时起，车船使用牌照税只对不缴纳工商税的单位、个人及外侨征收，征税范围大大缩小。1984年10月国务院决定恢复对车船征税，因原税名“车船使用牌照税”不太确定，实际工作中往往误认为是对牌照征税，因此，改名为车船使用税。1986年9月15日，国务院发布了《中华人民共和国车船使用税暂行条例》，决定从1986年10月1日起在全国施行。各省、自治区、直辖市人民政府根据《车船使用税暂行条例》规定，先后制定了施行细则。2006年12月29日国务院颁布了《中华人民共和国车船税暂行条例》，并于2007年1月1日实施。十一届全国人大常委会第十九次会议于2011年2月25日表决通过了《中华人民共和国车船税法》，该法自2012年1月1日起施行。2006年12月29日国务院公布的《中华人民共和国车船税暂行条例》同时废止。

二、我国车船税制度的主要内容

(一)纳税人

在中华人民共和国境内，车辆、船舶(以下简称车船)的所有人或者管理人为车船税的纳税人，应当依照规定缴纳车船税，即在我国境内拥有车船的单位和个人。车船的所有人或者管理人未缴纳车船税的，使用人应当代为缴纳车船税。所称的管理人，是指对车船具有管理使用权，不具有所有权的单位。外商投资企业、外国企业以及外籍人员适用车船税的规定。

通常情况下，拥有并且使用车船的单位和个人是车船税的纳税人；若车船所有人与管理人分离，对车船形成法律上的管理关系，则管理人为纳税人；所有人和管理人与使用人不一致的，车船的所有人或管理人又未缴纳车船税的，使用人应当代为缴纳车船税，但最终承担者为车船的所有人和管理人。

(二)车船税的征税对象及范围

车船税的征税对象，是指依法应当在公安、交通、农业、渔业、军事等依法具有车船管理职能的部门登记的车船以及依法不需要在车船登记管理部门登记的在单位内部场所行驶或者作业的机动车辆和船舶。其征税范围由车辆和船舶两大类构成。

车辆，包括机动车辆和非机动车辆。机动车辆，指依靠燃油、电力等能源作为动力运行的车辆，如汽车、无轨电车等；非机动车辆，指依靠人力、畜力运行的车辆，如三轮车、自行车、畜力驾驶车等。

船舶，包括机动船舶和非机动船舶。机动船舶，指依靠燃料等能源作为动力运行的船舶，如客轮、货船、气垫船等；非机动船舶，指依靠人力或者其他力量运行的船舶，如木船、帆船、舢板等。

（三）车船税的税目和税率

车船税的征税对象，是指依法应当在公安、交通、农业、渔业、军事等依法具有车船管理职能的部门登记的车船以及依法不需要在车船登记管理部门登记的在单位内部场所行驶或者作业的机动车辆和船舶。其征税范围由车辆和船舶两大类构成。

车辆，包括机动车辆和非机动车辆。机动车辆，指依靠燃油、电力等能源作为动力运行的车辆，如汽车、无轨电车等；非机动车辆，指依靠人力、畜力运行的车辆，如三轮车、自行车、畜力驾驶车等。

船舶，包括机动船舶和非机动船舶。机动船舶，指依靠燃料等能源作为动力运行的船舶，如客轮、货船、气垫船等；非机动船舶，指依靠人力或者其他力量运行的船舶，如木船、帆船、舢板等。

（四）车船使用税的税率

车船税实行定额税率。定额税率，也称固定税额，是税率的一种特殊形式。定额税率计算简便，适宜于从量计征的税种。车船税的适用税额，依照2012年《中华人民共和国车船税法》所附的《车船税税目税额表》执行。

国务院财政部门、税务主管部门可以根据实际情况，在《车船税税目税额表》规定的税目范围和税额幅度内，划分子税目，并明确车辆的子税目税额幅度和船舶的具体适用税额。车辆的具体适用税额由省、自治区、直辖市人民政府在规定的子税目税额幅度内确定。

车船税采用定额税率，即对征税的车船规定单位固定税额。省、自治区、直辖市人民政府根据车船税法所附《车船税税目税额表》确定车辆具体适用税额，应当遵循以下原则：（1）乘用车依排气量从小到大递增税额；（2）客车按照核定载客人数20人以下和20人（含）以上两档划分，递增税额。省、自治区、直辖市人民政府确定的车辆具体适用税额，应当报国务院备案。

根据《中华人民共和国车船税暂行条例》（以下简称《车船税暂行条例》）及《车船税税目税额表》，各项税目税额所示如下：

1. 乘用车

乘用车是指在设计和技术特性上主要用于载运乘客及随身行李，核定载客人数包括驾驶员在内不超过9人的汽车。

表 7-2 **乘用车税额**

税目	计税单位	年基准税额	备注	
(排气量)分档)乘用车(按发动机汽缸容量	1.0升(含)以下	每辆	60~360元	核定载客人数9人(含)以下
	1.0升~1.6升(含)		360~660元	
	1.6升~2.0升(含)		660~960元	
	2.0升~2.5升(含)		960~1620元	
	2.5升~3.0升(含)		1620~2460元	
	3.0升~4.0升(含)		2460~3600元	
	4.0升以上		3600~5400元	

2. 商用车

商用车是指除乘用车外，在设计和技术特性上用于载运乘客、货物的汽车，划分为客车和货车。

表 7-3 **商用车税额**

税目	计税单位	年基准税额	备注
商用车客车	每辆	480~1440元	核定载客人数9人以上，包括电车
商用车货车	整备质量每吨	16~120元	包括半挂牵引车、三轮汽车和低速载货汽车等

其中，半挂牵引车，是指装备有特殊装置用于牵引半挂车的商用车；三轮汽车，是指最高设计车速不超过每小时50公里，具有三个车轮的货车；低速载货汽车，是指以柴油机为动力，最高设计车速不超过每小时70公里，具有四个车轮的货车。

3. 其他车辆

挂车，是指就其设计和技术特性需由汽车或者拖拉机牵引，才能正常使用的一种无动力的道路车辆。

专用作业车，是指在其设计和技术特性上用于特殊工作的车辆。

轮式专用机械车，是指有特殊结构和专门功能，装有橡胶车轮可以自行行驶，最高设计车速大于每小时20公里的轮式工程机械车。

摩托车，是指无论采用何种驱动方式，最高设计车速大于每小时50公里，或者使用内燃机，其排量大于50毫升的两轮或者三轮车辆。

4. 船舶

船舶，是指各类机动、非机动船舶以及其他水上移动装置，但是船舶上装备的救生艇筏和长度小于5米的艇筏除外。其中，机动船舶是指用机器推进的船舶；拖船是指专门用于拖(推)动运输船舶的专业作业船舶；非机动驳船，是指在船舶登记管理部门登记为驳船的非机动船舶。

机动船舶具体适用税额为：

表 7-4 其他车辆税额

<table>
<tr><th>税目</th><th>计税单位</th><th>年基准税额</th><th>备 注</th></tr>
<tr><td>挂车</td><td rowspan="3">整备质量每吨</td><td>按照货车税额的50%计算</td><td></td></tr>
<tr><td>专用作业车</td><td>16~120元</td><td>不包括拖拉机</td></tr>
<tr><td>轮式专用机械车</td><td>16~120元</td><td>不包括拖拉机</td></tr>
<tr><td>摩托车</td><td>每辆</td><td>36~180元</td><td></td></tr>
</table>

(1)净吨位不超过200吨的，每吨3元；

(2)净吨位超过200吨但不超过2000吨的，每吨4元；

(3)净吨位超过2000吨但不超过10000吨的，每吨5元；

(4)净吨位超过10000吨的，每吨6元。

拖船、非机动驳船分别按照机动船舶税额的50%计算。

5. 游艇

游艇是指具备内置机械推进动力装置，长度在90米以下，主要用于游览观光、休闲娱乐、水上体育运动等活动，并应当具有船舶检验证书和适航证书的船舶。

游艇具体适用税额为：

(1)艇身长度不超过10米的，每米600元；

(2)艇身长度超过10米但不超过18米的，每米900元；

(3)艇身长度超过18米但不超过30米的，每米1300元；

(4)艇身长度超过30米的，每米2000元；

(5)辅助动力帆艇，每米600元。

(五)车船税应纳税额的计算

1. 计税依据

车船税法和《车船税暂行条例》所涉及的排气量、整备质量、核定载客人数、净吨位、千瓦、艇身长度，以车船登记管理部门核发的车船登记证书或者行驶证所载数据为准。依法不需要办理登记的车船和依法应当登记而未办理登记或者不能提供车船登记证书、行驶证的车船，以车船出厂合格证明或者进口凭证标注的技术参数、数据为准；不能提供车船出厂合格证明或者进口凭证的，由主管税务机关参照国家相关标准核定，没有国家相关标准的参照同类车船核定。

在一个纳税年度内，已完税的车船被盗抢、报废、灭失的，纳税人可以凭有关管理机关出具的证明和完税凭证，向纳税所在地的主管税务机关申请退还自被盗抢、报废、灭失月份起至该纳税年度终了期间的税款。

已办理退税的被盗抢车船失而复得的，纳税人应当从公安机关出具相关证明的当月起计算缴纳车船税。

2. 应纳税额的计算方法

购置的新车船，购置当年的应纳税额自纳税义务发生的当月起按月计算。

应纳税额=年应纳税额÷12×应纳税月份数

【例题 7-7】 某航运公司拥有机动船 30 艘(其中净吨位为 600 吨的 12 艘，2000 吨的 8 艘，5000 吨的 10 艘)，600 吨的单位税额 3 元、2000 吨的单位税额 4 元、5000 吨的单位税额 5 元。请计算该航运公司年应纳车船税税额。

解：该公司年应纳车船税税额为：

12×600×3+8×2000×4+10×5000×5

= 21600+64000+250000

=335600(元)

【例题 7-8】 2011 年底某企业有卡车 8 辆，自重吨位 4 吨，接送职工的面包车 1 辆(20 人座)，2012 年 1 月还新添 3 辆卡车，当月投入使用，每辆自重吨位为 2 吨，当地政府规定载货汽车单位税额为 60 元/吨，商用客车每辆单位税额为 750 元，请计算该企业 2012 年全年应纳车船税税额。

解：(1)卡车按自重吨位征税：应纳车船税税额=4×60×8=1920 元

(2)面包车载客人数超过 9 人按照商用客车计算，按辆计税：

应纳车船税税额=1×750=750 元

(3)新添卡车自使用之月纳税：应纳车船税税额=3×60×2=360 元

该企业当年应纳车船税税额=1920+750+360=3030 元。

3. 保险机构代收代缴车船税和滞纳金的计算

为了做好机动车车船税代收代缴工作，中国保险监督管理委员会下发了《关于修改机动车交通事故责任强制保险保单的通知》(保监产险[2007]501 号)，在机动车交通事故责任强制保险(以下简称“交强险”)保单中增加了与车船税有关的数据项目。为了便于保险机构根据新修改的“交强险”保单，完善“交强险”业务及财务系统，现就有关涉税问题进一步明确如下：

(1)特殊情况下车船税应纳税款的计算。

其一，购买短期“交强险”的车辆。

对于境外机动车临时入境、机动车临时上道路行驶、机动车距规定的报废期限不足 1 年而购买短期“交强险”的车辆，保单中“当年应缴”项目的计算公式为：

当年应缴=计税单位×年单位税额×应纳税月份数÷12

其中，应纳税月份数为“交强险”有效期起始日期的当月至截止日期当月的月份数。

其二，已向税务机关缴税的车辆或税务机关已批准减免税的车辆。

对于已向税务机关缴税或税务机关已经批准免税的车辆，保单中“当年应缴”项目应为 0；对于税务机关已批准减税的机动车，保单中“当年应缴”项目应根据减税前的应纳税额扣除依据减税证明中注明的减税幅度计算的减税额确定，计算公式为：

减税车辆应纳税额=减税前应纳税额×(1-减税幅度)

(2)欠缴车船税的车辆补缴税款的计算。

从 2008 年 7 月 1 日起，保险机构在代收代缴车船税时，应根据纳税人提供的前次保险单，查验纳税人以前年度的完税情况。对于以前年度有欠缴车船税的，保险机构应代收代缴以前年度应纳税款。

其一，对于2007年1月1日前购置的车辆或者曾经缴纳过车船税的车辆，保单中“往年补缴”项目的计算公式为：

往年补缴=计税单位×年单位税额×(本次缴税年度-前次缴税年度-1)

其中，对于2007年1月1日前购置的车辆，纳税人从未缴纳车船税的，前次缴税年度设定为2006。

其二，对于2007年1月1日以后购置的车辆，纳税人从购置时起一直未缴纳车船税的，保单中“往年补缴”项目的计算公式为：

往年补缴=购置当年欠缴的税款+购置年度以后欠缴税款

其中，购置当年欠缴的税款=计税单位×年单位税额×应纳税月份数÷12。应纳税月份数为车辆登记日期的当月起至该年度终了的月份数。若车辆尚未到车船管理部门登记，则应纳税月份数为购置日期的当月起至该年度终了的月份数。

购置年度以后欠缴税款=计税单位×年单位税额×(本次缴税年度-车辆登记年度-1)

(3)滞纳金计算。

对于纳税人在应购买“交强险”截止日期以后购买“交强险”的，或以前年度没有缴纳车船税的，保险机构在代收代缴税款的同时，还应代收代缴欠缴税款的滞纳金。

保单中“滞纳金”项目为各年度欠税与应加收滞纳金之和。

每一年度欠税应加收的滞纳金=欠税金额×滞纳天数×5‰

滞纳天数的计算自应购买“交强险”截止日期的次日起到纳税人购买“交强险”当日止。纳税人连续两年以上欠缴车船税的，应分别计算每一年度欠税应加收的滞纳金。

(六)税收优惠与减免

下列车船免征车船税：

(1)捕捞、养殖渔船；

(2)军队、武装警察部队专用的车船；

(3)警用车船；

(4)依照法律规定应当予以免税的外国驻华使领馆、国际组织驻华代表机构及其有关人员的车船。

节约能源、使用新能源的车船可以免征或者减半征收车船税。免征或者减半征收车船税的车船的范围，由国务院财政、税务主管部门同国务院有关部门制定，报国务院批准。

对受地震、洪涝等严重自然灾害影响纳税困难以及其他特殊原因确需减免税的车船，可以在一定期限内减征或者免征车船税。具体减免期限和数额由省、自治区、直辖市人民政府确定，报国务院备案。

省、自治区、直辖市人民政府根据当地实际情况，可以对公共交通车船，农村居民拥有并主要在农村地区使用的摩托车、三轮汽车和低速载货汽车定期减征或者免征车船税。

临时入境的外国车船和香港特别行政区、澳门特别行政区、台湾地区的车船，不征收车船税。

按照规定缴纳船舶吨税的机动船舶，自车船税法实施之日起5年内免征车船税。

依法不需要在车船登记管理部门登记的机场、港口、铁路站场内部行驶或者作业的车船，自车船税法实施之日起 5 年内免征车船税。

第六节 印花税法

一、印花税的概念和特点

（一）印花税的概念

印花税是对经济活动和经济交往中书立、领受应税凭证的行为为征税对象征收的一种税，因在应税凭证上粘贴印花税票作为完税标志而得名。印花税法是调整有关印花税征纳关系的法律规范的总称。

印花税最早产生于 1624 年的荷兰，现在已是世界各国普遍开征的一个税种。旧中国，在北洋政府和国民党统治时期也先后颁布过《印花税法》，开征过印花税。中华人民共和国成立以后，中央人民政府政务院于 1950 年发布了《印花税暂行条例》，在全国范围内开征印花税；1958 年简化税制时，经全国人民代表大会常务委员会通过，将印花税并入工商统一税，印花税不再单设税种征收，直至经济体制改革以前。改革开放后，市场经济逐步取代计划经济，各种商品由分配向市场交易转变，在此过程中，书立、领受凭证的行为越来越频繁，此时恢复开征印花税的条件趋于成熟，因此，1988 年，国务院发布了《印花税暂行条例》，规定从 1988 年 10 月 1 日恢复印花税的征收。①

（二）印花税的特点

同其他财产税相比，印花税具有以下特点：

1. 征税范围广泛

印花税的征税对象是经济活动和经济交往中书立、领受应税凭证的行为，其征税范围十分广泛，主要表现在两个方面：一是涉及的应税行为广泛，包括书立和领受应税凭证的行为，这些在经济生活中是经常发生的；二是涉及的应税凭证范围广泛，凡具有法律效力的各种经济合同、产权转移数据、营业账簿、权利、许可证照以及经财政部确定征税的其他凭证都应缴纳印花税。

2. 税率低、税负轻

现行印花税对载有金额的凭证实行较低的比例税率，对未载有金额的凭证实行定额税率，按件定额征收 5 元，与其他税种相比，印花税的负担是相当轻的。

3. 由纳税人自行完成纳税义务

印花税实行纳税人自行计算应纳税额、自行购买税票、自行粘贴印花税票的“三自纳税”的缴纳办法。

二、我国印花税制度的主要内容

（一）纳税人

印花税的纳税人是在中国境内书立、使用、领受印花税法所列举的凭证并依法履行纳

---

① 参见徐孟洲、徐阳光著：《税法》，中国人民大学出版社 2017 年版，第 224 页。

税义务的单位和个人(不分单位性质、内外资、国籍)。

(1)签订合同：立合同人。即订立合同各方当事人，不包括但保人、证人、鉴定人。

(2)书立书据：立据人。即订立产权转移书证据的单位和个人。

(3)领受证照：领受人。即领受并持有证照的单位和个人。

(4)设立账簿：立账簿人，即设立并使用账簿的单位和个人。

(二)征税对象和征税范围

印花税只对《印花税暂行条例》列举的凭证征税，具体有五大类，即经济合同、产权转移凭证、营业账簿、权利许可证照和经财政部门确认征税的其他凭证。

印花税的征税范围是税法明确列举的各类经济凭证，税法未明确列举的经济凭证不是印花税的征税范围。印花税共有13个税目。可分为以下五类经济凭证征税：

1. 经济合同

(1)购销合同：货物供应、预购、采购、购销结合、调剂、补偿、贸易等合同，以及作为合同用的图书、报刊、音像制品的订购单、订数单等。

(2)加工承揽合同：加工、定做、修缮、修理、印刷、广告、测绘、测试合同。

(3)勘察设计合同：勘察、设计合同。

(4)工程承包合同：建筑、安装工程承包合同，包括总承包合同、分包合同和转包合同。

(5)财产租赁合同：房屋、机器、设备、器具、车辆等租赁合同，出租门店、柜台合同等。

(6)货物运输合同：民用航空、铁路运输、公路运输、海上运输和联合运输合同，以及作为合同使用的单据等。

(7)仓储保管合同：仓储、保管合同，以及作为合同使用的仓单、栈单等。

(8)借款合同：金融机构与借款人签订的借款合同，包括融资租赁合同，但不包括银行同业拆借合同。

(9)财产保险合同：财产、责任、保证、信用保险合同，以及作为合同使用的单据。

(10)技术合同：技术开发、技术转让、技术咨询、技术服务合同，以及作为合同使用的单据。

如果一项业务既签订合同，又开立单据，只就合同贴花；凡不签订合同，只开立单据，以单据作为合同使用的，其使用的单据应按规定贴花。

2. 产权转移书据

产权转移书据是指单位和个人产权的买卖、继承、赠与、交换、分割等所立的书据。包括财产所有权和版权、商标专用权、专利权、专有技术使用权等转移书据和土地使用权出让合同、土地使用权转让合同、商品房销售合同等权利转移合同。

“财产所有权”转移书据的征税范围，是指经政府管理机关登记注册的动产、不动产的所有权转移所立的书据，以及企业股权转让所立的数据，并包括个人无偿赠送不动产所签订的“个人无偿赠与不动产登记表”。当纳税人完税后，税务机关(或其他征收机关)应在纳税人印花税完税凭证上加盖“个人无偿赠与”印章。

3. 营业账簿

营业账簿是指单位和个人从事生产经营活动所设立的各种账册。营业账簿按反映的内容可分为记载资金的账簿和其他营业账簿。

4. 权利许可证照

权利许可证照包括房屋产权证、工商营业执照、商标注册证、专利证和土地使用证。

5. 经财政部确定征收的其他凭证

不论以何种形式或名称书立的凭证，只要其性质属于条例列举的征收范围的，均应照章纳税。

印花税的征收范围不限于在我国境内书立、领受的应税凭证，还包括在我国境外书立、领受但在我国使用的应税凭证。

纳税人以电子形式签发的上述应税凭证，按规定征收印花税。

(三)印花税的税率

印花税的税率设计遵循税负从轻、共同负担的原则，所以税率比较低。凭证的当事人，即对凭证有直接权利与义务关系的单位和个人均应就其所持凭证依法纳税。印花税的税率有两种形式，即比例税率和定额税率。

1. 比例税率

印花税的 13 个税目中，各类合同和具有合同性质的凭证、产权转移书据、营业账簿中记载资金的账簿，适用比例税率，共 4 个档次，分别是 0. 05‰、0. 3‰、0. 5‰、1‰。适用 0. 05‰税率的为借款合同；适用 0. 3‰税率的为购销合同、建筑安装合同、技术合同；适用 0. 5‰税率的是加工承揽合同、建筑工程勘察设计合同、货物运输合同、产权转移书据、营业账簿税目中记载资金的账簿；适用 1‰税率的为财产租赁合同、仓储保管合同、财产保险合同。2008 年 9 月 19 日起，对买卖、继承、赠与所书立的 A 股、B 股股权转让书据的出让方按 1‰的税率征收证券(股票)交易印花税，从 2016 年 9 月 1 日起，证券交易印花税税率由 0. 1%调整为 0. 5‰。

2. 定额税率

权利、许可证照和营业账簿税目中的其他账簿，适用定额税率，均为按件贴花，每件税额 5 元。

(四)计税依据

按照规定，印花税按照征税项目不同，分别采用从价计征和从量计征两种方法。

1. 从价计征的具体规定

(1)购销合同，计税依据为购销金额。

(2)加工承揽合同，计税依据为加工或承揽收入。

(3)建设工程勘察设计合同，计税依据为勘察、设计收取的费用。

(4)建筑安装工程承包合同，计税依据为承包金额，不得剔除任何费用。

(5)财产租赁合同，计税依据为租赁金额，经计算，税额不足 1 元的，按 1 元贴花。

(6)货物运输合同，计税依据为取得的运输费金额，不包括所运货物的金额、装卸费和保险费等。

(7)仓储保管合同，计税依据为仓储保管的费用。

(8)借款合同，计税依据为借款金额。

(9)财产保险合同，计税依据为支付(收取)的保险费金额，不包括所保财产的金额。

(10)技术合同，计税依据为合同所载的价款、报酬或使用费。为了鼓励技术研究开发，对技术开发合同，只就合同所载的报酬金额计税，研究开发经费不作为计税依据。但对合同约定按研究开发经费一定比例作为报酬的，应按一定比例的报酬金额贴花。

(11)产权转移书据，计税依据为书据中所载的金额。

(12)记载资金的营业账簿，以实收资本和资本公积的两项合计金额为计税依据。凡"资金账簿"在次年度的实收资本和资本公积为增加的，对其不再计算贴花。

(13)权利、许可证照的计税依据为应税凭证件数。

2. 从量计征的规定

按照规定，除上述各种合同、产权转移书据和资金账簿外，其他营业账簿和权利许可证照，采用从量计征方法，以凭证的件数为计税依据。

3. 计税依据的特别规定

(1)上述凭证以"金额""费用""收入"作为计税依据的，应当全额计税，不得作任何扣除。

(2)同一凭证载有两个或两个以上经济事项而适用不同税目税率，分别记载金额的，应分别计算应纳税，相加后按计税额贴花；未分别记载金额的，按税率高的计税贴花。

(3)按金额比例贴花的应税凭证，未标明金额的，应按照凭证所在数量及国家牌价计算金额；没有国家牌价的，按市场价格计算金额，然后按规定税率计算应纳税额。

(4)应税凭证所载金额为外国货币的，应按照凭证书立当日国家外汇管理局公布的外汇报价折合成人民币，然后计算应纳税额。

(5)应纳税额不足 1 角的，免纳印花税；1 角以上的，其税额尾数不满 5 分的不计，满 5 分的按 1 角计算。

(6)有些合同在签订时无法确定计税金额，如技术转让合同中的转让收入是按销售收入的一定比例收取或者按实现利润分成；财产租赁合同只是规定了月(天)租金标准而无租赁期限。对这类合同，可在签订时先按定额 5 元贴花，以后结算时再按实际金额计税，补贴印花。

(7)应税合同在签订时纳税义务即已产生，应计算应纳税额并贴花。所以不论合同是否兑现或是否按期兑现，均应贴花。对已履行并贴花的合同，所载金额与合同履行后实际结算金额不一致的，只要双方未修改合同金额一般不再办理完税手续。

(8)对有经营收入的事业单位，凡属由国家财政拨付事业经费，实行差额预算管理的单位，其记载经营业务的账簿，按其他账簿定额贴花，不记载经营业务的账簿不贴花；凡属经费来源实行自收自支的单位，其营业账簿，应对记载资金的账簿和其他账簿分别计算应纳税额。

跨地区经营的分支机构使用的营业账簿，应由各分支机构于其所在地计算贴花。对上级单位核拨资金的分支机构，其记载资金的账簿按核拨的账面资金额计税贴花，其他账簿按定额贴花；对上级单位不核拨资金的分支机构，只就其他账簿按件定额贴花。为避免对同一资金重复计税贴花，上级单位记载资金的账簿，应按扣除拨给下属机构资金数额后的其余部分计税贴花。

(9)商品购销活动中，采用以或换货方式进行商品交易签订的合同，应按合同所载的购、销合计金额计税贴花。合同未载明金额的，应按合同所载购、销数量依照国家牌价或者市场价格计算应纳税额。

(10)施工单位将自己承包的建设项目，分包或者转包给其他施工单位所签订的分包合同或者转包合同，应按新的分包合同或者转包合同所载金额计算应纳税额。

(11)对股票交易征收印花税，现行做法是对买卖、继承、赠与所书立的 A 股、B 股股权转让书据，由出让方按 1‰的税率缴纳股票交易印花税，对受让方不再征收。

(12)对国内各种形式的货物联运，凡在起运地统一结算全程运费的，应以全程运费作为计税依据，由起运地运费结算双方缴纳印花税；凡分程结算运费的，应以分程的运费作为计税依据，分别由办理运费结算的各方缴纳印花税。

(五)应纳税额的计算

适用比例税率计算应纳税额的，公式为：应纳税额=凭证记载应税金额×适用税率

适用定额税率计算应纳税额的，公式为：应纳税额=应税凭证件数×适用单位税额

【例题 7-9】 2015 年 10 月，甲公司与乙公司分别签订了两份合同：一是以货换货合同，甲公司的货物价值 200 万元，乙公司的货物价值 150 万元；二是采购合同，甲公司购买乙公司 50 万元货物，但因故合同未能兑现。请计算应纳印花税税额。

解： 由于两公司都是签订合同的当事人，所以双方当事人均为纳税义务人。以物易物合同应按购销金额合计计税贴花，应税合同在签订时产生纳税义务，不论合同是否兑现，均应贴花。

应纳印花税税额=(200+150+50)×0.3‰=0.12(万元)

【例题 7-10】 某企业与海外公司 2007 年签订了一份金额为 500 万美元的采购合同，并按合同金额的 0.3‰缴纳了印花税。2008 年修改该合同，将金额增加为 661 万美元，签订合同当日美元与人民币汇率为 1∶6.8628，当月 1 日美元与人民币汇率为 1∶6.8423，请计算该企业 2008 年应纳的印花税税额。

解： 应纳印花税税额=(661−500)×6.8628×0.3‰=0.33147(万元)

【例题 7-11】 2017 年 3 月，某汽车修配厂与某机械进出口公司签订购买价值 2000 万元的测试设备合同，为购买此设备与工商银行签订借款 2000 万元的借款合同，后因故购销合同作废，改签融资租赁合同，租赁费 1000 万元。计算该修配厂应纳的印花税税额。

解： 该修配厂共签订三个应税合同。

(1)购销合同，印花税=2000×0.03‰=0.6(万元)，虽然该购销合同后来作废，但纳税义务已在签订合同时产生，因而已贴的印花税不能揭下重用、退税或抵扣。

(2)借款合同，印花税税额=2000×0.005‰=0.1(万元)

(3)融资租赁合同，属借款合同，印花税税额=1000×0.005‰=0.05(万元)

（六）印花税的税收优惠

1. 下列凭证可以免征印花税

（1）已经缴纳印花税的凭证的副本、抄本，但是视同正本使用者除外；

（2）财产所有人将财产赠给政府、抚养孤老伤残人员的社会福利单位、学校所立的书据；

（3）国家指定的收购部门与村民委员会、农民个人书立的农副产品收购合同；

（4）无息、贴息贷款合同；

（5）外国政府、国际金融组织向中国政府、国家金融机构提供优惠贷款所书立的合同；

（6）企业因改制而签订的产权转移书据；

（7）农民专业合作社与本社成员签订的农业产品和农业生产资料购销合同；

（8）房地产管理部门与个人签订的用于生活居住的租赁合同，廉租住房、经济适用住房经营管理单位与廉租住房、经济适用住房有关的凭证，廉租住房承租人、经济适用住房购买人与廉租住房、经济适用住房有关的凭证；

（9）农牧业保险合同；

（10）公租房经营管理单位建造管理公租房涉及的印花税；

（11）改造安置住房经营管理单位、开发商与改造安置住房相关的印花税以及购买安置住房的个人涉及的印花税；

（12）全国社会保障基金理事会、全国社会保障基金投资管理人管理的全国社会保障基金转让非上市公司股权。

2. 下列项目可以暂免征收印花税

（1）书、报、刊发行单位之间，发行单位与订阅单位、个人之间书立的凭证；

（2）投资者买卖证券投资基金单位；

（3）经国务院和省级人民政府决定或者批准进行政企脱钩、对企业（集团）进行改组和改变管理体制、变更企业隶属关系，国有企业改制、盘活国有企业资产，发生的国有股权无偿划转行为；

（4）个人销售、购买住房。

第七节　城市维护建设税法

一、城市维护建设税的概念和特点

（一）城市维护建设税的概念

城市维护建设税是指国家对城市、县城、建制镇范围内缴纳增值税和产品税（以下简称“二税”）的单位和个人就其实际缴纳“二税”税额为依据而征收的一种附加税。城市维护建设税法是国家制定的用于调整城市维护建设税征纳双方权利与义务关系的法律规范的总称。现行城市维护建设税的基本规范是 1985 年 2 月 8 日国务院颁布并于同年 1 月 1 日实施的《中华人民共和国城市维护建设税暂行条例》（以下简称《城市维护建设税暂行条例》)，2011 年 1 月国务院对该条例进行了修正。

(二)城市维护建设税的特点

同其他税种相比，城市维护建设税具有以下特点：

1. 属于附加税

城市维护建设税的计税依据以纳税人实际应缴纳的增值税和消费税为基础，附加于以上税种应纳税额之上，该税本身没有自己独立的征税对象。

2. 具有特定目的

城市维护建设税税款专款专用于城市的公用事业和公共设施的维护建设。①

二、现行《城市维护建设税暂行条例》的政策与法律缺陷

虽然因为各种原因，《城乡维护建设税暂行条例》尚未出台，但由于现行《城市维护建设税暂行条例》存在一系列政策与法律缺陷，因此，修改《城市维护建设税暂行条例》，立法开征城乡维护建设税仍有其必要性。现行《城市维护建设税暂行条例》亟待解决的主要问题有：

1. 附加征收，缺乏独立性

目前，城市维护建设税以纳税人实际缴纳的增值税、消费税、营业税税额为计税依据，其征收管理均依照主体税的有关规定，在实行分税制条件下，城市维护建设税由各级税务机关征收的难度较大。

2. 收入规模小，难以满足维护城市建设需要

城市维护建设税的税基较小，征收范围较窄，收入规模满足不了维护城市建设所需巨额资金投入需要。一些省、市另征城建费，出现税费并存的局面，不利于城市建设维护税的征收管理。

3. 税负不均，负担与受益脱节

由于主税种的税率差别较大，造成城市建设维护税的税负因产业结构不同而轻重不均。生产低税负产品、产业结构比较简单的地区，城建收入少。既缴纳增值税又缴纳消费税的企业较仅缴纳增值税或营业税的企业，负担更多的城市维护建设税。城市维护建设税是一种受益税，税负与受益应当一致，但由于有些单位不缴纳增值税、消费税、营业税，有些单位因减免主体税，以及有些单位增值税税负可能在某一段时期为零或负数等情况，造成少纳或不纳城市维护建设税，使税负与受益脱节。

4. 税率设计不合理

城市维护建设税按纳税人位于的行政区域不同适用不同的差别较大的比例税率：城市市区为 7%，县城、建制镇为 5%，其他地区为 1%。但事实上，市区内外的企业所享用的城市公共设施的程度差别不大。此外，由于城镇不断发展，企业所处的行政区域经常变动，所适用的税率也要随之改变，增加了征管难度。

按照改革方案，即将颁布的《城乡维护建设税暂行条例》将扩大纳税人的范围，改革计税依据，调整税率，赋予地方一定的管理权限，使城乡维护建设税成为独立的地方税

---

① 参见徐孟洲、徐阳光著：《税法》，中国人民大学出版社 2017 年版，第 229 页。

税种。

三、我国城市建设税制度的主要内容

（一）纳税人和征税范围

城市维护建设税的纳税人是城市、县城、建制镇范围内缴纳增值税、消费税的单位和个人。具体包括各国有企业、集体企业、私有企业、股份制企业、其他企业和行政单位、事业单位、军事单位、社会团体、其他单位，以及个体工商户及其他个人。以上纳税主体只要交纳了“二税”中的任何一种税，就必须同时缴纳城市维护建设税。

对外商投资企业和外国企业暂不征收城市维护建设税。海关对进口产品代征的产品税、增值税，不征收城市维护建设税。

改革后的城乡维护建设税的纳税人，应当是除法律、法规另有规定外，凡在中国境内取得经营性收入和事业性收入的单位和个人，包括所有享有城乡公用设施而又有能力负担税收的单位和个人。其征收范围包括工业、商业、交通运输、建筑安装、金融保险、邮政通信、公用事业、出版业、娱乐业和各种服务业等。在中国境内取得经营收入的外商投资企业和外国企业也是城乡维护建设税的纳税义务人。

（二）计税依据

城市维护建设税以纳税人实际缴纳的增值税、消费税税额为计税依据，不包括非税款项。如违反增值税、消费税有关规定而被处以罚款或加收的滞纳金，不能作为计税依据。

改革后的城乡维护建设税应以经营收入和事业性收入额为计税依据。对流通行业可以其商品进销差额为计税依据。城乡维护建设税的税基是独立的，不受增值税、消费税的影响。

（三）税率与应纳税额计算

城市维护建设税采用地区差别比例税率，按照纳税人所在地不同，分别适用7%、5%、1%三个档次的税率。具体适用范围是：纳税人所在地在城市市区的，税率为7%；纳税人所在地在县城、建制镇的，税率为5%；纳税人所在地不在城市市区、县城、建制镇的，税率为1%。纳税单位或个人缴纳城市维护建设税的适用税率，一律按其纳税所在地的规定税率执行。县政府设在城市市区，其在市区办的企业，按市区的规定税率计算纳税。纳税人所在地为工矿区的，应根据行政区划确定适用税率。由受托方代扣代缴增值税、消费税的，适用受托方所在地的税率计算纳税。

城市维护建设税应纳税额的计算公式为：

应纳税额＝实纳“二税”税额×适用税率

【例题 7-12】 设立登记在 A 市的家公司，2014 年 10 月应纳增值税 300000 元，营业税 30000 元，均已按时缴纳。但税务机关对其同年第三季度纳税情况进行检查时发现：9 月份一笔分期收款销售货物业务因货款未按时收到而未办理申报，经核定，应补缴增值税 8000 元，按规定加收滞纳金和罚款共 9072 元。请计算该公司应纳及应补纳的城市维护建设税额。

解： 加收的滞纳金和罚款，不能作为计税依据，不缴纳城市维护建设税。

应纳城市维护建设税额=(300000+30000)×5%=16500(元)

应补城市维护建设税额=8000×5%=400(元)

(四)税收优惠与减免

由于城市维护建设税是以实缴的增值税和消费税税额作为计税依据征收的，因此，没有单独的减免税。但对个别纳税确有困难的，由省、自治区、直辖市人民政府酌情予以减免税照顾。退补增值税和消费税税款时，应同时退补已纳城乡维护建设税税款。但对出口产品退还增值税、消费税的，不退还已纳的城市维护建设税税款。

城市维护建设税的税收减免具体有以下几种情况：

(1)城市维护建设税按减免后实际缴纳的增值税、消费税税额计征，即随增值税、消费税的减免而减免。

(2)对于因减免税而需进行增值税、消费税退库的，城市维护建设税也可同时退库。

(3)海关对进口产品代征的增值税、消费税，不征收城市维护建设税。

(4)对增值税、消费税实行先征后返、先征后退、即征即退办法的，除另有规定外，对随增值税、消费税附征的城市维护建设税和教育费附加，一律不退还。

(5)为支持国家重大水利工程建设，对国家重大水利工程建设基金免征城市维护建设税。

(6)对实行增值税期末留抵退税的纳税人，允许其从城市维护建设税、教育费附加和地方教育附加的计税依据中扣除退还的增值税税额。

第八节 烟叶税法

一、烟叶税概述

在中华人民共和国境内收购烟叶(指晾晒烟叶、烤烟叶)的单位为烟叶税的纳税人，应当依法缴纳烟叶税。烟叶税是以纳税人收购烟叶的收购金额为计税依据征收的一种税。

1983年，国务院以《农业税条例》为依据，选择特定农业产品征收农林特产农业税。当时农业特产农业税征收范围不包括烟叶，对烟叶另外征收产品税和工商统一税。1994年，国务院决定取消原产品税和工商统一税，将原农林特产农业税与原产品税和工商统一税中的农林牧水产品税目合并，改为统一征收农业特产农业税，并于同年1月30日发布《国务院关于对农业特产收入征收农业税的规定》(国务院令143号)。其中规定对烟叶在收购环节征收，税率为31%。1999年，将烟叶特产农业税的税率下调为20%。2004年6月，根据《中共中央国务院关于促进农民增加收入若干政策的意见》(中发〔2004〕1号)，财政部、国家税务总局下发《关于取消除烟叶外的农业特产农业税有关问题的通知》(财税〔2004〕120号)，规定从2004年起，除对烟叶暂保留征收农业特产农业税外，取消对其他农业特产品征收的农业特产农业税。2005年12月29日，十届全国人大常委会第十九次会议决定，《农业税条例》自2006年1月1日起废止。至此，对烟叶征收农业特产农业税失去了法律依据。2006年4月28日，国务院公布了《中华人民共和国烟叶税暂行条例》，并自公布之日起施行。2017 年 12 月 27 日第十二届全人民代表大会常务委员会第三十一次会议通过《中华人民共和国烟叶税法》，该法自 2018 年 7 月 1 日起施行；《中华人民共和国烟叶税暂行条例》同时废止。

二、我国烟叶税制度的主要内容

(一)纳税人与征税对象

烟叶税的纳税主体为在中华人民共和国境内收购烟叶的单位为烟叶税的纳税人。

纳税对象是指晾晒烟叶和烤烟叶。

(二)计税依据、税率与应纳税额计算

烟叶税的计税依据是纳税人收购烟叶的收购金额。

收购金额=收购价款×(1+10%)

烟叶税实行比例税率，税率为 20%。烟叶税税率的调整，由国务院决定。烟叶税的应纳税额按照纳税人收购烟叶的收购金额和规定的税率计算。

应纳税额=烟叶收购金额×税率

【例题 7-13】 甲烟草公司系增值税一般纳税人，2015 年 3 月收购烟叶 50000 斤，烟叶收购价格 5 元/斤，该公司应缴纳多少元的烟叶税？

解： 收购金额=(50000×5)×(1+10%)= 275000 元

应纳税额=275000×20%=55000 元。

复习思考题

1. 简述财产税与行为税的概念和特点。
2. 简述行为税的立法原则。
3. 谈谈我国开征房产税的意义。
4. 房产税是如何实现征收管理的？
5. 不同时期购买 1.6 升及以下排量车辆的车辆购置税税率各是多少，有什么特点？
6. 简述契税与印花税的联系。

第八章 资源与环境税法

第一节 资源税法

一、资源税法概述

（一）资源税的概念

资源税是国家对开发、利用其境内资源的单位和个人就其所开发、利用资源的数量或者价值征收的一个税种。所谓资源是指自然存在的、能够为人类所利用的物质财富，是社会财富的一种体现，资源税选择某些特殊的资源作为征税对象并通过列举的方式加以规定。资源税法是国家制定的用于调整资源税征纳双方权利义务关系的法律规范的总称。①

（二）资源税的特点

1. 征税范围小

从理论上说，资源税的征收范围不仅包括矿产资源，而且也包括矿产资源以外的其他自然资源。世界上一些征收资源税的国家，其征税范围也非常广。而我国现行资源税法采取列举方法，仅把煤炭、原油、天然气、金属矿产品、非金属矿产品和盐等资源产品列入征税范围之内，因而征税范围窄小。从资源税的改革和政府宏观经济调控的客观需要出发，我国资源税的征税范围应逐步扩大，有计划地将水资源、森林资源、草原资源、土地资源及其他矿产品列入征税范围。

2. 税额幅度统一，具体税额差异

不同地域自然资源的储存状况及开采的成本不同，可能会导致资源开发、利用形成级差收入。实行幅度税额，可以增加税收的弹性，并因地制宜确定纳税人具体适用的税额，通过差别税额调节企业间因开采条件不同所形成的级差收入，为企业之间公平竞争创造条件。

3. 实行从量定额征收，计算简便

从量定额容易对税源进行控制，而且征税机关也不需要关心市场价格的变化影响课税额的变化，计算时只需要将确定的课税数量对应相应的税额就可以计算出资源税的应纳税额。

---

① 参见刘剑文著：《财税法——原理、案例与材料》，北京大学出版社 2017 年版，第 272 页。

二、资源税的沿革

我国开征资源税历史悠久。早在周朝就开始对在山上伐木、采矿、狩猎，水上捕鱼、制盐等进行征税。春秋战国时期对盐的生产、运销所课征的“盐课”，就属于资源税的一种。国民党统治时期也曾对盐、铁进行征税。

中华人民共和国成立后，对盐的生产、运输和销售征收盐税，1973 年盐税被并入工商税之中。1984 年，为了完善我国的税收制度，调节企业之间的盈利，促进资源的合理开发，国务院根据六届人大七次会议的决定，颁布了《中华人民共和国资源税条例(草案)》，资源税得以正式命名。该草案规定的资源税征税范围仅限于原油、天然气、煤炭等三种资源，1992 年增加了铁矿石等资源。

由于征税范围较窄，不能体现国有资源有偿开发利用的原则，加上在立法形式、计征方法等方面存在的弊端，1994 年全国税制改革时，国家根据“普遍征收，级差调节”的原则，对资源税进行了调整和改革，扩大了资源税的征税范围，将盐税并入到资源税中作为一个税目，适当地提高了单位税额，于 1993 年 12 月 25 日颁布了《中华人民共和国资源税暂行条例》，同年 12 月 30 日，财政部发布《中华人民共和国资源税暂行条例实施细则》。

2010 年 5 月 17 日至 19 日中共中央、国务院召开的新疆工作座谈会作出决定，在新疆率先进行资源税费改革，将原油、天然气资源税由从量计征改为从价计征。2011 年 9 月 21 日，国务院第 173 次常务会议通过了《国务院关于修改〈中华人民共和国资源税暂行条例〉的决定》并在 9 月 30 日予以公布。新修订的《中华人民共和国资源税暂行条例》和财政部、国家税务总局新修订的《中华人民共和国资源税暂行条例实施细则》于 2011 年 11 月 1 日生效施行，随后国家税务总局发布了修订后的《资源税若干问题的规定》。在此之后的两年后，财政部于税务总局先后调整了锡矿石(财税〔2012〕2 号)、岩金矿石(财税〔2012〕109 号)等矿产品资源税的税率标准。2014 年 10 月，财政部与税务总局通过《关于实施煤炭资源税改革的通知》和《关于调整原油、天然气资源税有关政策的通知》，对资源税进行大幅度调整。为推进资源税改革，2016 年 7 月，财政部、国家税务总局同时发布了《关于全面推进资源税改革的通知》、《关于资源税改革具体政策问题的通知》和《水资源税改革试点暂行办法》。① 为落实资源税改革，2017 年 1 月，国家税务总局、国土资源部发布《关于落实资源税改革优惠政策若干事项的公告》，对资源税改革中有关申报、审核等征管事项进行重点规定。

现有资源税在从量定额计征基础上增加从价定率的计征办法，调整原油、天然气等品目资源税税率。对于完善税制、调整经济结构、转变经济增长方式、推动节能减排、扩大财政收入、促进地方经济发展等方面有积极意义。

---

① 参见刘剑文著：《财税法——原理、案例与材料》，北京大学出版社 2017 年版，第 273 页。

三、我国资源税制度的主要内容

(一)纳税主体

1. 纳税人

在中华人民共和国领域及管辖海域开采应税矿产品、生产盐或利用水工程或直接从内陆水系淡水资源中取用地表水和地下水的单位和个人，为资源税的纳税人。这里所称的单位，是指企业、行政单位、事业单位、军师单位、社会团体及其他单位。这里所称的个人，是指个体工商户和其他个人。

2. 扣缴义务人

收购未税矿产品的单位为资源税的扣缴义务人。主要包括独立矿山、联合企业及其他收购未税产品的单位。扣缴义务人的设置，主要是为了针对税源小、零散、不定期开采、易漏税等税务机关认为不易控管、由扣缴义务人在收购时代扣代缴未税矿产品资源税为宜的情况。独立矿山，是指只有采矿或只有采矿和选矿并实行独立核算、自负盈亏的单位，其生产的原矿和精矿主要用于对外销售。联合企业，是指采、选、冶连续生产的企业，其采矿单位一般是该企业的二级或者二级以下核算单位。其他收购未税产品的单位，包括收购未税矿产品的个体户在内。

(二)征税范围

现行资源税法采用列举的形式，将资源税的征税范围限定为以下五类：

(1)原油，是指开采的天然原油，不包括人造石油。

(2)天然气，是指专门开采或与原油同时开采的天然气。

(3)煤炭，包括原煤和以未税原煤(即自采原煤)加工的洗选煤。

(4)金属矿，包含铁矿、金矿、铜矿、铝土矿、铅锌矿、镍矿、锡矿、钨、钼、未列举名称的其他金属矿产品原矿或精矿。

(5)其他非金属矿，包含石墨、硅藻土、高岭土、萤石、石灰石、硫铁矿、磷矿、氯化钾、硫酸钾、井矿盐、湖盐、提取地下卤水晒制的盐、煤层(成)气、海盐、稀土、未列举名称的其他非金属矿产品。

纳税人在开采主矿产品的过程中伴采的其他应税矿产品，凡未单独规定适用税额的，一律按主矿产品或视同主矿产品税目征收资源税。

(三)计税依据与税率

资源税的税率采用从价定率或者从量定额的方法确定。税率的调整，由国务院决定。纳税人具体适用的税率，由财政部商国务院有关部门，根据纳税人所开采或者生产应税产品的资源品位，开采条件等情况，在《中华人民共和国资源税暂行条例》所附《资源税税目税率幅度表》(如表 8-1 所示)规定的税率幅度内确定。

资源税应税产品的具体适用税率，应按《中华人民共和国资源税暂行条例实施细则》所附《资源税税目税率明细表》执行。

纳税人开采或者生产不同税目应税产品的，应当分别核算不同税目应税产品的销售额或者销售数量；未分别核算或者不能准确提供不同税目应税产品的销售额或者销售数量的，从高适用税率。

表 8-1 **资源税税目税率幅度表**

序号	税目		征税对象	税率幅度
1	金属矿	铁矿	精矿	1%~6%
2		金矿	金锭	1%~4%
3		铜矿	精矿	2%~8%
4		铝土矿	原矿	3%~9%
5		铅锌矿	精矿	2%~6%
6		镍矿	精矿	2%~6%
7		锡矿	精矿	2%~6%
8		未列举名称的其他金属矿产品	原矿或精矿	税率不超过 20%
9	非金属矿	石墨	精矿	3%~10%
10		硅藻土	精矿	1%~6%
11		高岭土	原矿	1%~6%
12		萤石	精矿	1%~6%
13		石灰石	原矿	1%~6%
14		硫铁矿	精矿	1%~6%
15		磷矿	原矿	3%~8%
16		氯化钾	精矿	3%~8%
17		硫酸钾	精矿	6%~12%
18		井矿盐	氯化钠初级产品	1%~6%
19		湖盐	氯化钠初级产品	1%~6%
20		提取地下卤水晒制的盐	氯化钠初级产品	3%~15%
21		煤层(成)气	原矿	1%~2%
22		黏土、砂石	原矿	每吨或立方米 0.1~5 元
23		未列举名称的其他非金属矿产品	原矿或精矿	从量税率每吨或立方米不超过 30 元;从价税率不超过 20%
24	海盐		氯化钠初级产品	1%~5%
25	原油			6%~10%
26	天然气			6%~10%
27	煤炭			2%~10%

1. 铝土矿包括耐火级矾土、研磨级矾土等高铝黏土。
2. 氯化钠初级产品是指井矿盐、湖盐原盐、提取地下卤水晒制的盐和海盐原盐,包括固体和液体形态的初级产品。
3. 海盐是指海水晒制的盐,不包括提取地下卤水晒制的盐。

矿产品等级的划分，按《中华人民共和国资源税暂行条例实施细则》所附《几个主要品种的矿山资源等级表》执行。

对于划分资源等级的应税产品，其《几个主要品种的矿山资源等级表》中未列举名称的纳税人适用的税率，由省、自治区、直辖市人民政府根据纳税人的资源状况，参照《资源税税目税率明细表》和《几个主要品种的矿山资源等级表》中确定的邻近矿山或者资源状况、开采条件相近矿山的税率标准，在浮动30%的幅度内核定，并报财政部和国家税务总局备案。

对《资源税税目税率幅度表》中列明的27种资源税目和其他未列举名称的金属矿实行从价计征：计税依据为原矿、精矿(或原矿加工品)、氯化钠初级产品或金锭的销售额。从对经营分散、现金交易的黏土、砂石，仍实行从量定额计征，对与《资源税税目税率幅度表》中未列明的非金属矿，实行以从价计征为主、从量计征为辅的原则，具体方式由资源所在地省级人民政府确定。①

对于煤炭、原油及天然气等能源资源的资源税，采取从价定率的方式，以应税资源产品的销售额为计税依据。

(四)应纳税额计算

现行资源税实行从价定率或从量定额的征收方法，资源税的应纳税额，按应税产品的销售额和纳税人具体适用的比例税率或者以应税产品的销售数量和纳税人具体适用的定额税率计算。据此，应纳税额的计算公式：

应纳税额=销售额×比例税率

应纳税额=销售数量×定额税率

应税产品的销售额为纳税人销售应税产品向购买方收取的全部价款和价外费用，但不包括收取的增值税销项税额。价外费用，包括价外向购买方收取的手续费、补贴、基金、集资费、返还利润、奖励费、违约金、滞纳金、延期付款利息、赔偿金、代收款项、代垫款项、包装费、包装物租金、储备费、优质费、运输装卸费以及其他各种性质的价外收费。但下列项目不包括在内：

1. 同时符合以下条件的代垫运输费用

(1)承运部门的运输费用发票开具给购买方的；

(2)纳税人将该项发票转交给购买方的。

2. 同时符合以下条件代为收取的政府性基金或者行政事业性收费

(1)由国务院或者财政部批准设立的政府性基金，由国务院或者省级人民政府及其财政、价格主管部门批准设立的行政事业性收费；

(2)收取时开具省级以上财政部门印制的财政票据；

(3)所收款项全额上缴财政。

纳税人以人民币以外的货币结算销售额的，应当折合成人民币计算。其销售额的人民币折合率可以选择销售额发生的当天或者当月1日的人民币汇率中间价。纳税人应在事先确定采用何种折合率计算方法，确定后1年内不得变更。

---

① 参见刘剑文著：《财税法——原理、案例与材料》，北京大学出版社2017年版，第274页。

纳税人申报的应税产品销售额明显偏低并且无正当理由的、有视同销售应税产品行为而无销售额的，除财政部、国家税务总局另有规定外，按下列顺序确定销售额：

(1)按纳税人最近时期同类产品的平均销售价格确定；

(2)按其他纳税人最近时期同类产品的平均销售价格确定；

(3)按组成计税价格确定。组成计税价格为：

组成计税价格=成本×(1+成本利润率)÷(1−税率)

公式中的成本是指应税产品的实际生产成本。公式中的成本利润率由省、自治区、直辖市税务机关确定。

【例题 8-1】 某油田 2015 年 3 月销售原油 5000 吨，销售额为 30000 万元，税率 8%，那么该油田当月应缴纳的资源税为多少？

解： 原油的资源税实行从价定率，因此

应纳税额=销售额×税率

=30000×8%=24(万元)

【例题 8-2】 甲油田 2012 年 2 月共生产销售原油 1 万吨、每吨售价 6000 元，销售天然气 300 万立方米，每立方米售价 1. 5 元。已知原油适用税率是销售额的 6%，天然气适用税率是销售额的 8%。当月原油销售中，产生相关手续费 20 万元、代收行政事业性收费 10 万元。天然气销售中，产生相关手续费 5 万元、代收行政事业性收费 3 万元。请计算甲油田当月应纳的资源税额。

解： 原油销售额为：0. 6×10000=6000(万元)

天然气销售额为：0. 00015×3000000=450(万元)

代收行政事业性收费不在价外费用之列，因此

原油部分税额：(6000+20)×6%=361. 2(万元)

天然气部分税额：(450+5)×8%=36. 4(万元)

合计税额：361. 2+36. 4=397. 6(万元)

(五)税收优惠与减免

对于下述项目，减免资源税：

(1)开采原油过程中用于加热、修井的原油，免税。

(2)油田范围内运输稠油过程中用于加热的原油、天然气，免征资源税。

(3)稠油、高凝油和高含琉天然气资源税减征 40%。

(4)三次采油资源税减征 30%。

(5)对低丰度油气田资源税暂减征 20%。

(6)对深水油气田资源税减征 30%。

(7)自 2018 年 4 月 1 日至 2021 年 3 月 31 日，对页岩气资源税(按 6%规定税率)减征 30%。

(8)铁矿石资源税减按 40%征收资源税。

(9)对鼓励利用的低品位矿、废石、尾矿、废渣、废水、废气等提取的矿产品，由省

级人民政府根据实际情况确定是否减税或免税，并制定具体办法。

(10) 从 2007 年 1 月 1 日起，对地面抽采煤层气暂不征收资源税。

(11) 对实际开采年限在 15 年以上的衰竭期矿山开采的矿产资源，资源税减征 30%。

(12) 对依法在建筑物下、铁路下、水体下通过充填开采方式采出的矿产资源，资源税减征 50%。

(13) 纳税人开采销售共伴生矿，共伴生矿与主矿产品销售额分开核算的，对共伴生矿暂不计征资源税；没有分开核算的，共伴生矿按主矿产品的税目和适用税率计征资源税。

(14) 纳税人开采或者生产应税产品过程中，因意外事故或者自然灾害等原因遭受重大损失的，由省、自治区、直辖市人民政府酌情决定减税或者免税。

(15) 国务院规定的其他减税、免税项目。

第二节　环境保护税法

一、环境保护税概述

环境保护税是指为保护生态环境的目的，对污水、废气、噪声和废弃物等突出的"显性污染"进行强制征税，其旨在用间接调控手段改变传统环境保护领域的直接干预措施，促进生态文明建设。①

20 世纪，资本主义的迅速发展是以牺牲环境为代价的，导致各个国家先后出现了严重的环境公害问题。我国在发展中也面临着相同的问题。随着改革开放的深入发展，国民生产总值、人均 GDP 稳步提升，工业化、信息化水平不断增加，但与此同时，环境问题不断涌现。

荷兰是征收环境保护税比较早的国家，为环境保护设计的税收环境保护税亟待实施，主要包括燃料税、噪音税、水污染税等，其税收政策已为不少发达国家研究和借鉴。此外，1984 年意大利开征了废物回收费用，作为地方政府处置废物垃圾的资金来源，法国开征森林砍伐税，欧盟开征了碳税。我国于 1979 年通过的《环境保护法（试行）》规定了对超标排放污染环境的废气、废水、废渣的企业征收"排污费"；2003 年国务院发布《排污费征收使用管理条例》，对排污费的征管作出了具体的规定。2016 年 12 月《中华人民共和国环境保护税法》（以下简称《环境保护税法》）正式出台，从 2018 年 1 月 1 日起实施，该法对环境税的纳税人、计税依据和应纳税额、税收减免、征收管理等作出了详细的规定，并宣布自 2018 年 1 月 1 日起，不再征收排污费。

二、我国环境保护税法的主要内容

（一）纳税人与征税范围

环境保护税的纳税人是在我国领域和我国管辖的其他海域，直接向环境排放应税污染

① 参见徐孟洲、徐阳光著：《税法》，中国人民大学出版社 2017 年版，第 236 页。

物的企业事业单位和其他生产经营者。

环境保护税的征税范围是《环境保护税法》所附《环境保护税税目税额表》(如表8-2所示)、《应税污染物和当量值表》中规定的污染物，具体包括大气污染物、水污染物、固体废物和噪声。

有下列情形之一的，不属于直接向环境排放污染物，不缴纳相应污染物的环境保护税：

(1)企业事业单位和其他生产经营者向依法设立的污水集中处理、生活垃圾集中处理场所排放应税污染物的；

(2)企业事业单位和其他生产经营者在符合国家和地方环境保护标准的设施、场所贮存或者处置固体废物的。

(二)税目与税率

《环境保护税法》规定环境保护税的税目、税额，依照本法所附《环境保护税税目税额表》执行。

应税大气污染物和水污染物的具体适用税额的确定和调整，由省、自治区、直辖市人民政府统筹考虑本地区环境承载能力、污染物排放现状和经济社会生态发展目标要求，在本法所附《环境保护税税目税额表》规定的税额幅度内提出，报同级人民代表大会常务委员会决定，并报全国人民代表大会常务委员会和国务院备案。

表8-2 **环境保护税税目税额表**

<table>
<tr><th colspan="2">税目</th><th>计税单位</th><th>税额</th><th>备注</th></tr>
<tr><td colspan="2">大气污染物</td><td>每污染当量</td><td>1.2~12元</td><td rowspan="12">1. 噪声超标，根据最高一处超标声级计算应纳税额；当沿边界长度超过100米有两处以上噪声超标，按照两个单位计算应纳税额；2. 一个单位由不同地点作业现场的，应当分别计算应纳税额，合并计征；3. 昼、夜均超标的环境噪声，昼、夜分别计算应纳税额，累计计征；4. 声源1个月内超标不足15天的，减半计算应纳税额；5. 夜间频繁突发和夜间偶然突发厂界超标噪声，按等效声级和峰值噪声两种指标中高的一项计算应纳税额。</td></tr>
<tr><td colspan="2">水污染物</td><td>每污染当量</td><td>1.4~14元</td></tr>
<tr><td rowspan="4">固体废物</td><td>煤矸石</td><td>每吨</td><td>5元</td></tr>
<tr><td>尾矿</td><td>每吨</td><td>15元</td></tr>
<tr><td>危险废物</td><td>每吨</td><td>1000元</td></tr>
<tr><td>冶炼渣、粉煤灰、炉渣、其他固体废物(含半固态、液态废物)</td><td>每吨</td><td>25元</td></tr>
<tr><td colspan="2" rowspan="6">工业噪声</td><td>超标1~3分贝</td><td>350元/月</td></tr>
<tr><td>超标4~6分贝</td><td>700元/月</td></tr>
<tr><td>超标7~9分贝</td><td>1400元/月</td></tr>
<tr><td>超标10~12分贝</td><td>2800元/月</td></tr>
<tr><td>超标13~15分贝</td><td>5600元/月</td></tr>
<tr><td>超标16分贝以上</td><td>11200元/月</td></tr>
</table>

（三）计税依据与应纳税额

应税污染物的计税依据，按照下列方法确定：

(1)应税大气污染物按照污染物排放量折合的污染当量数确定；

(2)应税水污染物按照污染物排放量折合的污染当量数确定；

(3)应税固体废物按照固体废物的排放量确定；

(4)应税噪声按照超过国家规定标准的分贝数确定。

应税大气污染物、水污染物的污染当量数，以该污染物的排放量除以该污染物的污染当量值计算。每种应税大气污染物、水污染物的具体污染当量值，依照本法所附《应税污染物和当量值表》执行。每一排放口或者没有排放口的应税大气污染物，按照污染当量数从大到小排序，对前三项污染物征收环境保护税。每一排放口的应税水污染物，按照本法所附《应税污染物和当量值表》，区分第一类水污染物和其他类水污染物，按照污染当量数从大到小排序，对第一类水污染物按照前五项征收环境保护税，对其他类水污染物按照前三项征收环境保护税。省、自治区、直辖市人民政府根据本地区污染物减排的特殊需要，可以增加同一排放口征收环境保护税的应税污染物项目数，报同级人民代表大会常务委员会决定，并报全国人民代表大会常务委员会和国务院备案。

根据《环境保护税法》附则的释义，污染当量，是指根据污染物或者污染排放活动对环境的有害程度以及处理的技术经济性，衡量不同污染物对环境污染的综合性指标或者计量单位。同一介质相同污染当量的不同污染物，其污染程度基本相当。

环境保护税应纳税额按照下列方法计算：

(1)应税大气污染物的应纳税额为污染当量数乘以具体适用税额；

(2)应税水污染物的应纳税额为污染当量数乘以具体适用税额；

(3)应税固体废物的应纳税额为固体废物排放量乘以具体适用税额；

(4)应税噪声的应纳税额为超过国家规定标准的分贝数对应的具体适用税额。

（四）税收优惠与减免

为观察“谁开发，谁保护，谁污染，谁治理”的环保原则，实现农业与工业的公平发展，鼓励企业引进先进技术，优化能源利用结构，我国《环境保护税法》规定下列情形，暂予免征环境保护税：

(1)农业生产(不包括规模化养殖)排放应税污染物的；

(2)机动车、铁路机车、非道路移动机械、船舶和航空器等流动污染源排放应税污染物的；

(3)依法设立的城乡污水集中处理、生活垃圾集中处理场所排放相应应税污染物，不超过国家和地方规定的排放标准的；

(4)纳税人综合利用的固体废物，符合国家和地方环境保护标准的；

(5)国务院批准免税的其他情形。

而对上面第(5)项具体免税规定，由国务院报全国人民代表大会常务委员会备案。

纳税人排放应税大气污染物或者水污染物的浓度值低于国家和地方规定的污染物排放标准30%的，减按75%征收环境保护税。纳税人排放应税大气污染物或者水污染物的浓度值低于国家和地方规定的污染物排放标准50%的，减按50%征收环境保护税。

第三节　城镇土地使用税法

一、城镇土地使用税概述

城镇土地使用税是以土地为对象，对拥有该土地资源使用权的单位和个人征收的一种税。土地使用税法就是调整土地使用税征纳关系的法律规范的总称。国务院于1988年9月正式发布了《中华人民共和国城镇土地使用税暂行条例》，规定自同年11月1日起在全国范围内对内资企业和个人征收城镇土地使用税。2006年12月，国务院发布了《关于修改〈中华人民共和国城镇土地使用税暂行条例〉的决定》对其进行了第一次修订。2011年1月，国务院发布了《关于废止和修改部分行政法规的决定》对其进行了第二次修订。2013年12月，《国务院关于修改部分行政法规的决定》(国务院令第645号)对其进行了第三次修订，将《中华人民共和国城镇土地使用税暂行条例》第7条中的“由省、自治区、直辖市税务机关审核后，报国家税务局批准”修改为“由县以上地方税务机关批准”。

我国城镇土地使用税具有以下特点：

(1)是对占有或使用土地的行为征税；

(2)征税范围比较广，几乎涉及所有的工商企业、事业单位和部分在城镇拥有房屋、使用国有土地的居民个人；

(3)实行差别幅度税额。

二、我国土地使用税制度的主要内容

(一)城镇土地使用税的纳税人和征税范围

在城市、县城、建制镇、工矿区范围内使用土地的单位和个人，为城镇土地使用税的纳税主体，应当依照规定缴纳土地使用税。前述所称单位，包括国有企业、集体企业、私营企业、股份制企业、外商投资企业、外国企业以及其他企业和事业单位、社会团体、国家机关、军队以及其他单位；所称个人，包括个体工商户以及其他个人。具体而言，城镇土地使用税纳税主体包括：

(1)拥有土地使用权的单位和个人；

(2)拥有土地使用权的纳税人不在土地所在地的，代管人或实际使用人为纳税人；

(3)土地使用权未确定或权属纠纷未解决的，实际使用人为纳税人；

(4)土地使用权共有的，由共有各方按其实际使用土地面积比例分别纳税。

城镇土地使用税的征税范围包括在城市、县城、建制镇、工矿区范围内属于国家和集体所有的土地。其中城市的征税范围为市区和郊区；县城的征税范围为县人民所在的城镇的土地；建制镇的征税范围为镇人民政府所在地。城市、县城、建制镇、工矿区的具体征税范围，由各省、自治区、直辖市人民政府划定。

(二)城镇土地使用税的计税依据和税率

城镇土地使用税以纳税人实际占用的土地面积(平方米)为计税依据，按照实际占用应税土地面积(平方米)乘以适用税额确定应纳税额。

城镇土地使用税采用定额税率，即采用有幅度的差别税额，按大、中、小城市和县城、建制镇、工矿区分别规定每平方米城镇土地使用税年应纳税额。

具体标准如下：

(1)大城市 1.5 元至 30 元；

(2)中等城市 1.2 元至 24 元；

(3)小城市 0.9 元至 l8 元；

(4)县城、建制镇、工矿区 0.6 元至 12 元。

省、自治区、直辖市人民政府，应当在上述规定的税额幅度内，根据市政建设状况、经济繁荣程度等条件，确定所辖地区的适用税额幅度；市、县人民政府应当根据实际情况，将本地区土地划分为若干等级，在省、自治区、直辖市人民政府确定的税额幅度内，制定相应的适用税额标准，报省、自治区、直辖市人民政府批准执行；经省、自治区、直辖市人民政府批准，经济落后地区土地使用税的适用税额标准可以适当降低，但降低额不得超过上述规定的最低税额的 30%。经济发达地区土地使用税的适用税额标准可以适当提高，但须报经财政部批准。

(三)城镇土地使用税的减免和征收管理

根据《中华人民共和国城镇土地使用税暂行条例》的规定，下列土地免缴土地使用税：

(1)国家机关、人民团体、军队自用的土地；

(2)由国家财政部门拨付事业经费的单位自用的土地；

(3)宗教寺庙、公园、名胜古迹自用的土地；

(4)市政街道、广场、绿化地带等公共用地；

(5)直接用于农、林、牧、渔业的生产用地；

(6)经批准开山填海整治的土地和改造的废弃土地，从使用的月份起免缴土地使用税 5~10 年；

(7)非营利性医疗机构、疾病控制机构和妇幼保健机构等卫生机构自用的土地；

(8)企业办的学校、医院、托儿所、幼儿园，其用地能与企业其他用地明确区分的；

(9)免税单位无偿使用纳税单位的土地(如公安、海关等单位使用铁路、民航等单位的土地)；

(10)行使国家行政管理职能的中国人民银行总行(含国家外汇管理局)所属分支机构自用的土地；

(11)石油、电力、煤炭等能源用地，民用港口、铁路等交通用地和水利设施用地，三线调整企业、盐业、采石场、邮电等一些特殊用地；

(12)由财政部另行规定免税的能源、交通、水利设施用地和其他用地。

土地使用税按年计算、分期缴纳。缴纳期限由省、自治区、直辖市人民政府确定。新征用的土地，依照下列规定缴纳土地使用税：征用的耕地，自批准征用之日起满 1 年时开始缴纳土地使用税；征用的非耕地，自批准征用次月起缴纳土地使用税。

土地使用税由土地所在地的税务机关征收。土地管理机关应当向土地所在地的税务机关提供土地使用权属资料。

第四节 耕地占用税法

一、我国耕地占用税的概念和特点

(一)耕地占用税的概念

耕地占用税是对在我国境内占用耕地建房或者从事其他非农业建设的单位和个人，按其实际占用面积定额征收的一种税。耕地占用税法就是调整耕地占用税征纳关系的法律规范的总称。

农业是国民经济的基础，耕地是农业生产的基本条件，保持一定的耕地面积，对于农业生产乃至整个国民经济的发展，有着特别重要的意义。我国人均耕地面积极少，耕地资源严重不足。近几年来，随着国家各项建设事业的发展，非农业占用耕地越来越多，致使耕地面积急剧减少。为加强对土地的管理，限制盲目占用耕地，有效地保护耕地，1987年4月1日国务院发布了《耕地占用税暂行条例》，自发布之日起施行。但随着改革成果的不断深入，该条例的积极作用越来越小，副作用开始显现。2007年12月，国务院根据新形势再一次发布《耕地占用税暂行条例》，并宣布1987年的暂行条例废止。为了规范和加强耕地占用税的管理，提高耕地占用税管理，2016年，国家税务总局发布了《耕地占用税管理规程(试行)》，对耕地占用税管理中所涉及的涉税信息管理、纳税认定管理、申报征收管理、减免退税管理和税收风险管理等事项作出了具体规定。现行耕地占用税法的基本规范，是2018年12月29日第十三届全国人民代表大会常务委员会第七次会议通过的《中华人民共和国耕地占用税法》。

(二)耕地占用税的特点

我国现行耕地占用税具有以下特点：

(1)耕地占用税以占用耕地建房或从事其他非农业建设的单位和个人为纳税义务人，以其占用的耕地为征税对象，因而征税范围较广。

(2)耕地占用税以县为单位，按人均耕地面积确定单位税额。人均耕地面积越少，单位税额就越多。可见，耕地占用税体现了对人多地少地区耕占用的限制政策。

(3)耕地占用税按规定的税额，对非农业占用耕地实行一次性征收。这一特点决定了耕地占用税既可以通过规定较高的税额，强化对纳税人占用耕地的限制和调节作用，控制非农业基本建设，又可以避免税额较高对纳税人生产和生活产生长期的影响。

开征耕地占用税，不仅有利于限制纳税人占用耕地从事非农业建设，保护农用耕地，促进土地资源的合理利用，而且有利于地方政府组织财政收入。

二、我国耕地占用税的主要内容

(一)耕地占用税的纳税人与征税范围

占用耕地建房或者从事非农业建设的单位或者个人，为耕地占用税的纳税人，应当依照规定缴纳耕地占用税。前述所称单位，包括国有企业、集体企业、私营企业、股份制企业、外商投资企业、外国企业以及其他企业和事业单位、社会团体、国家机关、部队以及其他单位；所称个人，包括个体工商户以及其他个人。

确定纳税人时还要注意以下方面：

(1)经申请批准占用耕地的，纳税人为农用地转用审批文件中标明的建设用地人；

(2)农用地转用审批文件中未标明建设用地人的，纳税人为用地申请人；

(3)未经批准占用耕地的，纳税人为实际用地人。

耕地占用税的征税范围，包括纳税人占用耕地建设建筑物、构筑物或者从事非农业建设的国家所有和集体所有的耕地。所谓耕地，是指用于种植农作物的土地。征用前3年内曾用于种植农作物的土地、菜地、园地和渔塘也视为耕地。因此，耕地占用税的征税范围具体包括：

(1)种植粮食作物、经济作物的土地，包括粮田、棉田、麻田、烟田等；

(2)菜地，即城市郊区种植蔬菜的土地；

(3)园地，包括苗圃、花圃、茶园、果园和其他种植经济林木的土地；

(4)牧草地、农田水利用地、养殖水面以及渔业水域滩涂等。

此外，对于占用其他农业用地是否征税，由各省级人民政府决定。

(二)耕地占用税的计税依据和税率

耕地占用税以纳税人实际占用的耕地面积为计税依据，按照规定的适用税额一次性征收。所谓"实际占用的耕地面积"，包括经批准占用的耕地面积和未经批准占用的耕地面积。

耕地占用税的税率规定如下：

(1)人均耕地不超过1亩的地区(以县级行政区域为单位，下同)，每平方米为10元至50元；

(2)人均耕地超过1亩但不超过2亩的地区，每平方米为8元至40元；

(3)人均耕地超过2亩但不超过3亩的地区，每平方米为6元至30元；

(4)人均耕地超过3亩的地区，每平方米为5元至25元。

国务院财政、税务主管部门根据人均耕地面积和经济发展情况确定各省、自治区、直辖市的平均税额。各地适用税额，由省、自治区、直辖市人民政府在上述规定的税额幅度内，根据本地区情况核定。各省、自治区、直辖市人民政府核定的适用税额的平均水平，不得低于国务院财政、税务主管部门确定的平均税额。

经济特区、经济技术开发区和经济发达且人均耕地特别少的地区，适用税额可以适当提高，但是提高的部分最高不得超过当地适用税额的50%。占用基本农田的，适用税额应当在当地适用税额的基础上提高50%。

(三)税收优惠与减免

下列情形免征耕地占用税：

(1)军事设施占用耕地；

(2)学校、幼儿园、社会福利机构、医院占用耕地；

(3)农村烈士遗属、因公牺牲军人遗属、残疾军人以及符合农村最低生活保障条件的农村居民，在规定用地以内新建自用住宅，免征耕地占用税。

下列情形可以依法减征或者经批准后免征、减征耕地占用税：

(1)铁路线路、公路线路、飞机场跑道、停机坪、港口、航道占用耕地，减按每平方米2元的税额征收耕地占用税。根据实际需要，国务院财政、税务主管部门商国务院有关部门并报国务院批准后，可以对前述情形免征或者减征耕地占用税。

(2)农村居民在规定用地以内占用耕地新建住宅，按照当地适用税额减半征收耕地占用税。

第五节 土地增值税法

一、土地增值税的概念

土地增值税是对有偿转让我国国有土地使用权、地上建筑物及其他附着物，并取得增值收益的单位和个人征收的一种税。1994年1月1日此税的开征，对于抑制房地产的投机、防止国有土地收益的流失、增加财政收入、加强宏观经济调控有着十分重要的意义。它是新税制实施后唯一采用超率累进税率的一个税种。

我国土地增值税具有以下特点：

(1)以转让房地产所取得的增值额为征税对象；

(2)采用扣除法兼评估法计算增值额；

(3)实行超率累进税率，即税率是以转让房地产的增值率高低为依据，按照累进原则设计的，实行分级征税；

(4)实行按次征收，即每发生一次房地产转让行为，就根据每次所取得的增值额征一次税。

二、土地增值税的沿革

土地增值税首先开征于德国，其后意大利、韩国和我国台湾等国家和地区先后开征此税。我国的土地增值税开征较晚，国务院于1993年12月13日颁布，自1994年1月起施行的《中华人民共和国土地增值税暂行条例》(以下简称《土地增值税暂行条例》)，是我国首次对转让土地权利获得收益的增值额进行课税。此后，财政部于1995年发布了《中华人民共和国契税暂行条例细则》，从而确定了比较完备的土地增值税制度。为进一步深入贯彻依法治国基本方略，维护社会主义法制统一，全面推进依法行政，2011年11月《国务院关于废止和修改部分行政法规的决定》(国务院令第588号)将《土地增值税暂行条例》第8条中的“征用”改为“征收、征用”，更加尊重公民的合法财产。

三、我国土地增值税的主要内容

(一)纳税人和征税范围

土地增值税的纳税人，为以出售或者其他方式有偿转让国有土地使用权、地上建筑物及其附着物并取得收入的国有企业、集体企业、私营企业、外商投资企业、外国企业、股份制企业、其他企业，以及行政单位、事业单位、社会团体、其他单位、个体经营者和其他个人。土地增值税征税范围是有偿转让国有土地使用权及地上建筑物和其他附着物产权所取得的增值额。这里所指的增值额，是纳税人转让房地产所取得的收入减除扣除项目金额后的余额。

(二)计税依据和税率

土地增值税的计税依据为是纳税人转让房地产取得的收入减除规定扣除项目金额之后的增值额。纳税人转让房地产所取得的收入，包括货币收入、实物收入和其他收入。扣除项目包括：取得土地使用权所支付的地价款和按照国家统一规定交纳的有关费用；房地产开发的成本、费用；经过当地主管税务机关确认的旧房和建筑物的评估价格；与转让房地产有关的税金，包括纳税人在转让房地产时缴纳的营业税、城市维护建设税和印花税；财政部规定的其他扣除项目。

土地增值税实行四级超率累进税率：

(1)增值额未超过扣除项目金额50%的部分，税率为30%；

(2)增值额超过扣除项目金额50%、未超过扣除项目金额100%的部分，税率为40%；

(3)增值额超过扣除项目金额100%、未超过扣除项目金额200%的部分，税率为50%；

(4)增值额超过扣除项目金额200%的部分，税率为60%。

(三)税收优惠和减免

有下列情形之一的，免征土地增值税：

(1)建造普通标准住宅出售，增值额未超过各项规定扣除项目金额20%的。对于纳税人既建普通标准住宅又搞其他房地产开发的，应分别核算增值额，不分别核算增值额或不能准确核算增值额的，其建造的普通标准住宅不能适用这一免税规定。

(2)因城市实施规划、国家建设需要依法征用、收回的房地产。

(3)因城市实施规划、国家建设需要而搬迁，由纳税人自行转让的房地产。

(4)个人之间互换自有居住房地产的。

(5)从2008年11月1日起，对个人销售住房暂免征收土地增值税。

(6)对企事业单位、社会团体以及其他组织转让旧房作为公共租赁住房房源的且增值额未超过扣除项目金额20%的，免征土地增值税。

(7)对涉及土地增值税减免税的一些特殊问题，由财政部、国家税务总局制定专门规定。

复习思考题

一、选择题

1.(单选)某商贸公司转让一幢已经使用过的办公楼，取得收入500万元，办公楼原价480万元，已提折旧300万元。经房地产评估机构评估，该办公楼重置成本价为800万元，成新度折扣率为五成，转让时缴纳相关税费30万元。该公司转让该办公楼应缴纳土地增值税(　　)万元。

A. 21　　B. 30　　C. 51　　D. 60

2.(单选)某油田开采企业2016年3月销售天然气90万立方米，取得不含增值税收入

1350000 元，另向购买方收取手续费 1695 元，延期付款利息 2260 元，假设天然气的资源税税率为 10%，该企业 2016 年 3 月销售天然气应缴纳的资源税为(　　)。

A. 135150 元　　B. 135338.03 元　　C. 135000 元　　D. 135350 元

3.(单选)某油田 2012 年 3 月开采原油 8000 吨，当月销售 5000 吨，取得不含税销售额 1700 万元，用于开采原油过程中加热的原油 400 吨，用于职工食堂和浴室的原油 20 吨，当月与原油同时开采的天然气 40000 立方米，均已全部销售，取得不含税销售额 8.5 万元，已知该原油与天然气适用的资源税税率都是 5%。该油田当月应纳资源税为(　　)元。

A. 854250　　B. 857650　　C. 858650　　D. 859650

4.(单选)某煤矿 2016 年 2 月开采原煤 10 万吨，将其中 4 万吨对外销售，取得不含增值税销售额 2000 万元(含一并收取的建设基金 80 万元，取得相应的凭证，下同)；将其中部分原煤自用于连续生产洗煤，生产出来的洗煤当月全部销售，取得不含增值税销售额 3000 万元(含人工装卸费 50 万元)；剩余原煤留存待售。已知煤炭资源税税率为 8%，当地省财税部门确定的洗煤折算率为 60%，则该煤矿 2016 年 2 月应缴纳资源税(　　)万元。

A. 200　　B. 240　　C. 295.2　　D. 300

5.(单选)下列各项中，征收资源税的是(　　)。

A. 人造石油　　B. 洗煤

C. 与原油同时开采的天然气　　D. 地面抽采煤层气

6.(单选)某矿山 2012 年 9 月开采锰矿石 1000 吨，销售锰矿石 1500 吨，又用 300 吨锰矿石换取了生产设备。该矿山当月应缴纳资源税的计税数量为(　　)吨。

A. 1300　　B. 1500　　C. 1800　　D. 2800

7.(多选)下列选项中，符合资源税有关规定的有(　　)。

A. 独立矿山收购未税矿产品应代扣代缴资源税

B. 洗煤、选煤按其销售数量计征资源税

C. 海盐原盐、井矿盐按照固体盐品目计征资源税

D. 扣缴义务人代扣代缴的资源税，应向开采地主管税务机关缴纳

8.(多选)根据资源税的相关规定，下列不属于资源税的应税产品的有(　　)。

A. 开采的石油天然气　　B. 钢铁厂进口的铁矿石

C. 商业企业销售的选煤　　D. 开采的煤矿瓦斯

二、简答题

1. 简述资源税的概念和特点。
2. 简述环境保护税的计税依据。
3. 试述城镇土地使用税法规定的主要内容。
4. 试述耕地占用税法规定的主要内容。
5. 土地增值税在计算增值额时允许扣除的项目包括哪些？是如何规定的？

第三编　税收程序法

第九章　税收征管法

第一节　税收征管法概述

一、税收征管法的概念

税收征管是指国家及税务机关根据税收法律规范指导纳税人正确履行纳税义务，并对征纳税过程进行管理、监督、检查等一系列工作的总称。以前的税收征管过分强调税收的工具性，认为税收征收管理只是实现税收的一种手段，而忽视了纳税人的权利，使纳税人的正当权利在税收征收管理过程中随意受到侵害，随着税收法治的建立，纳税人的权利得到了逐步的重视。

税收征管法有广义和狭义之分。广义上或者实质意义上的税收征管法是调整税收征收管理过程中形成的各种征纳关系的法律规范的总称，它包括国家权力机关制定的《中华人民共和国税收征收管理法》(以下简称《税收征收管理法》)，国务院财政部和国家税务总局制定的税收征收管理方面的行政法规，还包括其他法律中关于税收征管方面的法律规范。狭义的或者形式意义上的税收征收管理法是指专门的税收征管法，即1992年9月4日第七届全国人大常委会第二十七次会议通过的，经1995年、2001、2013年、2015年四次修改的《税收征收管理法》，以及自2002年10月15日起施行的，经2012年、2013年、2016年三次修订的《中华人民共和国税收征收管理法实施细则》(以下简称《税收征收管理法实施细则》)。

二、税收征管法的立法目的

《税收征收管理法》作为我国现行税收征收管理的基本法，其第1条规定："为了加强税收征收管理，规范税收征收和缴纳行为，保障国家税收收入，保护纳税人的合法权益，促进经济和社会发展，制定本法。"这是《税收征收管理法》的立法宗旨，对其立法目的作了高度的概括，主要体现在以下几个方面：

1. 加强税收征收管理

现阶段，我国税收征收管理基础薄弱，税收征收管理制度不够健全，税收征收的征管手段不发达，一些单位和个人纳税意识淡薄，大量偷漏税现象导致税款的大量流失。加强税收征收管理，有效地组织税收收入及时、足额入库，直接关系到税收工作的好坏，关系到税收职能作用能否良好的发挥，关系到税收法治能否实现。理所当然应当将加强税收管理作为《税收征收管理法》立法的首要目的。

2. 规范税收征收和缴纳行为

《税收征收管理法》具有双向性，即要为纳税人提供标准、规范纳税人的行为；同时也强调为税务机关、税务人员依法行政提供标准和规范。税收征收管理中形成一系列权利义务关系，纳税人只有按照《税收征收管理法》规定的程序和办法缴纳税款，才能更好地保障自身的利益；税务机关、税务人员也必须依照《税收征收管理法》的规定进行税收征收和管理，依法行政，如未按照《税收征收管理法》的规定而作出的具体行政行为，要么纳税人可以不执行，要么可以通过税务救济途径认定其无效，违法行政者还要承担法律责任。因此在法律中加入规范税收征收和缴纳行为的目的，是对税收法治思想的深刻理解和应用。

3. 保障国家税收收入

我国的税收收入已占到财政收入的95%左右，是财政收入最主要的来源。税收收入既是纳税人享有国家提供各项保障和服务权利的前提与基础，也是国家筹集财政收入，通过预算安排，满足人民群众日益增长的物质文化需要的资金来源。保障国家税收收入从某种意义上讲就是保证财政收入，其重要性不言而喻。因此，保障国家税收收入是《税收征收管理法》立法的核心目的。

4. 保护纳税人的合法权益

税收征纳过程中，纳税人等相对人客观上处于弱势地位。纳税人履行纳税义务的同时，应享有相应的权利。《税收征收管理法》第 8 条规定了纳税人、扣缴义务人了解国家税收法律、法规的权利，要求保密的权利，申请减免、退税权利，陈述权、申辩权、救济权、检举控告权。保护纳税人的合法权利是《税收征收管理法》立法的重要目的，也是营造良好税收征纳关系的重要条件，更是税收法治的重要内容。

5. 促进经济和社会的协调发展

税收是国家财政的主要来源，也是国家宏观调控的重要杠杆，《税收征收管理法》作为税收征收的主要法律，要与其他法律密切配合肩负起管理国家财政命脉的重任，完善税收管理制度，方便纳税人缴纳税款，保护纳税人的合法权益，为我国实现税收法治营造一个良好的氛围，促进经济和社会协调发展。

三、我国税收征管法的立法沿革

中华人民共和国成立以来，我国专门制定的税收征管法，经历了一个从无到有，由分散到统一逐步完善的过程。其中有几大关键的税制改革历程：1986 年的从无到有的不统一分税立法；1992 年的初步统一立法；2001 年以来的逐步完善立法。

(一)1986 年的《税收征收管理暂行条例》

由于我国长期实行高度集中的计划经济体制，财政实行统收统支，税收的宏观调控功能和组织财政收入的功能被忽视，税收法制不健全，没有专门的税收征管法，有关税收征管的规定分散在各单行法中。我国第一部税收征管法规是 1986 年 4 月 21 日国务院颁布的《税收征收管理暂行条例》，该条例的颁布，初步实现了我国税收实体法和程序法的分离，对促进依法治税，加强税收监督管理，保证国家及时取得财政收入起到了积极作用。

(二)1992 年的《税收征收管理法》

国家遵照“加强税收的征收管理工作，保障国家的财政收入和保护纳税人的合法权益”的立法原则，在《税收征管暂行条例》及单行法规的基础上，参照国际惯例，于 1992 年 9 月 4 日通过了《税收征收管理法》(于 1995 年作个别修改)。该法的颁布标志着我国税收征管工作真正走上了系统化、规范化、法制化的轨道。该法具有如下特点：统一了对内税收和涉外税收的征管制度，实现了一切纳税人在适用税收征管法上的平等；强化了税务机关的行政执法权，增强了税法的刚性，规定了税收保全措施和税收强制执行措施，将限制出境措施由个税扩大到了各个税种，明确了税务检查的范围；完善了对税务机关的执法制约制度；完善了对纳税人合法权益的保护制度，如新增了税款延期缴纳的规定，规定了税务机关采取税收保全措施不当给纳税人造成损失时的赔偿制度，规定了纳税人的请求救济的权利等；完善了法律责任制度；确立了税务代理制度。

但是，由于时代的局限性，该法也有其相应的不足之处，主要表现在如下几个方面：第一，税务登记和纳税申报等基础管理环节还存在一些漏洞。如部分纳税人不到税务机关办理税务登记，税务机关难以掌握税源情况，漏征漏管现象比较严重；不少纳税人在银行开立多个户头，税务机关难以掌握其生产经营情况；一些纳税人利用延期纳税的规定拖欠税款，影响国家税款及时收缴。第二，税收征管工作面临的一些新情况在已有法律中找不到法律依据。如，现在的纳税申报方式多种多样，有邮寄申报、软盘申报、电子申报、电话申报等，但此法中没有相关的规定；再如，电子商务的迅猛发展使得课税对象多元化、财务信息无纸化、结算支付电子化、税收征管网络化等趋势，给税收征管带来了许多新课题。第三，税务机关的征管行为和执法措施不够规范，对纳税人、扣缴义务人合法权益的保护力度不够。第四，对偷税、漏税等违法行为没有规定处罚的下限，税务机关的自由裁量权过大。

(三)2001 年以来的《税收征收管理法》

针对 1992 年《税收征收管理法》的以上不足，国家曾在 1995 年对其进行了小的修改，但存在的问题仍没有得到解决，于是国家在 2001 年对其进行了一次大的修改。修改后的《税收征收管理法》的条文由原来的 6 章 62 条增加到 6 章 94 条，新增了 32 条，内容更加具体，形成了比较完善的税收征收和管理制度。具体而言，有以下几个重要的变化：

(1)增加了具有保障税收之债属性的代位权和撤销权制度。

(2)强化了有关单位的协力义务，增加了可操作性。修订后的《税收征收管理法》规定了工商行政管理机关应当将办理登记注册、核发营业执照的情况定期向税务机关通报，纳税人不办理税务登记的，由税务机关责令限期改正，逾期不改正的经税务机关提请，由工商行政管理机关吊销其营业执照。银行和其他金融机构应当在从事生产、经营的纳税人的账户中登记税务证件号码，并在税务登记证件中登录从事生产、经营的纳税人的账户账号。税务机关依法查询从事生产、经营的纳税人开立账户的情况时，有关银行和其他金融机构应当予以协助。

(3)增加了纳税人的权利和税务机关义务的规定。修订后的《税收征收管理法》第 8 条专条对纳税人各项权利作出了规定。同时也增加了税务机关义务的规定，如广泛宣传税收法律行政法规、普及纳税知识无偿提供纳税咨询服务，采取税收保全措施和强制执行措施时应履行的相关义务。

(4)完善了税务机关的执法手段。扩大了采取税收保全措施和税收强制执行措施的对象，规定在税收检查中也可以采取税收保全措施和强制执行措施；增加了收缴发票和停供发票；以变卖的方式处理查封扣押商品与货物的权利；查询涉税案件涉嫌人员的储蓄存款的权利等。

(5)增加了关于加快税收征管信息化建设的规定。规定国家根据税收征管的需要，积极推广使用税控装置；国家有计划地使用现代信息技术装备各级税务机关、加强税收征管信息系统的现代化建设，建立、健全税务机关与政府其他管理机关信息共享制度。

(6)完善了税收法律责任的规定，加大了对偷、逃、骗、欠税的打击力度。对违反税务管理的一些行为的行政处罚，取消了责令限期改正后仍不能改正才能处罚的规定；明确了编造虚假计税依据不进行纳税申报，不缴或少缴应纳税款，逃避、拒绝或者以其他方式阻挠税务机关检查等的法律责任。

总之，2001 年修订的《税收征收管理法》对规范税务机关的征税行为，促进税收征管的顺利开展，对保护纳税人的合法权利，促使其合法纳税都具有重要的意义。随着社会与经济的发展，税收征收管理法仍需要不断修订，以适应税收征收管理过程中所面临的新状况。2013 年，为适应行政审批制度改革，对《税收征收管理法》第 15 条进行了相应修改。2015 年对《税收征收管理法》第 33 条进行修改。

四、税收征管理法的适用范围

《税收征收管理法》第 2 条规定：“凡依法由税务机关征收的各种税收的征收管理，均适用本法。”我国税收的征收机关有税务机关和海关部门，税务机关征收各种工商税收，海关征收关税。《税收征收管理法》只适用于由税务机关征收的各种税收的征收管理，即只适用于各种工商税收的征收管理。目前还有一部分政府收费由税务机关征收，如教育费附加，这些费用不适用《税收征收管理法》，其具体管理办法由有关收费的条例和规章决定。海关征收的关税及代征的增值税、消费税，适用其他法律、法规的规定。

第二节 税务管理

税务管理包括税务登记、账簿和凭证管理、纳税申报三个方面的内容。这三个方面的内容构成了整个纳税关系的基础，是处理征纳关系的主要法律依据和内容。

一、税务登记

税务登记又称纳税登记，是纳税人、扣缴义务人在开业、歇业前以及生产经营期间发生有关变动时，在法定的期限内就其涉税情况向主管税务机关办理书面登记的一项制度。税务登记是税务机关对纳税人实施税收管理的首要环节和基础工作。

实行税务登记制度，有利于税务机关了解纳税人的基本情况，掌握税源，加强管理，防止漏管漏征；有利于建立纳税人与税务机关之间正常的税收征纳关系，明确征纳双方的权利、义务，加强税收政策与法规的宣传，增长纳税人依法纳税的观念。

鉴于税务登记的重要作用，世界上大多数国家和地区都建立了税务登记制度。早在中华人民共和国成立初期，就明确规定了税务登记制度。此后，它一直是我国税收征收管理制度的基础。

现行的《税收征收管理法》及《税收征收管理法实施细则》对税务登记作了明确、严密的规定，具体规定了登记的时间、范围、内容、方法、程序等问题。税务登记包括开业税务登记，变更税务登记、注销税务登记、外出经营报验登记、停业复业税务登记、扣缴税款登记等。

(一)开业税务登记

开业税务登记，是指纳税人由工商登记而成立，或者相关组织、个人依据法律、行政法规的规定成为纳税人时，依法向税务机关办理的税务登记。

1. 开业税务登记的时间和地点

(1)从事生产、经营的纳税人，应当自领取营业执照之日起30日内，向生产、经营地或者纳税义务发生地的主管税务机关办理税务登记，如实填写税务登记表，依照税务机关的要求提供有关证件和资料；

(2)从事生产、经营的纳税人未办理工商营业执照(包括临时营业执照)，但经有关部门批准设立的纳税人，应当自批准设立之日起30日内向所在地的税务机关申报办理纳税登记；

(3)从事生产、经营的纳税人未办理工商营业执照，也未经有关部门批准设立的纳税人，应当自纳税义务发生之日起30日内向所在地的税务机关办理税务登记；

(4)跨地区的非独立核算分支机关应当自设立之日起30日内，向所在地税务机关办理税务登记；

(5)有独立的生产权，在财务上独立核算并定期向发包人或出租人上交费用或租金的承包承租人，应当自承包承租合同签定之日起30日内，向其承包承租业务发生地税务机关申报办理税务登记；

(6)从事生产经营的纳税人外出经营，在同一地连续12个月内累计超过180日的，应当自期满之日起30日内，向生产、经营所在地的税务机关办理纳税登记；

(7)境外企业在中国境内承包建筑、安装、装配、勘探工程和提供劳务的，应当自项目合同或协议签订之日起30日内，向项目所在地的税务机关办理税务登记；

(8)上述以外的其他纳税单位和个人，除国家机关和个人以外，都应当自纳税义务发生之日起30日内，持有关证件向所在地主管税务机关办理纳税登记。

2. 开业税务登记的内容

开业税务登记的内容包括：

(1)单位名称、法定代表人或者业主姓名及其居民身份证、护照或者其他合法证件的号码。其中单位名称应按全称填写，护照号码适用于法定代表人或业主是外国公民时填写。

(2)住所、经营地点。

(3)经济性质(登记注册类型及所属主管单位)。

(4)企业形式、核算方式。

(5)生产经营范围、经营方式。

(6)注册资金(资本)、投资总额、开户银行及账号。

(7)生产经营期限、从业人数、营业执照号码。

(8)财务负责人、办税人员。

(9)其他有关事项。

企业在外地设立的分支机构或者从事生产、经营的场所，还应当登记总机构名称、地址、法定代表人、主要业务范围、财务负责人。

3. 开业税务登记的程序

开业税务登记的程序包括申请税务登记；税务登记的受理、审核；税务登记证的核发三个环节。

申请税务登记。从事生产、经营的纳税人应当在规定的期限内，向税务机关提出申请办理税务登记的书面报告，如实填写税务登记表。纳税人在办理税务登记时应提供以下证件和资料：营业执照或其他核准执业证件及工商登记表或其他核准执业登记表复印件；有关机关、部门批准设立的文件；有关合同、章程、协议书；法定代表人和董事会成员名单；法定代表人(负责人)或业主居民身份证、护照或者其他证明身份的合法证件；组织机构统一代码证书；银行账号证明；住所或经营场所证明；委托代理协议书复印件；税务机关需要的其他资料。

税务登记的受理、审核。受理是税务登记机关对申请办理税务登记的单位和个人所提供的《税务申请登记报告书》，以及要求报送的各种附列资料、证件进行检查，对于手续完备符合要求的予以受理登记，并根据其经济类型发给相应的税务登记表。审核是税务机关对纳税人填报的《税务登记表》和提供的证件、资料，应当自收到之日起30日内审核完毕，符合规定的予以登记；不符合规定的不予登记，也应在30日内予以答复。税务登记审核工作是税务登记的关键，通过对税务登记审查的审核，可以发现应申报税务登记的户数，实际办理税务登记的户数，进而掌握申报税务登记户的行业构成等税务登记信息。

税务登记证的核发。根据《税收征收管理法》的规定，税务机关应当自收到税务登记申请30日内审核并发给税务登记证件。具体规定如下：

(1)对从事生产、经营的纳税人经工商行政管理机关核发营业执照的纳税人，核发税务登记证；

(2)对未取得营业执照或工商登记的核发临时营业执照从事生产、经营的纳税人，核发临时税务登记证及副本；

(3)对纳税人非独立核算的分支机关及非从事生产、经营的纳税人(临时取得收入或发生应税所得以及只缴纳个人所得税、车船税的以外)，核发临时税务登记证及副本；

(4)对外商投资企业、外国企业以及外商投资企业分支机构，分别发放外商投资企业税务登记证及副本、外国企业税务登记证及副本、外商投资企业分支机构注册登记征及副本；

(5)对既没有税收纳税义务又不需领用收费发票的社会团体等，可以只登记不发证。

4. 税务登记证的管理

(1)纳税人应当将税务登记证件正本在其生产、经营场所或者办公场所公开悬挂，接受税务机关检查。

(2)按照国务院税务主管部门的规定使用税务登记证件，税务登记证件不得转借、涂改、损毁、买卖或者伪造。

(3)税务登记证件丢失的，应当在15日内书面报告主管税务机关，并登报声明作废。

(4)银行和其他金融机构应当在从事生产、经营的纳税人的账户中登录税务登记证件号码，并在税务登记证件中登录从事生产、经营的纳税人的账户账号。

(5)对税务登记证件实行定期验证和换证制度，纳税人应当在规定的期限内持有关证件到主管税务机关办理验证或者换证手续。

(6)纳税人办理下列事项时，必须持税务登记证件：开立银行账户；申请减税、免税、退税；申请办理延期申报、延期缴纳税款；领购发票；申请开具外出经营活动税收管理证明；办理停业、歇业；其他有关税务事项。

(二)变更税务登记

变更税务登记是指纳税人原来申报办理税务登记的内容发生变化时，向税务机关申报办理的税务登记手续。税务登记的每项内容变化都可能关系到税务机关的管理工作和纳税人的纳税事项，涉及税种和税率的变化。所以一经税务登记就不得擅自更改，如需改变原登记内容就必须到税务机关办理变更登记手续。这里的变更税务只涉及登记内容的变更，而不涉及主管税务机关的变更。

1. 变更税务登记的事项

纳税人办理税务登记后，如发生以下情形之一的，应当办理变更税务登记：

(1)纳税人改变名称(或改变代表人)、个人改变姓名；

(2)改变性质或改变经济类型；

(3)改变经营地点(不涉及主管税务机关变动的)或改变住所；

(4)改变生产经营范围或经营方式；

(5)增减注册资本(资金)；

(6)改变隶属关系；

(7)改变开户银行及其账户；

(8)改变其他需要变更的内容。

2. 变更税务登记的时间要求

纳税人税务登记内容发生变化的，应当自工商行政管理机关或者其他机关办理变更登记之日起30日内，持有关证件向原税务登记机关申报办理变更税务登记。纳税人税务登记内容发生变化，不需要到工商行政管理机关或者其他机关办理变更登记的，应当自发生变化之日起30日内，持有关证件向原税务登记机关申报办理变更税务登记。

3. 变更税务登记的程序

(1)申请。纳税人申请办理变更税务登记时，应向主管税务机关领取《税务登记变更表》，如实填写变更登记事项、变更前后的具体内容，并提供相关的证件和资料。

(2)受理。税务机关对税务机关填报的表格及提交的附列资料、证件进行认真审阅，在符合要求及证件、资料齐全的情况下予以受理。

(3)审核发证。主管机关对纳税人报送的已填登完毕的变更登记表及相关资料进行审核，对需要变更税务登记证内容的，主管税务机关应收回原税务登记证(正、副本)，按变更后的内容，重新制发税务登记证(正、副本)。

(三)注销税务登记

注销税务登记，是指纳税人发生解散、破产、撤销及其他情形，导致纳税人税务登记内容发生根本性变化，需要终止履行纳税义务时向税务机关申报办理的税务登记手续。

1. 注销税务登记的事项

(1)纳税人因经营期届满而自动解散；

(2)企业由于改组、分立、合并等原因而被撤销；

(3)企业资不抵债而破产；

(4)纳税人被工商行政管理部门吊销营业执照；

(5)纳税人住所、经营地址迁移而涉及改变原主管税务机关的；

(6)纳税人其他事由依法终止履行纳税义务的情形。

2. 注销税务登记的时间要求

纳税人发生解散、破产、撤销以及其他情形，依法终止纳税义务的，应当在向工商行政管理机关或者其他机关办理注销登记前，持有关证件向原税务登记机关申报办理注销税务登记；按照规定不需要在工商行政管理机关或者其他机关办理注销登记的，应当自有关机关批准或者宣告终止之日起15日内，持有关证件向原税务登记机关申报办理注销税务登记。

纳税人因住所、经营地点变动，涉及改变税务登记机关的，应当在向工商行政管理机关或者其他机关申请办理变更或者注销登记前或者住所、经营地点变动前，向原税务登记机关申报办理注销税务登记，并在30日内向迁达地税务机关申报办理税务登记。

纳税人被工商行政管理机关吊销营业执照或者被其他机关予以撤销登记的，应当自营业执照被吊销或者被撤销登记之日起15日内，向原税务登记机关申报办理注销税务登记。

3. 申请注销税务登记

(1)纳税人办理注销登记之前，应当向税务机关结清应纳税款、滞纳金、罚款，缴销发票、税务登记证件和其他税务证件；

(2)纳税人办理注销登记时，应向税务机关领取《注销税务登记申请表》，如实填写注销登记事项、内容和原因；

(3)提供有关证件和资料，包括：注销税务登记申请书、主管部门批准文件或董事会、职工代表大会决议及其他有关证明文件，因营业执照被吊销的应当提交工商行政机关发放的注销决定，主管税务机关发放的税务登记证(正、副本)、登记表及其他相关资料。

4. 注销税务登记的受理、核实

(1)受理。税务机关受理纳税人填写完毕的《注销税务登记申请表》，审阅其填报内容是否符合要求，所附资料是否齐全，并督促纳税人缴销发票、清缴税款。

(2)核实。纳税人在征收环节清缴税款，并缴销发票后，经两个环节签署意见的《注销税务登记申请表》交登记管理部门环节。登记管理环节审核确认后，制发《税务文书领取通知书》给纳税人，同时填制《税务文书传递单》，并附《注销税务登记申请表》送稽查环节，稽查完毕，在《注销税务登记申请表》上签署清算情况，及时将《税务文书传递单》和

《注销税务登记申请表》返还税务登记环节，登记部门在纳税人结清税款、滞纳金、罚款后据以办理注销税务登记手续。

纳税人因生产、经营场所发生变化需要改变主管税务登记机关的，在办理注销税务登记时，原税务登记机关在对其注销税务登记的同时，应向迁达地税务登记机关递交《纳税人迁移通知书》，并附有《纳税人档案资料移交清单》，由迁达地税务登记机关重新办理税务登记。如纳税人已经或正在享受税收优惠待遇的，迁出地税务机关应当在《纳税人迁移通知书》上注明。

(四)跨区域涉税事项报验管理

跨区域涉税事项报验管理，原为外出经营报验登记，是指从事生产、经营的纳税人到外县(市)临时从事生产经营活动时，须向经营地的税务机关申报办理税务登记的一种登记手续。根据《国家税务总局关于进一步深化税务系统“放管服”改革、优化税收环境的若干意见》(税总发〔2017〕101号)文件规定，将“外出经营活动税收管理”更名为“跨区域涉税事项报验管理”。

原外出经营报验登记的程序：

(1)纳税人到外县(市)从事生产、经营活动之前，应当持税务登记证向主管税务机关请求开具《外出经营活动管理证明》(以下简称《外管证》)，税务机关按照一地一证的原则核发《外管证》，《外管证》的有效期限一般为30日，最长不得超过180日。

(2)纳税人应当在《外管证》注明地进行生产、经营之前向当地税务机关报验登记，并提交下列证件、资料：税务登记证(正、副本)和《外管证》。纳税人在外地销售货物的，除提供以上证件、资料外，应当如实填写《外出经营货物报验单》，申报查验货物。

(3)从事生产、经营的纳税人外出经营，在同一地累计超过180天的，应当在经营地办理税务登记手续。

(4)纳税人外出经营结束，应当向经营地税务机关填报《外出经营活动情况申请表》，并结清税款，缴销发票。

(5)纳税人应当在《外管证》有效期届满后10日内，持《外管证》回原税务登记地的税务机关办理《外管证》的缴销手续。

据税总发〔2017〕101号文件，纳税人跨区域经营前不再开具相关证明，改为填报《跨区域涉税事项报告表》。纳税人跨省(自治区、直辖市和计划单列市)临时从事生产经营活动的，不再开具《外出经营活动税收管理证明》，改向机构所在地的国税机关填报《跨区域涉税事项报告表》。纳税人在省(自治区、直辖市和计划单列市)内跨县(市)临时从事生产经营活动的，是否实施跨区域涉税事项报验管理由各省(自治区、直辖市和计划单列市)税务机关自行确定。取消跨区域涉税事项报验管理的固定有效期。税务机关不再按照180天设置报验管理的固定有效期，改按跨区域经营合同执行期限作为有效期限。合同延期的，纳税人可向经营地或机构所在地的国税机关办理报验管理有效期限延期手续。实行跨区域涉税事项报验管理信息电子化。跨区域报验管理事项的报告、报验、延期、反馈等信息，通过信息系统在机构所在地和经营地的税务机关之间传递，机构所在地的税务机关之间，经营地的税务机关之间均要实时共享相关信息。

（五）停业复业税务登记

停业复业税务登记是指实行定期定额征收方式的纳税人，在营业执照核准的经营期限内需要停业以及停业后再恢复生产经营时，依法向主管税务机关申请办理的一项税务登记手续。

纳税人需要办理停业登记的，应首先向主管税务机关提出停业登记的书面申请，说明停业的理由、时间，停业前的情况和发票领、存情况，并如实填写申请停业登记表。税务机关经过审核，应当责成申请人结清税款，并收回税务登记证件、发票领购簿和发票，发票不便收回的，税务机关应当就地予以封存。办理完毕后，下达核准停业通知书，批准纳税人停业。纳税人停业期间发生的纳税义务，应及时向税务机关申报，依法补缴应纳税款。

纳税人需要恢复生产、经营的，应当在恢复生产、经营之前，向税务机关提出复业登记申请，经确认后办理复业登记，领回或启用税务登记证件、发票领购簿以及发票，纳入正常管理。

纳税人停业期满不能及时恢复生产、经营的，应当在停业期满前向税务机关提出延长停业登记；纳税人停业期满未按期复业又不申请延长营业的，税务机关应当视为已恢复营业，实施正常的税收征收管理。

（六）扣缴税款登记

扣缴义务人应当自扣缴义务发生之日起 30 日内，向所在地的主管税务机关申报办理扣缴税款登记，领取扣缴税款登记证件；税务机关对已办理税务登记的扣缴义务人，可以只在其税务登记证件上登记扣缴税款事项，不再发给扣缴税款登记证件。

（七）登记协助单位的登记协助义务

在税务登记中，不是每一个纳税人都能够自觉进行纳税登记，为了更多地了解纳税人、扣缴义务人的基本情况，加强税源管理，促使纳税人依法申报办理税务登记，真正发挥税务登记在税务管理中的作用，《税收征收管理法》及《税收征收管理法实施细则》特别规定了相关部门和单位的税务协助义务。

1. 工商行政管理机关登记协助义务

《税收征收管理法》第 15 条规定，工商行政管理机关应当将办理登记注册、核发营业执照的情况，定期向税务机关通报；《税收征收管理法实施细则》第 11 条进一步规定，各级工商行政管理机关应当向同级税务机关定期通报办理开业、变更、注销登记以及吊销营业执照的情况，通报的具体办法由国家税务总局和国家工商行政管理总局联合制定。

2. 金融机构的登记协助义务

《税收征收管理法》第 17 条规定，银行和其他金融机构应当在从事生产、经营的纳税人的账户中登录税务登记证件号码，并在税务登记证件中登录从事生产、经营的纳税人的账户账号。税务机关依法查询从事生产、经营的纳税人开立账户的情况时，有关银行和其他金融机构应当予以协助。

《税收征收管理法》及《税收征收管理法实施细则》还规定了不提供协助义务的法律责任。

二、账簿、凭证管理

账簿、凭证是记载纳税人经济活动的重要文字根据，纳税人使用的凭证和编制的账簿是否真实、正确、合法，直接关系到税款征收的正确性和合法性。加强账簿、凭证管理，对税务机关确定和征收税款，进行税务检查、打击查处税收违法行为，具有重要意义。

账簿是纳税人、扣缴义务人连续的记录其各种经济业务的账册和簿籍。我国《税收征收管理法》中所指的账簿，是指按其作用分为总账、明细账、日记账及其他辅助性的账簿。《税收征收管理法实施细则》明确规定总账、日记账应采用订本式。

凭证是指纳税人用来记录经济业务、明确经济责任，并据以登记账簿的书面证明。凭证分为原始凭证和记账凭证。

（一）账簿的设置

《税收征收管理法》第 19 条规定，纳税人、扣缴义务人按照有关法律、行政法规和国务院财政、税务主管部门的规定设置账簿，根据合法、有效凭证记账，进行核算。除经税务机关批准可以不设置账簿的个体工商户外，所有从事生产、经营的纳税人和扣缴义务人都应该按照国务院财政、税务主管部门的规定设置账簿。账簿的设置具体分为以下几种情况：

(1)从事生产、经营的纳税人应当自领取营业执照之日起 15 日内按规定设置账簿。生产、经营规模小又确无建账能力的纳税人，可以聘请经批准从事会计代理记账业务的专业机构或者经税务机关认可的财会人员代为建账和办理账务；聘请上述机构或者人员有实际困难的，经县以上税务机关批准，可以按照税务机关的规定，建立收支凭证粘贴簿、进货销货登记簿或者使用税控装置。

(2)扣缴义务人应当自税收法律、行政法规规定的扣缴义务发生之日起 10 日内，按照代扣、代缴的税种，分别设置代扣代缴、代收代缴税款账簿。

(3)纳税人、扣缴义务人会计制度健全，能够采用计算机记账的，其电子计算机储存的会计记录打印成书面记录后视同会计账簿。但应当在使用前将其记账软件、程序和使用说明书及有关资料报送主管机关备案。

账簿、会计凭证和报表应当使用中文，民族自治地方可以同时使用当地通用的一种民族文字，外商投资企业和外国企业可以同时使用一种外国文字。

（二）账簿、凭证的保管制度

纳税人、扣缴义务人的账簿、记账凭证、完税凭证及其他有关资料的保管，应当按照会计档案的保管规定及财政部、国家税务总局的有关规定办理。每年形成的会计档案，立案装订成册，并移交本单位的档案部门保管。会计档案必须进行科学管理，妥善保管，严防毁损、散失和泄密。

从事生产、经营的纳税人、扣缴义务人对已使用的账簿、记账凭证、完税凭证及其他有关资料必须按照国务院财政、税务主管部门规定的保管期限妥善保管，不得伪造、变造或者擅自毁损。保管期限分为永久和定期两类。定期保管的期限为 3 年、10 年、15 年、25 年四种。保管期限，从会计年度终了后的第一天起计算。永久保存的主要是各级财政总决算报表，税收年度决算报表和有关涉及外事的凭证、账簿和报表，以及行政事业单位的年度决算报表等。会计档案保管期满，需要销毁的，要编制销毁清册，经批准后方可销毁。账簿、记账凭证、报表、完税凭证、发票、出口凭证以及其他有关涉税资料应当保存10年。外商投资企业和外国企业的会计凭证、账簿、报表等涉税资料应当保存15年以上。但是，法律、行政法规另有规定的除外。

三、纳税申报

纳税申报，是指纳税人、扣缴义务人依据税法规定的有关事项，在法定期限内向税务机关提交书面报告的法律行为。纳税申报是纳税人必须履行的一项法定义务，是税务机关界定纳税人法律责任的主要依据，也是税务机关税收管理信息的主要来源和税务管理的主要制度。

(一)纳税申报人

纳税申报人，即纳税申报的对象，是指负有纳税义务以及扣缴义务的单位和个人。我国《税收征收管理法》规定的纳税申报人包括纳税人和扣缴义务人。

(二)纳税申报的范围

根据《税收征收管理法》及《税收征收管理法实施细则》的规定，纳税人和扣缴义务人在税法规定或税务机关依法确定的纳税期限或扣缴税款期间内，无论有无应税所得及其他应税项目，或无论有无代扣、代收税款，均应依照法律、行政法规规定或税务机关依照法律、行政法规的规定所确定的申报期限、申报内容到主管税务机关办理纳税申报。纳税人即便是享受减税、免税待遇的，在减免期间也应按照规定办理纳税申报。

(三)纳税申报的内容

纳税申报的内容是指纳税人、扣缴义务人应向税务机关申报的具体事项和提供的有关资料。

纳税人、扣缴义务人申报纳税，应当向税务机关提供纳税申报表或者代扣代缴、代收代缴税款报告表。报告表的主要内容包括：税种；税目；应纳税项目或者应纳代扣代缴、代收代缴税款项目；计税依据；扣除项目及标准；适用税率或者单位税额；应退税项目及税额；应减免税项目及税额；应纳税额或者应代扣代缴、代收代缴税额；税款所属期限、延期缴纳税款、欠税、滞纳金等。

纳税人办理纳税申报时，应当如实填写纳税申报表，并根据不同的情况相应报送下列有关证件、资料：

(1)财务会计报表及其说明材料；

(2)与纳税有关的合同、协议书及凭证；

(3)税控装置的电子报税资料；

(4)外出经营活动税收管理证明和异地完税凭证；

(5)境内或者境外公证机构出具的有关证明文件；

(6)税务机关规定应当报送的其他有关证件、资料。

扣缴义务人办理代扣代缴、代收代缴税款报告时，应当如实填写代扣代缴、代收代缴税款报告表，并报送代扣代缴、代收代缴税款的合法凭证以及税务机关规定的其他有关证件、资料。

(四)纳税申报期限

纳税申报期限是指法律、行政法规规定的或者税务机关依照法律、行政法规的规定确定的纳税人、扣缴义务人向税务机关申报应纳或应解缴税款的期限。我国《税收征收管理法》对税收申报期限并没有作出明确规定，而是规定在各个具体的税种法中，或者授权省级人民政府规定。申报期限有两种：

1. 法律、行政法规规定的期限

一般来说，以1日、3日、5日、10日、15日为一期纳税的，应于期满后5日内申报缴纳税款；以1个月为一期纳税的，应于期满后10日内申报缴纳税款，申报期限的最后一日如果遇到公休假日，可以顺延。

2. 税务机关确定的期限

税务机关按照法律、行政法规规定的原则，结合纳税人实际的生产经营情况及应缴税种等相关问题予以确定。《税收征收管理法》及《税收征收管理法实施细则》规定，纳税人、扣缴义务人按照规定的期限办理纳税申报或者报送代扣代缴、代收代缴税款报告表确有困难，需要延期的，应当在规定的期限内向税务机关提出书面延期申请，经税务机关核准，在核准的期限内办理。具体内容在下面的延期申报中介绍。

(五)纳税申报的方式

纳税申报的方式多种多样。我国《税收征收管理法》第26条规定，纳税人、扣缴义务人可以直接到税务机关办理纳税申报或者报送代扣代缴、代收代缴税款报告表，也可以按照规定采取邮寄、数据电文或者其他方式办理上述申报、报送事项。据此，我国纳税申报主要有直接申报、邮寄申报、数据电文申报三种方式。

(1)直接申报，是指纳税人、扣缴义务人在规定的申报期限内，直接到主管税务机关报送纳税申报表，代扣代缴、代收代缴报告表及其有关资料的方式。

(2)邮寄申报，是指经税务机关批准的纳税人、扣缴义务人在规定的申报期限内，通过邮政部门向主管税务机关邮寄报送纳税申报资料或者代扣代缴、代收代缴税款报告表及有关资料的方式。纳税人采取邮寄方式办理纳税申报的，应当使用统一的纳税申报专用信封，并以邮政部门收据作为申报凭据，邮寄申报以寄出的邮戳日期为实际申报日期。

(3)数据电文申报，是指税务机关确定的电话语音、电子数据交换系统和网络传输等方式向税务机关报送纳税申报资料或代扣代缴、代收代缴税款报告表及其他资料的方式。纳税人采取电子方式办理纳税申报的，应当按照税务机关规定的期限和要求保存有关资料，并定期书面报送主管税务机关。纳税人、扣缴义务人用数据电文方式办理纳税申报的，其申报日期以税务机关计算机网络系统收到该数据电文的时间为准。

除上述申报方式以外，《税收征收管理法实施细则》第36条还规定，实行定期定额缴纳税款的纳税人，可以实行简易申报、简并征期等申报纳税方式。“简易申报”是指实行定期定额缴纳税款的纳税人在法律、行政法规规定的期限内，或税务机关依据法律、行政法规的规定确定的期限内缴纳税款的，税务机关可以视同申报。“简并征期”是指实行定期定额缴纳税款的纳税人，经税务机关批准，可以采取将纳税期限合并为按季、半年、年的方式缴纳税款。

根据国务院批转的国家税务总局《关于深化税收征管改革的方案》，实践中我国纳税申报制度在“报”“缴”制度的衔接上具体的做法有：

(1)先缴后报，即在法定的纳税申报期间，由纳税人自行计算、自行填写缴款书并向银行缴纳税款，然后持纳税申报表、缴款书、报查联和有关资料，向税务机关办理申报。

(2)预储报缴，实行银行税务一体化管理的地方，申报纳税人先在银行开设税款预储账户，按期提前储入当期应纳税款，并在法定的申报纳税期内向税务机关报送纳税申报表和有关资料，然后由税务机关通知划款如库。

(3)支票报缴，即法定的纳税申报期内，纳税人持纳税申报表及有关资料以及应付税款等额支票，报送税务机关；税务机关集中报缴数字清单、支票，统一交由国库办理清算。

依照税法规定分期预缴，按期一并申报的纳税人，可以选择上述三种申报方式办理纳税申报结清税款。

(4)现金报缴，即对于未在银行开立账户的纳税人，可按现行办法在办理纳税申请时以现金结算税款，提倡并逐步推行信用卡。

由此可知，在实践中，“报”和“缴”都是联系在一起的，这说明人们把缴款作为申报的目的和当然延续来看待。纳税申报程序和税款确定、税款征收程序具有密切关系，有时还会发生重合。①

(六)延期申报

延期申报是指纳税人、扣缴义务人因特殊情况不能按照税法规定的期限办理纳税申报或者扣缴税款报告，经申请有关部门批准推迟纳税申报的制度。“特殊情况”是指不可抗力及其他不能按时申报的情况。

《税收征收管理法》及《税收征收管理法实施细则》对延期申报作出了具体的规定：

(1)纳税人、扣缴义务人按照规定的期限办理纳税申报或者报送代扣代缴、代收代缴税款报告表确有困难，需要延期的，应当在规定的期限内向税务机关提出书面延期申请，经税务机关核准，在核准的期限内办理。

(2)经核准延期办理的申报、报送事项的，应当在纳税期内按照上期实际缴纳的税额或者税务机关核定的税额预缴税款，并在核准的延期内办理税款结算。

(3)纳税人、扣缴义务人因不可抗力，不能按期办理纳税申报或者报送代扣代缴、代收代缴税款报告表的，可以延期办理；但是，应当在不可抗力情形消除后立即向税务机关报告。税务机关应当查明事实，予以核准。

第三节 发票管理

发票，是指在购销商品、提供或者接受服务及从事其他经营活动中，开具、收取的收付款凭证。发票是记录各种经营活动实际发生或完成情况的书面证明，是会计核算的原始凭证和财务收支的法定依据，也是税务机关据以计征税款和进行税务检查的重要依据。

① 参见刘剑文主编：《财税法学》，高等教育出版社 2004 年版，第 601 页；张守文著：《税法原理》，北京大学出版社 2001 年版，第 151 页。

我国对发票的管理非常重视，经国务院批准，财政部于1993年颁布了《中华人民共和国发票管理办法》(以下简称《发票管理办法》)，并于2010年修订了《发票管理办法》，自2011年2月1日开始施行。国家税务总局于2011年1月27日通过了《中华人民共和国发票管理办法实施细则》，自2011年2月1日开始施行，并于2014年12月进行修改。此外，1994年国家税务总局发布了《增值税专用发票使用规定》。上述规章对印制、领购、开具、取得、保管等方面的管理作了明确规定，从而确立了我国的发票管理法律制度。

一、发票印制管理

《税收征收管理法》第21条规定，税务机关是发票的主管机关，负责发票印制、领购、开具、取得、保管、缴销的管理和监督。《发票管理办法》第7~14条对发票的印制做了详细的规定。

1. 发票印制的种类、联次

发票分为普通发票和增值税专用发票两大类。发票分别按工业、商业、建筑、安装业、服务、文化娱乐、综合等来设置。

发票的基本联次为三联，第一联为存根联，由开票方留存备查；第二联为发票联，由收执方作为付款或收款原始凭证；第三联为记账联，由开票方作为记账原始凭证。增值税专用发票的基本联次还应包括抵扣联，收执方作为抵扣税款的凭证。省以上税务机关可根据发票管理情况以及纳税人经营业务需要，增减除发票联以外的其他联次，并确定其用途。

2. 发票印制的内容

发票的内容主要包括：发票名称、字轨号码、联次及用途、客户名称、开户银行及账号、商品名称或经营项目、计量单位、数量、单价、大小写金额、开票人、开票日期、开票单位(个人)名称(章)等。增值税专用发票还应当包括购货人地址、购货人税务登记号、增值税税率、税额、供货方名称、地址及其税务登记号等内容。有代扣代收、委托代征税款的，其发票内容应当包括代扣代收、委托代征税种的税率和税额。

3. 发票印制的管理

发票由省、自治区、直辖市的税务机关指定的企业印刷，增值税专用发票由国家税务总局指定的企业统一印制。禁止私印、伪造、变造发票。

省、自治区、直辖市的税务机关对发票印制实行统一管理。印制发票的企业和生产发票防伪专用品企业应当具备相应的生产条件和管理水平。被指定印制或生产发票的企业，必须按照主管税务机关应下达的发票印制或发票防伪专用品生产通知书所载明的要求印制和生产，并建立发票管理制度和保障制度。印制发票企业和生产发票防伪专用品企业印制、生产完毕的成品，以及印制发票企业购进的发票防伪专用品，应按规定验收后专库妥善保管，不得丢失。次品、废品应报经税务机关批准集中销毁。

4. 发票印制的文字要求

发票应当使用中文印制。民族自治地方的发票，可以加印当地一种通用的民族文字。有实际需要的，也可以同时使用中外两种文字印制。

5. 发票印制的地域制度

各省、自治区、直辖市内的单位和个人使用的发票，应当在本省、自治区、直辖市内印刷；确有必要到外省、自治区、直辖市印刷的，应当征得印刷地省、自治区、直辖市税务机关同意，由其指定的印刷发票的企业印刷。禁止在境外印刷发票。

6. 发票印制的防伪制度

为严格发票印制和管理，打击制售假发票的行为，国家对发票印制实行严格的防伪制度，主要包括发票准印证制度、发票防伪专用品制度、套用监制章制度和不定期换版制度。

(1)发票准印证制度。发票准印证，是税务机关对具备印制发票条件的企业核发的一种准产印制发票的许可证。国家税务总局统一监制发票准印证，由省税务机关核发。省、自治区、直辖市税务机关对发票印制实行统一管理的原则，严格审查印制发票企业的资格，对指定为印制发票的企业发给发票准印证。

(2)发票防伪专用品制度。发票防伪专用品由国家税务总局指定的企业生产，禁止非法制造、倒卖发票防伪专用品。生产发票防伪专用品企业应具备规定的资格条件，符合条件的企业由国家税务总局核发由其统一制作的发票防伪专用品准产证。

(3)套用监制章制度。发票应当套印全国统一发票监制章。全国统一发票监制章的式样和发票版面印刷的要求，由国家税务总局规定。发票监制章由省、自治区、直辖市税务机关制作。禁止伪造发票监制章。

(4)不定期换版制度。发票实行不定期换版制度。换版的具体时间、内容和要求，由国家税务总局制定。

二、发票的领用制度

发票的领用，是用票单位和个人取得发票的法定程序。为方便用票单位和个人使用发票，减少发票的流失，对发票领用程序进行规范化，有助于税务机关加强税务管理。2013年1月1日，我国取消发票工本费，纳税人可免费领用发票。发票领购变为发票领用。《发票管理办法》针对不同情况，对发票领购程序作了不同的规定：

(1)依法办理税务登记的单位或个人，在领取税务登记证件后，向主管税务机关提出领用申请，提供经办人身份证明、税务登记证件或者其他有关证明，以及财务印章或者发票专用章的印模，经主管税务机关审核后，5日内发给发票领购簿。申请者凭发票领购簿核准的种类、数量以及购票方式，向主管税务机关领购发票。

(2)需要临时使用发票的单位和个人，可以凭购销商品、提供或者接受服务以及从事其他经营活动的书面证明、经办人身份证明，直接向经营地税务机关申请代开发票。依照税收法律、行政法规规定应当缴纳税款的，税务机关应当先征收税款，再开具发票。税务机关根据发票管理的需要，可以按照国务院税务主管部门的规定委托其他单位代开发票。

(3)临时到本省、自治区、直辖市以外从事经营活动的单位或者个人，应当凭所在地税务机关的证明，向经营地税务机关领购经营地的发票。税务机关对外省、自治区、直辖市来本辖区从事临时经营活动的单位和个人领购发票的，可以要求其提供保证人或者根据所领购发票的票面限额以及数量交纳不超过1万元的保证金，并限期缴销发票。按期缴销发票的，解除保证人的担保义务或者退还保证金；未按期缴销发票的，由保证人或者以保证金承担法律责任。税务机关收取保证金应当开具资金往来结算票据。

增值税专用发票仅限于增值税一般纳税人领用。

三、发票的开具制度

销售商品、提供服务以及从事其他经营活动的单位和个人，对外发生经营业务收取款项，收款方应当向付款方开具发票；特殊情况下，由付款方向收款方开具发票。税务机关是发票的主管机关，负责发票开具的管理和监督。

发票的开具、使用、取得应注意以下几点：

(1)销售方按规定填开发票。

(2)购买方按规定索取发票。

(3)发票要按规定的时限、顺序全联一次性如实填写。

(4)取得发票时不得要求变更品名和金额。

(5)发票开具应加盖财务印章或发票专用章。

(6)不得转借、转让、代开发票，不自行扩大发票使用范围。

(7)未经税务机关批准不得拆本使用。

(8)发票不得跨省、自治区、直辖市使用，任何单位和个人不得跨规定的使用区域携带、邮寄、运输空白发票。

(9)开具发票后，如发生货物退还需开红色发票，必须收回原发票注明“作废”字样或取得对方有效证明。发生销售折让的，应收回原票并注明“作废”后重新开具发票。

(10)存用计算机开具发票，须经主管税务机关批准，并使用税务机关统一监制的机外发票，开具后的根联应当按照顺序号装订成册。

(11)购买方为企业的，索取增值税普通发票时，应向销售方提供纳税人识别号或统一社会信用代码，销售方为其开具增值税普通发票时，应在“购买方纳税人识别号”栏填写购买方的纳税人识别号或统一社会信用代码(依据国家税务总局《关于增值税发票开具有关问题的公告》<国家税务总局公告 2017 年第 16 号>规定)。

增值税一般纳税人销售货物(包括视同销售货物)、应税劳务以及应征收增值税的非应税劳务，必须向购买方开具增值税专用发票。但下列情形，不得开具增值税专用发票，只能开具普通发票：(1)向消费者销售应税项目；(2)销售免税项目；(3)销售报关出口的货物，在境外销售应税劳务；(4)将货物用于非税项目；(5)将货物用于集体福利或个人消费；(6)将货物无偿赠送他人；(7)提供非应税劳务、转让无形资产或销售不动产。向小规模纳税人销售应税项目，可以不开具增值税专用发票。小规模纳税企业和非企业性单位，经批准可由税务机关代开增值税专用发票。增值税一般纳税人必须严格按照规定的开具时间和填开要求开具增值税专用发票，未按规定开具的专用发票不得作为扣税凭证，购买方有权拒绝。

四、发票的保管

根据发票管理的要求，发票保管分为税务机关保管和用票单位保管两个层次，都必须建立严格的发票管理制度。

开具发票的单位或个人应当建立发票使用登记制度，设置发票登记簿，并定期向主管税务机关报告发票使用情况；还应当按照税务机关的规定存放和保管发票，不得擅自损毁。已开具的发票存根联和发票登记簿，应当保存5年。保存期满，报经税务机关查验后销毁。

用票单位和个人应当妥善保管发票，不得丢失。发票丢失的，应于丢失当日书面报告主管税务机关，并在报刊和电视等传媒上公布声明作废。

五、发票的检查

发票检查是税务机关依法对印制、使用发票的单位和个人执行发票管理规定情况的监督活动，是发票管理制度的有机组成部分。它对保证印制、保证使用发票的单位和个人严格遵守发票管理制度，维护经济秩序和税收秩序，具有十分重要的意义。

(一)税务机关在发票管理中的权利、义务

根据《发票管理办法》的规定，税务机关在发票管理中有以下权利：

(1)检查印制、领购、开具、取得和保管发票的情况；

(2)调出发票查验；

(3)复制与发票有关的凭证、资料；

(4)向当事各方询问与发票有关的问题和情况；

(5)在查处发票案件时，对与案件有关的情况和资料，可以记录、录音、录像、照像和复制；

(6)单位和个人从中国境外取得的与纳税有关的发票或者凭证，税务机关在纳税审查时有疑义的，可以要求其提供境外公证机构或者注册会计师的确认证明，经税务机关审核认可后，方可作为记账核算的凭证；

(7)税务机关在发票检查中需要核对发票存根联与发票联填写情况时，可以向持有发票或者发票存根联的单位发出发票填写情况核对卡，有关单位应当如实填写，按期报回。

税务机关在发票管理中有以下义务：

(1)税务人员进行检查时，应当出示税务检查证。

(2)税务机关需要将已开具的发票调出查验时，应当向被查验的单位和个人开具发票换票证(发票换票证仅限于在本县(市)范围内使用。需要调出外县(市)的发票查验时，应与该县(市)税务机关联系，使用当地的发票换票证)。发票换票证与所调出查验的发票有同等效力。

(3)税务机关需要将空白发票调出查验时，应当开具收据，经查无问题的，应当及时返还。

(二)被管理人在发票管理中的权利、义务

被管理人在发票管理中有以下权利：

(1)税务人员无证(包括税务人员工作证和税务检查证)检查的，被检查人有权拒绝；

(2)税务机关需要将已开具的发票调出查验时，被检查人有权要求被查验的单位和个人开具发票换票证；

(3)税务机关需要将空白发票调出查验时，被检查人有权要求被查验的单位和个人开具收据；经查无问题的，有权要求及时返还；

(4)用票单位和个人有权申请税务机关对发票的真伪进行鉴别，收到申请的税务机关应当受理并负责鉴别发票的真伪。

被管理人在发票管理中有以下义务：

(1)接受税务机关依法进行的检查，如实反映情况、提供有关资料，不得拒绝隐瞒；

(2)税务机关对从境外取得的发票等有异议的，被检查人有义务提供境外机构或注册会计师的证明；

(3)持有发票或者发票存根联的单位接到税务机关发出的发票填写情况核对卡时，有关单位应当如实填写，按期报回。

第四节 税款征收

税款征收是指征税机关依照税收法律、行政法规规定将纳税人应缴纳的税款组织征收入库的一系列活动的总称，是税收征收管理工作的核心内容和中心环节，是全部税收征收管理工作的目的和归宿。税收征收制度对于强化税收征收管理，维护征纳双方的权益具有重要的意义。

一、税款的征收基本制度

(一)税款征纳主体

1. 征税主体

我国履行税收征收职能，代表国家征税的主体包括税务机关、海关部门。税务机关是专门的行使税权的国家主体。《税收征收管理法》中规定的征税机关为税务机关，具体包括税务机关以及法律、法规授权的组织和税务机关委托的单位和个人。税务机关都具有税款征收权，同时也必须严格遵循税收法定原则，依法征税，不得违反法律、行政法规的规定开征、停征、多征、少征税款。

2. 纳税主体

纳税主体在这里主要是指缴纳税款的主体，主要包括纳税义务人和扣缴义务人。纳税主体在税款征收阶段最主要的义务就是缴纳税款，这是与征税主体的税款征收权相对应的。

我国《税收征收管理法》规定，纳税人、扣缴义务人必须依照法律、行政法规的规定缴纳税款、代收代缴、代扣代缴税款。但对于法律、行政法规的没有规定负有代收代缴、代扣代缴税款义务的单位和个人，税务机关不得要求其履行代扣、代收义务。此外，扣缴义务人依法履行代扣、代收税款义务时，纳税人不得拒绝，如果纳税人拒绝，扣缴义务人应当及时报告税务机关处理。此外，纳税担保人在纳税主体、扣缴义务人不能履行纳税义务时，需承担解缴或缴纳税款的义务。纳税担保人在一定意义上也可视为纳税主体。

3. 有关单位和部门

《税收征收管理法》第5条规定，地方各级人民政府应当依法加强对本行政区域内税收管理工作的领导或者协调，支持税务机关依法执行职务，依照法定税率计算税额，依法征收税款。各有关部门和单位应当支持、协助税务机关依法执行职务。这说明包括地方各级人民政府在内的有关单位和部门同样是税收征管法的遵守主体，必须遵守《税收征收管理法》的规定。

(二)税款征收管辖

税款征收管辖是征税机关在税款征收方面的分工和权限，也是解决纳税主体向哪个税务机关纳税的问题。在法律上明确税收征收管辖，意义在于防止偷漏税和避免重复征税。

税款征税管辖从纳税主体的角度来说是一个纳税地点问题。在税法上确定的纳税地点包括：纳税人所在地(包括其机构所在地和住所所在地等)、商品销售地、劳务发生地或经营地、财产所在地等。纳税人应根据具体情况到上述地点的征税机关申报纳税。①

(三)税款征收方式

税款的征收方式，是指税务机关依照税法规定的生产经营、财务管理情况而采取的具体组织税收入库的方法。税务机关根据保证国家税款及时足额入库、方便纳税人、降低税收成本的原则，确定税款征收的方式。根据《税收征收管理法》及《税收征收管理法实施细则》的规定，税款征收方式主要有查账征收、查定征收、查验征收、定期定额征收、代扣代缴、代收代缴、委托代征、邮寄纳税以及其他方式。

1. 查账征收

查账征收，又称自报查账，是指税务机关按照纳税人提供的账表所反映的经营情况，核实其申报的应纳税款，并据以把税款征收入库的方式。在实践中，一般是由纳税人自行计算应纳税款，然后向税务机关申报有关账册和资料，经税务机关核实，开具缴款书，由纳税人据以向当地银行缴纳入库。这种方式适用于账簿、凭证、财务核算制度比较健全，能够据以如实核算，反映生产经营成果，正确计算应纳税款的纳税人。

2. 查定征收

查定征收是指税务机关根据纳税人的从业人员、生产设备、原材料消耗等因素，在正常生产、经营条件下，对其产制的应税产品查实核定产量、销售额，并据以确定其应纳税额，分期征收税款，期末进行结算的一种征收方式。当其实际产量、销量超过核定量时，须由纳税人报请补征；不到核定量时，可由纳税人报请重新审定。主要用于生产规模小、财务会计制度不健全的小型企业和个体工商户。

3. 查验征收

查验征收是指税务机关对纳税人应税商品，通过查验数量，按市场一般销售单价计算总销售收入并据以征税的一种方式。查验征收又分为就地查验征收和设立检查站查验征收两种。查验征收主要适用于城乡集贸市场临时经营以及场外(如火车站、飞机场、码头、公路交通要道等)经销商品的征税。查验征收既是对流动、分散的税源加强控制管理的一种方式，又是对纳税人进行税务监督的一种有效手段。

4. 定期定额征收

定期定额征收是指由税务机关依据《个体工商户税收定期定额征收管理办法》，对纳

---

① 参见张守文主编：《税法原理》，北京大学出版社 2001 年版，第 162 页。

税人一定经营时期核定应纳税收入、应纳税所得额和按适用税率核定的应纳税额，分期征收税款的一种征收方式。这种方式主要适用于一些没有记账能力，无法查实其销售收入或营业收入和所得额的个体工商户。税务机关根据纳税人的经营趋势和上期的负担情况，核定纳税人的一个季度、半年或一年内的应纳税收入、应纳税所得额和按适用税率核定的应纳税额，由纳税人按规定的纳税期限缴纳税款。税务机关对税款缴纳情况及时予以核对，加强督促检查，对经营情况发生较大变化的纳税人，可以及时进行调整。

5. 代扣代缴和代收代缴

代扣代缴是指税收法律、行政法规已经明确规定负有扣缴义务的单位和个人在支付款项时，代税务机关从支付给负有纳税义务的单位和个人的收入中扣留并向税务机关解缴的一种税款征收方式。这种方式是为了对零星分散、不易控管的税源实行源泉控制，以保证税款的征收，例如对个人所得税的征收。

代收代缴是指税收法律、行政法规已经明确规定负有扣缴义务的单位和个人(一般是指与纳税人有经济业务往来的扣缴义务人)在收取款项时，代税务机关向负有纳税义务的单位和个人收取并向税务机关缴纳的一种税款征收方式。例如增值税中的委托加工由受托方代收纳税人加工产品的税款并代为缴纳。

上两种方式只适用于特定的税种。如果纳税人拒绝代扣代缴、代收代缴税款，扣缴义务人有权向税务机关报告，但无权处罚。

6. 委托代征

委托代征是指税务机关根据《税收征收管理法》，坚持有利于税收控管和方便纳税的原则，委托有关单位和个人按照代征协议规定的代征范围、权限及税法规定的征收标准代税务机关征收少数零星分散及异地缴纳税款的行为。受托单位和人员按照代征证书的要求，以税务机关的名义依法征收税款。2013 年 5 月，国家税务总局颁布了《委托代征管理办法》以规范委托代征行为。

7. 其他方式

如利用网上银行、IC 卡纳税等方式。

(四)纳税申报制度

纳税申报，是指发生法定纳税义务后，纳税人依法于规定时间内，自行向税务机关报送纳税申报表及财务会计报表以及税务机关根据实际需要要求纳税人报送的其他纳税资料的制度。

1. 申报方式

纳税人、扣缴义务人除直接前往税务机关办理纳税申报或报送代扣代缴、代收代缴税款报告表这种申报方式外，《税收征收管理法实施细则》第 30 条规定："税务机关应当建立、健全纳税人自行申报纳税制度。纳税人、扣缴义务人可以采取邮寄、数据电文方式办理纳税申报或者报送代扣代缴、代收代缴税款报告表。"

2. 申报时间

缴纳增值税、消费税的纳税人，以 1 个月为一期纳税的，于期满后 15 日内申报，以 1 日、3 日、5 日、10 日、15 日为一期纳税的，自期满之日起 5 日内预缴税款，于次月 1 日起 15 日内申报并结算上月应纳税款。

缴纳企业所得税的纳税人应当在月份或者季度终了后15日内，向其所在地主管国家税务机关办理预缴所得税申报；内资企业在年度终了后45日内、外商投资企业和外国企业在年度终了后4个月内向其所在地主管国家税务机关办理所得税申报。

其他税种，税法已明确规定纳税申报期限的，按税法规定的期限申报。

税法未明确规定纳税申报期限的，按主管国家税务机关根据具体情况确定的期限申报。

纳税人未按照规定的期限办理纳税申报的，或者扣缴义务人、代征人未按照规定的期限向国家税务机关报送代扣代缴、代收代缴税款报告表的，由国家税务机关责令限期改正，可以处以2000元以下的罚款；逾期不改正的，可以处以2000元以上10000元以下的罚款。

3. 申报内容

纳税人、扣缴义务人的纳税申报或者代扣代缴、代收代缴税款报告表的主要内容包括：税种、税目，应纳税项目或者应代扣代缴、代收代缴税款项目，计税依据，扣除项目及标准，适用税率或者单位税额，应退税项目及税额、应减免税项目及税额，应纳税额或者应代扣代缴、代收代缴税额，税款所属期限、延期缴纳税款、欠税、滞纳金等。

(五)税收确定

税收确定是指税务机关依照税法的规定，确定纳税人的纳税数额、纳税期限、纳税地点等税收债务关系具体内容的一种制度。只有经过确定程序后，纳税人的应纳税额才从抽象的纳税义务转化为具体化的纳税义务，税款征收才具有直接的依据。

税收确定是纳税申报的补充，主要对实践中出现的纳税人账册不全及关联企业通过转让定价等逃避纳税申报的情况进行了规制，设立了税款的核定制度和税款调整制度。

1. 税款核定制度

税款核定制度是指在法定情形下，税务机关运用税款核定权核定纳税人税额的制度。通常情况下，税款核定是对纳税人当期或以前税期应纳税额的确定。但对依照规定可以不设账簿的纳税人，征税机关可以核定下期应纳税所得。

(1)税款核定的法定情形。根据《税收征收管理法》及《税收征收管理法实施细则》的规定，税务机关有权核定纳税人税款的法定情形有：

①依照法律、行政法规的规定可以不设置账簿的；

②依照法律、行政法规的规定应当设置账簿但未设置的；

③擅自销毁账簿或者拒不提供纳税资料的；

④虽设置账簿，但账目混乱或者成本资料、收入凭证、费用凭证残缺不全，难以查账的；

⑤发生纳税义务，未按照规定的期限办理纳税申报，经税务机关责令限期申报，逾期仍不申报的；

⑥纳税人申报的计税依据明显偏低，又无正当理由的；

⑦对未按照规定办理税务登记的从事生产、经营的纳税人(包括到外县从事生产、经营而未向营业地税务机关报验登记的纳税人)，以及临时从事经营的纳税人。

此外，国家税务总局印发的《核定征收企业所得税暂行办法》第2条规定纳税人具有法定情形的，应采取核定征收方式征收企业所得税。

(2)税款核定的方法。纳税人有法定情形需要进行税款调整的，税务机关有权采用下列任何一种方式核定应纳税额，采用一种方法不足以正确核定应纳税额时，可以同时采用两种以上的方法核定：

①参照当地同类行业或者类似行业中经营规模和收入水平相近的纳税人的税负水平核定；

②按照营业收入或者成本加合理的费用和利润的方法核定；

③按照耗用的原材料、燃料、动力等推算或者测算核定；

④按照其他合理方法核定。

对于企业所得税的核定方法，可以采取定额征收和核定应税所得额征收以及其他合理的方法征收。

纳税人对税务机关采取本条规定的方法核定的应纳税额有异议的，应当提供相关证据，经税务机关认定后，调整应纳税额。

2. 税款调整制度

《税收征收管理法》及《税收征收管理法实施细则》专门规定了一种对于关联企业的税款确定制度，即税款调整制度。对于符合法定情形的关联企业，税务机关有权依法对其应纳税额进行调整。

(1)关联企业的界定。关联企业是指经济上有利益关系，法律上相互独立的企业联合体。除税法规定以外，关联企业也是公司法、证券法、竞争法等共同规制的对象。《税收征收管理法实施细则》将关联企业界定为有下列关系的公司、企业、其他经济组织：

①在资金、经营、购销等方面，存在直接或者间接的拥有或者控制关系；

②直接或者间接地同为第三者所拥有或者控制；

③在利益上具有相关联的其他关系。

《关联企业间业务往来税务管理规程》将企业与另一公司、企业、其他经济组织(以下统称另一企业)之间的关联关系具体分解为以下几种情形：

①相互间直接或间接持有其中一方的股份总和达到25%或以上的；

②直接或间接同为第三者所拥有或控制股份达到25%或以上的；

③企业与另一企业之间借贷资金占企业自有资金50%或以上，或企业借贷资金总额的10%或以上是由另一企业担保的；

④企业的董事或经理等高级管理人员一半以上或有一名以上(含一名)常务董事是由另一企业所委派的；

⑤企业的生产经营活动必须由另一企业提供的特许权利(包括工业产权、专业技术等)才能正常进行的；

⑥企业生产经营购进的原材料、零部件等(包括价格及交易条件等)是由另一企业所供应并控制的 ；

⑦企业生产的产品或商品的销售(包括价格及交易条件等)是由另一企业所控制的；

⑧对企业生产经营、交易具有实际控制、或在利益上具有相关联的其他关系，包括家族、亲属关系等。

我国税法对关联企业的认定基本采用国际上通行的做法，即是从“控税”的角度来解释“关联企业”，并将是否存在控制作为判定“关联企业”的基本标准。同时，不仅注重股权控制，还十分注重非股权控制；不仅涉及直接控制，也涉及间接控制。①

(2)税款调整的法定情形。《税收征收管理法实施细则》第54条规定，对关联企业间业务往来进行税收调整的法定情形有：

①购销业务未按照独立企业之间的业务往来作价；

②融通资金所支付或者收取的利息超过或者低于没有关联关系的企业之间所能同意的数额，或者利率超过或者低于同类业务的正常利率；

③提供劳务，未按照独立企业之间业务往来收取或者支付劳务费用；

④转让财产、提供财产使用权等业务往来，未按照独立企业之间业务往来作价或者收取、支付费用；

⑤未按照独立企业之间业务往来作价的其他情形。

(3)调整税款的方法。《税收征收管理法实施细则》第55条规定，纳税人有法定情形之一的，税务机关可以按照下列方法调整计税所得额：

①按照独立企业之间进行的相同或者类似业务活动的价格；

②按照再销售给无关联关系的第三者的价格所应取得的收入和利润水平；

③按照成本加合理的费用和利润；

④按照其他合理的方法。在上述三种调整方法都不能适用时，还可采取可比利润法、利润分割法、净利润分割法等替代方法进行调整。

前述各种方法都属于事后调整方法，这种调整方法需要税务机关投入大量的人力、物力作调查取证工作，而且由于关联企业的复杂性，税务机关掌握关联企业的纳税信息比较困难，往往难以确定关联企业的应纳税额，即使确定了也容易引起税务争议。

我国《税收征收管理法实施细则》规定了预约定价的调整方法，该法第53条规定：“纳税人可以向主管税务机关提出与其关联企业之间业务往来的定价原则和计算方法，主管税务机关审核、批准后，与纳税人预先约定有关定价事项，监督纳税人执行。”预约定价税制法是指纳税人事先将其和关联企业之间的内部交易与财物收支往来所涉及的转让定价方式向税务机关申报，经税务机关审定认可后，作为计征税款的会计核算依据，并免除事后税务机关对定价调整的一项制度。这种制度的优越性在于：有利于企业进行经营决策，以避免税收对经营的干扰；有利于财政收入的稳定；有利于协调缔约国之间税务机关与纳税人的矛盾；有利于降低征税成本。

(六)税款征纳期限

税款征纳期限包括税务机关的征税期限和纳税主体的纳税期限。纳税期限是指纳税主体在税款征纳活动中履行纳税义务的期限，包括纳税计算期和纳税缴库期②；征税期限是指征税机关行使税款征收权的期限。法律上规定征纳期限的意义在于规范征税机关的征税

① 参见刘剑文主编：《财税法学》，高等教育出版社2004年版，第616页。

② 纳税计算期是指纳税主体据以计算应纳税额的期限，即纳税人多长时间计缴一次税款；税款缴款期是指纳税计算期满后，纳税主体实际缴纳税款入库的法定期限。

行为和纳税主体纳税义务的履行。纳税人在纳税期限届满之前，征税机关不得违法提前征收税款，纳税主体亦无提前纳税的义务；纳税期限届满后，纳税主体则不得违法拖欠税款，否则将被作为违法行为而被加收滞纳金。征纳期限因税种不同而多有不同，具体的征纳期限规定在税种法里。

二、税款征收特殊制度

(一)延期征收制度

通常情况下，纳税人应当依照法律、行政法规规定或者税务机关依照法律、行政法规确定的期限缴纳税款。但考虑到纳税人在履行纳税义务的过程中，可能会遇到特殊困难的客观情况，为了保护纳税人的合法权益，《税收征收管理法》第 31 条规定："纳税人因有特殊困难，不能按期缴纳税款的，经省、自治区、直辖市国家税务局、地方税务局批准，可以延期缴纳税款，但是最长不得超过三个月。"《税收征收管理法实施细则》第 41 条对"特殊困难"作了具体规定：

(1)因不可抗力，导致纳税人发生较大损失，正常生产经营活动受到较大影响的。

(2)当期货币资金在扣除应付职工工资、社会保险费后，不足以缴纳税款的。当期货币资金是指纳税人申请延期缴纳税款之日的资本余额，其中不含国家法律、行政法规明确规定不可动用的资金；应付职工工资是指当期计提数。

纳税人需要延期缴纳税款的应当注意以下问题：

(1)在规定的期限内提出申请。纳税人需要延期缴纳税款的，应当在缴纳税款期限届满前提出申请，并报送下列材料：申请延期缴纳税款报告，当期货币资金余额情况及所有银行存款账户的对账单，资产负债表，应付职工工资和社会保险费等税务机关要求提供的支出预算。

(2)税款的延期缴纳必须经省、自治区、直辖市、计划单列市的税务机关批准方为有效。

(3)延期期限最长不超过 3 个月，同一笔税款不得流动审批，批准延期期限内免予加收滞纳金。

税务机关应当自收到申请延期缴纳税款报告之日起 20 日内作出批准或者不予批准的决定；不予批准的，从缴纳税款期限届满之日起加收滞纳金。

(二)税收减免制度

税收减免的目的主要是为了发挥税法促进效率、保障公平的功能，贯彻国家特定时期的税收政策，保证国民经济的协调运行。我国税务机关自由裁量权较大，但缺少对税收减免的监督制度，税收减免很容易成为有关单位和个人进行权利寻租的手段；另外，过多的税收减免也会干预经济的正常运行，扭曲资源的有效配置，人为地破坏市场中公平的竞争机制。因此，应当从经济运行的客观规律出发制定适当的减免制度，严格减免程序，加强减免监督，使减免制度得到更好地运用。①

根据《税收征收管理法》及《税收征收管理法实施细则》，结合国家税务总局的规定，

① 参见刘剑文主编：《财税法学》，高等教育出版社 2004 年版，第 625 页。

申请和审批减免税须遵循以下程序：

1. 税收减免的申请

纳税人申请减免税，应向主管税务机关提出书面申请，并应报送以下资料：

(1)减免税申请报告，须列明减免税理由、依据、范围、数量、金额等；

(2)财务会计报表、纳税申报表；

(3)有关部门出据的证明材料；

(4)税务机关要求提供的其他资料。

2. 税收减免的受理

纳税人所在地的税务机关受理申请，税务机关对纳税人提出的减免税申请，应当根据以下情况分别作出处理：

(1)申请减免税的材料齐全的税务机关应当立即受理；

(2)申请减免税项目，依法不需要税务机关审查后执行的，应当即时告知纳税人不受理；

(3)申请的减免税材料不齐全或者不符合法定形式的，应在5个工作日内一次告知纳税人需要补正的全部内容；

(4)申请的减免税材料不详或者存在错误的，应当告知并允许纳税人更正，更正后符合条件的应当受理；

(5)应当由上级税务机关作出审批的减免税申请，主管税务机关应当自受理申请之日起10个工作日内直接上报有关有权审批的上级税务机关；

税务机关受理或不予受理减免税申请，应当出具加盖本机关专用印章和注明日期的书面证明。

3. 税收减免的审批

减税、免税的申请须经法律、行政法规规定的减税、免税审查批准机关审批。地方各级人民政府、各级人民政府主管部门、单位和个人违反法律、行政法规规定，擅自作出的减税、免税决定无效，税务机关不得执行，并向上级税务机关报告。各级税务机关审批的时间限制：

(1)县、区级税务机关负责审批的减免税，必须在20个工作日作出审批决定；

(2)地市级税务机关负责审批的，必须在30个工作日作出决定；

(3)省级税务机关负责审批的，必须在60个工作日内作出审批。

在规定的期限内不能作出决定的，经本级税务机关负责人批准，可以延长10个工作日，并将延长的理由告知纳税人。

4. 减免税过程中应当注意的几个问题

(1)纳税人在享受免税、减税待遇期间，仍然应当按照规定办理纳税申报。

(2)享受减税、免税优惠的纳税人，减税、免税条件发生变化的，应当自发生变化之日起15日内向税务机关报告；不再符合减税、免税条件的，应当依法履行纳税义务；未依法纳税的，税务机关应当予以追缴。

(3)纳税人依法应当享受减免税待遇，但未享受而多缴税款的，凡属于无明文规定需经税务机关批准，也没有规定申请期限的，纳税人可以按《税收征收管理法》第51条规定的期限申请减免税，要求退还多缴的税款，但不加算银行同期利息。

(4)纳税人同时从事减免税项目的与非减免税项目的，应分别计算，独立计算减免税项目的计税依据以及减免税额。不能分别核算的，不能享受减免税；核算不清的由税务机关按合理方法核定。

(三)滞纳金制度

《税收征收管理法》第32条规定，纳税人未按照规定期限缴纳税款的，扣缴义务人未按照规定期限解缴税款的，税务机关除责令限期缴纳外，从滞纳税款之日起，按日加收滞纳税款5‰的滞纳金。加收滞纳金的具体操作应按下列程序进行：

1. 责令限期缴纳税款

税务机关发出催缴税款通知书，责令限期缴纳税款或解缴税款，告知纳税人如不按期履行纳税义务，将依法按日加收滞纳税款5‰的滞纳金。

2. 加收滞纳金

税务机关责令限期缴纳税款后纳税人仍未缴纳税款的，按日加收滞纳税款5‰的滞纳金。滞纳金的起止时间由法律、行政法规规定或者依照法律、行政法规的规定确定的税款缴纳期限届满次日起至纳税人、扣缴义务人实际缴纳或解缴税款之日止。

3. 强制执行

纳税人、扣缴义务人拒绝缴纳税款或者解缴税款的，可以按不履行纳税义务的规定实行强行划拨或强制征收。

(四)退税制度

退税是指在发生超纳、误纳的情况下，征税机关依职权或应纳税人的要求，将超纳、误纳的税款退还给纳税人的制度。退税制度以纳税人有退还请求权为基础，征税机关无法律依据而受领人民之租税法上的金钱给付，使纳税人受到了损失，属不当所得，法律应赋予纳税人返还请求权，以恢复纳税人的权利。税务机关发现后，应当主动退还超纳、误纳的税款。这一制度与民法的不当得利非常类似，也可以说是借鉴了民法不当得利制度，是民法不当得利的法理类推适用于退税制度。但有的学者认为退税制度是一种独立的公法制度，不应当被称为不当得利返还请求权。我们认为从民法不当得利的角度理解退税制度具有可行性。

退税制度具体包括：

(1)税务机关发现纳税人多缴税款的，应当立即退还，并在10日内办理退税手续；

(2)纳税人自结算缴纳税款之日起3年内发现的，可以向税务机关要求退还多缴的税款，并加算银行同期存款利息(不包括依法预缴税款形成的结算退税，出口退税和各种减免退税)，税务机关应当自接到纳税人退税要求之日起30日内查实办理退税手续；

(3)退税利息按照税务机关办理退税手续当天中国人民银行规定的活期存款利率计算；

(4)退税涉及从国库中退库的，依照法律、行政法规有关国库管理的规定退税；

(5)当纳税人既有应退税款，又有欠缴税款的，税务机关可以将应退税款和利息先抵扣欠缴税款，抵扣后有余额的退还纳税人。

《税收征收管理法》规定的退税制度不包括出口环节对增值税、消费税、所得税的先缴后退；印花税的征收不适用退税制度，凡多贴印花税的，不得申请退税或抵用。

(五)税款的补缴、追征制度

《税收征收管理法》第52条规定及《税收征收管理法实施细则》第80~83条具体规定了税款的补缴、追缴制度：

(1)税务机关的责任导致未缴或少缴税款。因税务机关的责任，致使纳税人、扣缴义务人未缴或者少缴税款的，税务机关在3年内可以要求纳税人、扣缴义务人补缴税款，但是不得加收滞纳金。税务机关的责任，是指税务机关适用税收法律、行政法规不当或者执法行为违法。

(2)纳税人的责任导致未缴或少缴税款。因纳税人、扣缴义务人计算错误等失误，未缴或者少缴税款的，税务机关在3年内可以追征税款、滞纳金。有特殊情况的，追征期可以延长到5年。纳税人、扣缴义务人计算错误等失误，是指非主观故意的计算公式运用错误以及明显的笔误。所谓特殊情况，是指纳税人或者扣缴义务人因计算错误等失误，未缴或少缴、未扣或少扣、未收或少收税款，累计数额在10万元以上。

(3)以上补缴和追征税款、滞纳金的期限，自纳税人、扣缴义务人应缴未缴或者少缴税款之日起计算。对偷税、抗税、骗税的，税务机关追征其未缴或者少缴的税款、滞纳金或者所骗取的税款，不受规定期限的限制。

(六)文书送达制度

文书送达，是指税务机关将税收征收管理过程中的特定税务文书送达纳税人的制度。税务文书一经送达，即产生相应的法律效果，是税收管理中明确征纳主体权利义务的重要制度。

税务文书包括：税务事项通知书；责令限期改正通知书；税收保全措施决定书；税收强制执行决定书；税务检查通知书；税务处理决定书；税务行政处罚决定书；行政复议决定书；其他税务文书。制定税务文书的格式由国家税务总局制定。

税务文书送达方式包括：(1)直接送达，送达税务文书应当有送达回证，并由受送达人或者法律规定的其他签收人在送达回证上记明收到日期，签名或者盖章，即为送达；(2)留置送达，受送达人或者本细则规定的其他签收人拒绝签收税务文书的，送达人应当在送达回证上记明拒收理由和日期，并由送达人和见证人签名或者盖章，将税务文书留在受送达人处，即视为送达；(3)委托送达，直接送达税务文书有困难的，可以委托其他有关机关或者其他单位代为送达；(4)邮寄送达，邮寄送达的，以挂号函件回执上注明的收件日期为送达日期，并视为已送达；(5)公告送达，同一送达事项的受送达人众多或者采用本章规定的其他送达方式无法送达，税务机关可以公告送达税务文书，自公告之日起满30日，即视为送达。

三、税款征收保障制度

税款征收保障制度是税收征收制度的一个重要组成部分。正常情况下，经过纳税人申报并缴纳税款，纳税人的纳税义务就应履行完毕，纳税主体与税务机关之间的相关征纳关系也应就此终止。只有纳税主体的某些行为有使税收债务无法实现的危险时，税务机关才有必要采取税收保障措施来保证税款征收得到圆满实现。由此看来税收保障制度是一般税款征收制度的一个补充措施，用“补充”二字并不代表其不重要，它的作用在于督促纳税人合法及时地履行纳税义务，保障税款的足额入库，维护税法的严肃性。

税款征收保障制度包括税收担保制度、税收保全制度、强制执行制度、代位权制度、撤销权制度。从广义上讲也包括税收检查制度，本节将不对其进行介绍。

(一)税收担保制度

税收担保制度是促使税收债务人履行其税收债务，保障税收债权得以实现的法律措施。各国立法和实践竞相采取这一制度，我国《税收征收管理法》和《税收征收管理法实施细则》对税收担保作了原则性的规定，国家税务总局根据《税收征收管理法》及《税收征收管理法实施细则》和其他法律、法规的规定，于2005年1月13日制定了《纳税担保试行办法》，对纳税担保作了具体的规定。

纳税担保，是指经税务机关同意或确认，纳税人或其他自然人、法人、其他经济组织以保证、抵押、质押的方式，为纳税人应当缴纳的税款及滞纳金提供担保的行为。纳税担保人包括以保证方式为纳税人提供纳税担保的保证人，和其他以未设置或者未全部设置担保物权的财产为纳税人提供纳税担保的第三人。

1. 纳税担保的法定情形

《纳税担保试行办法》第3条规定纳税人有下列情况之一的，适用纳税担保：

(1)税务机关有根据认为从事生产、经营的纳税人有逃避纳税义务行为，在规定的纳税期之前经责令其限期缴纳应纳税款，在限期内发现纳税人有明显的转移、隐匿其应纳税的商品、货物以及其他财产或者应纳税收入的迹象，责成纳税人提供纳税担保的；

(2)欠缴税款、滞纳金的纳税人或者其法定代表人需要出境的；

(3)纳税人同税务机关在纳税上发生争议而未缴清税款，需要申请行政复议的；

(4)税收法律、行政法规规定可以提供纳税担保的其他情形。

2. 纳税担保范围

纳税担保范围包括税款、滞纳金和实现税款、滞纳金的费用。费用包括抵押、质押登记费用，质押保管费用，以及拍卖、变卖担保财产等相关费用支出。

用于纳税担保的财产、权利的价值不得低于应当缴纳的税款、滞纳金，并考虑相关的费用。纳税担保的财产价值不足以抵缴税款、滞纳金的，税务机关应当向提供担保的纳税人或纳税担保人继续追缴。

用于纳税担保的财产、权利的价格估算，除法律、行政法规另有规定外，由税务机关按照《税收征收管理法实施细则》第64条规定的方式，参照同类商品的市场价、出厂价或者评估价估算。

3. 纳税保证

纳税保证，是指纳税保证人向税务机关保证，当纳税人未按照税收法律、行政法规规定或者税务机关确定的期限缴清税款、滞纳金时，由纳税保证人按照约定履行缴纳税款及滞纳金的行为。税务机关认可的，保证成立；税务机关不认可的，保证不成立。

(1)纳税保证人。纳税保证人，是指在中国境内具有纳税担保能力的自然人、法人或者其他经济组织。法人或其他经济组织财务报表资产净值超过需要担保的税额及滞纳金2倍以上的，自然人、法人或其他经济组织所拥有或者依法可以处分的未设置担保的财产的价值超过需要担保的税额及滞纳金的，为具有纳税担保能力。

有以下情形之一的，不得作为纳税保证人：

①有偷税、抗税、骗税、逃避追缴欠税行为被税务机关、司法机关追究过法律责任未满 2 年的；

②因有税收违法行为正在被税务机关立案处理或涉嫌刑事犯罪被司法机关立案侦查的；

③纳税信誉等级被评为 C 级以下的；

④在主管税务机关所在地的市（地、州）没有住所的自然人或税务登记不在本市（地、州）的企业；

⑤无民事行为能力或限制民事行为能力的自然人；

⑥与纳税人存在担保关联关系的；

⑦有欠税行为的；

⑧国家机关，学校、幼儿园、医院等事业单位、社会团体；

⑨企业法人的职能部门（企业法人的分支机构有法人书面授权的，可以在授权范围内提供纳税担保）。

（2）纳税保证责任。纳税保证为连带责任保证，纳税人和纳税保证人对所担保的税款及滞纳金承担连带责任。当纳税人在税收法律、行政法规或税务机关确定的期限届满未缴清税款及滞纳金时，税务机关即可要求纳税保证人在其担保范围内承担保证责任，缴纳担保的税款及滞纳金。

纳税保证人同意为纳税人提供纳税担保的，应当填写纳税担保书。纳税担保书须经纳税人、纳税保证人签字盖章并经税务机关签字盖章同意方为有效。纳税担保从税务机关在纳税担保书签字盖章之日起生效。

（3）纳税保证期限。保证期间为纳税人应缴纳税款期限届满之日起 60 日，即税务机关自纳税人应缴纳税款的期限届满之日起 60 日内有权要求纳税保证人承担保证责任，缴纳税款、滞纳金。

履行保证责任的期限为 15 日，即纳税保证人应当自收到税务机关的纳税通知书之日起 15 日内履行保证责任，缴纳税款及滞纳金。纳税保证期间内税务机关未通知纳税保证人缴纳税款及滞纳金以承担担保责任的，纳税保证人免除担保责任。纳税保证人未按照规定的履行保证责任的期限缴纳税款及滞纳金的，由税务机关发出责令限期缴纳通知书，责令纳税保证人在限期 15 日内缴纳；逾期仍未缴纳的，经县以上税务局（分局）局长批准，对纳税保证人采取强制执行措施。

4. 纳税抵押

纳税抵押，是指纳税人或纳税担保人不转移对财产的占有，将该财产作为税款及滞纳金的担保，纳税人逾期未缴清税款及滞纳金的，税务机关有权依法处置该财产以抵缴税款及滞纳金。纳税人或者纳税担保人为抵押人，税务机关为抵押权人，提供担保的财产为抵押物。

（1）抵押财产。可以抵押的财产包括：抵押人所有的房屋和其他地上定着物；抵押人所有的机器、交通运输工具和其他财产；抵押人依法有权处分的国有的房屋和其他地上定着物；抵押人依法有权处分的国有的机器、交通运输工具和其他财产；以依法取得的国有土地上的房屋抵押的，该房屋占用范围内的国有土地使用权同时抵押，以乡(镇)、村企业的厂房等建筑物抵押的，其占用范围内的土地使用权同时抵押；学校、幼儿园、医院等以公益为目的事业单位、社会团体，可以其教育设施、医疗卫生设施和其他社会公益设施以外的财产为其应缴纳的税款及滞纳金提供抵押；经设区的市、自治州以上税务机关确认的其他可以抵押的合法财产。

不得抵押的财产包括：土地所有权；土地使用权(除国有土地上的房屋和乡(镇)、村企业的厂房等建筑物占用范围内的土地使用权与房屋同时抵押的以外)；学校、幼儿园、医院等以公益为目的事业单位、社会团体、民办非企业单位的教育设施、医疗卫生设施和其他社会公益设施；所有权、使用权不明或者有争议的财产；依法被查封、扣押、监管的财产；依法定程序确认为违法、违章的建筑物；法律、行政法规规定禁止流通的财产或者不可转让的财产；经设区的市、自治州以上税务机关确认的其他不予抵押的财产。

(2)纳税抵押的程序：

①填写纳税担保书和纳税担保财产清单。纳税人提供抵押担保的，应当填写纳税担保书和纳税担保财产清单。纳税担保财产清单应当写明财产价值以及相关事项。纳税担保书和纳税担保财产清单须经纳税人签字盖章并经税务机关确认。

②办理抵押物登记。纳税抵押财产应当办理抵押物登记。纳税抵押自抵押物登记之日起生效。纳税人应向税务机关提供由以下部门出具的抵押登记的证明及其复印件(以下简称证明材料)：以城市房地产或者乡(镇)、村企业的厂房等建筑物抵押的，提供县级以上地方人民政府规定部门出具的证明材料；以船舶、车辆抵押的，提供运输工具的登记部门出具的证明材料；以企业的设备和其他动产抵押的，提供财产所在地的工商行政管理部门出具的证明材料或者纳税人所在地的公证部门出具的证明材料。

③抵押财产的处理。

A. 抵押期间，经税务机关同意，纳税人可以转让已办理登记的抵押物，并告知受让人转让物已经抵押的情况。纳税人转让抵押物所得的价款，应当向税务机关提前缴纳所担保的税款、滞纳金。超过部分，归纳税人所有，不足部分由纳税人缴纳或提供相应的担保。

B. 在抵押物灭失、毁损或者被征用的情况下，税务机关应该就该抵押物的保险金、赔偿金或者补偿金要求优先受偿，抵缴税款、滞纳金。抵押物灭失、毁损或者被征用的情况下，抵押权所担保的纳税义务履行期未满的，税务机关可以要求将保险金、赔偿金或补偿金等作为担保财产。

C. 纳税人在规定的期限内未缴清税款、滞纳金的，税务机关应当依法拍卖、变卖抵押物，变价抵缴税款、滞纳金。

D. 纳税人在规定的期限届满未缴清税款、滞纳金的，税务机关应当在期限届满之日起 15 日内书面通知纳税担保人自收到纳税通知书之日起 15 日内缴纳担保的税款、滞纳金。

E. 纳税担保人以其财产为纳税人提供纳税抵押担保的，按照纳税人提供抵押担保的规定执行。纳税担保人未按照规定的期限缴纳所担保的税款、滞纳金的，由税务机关责令限期在15日内缴纳；逾期仍未缴纳的，经县以上税务局(分局)局长批准，税务机关依法拍卖、变卖抵押物，抵缴税款、滞纳金。

5. 纳税质押

纳税质押，是指经税务机关同意，纳税人或纳税担保人将其动产或权利凭证移交税务机关占有，将该动产或权利凭证作为税款及滞纳金的担保。纳税人逾期未缴清税款及滞纳金的，税务机关有权依法处置该动产或权利凭证以抵缴税款及滞纳金。纳税质押分为动产质押和权利质押。

(1)动产质押。动产质押，是指纳税人或者第三人(纳税担保人)将其动产移交税务机关占有，将该动产作为税款和滞纳金的担保。纳税人不履行纳税义务时，税务机关有权依法以该动产折价或者拍卖、变卖该动产的价款优先受偿。动产质押包括现金以及其他除不动产以外的财产提供的质押。

(2)权利质押。权利质押，是指债务人或者第三人以其财产权利出质作为债权的担保。权利质押包括汇票、支票、本票、债券、存款单等权利凭证的质押。对于实际价值波动很大的动产或权利凭证，经设区的市、自治州以上税务机关确认，税务机关可以不接受其作为纳税质押。

以汇票、支票、本票、公司债券出质的，税务机关应当与纳税人在权利凭证上背书记载"质押"字样。以存款单出质的，应由签发的金融机构核押。以载明兑现或者提货日期的汇票、支票、本票、债券、存款单出质的，汇票、支票、本票、债券、存款单兑现日期先于纳税义务履行期或者担保期的，税务机关与纳税人约定将兑现的价款用于缴纳或者抵缴所担保的税款及滞纳金。

(3)纳税质押的程序：

①填写纳税担保书和纳税担保财产清单。纳税人提供质押担保的，应当填写纳税担保书和纳税担保财产清单并签字盖章。纳税担保财产清单应当写明财产价值及相关事项。纳税质押自纳税担保书和纳税担保财产清单经税务机关确认和质物移交之日起生效。

②纳税质押的处理：

A. 纳税担保人以其动产或财产权利为纳税人提供纳税质押担保的，按照纳税人提供质押担保的规定执行。

B. 纳税人在规定的期限内缴清税款及滞纳金的，税务机关应当自纳税人缴清税款及滞纳金之日起3个工作日内返还质物，解除质押关系。

C. 纳税人自己提供质押的情况下，纳税人在规定的期限内未缴清税款、滞纳金的，税务机关应当依法拍卖、变卖质物，抵缴税款、滞纳金。

D. 第三人提供质押担保情况下，纳税人在规定的期限内未缴清税款、滞纳金的，税务机关应当在期限届满之日起15日内，书面通知纳税担保人自收到纳税通知书之日起15日内缴纳担保的税款、滞纳金。纳税担保人未按照前款规定的期限缴纳所担保的税款、滞纳金，由税务机关责令限期在15日内缴纳；缴清税款、滞纳金的，税务机关自纳税担保人缴清税款及滞纳金之日起3个工作日内返还质物、解除质押关系；逾期仍未缴纳的，经县以上税务局(分局)局长批准，税务机关依法拍卖、变卖质物，抵缴税款、滞纳金。

(二)税收保全制度

税收保全制度是指税务机关为防止纳税人逃避纳税义务，有根据认为对纳税人的税款征收不能或难以征收时，把纳税人一定量的财产置于税务机关的控制下，以便当纳税人不能按期缴纳税款或罚款时，从其控制的财产价值中扣除应纳税款，以使国家税收得到保障的一种制度。可以采取保全措施的纳税人是从事生产经营的纳税人，不包括非从事生产、经营人、扣缴义务人和担保人。

1. 税收保全措施的前提条件

(1)纳税人有逃避纳税义务的迹象。逃避纳税义务的最终目的是为了少缴或不缴税款，采取的方式主要是转移、隐匿可以用来缴纳税款的资金或实物。

(2)必须是在规定的纳税期之前和责令限期缴纳税款的期限内。如果纳税期和责令限期缴纳税款的期限已经届满，纳税人又没有缴纳应纳税款的，税务机关可以按规定采取强制执行措施，此时则无需进行税收保全。

2. 税收保全措施的程序

(1)责令纳税人提前缴纳税款。税务机关有根据认为从事生产、经营的纳税人有逃避纳税义务行为的，可以在规定的纳税期之前，责令纳税人限期缴纳应纳税款。主管税务税务机关应下达执行通知书，送达纳税人执行，并填制由纳税人签章的《税务文书送达回证》。

(2)责成纳税人提供纳税担保。在责令限期纳税的期限内，纳税人有明显转移、隐匿应纳税商品、货物以及其他财产或者应纳税的收入迹象的，税务机关可以责成纳税人提供担保。

(3)冻结纳税人存款。纳税人不能提前缴纳税款又不提供担保的，经县以上税务局(分局)局长批准，开具《暂停支付通知书》，通知纳税人开户银行或者其他金融机构冻结纳税人金额相当于应纳税额的存款；

(4)查封、扣押纳税人的商品、货物及其他财产。纳税人在银行和其他金融机构没有存款，或者税务机关无法掌握其存款的，税务机关可以扣押、查封纳税人的价值相当于应纳税款①的商品、货物及其他财产。税务机关执行扣押、查封商品货物及其他财产时，必须由两名以上税务人员执行，并通知被执行人，开付收据和清单。

3. 税收保全措施的终止

税收保全终止有两种情况：

(1)纳税人在规定的期限内缴纳了应纳税款，税务机关应当在24小时内解除税收保全措施；

(2)纳税人超过规定的期限仍不缴纳税款，经税务局(分局)局长批准，终止保全措施，转入强制执行措施。

(三)税收强制执行制度

税收强制执行制度是指纳税人或相关义务人逾期不履行税法上的义务，税务机关采取法定的强制手段强迫其履行义务，以保障税收征纳程序和税款入库制度。

---

① 这里的应纳税款包括税款、滞纳金以及查封、保管、拍卖或变卖的费用。

1. 税收强制执行的对象

(1)纳税人。在税收强制执行程序中，纳税人是最重要的被执行人，这主要是因为纳税人负有法定的税款缴纳义务。

(2)扣缴义务人。扣缴义务人之所以成为强制执行的对象，是因为其有义务将代扣代征的税款，在规定的期限内向税务机关申报缴纳，如果扣缴义务人已经将税款代扣代征，但却不按规定的期限申报缴纳，税务机关就可以对其采取强制执行措施，扣缴义务人违反规定应扣未扣、应收未收税款的，税务机关除给予处罚外，应当责成扣缴义务人限期将应扣未扣、应收未收的税款补扣或补收。

(3)纳税担保人。这里所指的纳税担保人是指纳税人本人以外的第三人，包括第三人抵押、质押担保和第三人作为保证人的担保。当纳税人不履行纳税义务时担保人之所以需要承担责任，是因为其在与税务机关的协议书中所做的承诺。不同类型的纳税担保人被强制执行的范围不一样，如果是保证，保证人需以自己的全部财产为纳税人承担责任；如果是抵押或者是质押，税务机关则只能就担保物采取强制措施，不能扩及纳税人的其他财产。

(4)其他强制执行对象。除以上强制执行的对象以外，从广义上理解还包括连带责任人、被处罚人、协助义务人，纳税人的债务人。

连带责任人。连带责任人可以基于法律规定而产生，也可以基于协议约定而产生，就前者而言纳税人分立时未缴清税款的，分立后的纳税人对未履行的纳税义务应当承担连带责任；就后者而言，如果纳税保证人与税务机关约定，当纳税人不履行纳税义务时，可以直接对纳税人保证人强制执行，这也是一种连带责任，纳税人不履行纳税义务，保证人自然成为被强制执行的对象。

被处罚人。在税法中，无论是纳税人还是扣缴义务人，无论是纳税担保人还是协助义务人，都有可能违反税法而遭受行政处罚。如税务稽查部门作出的税务处理决定书对违法行为进行的处罚，相对人未能在限期内缴纳罚款，税务机关就可以直接采取强制执行措施或申请人民法院强制执行。由于行政处罚具有强烈的人身属性，一般情况下，被执行人只能是违法行为人，而不能扩展到其他主体。尽管第三人对纳税人的行为担保，但担保范围应当只限于税款和滞纳金，而不能包括惩罚性的行政罚款，即使纳税人没有财产供强制执行，也不能执行保证人的财产或担保财产。

协助义务人。协助义务的主体非常广泛，如果义务人违反协助义务，税务机关可以对其进行行政处罚。除此之外，如果由法院进行强制执行的，协助义务人还可能要承担赔偿责任，有关单位接到人民法院协助执行通知后，擅自向被执行人支付的，人民法院有权责令限期追回；逾期未追回的，应当裁定其在支付的数额内向税务机关承担责任。协助执行人履行赔偿责任后，应当取得相应的代位求偿权，可以通过民事诉讼方式向纳税人追偿。

纳税人的债务人。在下列两种情况下，纳税人的债务人可能成为强制执行的对象：税务机关在行使代位权时，纳税人的债务人必须向税务机关履行债务，如果其拒绝履行，人民法院可以采取强制执行措施；税务机关在行使撤销权时，纳税人放弃、赠与、转让的财产，必须重新归于纳税人，如果受让人或受赠人不交付财产，人民法院也可以采取强制执行措施。

2. 税务强制执行的程序

从我国实际情况看，税务执行程序存在两套程序，一套是行政执行措施，另一套是司法执行程序。我国《税收征收管理法》中所指的强制执行措施专指税务机关的强制执行措施，该权利不得由法定的税务机关以外的单位和个人行使，其具体程序为：

(1)通知金融机构扣缴税款。从事生产、经营的纳税人、扣缴义务人未按照规定的期限缴纳或者解缴税款，纳税担保人未按照规定的期限缴纳所担保的税款，由税务机关责令限期缴纳，逾期仍未缴纳的，经县以上税务局(分局)局长批准，税务机关可以书面通知其开户银行或者其他金融机构从其存款中扣缴税款；在扣缴税款的同时，主管税务机关可以处以不缴或少缴税款5倍以下的罚款。

(2)扣押、查封、依法拍卖或者变卖所得抵缴税款。从事生产、经营的纳税人、扣缴义务人未按照规定的期限缴纳或者解缴税款，纳税担保人未按照规定的期限缴纳所担保的税款，由税务机关责令限期缴纳，逾期仍未缴纳的，经县以上税务局(分局)局长批准，税务机关可以扣押、查封、依法拍卖或者变卖其价值相当于应纳税款的财产，以拍卖或者变卖所得抵缴税款。税务机关查封、扣押后，不再给纳税人自动履行的期间，可以直接拍卖或者变卖其价值相当于应纳税款的财产，以拍卖或者变卖所得抵缴税款。

①扣押、查封的财产范围。扣押、查封的财产范围包括商品、货物或者其他财产。其他财产，包括纳税人的房地产、现金、有价证券等不动产和动产。个人及其所扶养家属①维持生活必需的住房和用品，不在强制执行措施的范围之内，金银饰品、古玩字画、豪华住宅或者一处以外的住房不属个人及其所扶养家属维持生活必需的住房和用品。税务机关对单价5000元以下的其他生活用品，不采取税收强制执行措施。

②扣押、查封的程序。税务机关执行扣押、查封商品、货物或者其他财产时，应当由两名以上税务人员执行，并通知被执行人。被执行人是自然人的，应当通知被执行人本人或者其成年家属到场；被执行人是法人或者其他组织的，应当通知其法定代表人或者主要负责人到场；拒不到场的，不影响执行。

扣押、查封价值相当于应纳税款以及滞纳金、拍卖变卖所发生的费用。扣押、查封商品、货物或者其他财产时，参照同类商品的市场价、出厂价或者评估价估算。对价值超过应纳税额且不可分割的商品、货物或者其他财产，税务机关在纳税人、扣缴义务人或者纳税担保人无其他可供强制执行的财产的情况下，可以整体扣押、查封、拍卖，以拍卖所得抵缴税款、滞纳金、罚款以及扣押、查封、保管、拍卖等费用，剩余部分于3日内退还被执行人。

实施扣押、查封时，对有产权证件的动产或者不动产，税务机关可以责令当事人将产权证件交税务机关保管，同时可以向有关机关发出协助执行通知书，有关机关在扣押、查封期间不再办理该动产或者不动产的过户手续。

对查封的商品、货物或者其他财产，税务机关可以指令被执行人负责保管，保管责任由被执行人承担。继续使用被查封的财产不会减少其价值的，税务机关可以允许被执行人

① 个人所扶养家属，是指与纳税人共同居住生活的配偶、直系亲属以及无生活来源并由纳税人扶养的其他亲属。

继续使用；因被执行人保管或者使用的过错造成的损失，由被执行人承担。

③实现扣押、查封财产的程序。税务机关将扣押、查封的商品、货物或者其他财产变价抵缴税款时，应当交由依法成立的拍卖机构拍卖；无法委托拍卖或者不适于拍卖的，可以交由当地商业企业代为销售，也可以责令纳税人限期处理；无法委托商业企业销售，纳税人也无法处理的，可以由税务机关变价处理，具体办法由国家税务总局规定。国家禁止自由买卖的商品，应当交由有关单位按照国家规定的价格收购。

拍卖或者变卖所得抵缴税款、滞纳金、罚款以及扣押、查封、保管、拍卖、变卖等费用后，剩余部分应当在3日内退还被执行人。

(3)滞纳金的强制执行。纳税人未按照规定期限缴纳税款，扣缴义务人未按照规定期限解缴税款的，税务机关除责令限期缴纳外，从滞纳税款之日起，按日加收滞纳税款5‱的滞纳金。税务机关采取强制执行措施时，对纳税人、扣缴义务人、纳税担保人未缴纳的滞纳金同时强制执行；纳税人、扣缴义务人、纳税担保人已缴纳税款，但拒绝缴纳滞纳金的，税务机关可以单独对纳税人、扣缴义务人、纳税担保人的滞纳金采取强制执行措施。

(4)附条件的限制出境，又称清税离境制度。欠缴税款的纳税人或者其法定代表人需要出境的，应当在出境前向税务机关结清应纳税款、滞纳金或提供担保；未结清税款又不提供担保的，税务机关可以通知出境管理机关阻止其出境。

我国《税收征收管理法》第44条规定："欠缴税款的纳税人或者他的法定代表人需要出境的，应当在出境前向税务机关结清应纳税款、滞纳金或者提供担保。未结清税款、滞纳金，又不提供担保的，税务机关可以通知出境管理机关阻止其出境。"从该条文内容看，限制出境的标准可以说非常明确，只要纳税人存在欠税，又未能提供担保，那么，税务机关就可以决定限制出境。如果纳税人是自然人，那么纳税人即是被限制出境人；如果纳税人是单位，则限制出境对象为法定代表人，这里的"法定代表人"也可以解释成"单位负责人"，因单位负责人也是由法律加以规定的，这样，合伙企业的执行人或全体合伙人，独资企业的投资人等都可以成为限制出境的对象。①

(四)税收代位权

税收代位权是指税务机关享有的对纳税人不积极行使自己的权利而危及国家税收债权实现时，税务机关得以自己的名义替纳税人直接向第三人(纳税人的债务人)行使权利的权利。

《税收征收管理法》第50条规定欠缴税款的纳税人因怠于行使到期债权，对国家税收造成损害的，税务机关可以依照《合同法》第73条的规定行使代位权、撤销权。2001年《税收征收管理法》借鉴了合同法中代位权制度，税收代位权准用合同法有关代位权制度的规定。因纳税人怠于行使其到期债权，对国家税收造成损害的，税务机关可以向人民法院请求以自己的名义代位行使纳税人的债权，但该债权专属于纳税人自身的除外。代位权的行使范围以纳税人的债权为限。税务机关行使代位权的必要费用，由纳税人负担。

1. 税收代位权的构成要件

作为税务机关的一种特别权利，税务机关不是在任何情况下都可以行使的。税收代位

① 参见刘剑文、熊伟著：《税法基础理论》，北京大学出版社2004年版，第432页。

权的行使通常应符合以下条件：

(1)纳税义务发生并且确定。根据《合同法》的规定，代位权的行使必须基于合法的债权债务关系，税收代位权准用《合同法》的规定。① 因此，税收代位权的成立首先要求纳税义务产生并且确定，对于已经发生但未确定的税收债权，税务机关不能行使代位权。纳税义务确定的途径有两种：一种是纳税人的主动申报；另一种是税务机关依职权核定或调整。

(2)纳税人须享有对第三人的权利。由于税收代位权是涉及第三人的权利，如果纳税人不享有对第三人的权利，代位权就没有行使的目标或标的。税收代位权，在某种意义上类似于纳税人权利的转让，但并非纳税人的所有权利都能成为代位权行使的对象，专属于纳税人的权利，如养老金、抚恤金、人身伤害赔偿等请求权，税务机关不得行使代位权，能行使代位权的通常只能是纯粹的财产权，且仅限于到期债权。

(3)纳税人的纳税义务已逾纳税清偿期。若纳税义务清偿期未到，税务机关对税款是否能够实现还难以预料，这时纳税人权利的怠于行使与税收的实现之间无直接关系，不能产生代位权的行使，但可能产生税收撤销权。

(4)纳税人怠于行使债权。怠于行使就是税收债务人应当行使且能够行使而不行使。这里包括两个方面的前提，即应当行使和能够行使，应当行使是指税收债务人若不行使其权利，权利就有可能消灭或减值；能够行使则是指税收债务人客观上有能力行使权利，不存在行使权利的障碍。因此，不应当行使的权利或不能行使的权利，纳税人不行使，税务机关不得行使代位权；应当行使且能够行使的权利，纳税人不当行使，税务机关也不得行使代位。否则，就构成对纳税人行使权利的不当干涉。

(5)纳税人怠于行使权利损害了国家税收的实现。判定纳税人怠于行使权利是否给国家税收造成损害的标准，首先应当建立在纳税人迟延履行纳税义务的基础上；其次，纳税人怠于行使权利与其不能纳税之间必须存在因果关系，即怠于行使对第三人的债权，已经造成或可能造成无力缴纳税款的结果。强调这种因果关系，一方面是为了使损害判断标准更加明确，使代位行使更具有操作性；另一方面，怠于行使债权造成无力缴纳税款的事实，本身表明纳税人具有过错，主观上具有不愿意缴纳税款、损害国家税收利益的故意或过失。在此种情况下，作为征缴税款的税务机关，完全有理由也有必要行使代位权，以保障国家税收利益的实现。

2. 税收代位权的效力②

(1)税收代位权对于纳税人的效力。税务机关行使代位权之后，纳税人不能就已被代位行使的权利进行处分，纳税人应当承受判决的结果，即使该判决结果对纳税人不利，他也不能基于自己的债权另行提起诉讼。我国司法实践中赋予代位权人直接受偿权，如果纳税人的债务人已经向税务机关依据自己的债务而相应给付，这种给付即具有债务清偿的效力，在给付范围内，纳税人与债务人的债务关系消灭，纳税人不能再向该债务人请求履行债务。但税务机关请求的数额低于纳税人的债权的，判决执行后，次债务人对纳税人的债

① 参见刘剑文、熊伟著：《税法基础理论》，北京大学出版社 2004 年版，第 434 页。

② 参见刘剑文、熊伟著：《税法基础理论》，北京大学出版社 2004 年版，第 443~445 页。

务并未消灭，纳税人可以就剩余的部分向次债务人请求偿还。

(2)税收代位权对于次债务人的效力。税务机关行使代位权之后，次债务人得以对抗纳税人的一切抗辩，都可以用来对抗税务机关，例如债务不成立、无效、得撤销、债务未届履行期、纳税人应为同时履行等；纳税人得以对抗税务机关的抗辩，次债务人也可以用来对抗税务机关，如纳税人不负有纳税义务、纳税人的义务未确定、纳税义务未到期等。

(3)税收代位权对于税务机关的效力。税务机关作为原告代纳税人向次债务人主张权利，不能损害纳税人的合法权益，诉讼请求额不应超出纳税人的应纳税额，同时也不能超出纳税人对次债务人所享有的债权数额；其次，税务机关作为公益代表和执行机关，担负着如数征缴税款的职责，其处分权也会受到限制，不能以损害国家税收利益为代价与纳税人达成和解或者请求调节，因此，在税务代位诉讼中，和解权、请求调节权应当受到全面禁止。

(五)税收撤销权

税收撤销权是指税务机关对纳税人实施不正当减少财产的行为而危及国家税收实现时，申请人民法院撤销其行为的权利。简而言之，就是税务机关申请撤销纳税人不当减少财产的权利。① 2001年《税收征收管理法》在修订的时候将其引入税法，用于保障税款征收，增强税款征收的财产保障。税收撤销权与税收代位权一样，《税收征收管理法》只是对其作了原则性的规定，并没有直接规定该权利的成立条件、行使程序和法律效力，而是规定准用《合同法》对撤销权的相关规定。据此，比照《合同法》规定的撤销权成立要件，税收撤销权的成立要件包括客观要件和主观要件：

1. 税收撤销权的客观要件

(1)纳税义务发生且已经确定。关于纳税义务确定条件，税收撤销权与税收代位权的要求基本一致。不同的地方在于，在税收代位权制度中，我们强调纳税人的期限利益，当纳税人义务确定以后，即使尚未届至清偿期，如果纳税人放弃到期债权、无偿转让财产或者以明显不合理的低价转让财产受让人知道的，税务机关可以在纳税义务确定后立即行使撤销权，无须等到纳税义务的清偿期届满。

(2)纳税人有减少财产的行为。纳税人减少财产的行为有事实上的处分和法律上的处分。纳税人实施的行为属于事实上的处分行为，如毁灭财产、丢弃财产的行为则无法撤销；非法律行为如身份行为、提供劳务的行为，第三人可能因此获得利益，但并未危及纳税人的责任财产无须撤销，因为税务撤销的目的不在于增加纳税人的责任财产，而在于保持纳税人的财产；另外，纳税人在正常的交往中所实施的清偿到期债务，支付正常对价的，虽有责任财产减少的可能，但税务机关不得对此予以干涉。只有纳税人放弃到期债权、无偿转让财产、或者以明显不合理的低价让与财产且受让人知道的减少行为税务机关才能行使撤销权。

(3)纳税的行为有害于国家税收。所谓有害于国家税款的征收，是指由于纳税人与第三人的活动，导致纳税人财产减少，不能如期足额缴纳税款，从而对国家税收利益造成损害的情形。对于已届清偿期的，一旦纳税人未按时履行纳税义务，纳税人不当减少财产的

① 参见陈小君主编：《合同法学》，中国政法大学出版社2002年版，第85页。

行为即可能危及国家税收，除非纳税人能举证自己仍然具备支付能力；对于税收债务确定之后，尚未届至清偿期前，如果纳税人已经陷入资不抵债或破产的，税务机关也可以行使撤销权。在纳税人行使代位权时，税务机关除了证明纳税人无力清偿税款的事实外，税务机关还必须证明该结果与纳税人处分财产的行为之间存在因果关系，始能成立撤销权。

2. 税收撤销权的主观要件

税务撤销权的主观要件是纳税人和第三人在进行财产转让行为时明知有害于税收债权的实施而为之的恶意(故意)行为。对于主观要件的适用，应区分行为有偿或无偿而不同。债务行为是无偿的，则无须主观恶意的要求，只需客观要件具备即可撤销，无偿行为的撤销并不损害第三人原来的利益，无偿行为包括放弃到期债权和无偿转让两种。主观要件只在有偿行为中适用，在纳税人的行为系有偿时，根据《合同法》第 74 条的规定，纳税人以明显不合理的低价转让财产，对国家税收造成损害，并且受让人知道该情形的，税务机关可以请求人民法院撤销纳税人的行为，在这里主观要件的恶意既要有纳税人的恶意，也要有受让人的恶意方能成立。

纳税人的行为被撤销后，其效力溯及既往的归于消灭；第三人有义务向纳税人返还财产，用以平等的清偿全体对外债务；税务机关不能向第三人主张受偿，而只能等到纳税人收回财产后，待税收债权的清偿期限届满，才能向纳税人主张。

第五节 税务检查

税务检查是指税务机关根据法律、法规及其他相关规定，对纳税人、扣缴义务人的纳税义务情况进行检查和监督。税务检查是税收征管的重要组成部分，也是税务监督的重要组成部分，健全的税务检查制度对于防止税款流失，提高纳税人、扣缴义务人的税收法治意识，都具有重要的意义。

一、税务检查的特征

1. 税务检查主体的特定性

税务检查主体只能是税务机关，税务机关的工作人员实施税务检查必须以税务机关的名义进行。

2. 税务检查是税务机关单方面行使职权的行为

这就意味着，被检查的纳税人只有接受和协助检查的义务，同时，税务机关也只能在法定的职权范围内，按照法定的程序进行检查。

二、税务检查中征纳双方的权利义务

(一)税务机关在税务检查中的权利

1. 调查权

税务机关在税务检查中可以调查纳税人、扣缴义务人与纳税及扣缴税款相关的账簿、记账凭证、报表和有关资料；调查纳税人应税财产及扣缴义务人与代扣代缴、代收代缴税款有关的经营情况；责成纳税人、扣缴义务人提供与纳税或者代扣代缴、代收代缴税款有

关的文件、证明材料和有关资料；询问纳税人、扣缴义务人与纳税或者代扣代缴、代收代缴税款有关的问题和情况；到车站、码头、机场、邮政企业及其分支机构检查纳税人托运、邮寄应纳税商品、货物或者其他财产的有关单据、凭证和有关资料；经县以上税务局(分局)局长批准，凭全国统一格式的检查存款账户许可证明，查询从事生产、经营的纳税人、扣缴义务人在银行或者其他金融机构的存款账户。

2. 取证权

税务机关调查税务违法案件时，对与案件有关的情况和资料，可以记录、录音、录像、照相和复制。

3. 采取税收保障措施的权利

对从事生产、经营的纳税人以前纳税期的纳税情况依法进行税务检查时，发现纳税人有逃避纳税义务行为，并有明显的转移、隐匿其应纳税的商品、货物以及其他财产或者应纳税的收入的迹象的，可以按照本法规定的批准权限采取税收保全措施或者强制执行措施。

4. 处罚权

税务机关有确切的证据认定纳税人有税务违法事实，可以依据《税收征收管理法》及其他相关法律作出税务行政处罚决定并送达当事人。已构成犯罪的要移送公安机关作进一步处理。

(二)税务机关在税务检查中的义务

1. 示证检查义务

税务机关派出人员进行税务检查时，应当出示税务检查证和税务检查通知书。税务机关查询从事生产、经营的纳税人、扣缴义务人在银行或者其他金融机构的存款账户或查询案件涉嫌人员的储蓄存款时，应当指定专人负责，凭全国统一格式的检查存款账户许可证明进行。

2. 回避义务

税务人员在进行税务检查时，与被检查人有利害关系的应当自行回避。

3. 安全保障义务

税务机关进入纳税人的电算化系统进行检查时，有责任保证纳税人电算化系统的安全性。

4. 保密义务

税务机关在税务检查中知悉的被检查人的商业秘密和个人隐私，税务机关应当为其保密。

5. 告知义务

税务机关对被检查人处以罚款或者没收违法所得时，应当开付罚没凭证，并在决定书中注明被处罚人有行政复议和行政诉讼的权利及行使权利的期限。

(三)税务检查中纳税人的权利、义务

1. 税务检查中纳税人的权利

(1)税务机关未出示税务检查证和税务检查通知书的，被检查人有权拒绝检查。

(2)有要求税务机关对税务检查中知悉的商业秘密和个人隐私保密的权利。

(3)有要求与本人有利害关系的税务检查人员回避的权利。

(4)在税务检查中，对税务机关未开付罚没凭证的行政处罚，被处罚人有权拒绝给付。

(5)在税务机关作出税务处罚决定时，有陈述、申辩权。

(6)对重大处罚(对公民作出2000元以上罚款或者对法人作出1万元以上罚款及其他法定情形)作出前被处罚人有申请听证的权利。

(7)对处罚决定不服还可以提起行政复议或者行政诉讼。

2. 税务检查中纳税人的义务

(1)接受税务机关依法进行的检查，如实反映情况，提供有关资料，不得拒绝、隐瞒。

(2)对税务检查机关作出的处罚决定没有异议的应当及时履行。

三、税务检查的方式

1. 重点检查

重点检查是对公民举报、上级机关交办和有关部门转来的有偷税行为或偷税嫌疑的，纳税申报与实际生产经营情况明显不符的纳税人及有普遍逃税行为的行业的检查。

2. 专项检查

专项检查是指税务机关根据税收工作实际，对某一税种或税收征收管理某一环节进行的检查。比如增值税一般纳税专项检查、漏征漏管户专向检查。

3. 分类计划检查

分类计划检查指根据纳税人历来的纳税情况、纳税人的纳税规模及税务检查间隔时间的长短等综合因素，按事先确定的纳税人分类、计划检查时间及检查频率而进行的检查。

4. 集中性检查

集中性检查是指税务机关在一定的时间、一定的范围内，统一安排、统一组织的税务检查，这种检查一般规模比较大，如以前年度的全国范围内的税务大检查就属于这类检查。

5. 临时性检查

临时性检查是指各级税务机关根据不同的经济形势、偷税趋势、税收任务完成情况等综合因素，在正常的检查计划之外安排的检查。如行业性解剖、典型调查性检查。

四、税务检查的方法

1. 顺查法

顺查法，是按会计制度的程序，从检查会计凭证开始，以凭证核对账簿，再以账簿核对报表来进行检查的一种方法。

2. 逆查法

逆查法，是从检查会计报表开始，以报表核对账簿，再以账簿核对凭证，来查清问题的一种检查方法。

3. 全查法

全查法，是对被查纳税人一个时期的所有会计凭证、账簿和报表进行全面系统的检查。

4. 抽查法

抽查法，则是为弄清某一问题，有目的、有重点地从被查纳税人的凭证、账簿或报表中抽出有关部分进行检查，对照企业账簿记录，有针对性地进行检查。

5. 现场检查法

现场检查法，是指税务机关派人员到被检查纳税人的经营办公地点对其账务资料进行检查的一种方法。

6. 调账检查法

调账检查法，是指将纳税人的账务资料调到税务机关进行检查的一种方法。

7. 比较分析法

比较分析法，是指将被查纳税人检查期有关的财务指标的实际完成数进行纵向或横向比较，分析其异常变化情况，从中发现纳税问题的线索。

8. 控制计算法

控制计算法，也称逻辑推算法，是指根据被检查纳税人财务数据的相互关系，用可靠的或科学测算数据，验证其检查期账面记录或申报资料是否正确的一种方法。

9. 审阅法

审阅法，是对被检查人的会计账簿、凭证等账务资料，通过直观的审查阅览，发现纳税方面问题的一种方法。

10. 核对法

核对法，是指通过对被检查人的各种相关联的会计账簿、凭证、报表及实物进行相互核对，验证其在纳税方面存在的一种检查方法。

11. 观察法

观察法，是指通过检查纳税人的生产经营场所、仓库、工地等现场，实地观察其生产经营及存货等情况，以发现纳税问题或验账中可疑问题的一种检查方法。

12. 外调法

外调法，是指对被查纳税人有怀疑或已掌握一定线索的经济事项，通过向与其有经济联系的单位或个人进行调查，予以查证核实的一种方法。

13. 盘存法

盘存法，是指通过对被检查人的货币资金、存货及固定资产等进行盘点清查，核实其账目和实物是否相符的一种方法。

14. 交叉稽查法

交叉稽查法，是指国家为加强增值税专用发票管理，应用电子计算机开出的增值税专用发票抵扣联与存根联进行交叉核实，以查出虚开及假开发票的行为，避免国家税款流失的一种方法。目前通过“金税工程”体现，对利用增值税专用发票偷逃税税款行为起到了极大的遏制作用。

五、税务检查的步骤

我国《税收征收管理法实施细则》第85条规定，税务机关应当建立科学的检查制度，统筹安排检查工作，严格控制对纳税人、扣缴义务人的检查次数。税务机关应当制定合理的税务稽查工作规程，负责选案、检查、审理、执行的人员的职责应当明确，并相互分离、相互制约，规范选案程序和检查行为。税务检查工作的具体办法，由国家税务总局制定。但实施细则颁布后，国家税务总局并没有进行税务检查的具体办法，根据1995年国家税务总局发布的《税务稽查管理工作规程》的规定，所谓税务稽查是指税务机关依法对纳税人、扣缴义务人履行纳税义务、扣缴义务情况所进行的税务检查和处理工作的总称。由此可见，这里的税务稽查和税务检查并没有什么原则的区别。税务稽查包括选案、实施税务稽查、审理、执行四个程序。

(一)选案

确定税务稽查对象是税务稽查的重要环节。目前稽查选案分为：人工选案、计算机选案、举报、其他等。人工选案的基本方法是抽样。实施抽样又分为随机抽样和非随机抽样。在实行抽查选案时，一般都采用随机抽样法，它是按照概率规律抽取稽查对象的一种方法。计算机选案的指标主要有以下几个方面：分行业生产经营指标平均增长值分析、分行业财务比率分析、企业常用财务指标分析、流转税类选案分析、企业所得税税前限制列支项目指标分析、进出口税收指标分析、税收管理指标分析等。举报是税务机关发现案源最多的一种途径。其他选案方法指转办、交办等。

(二)实施税务稽查

税务稽查实施阶段是税务稽查工作的核心和关键环节。税务稽查必须依照法律规定权限实施。税务稽查人员在实施稽查之前，除另有规定之外，应当提前以书面形式通知被查对象，向被查对象下达《税务稽查通知书》，并由收件人填写送达回证。税务人员在实施税务稽查时可以根据需要和法定程序采取询问、调取账簿资料、实地稽查、账外调查和异地协查等方式进行。税务稽查人员在税务查账时，应在《税务稽查底稿》上逐笔如实纪录稽查中发现的问题及所涉及的账户、记账凭证、金额等细节，全面反映此项稽查工作的情况。税务稽查实施终结，税务稽查人员应当认真整理检查资料，归集相关证据，计算补退税款，分析检查结果，提出处理意见，并根据立案查处、未经立案查处以及稽查中发现的问题等不同情况，决定实行一般工作程序或简易工作程序，并分别制作《税务稽查报告》、《税务处理决定书》或《税务稽查结论》。

(三)审理

税务稽查审理，是税务稽查机构对其立案查处的各类税务违法案件在实施稽查完毕的基础上，由专门组织或人员核准案件实施、审查鉴别证据、分析认定案件性质，制作《审理报告》、《税务处理决定书》或《税务稽查结论》的活动过程。

1. 税务稽查审理的内容

(1)违法事实是否清楚、证据是否确凿、数据是否准确、资料是否齐全；

(2)适用税收法律、法规、规章是否合法；

(3)是否符合法定程序；

(4)拟定的处理意见是否得当。

2. 审理终结的处理方法

(1)同意《税务稽查报告》;

(2)补正《税务稽查报告》;

(3)不同意《税务稽查报告》;

(4)构成犯罪案件的处理——移送。

对税收违法行为的处罚应根据《税收征收管理法》《税收征收管理法实施细则》《发票管理办法》等相关的规定处理。

(四)执行

随着税收法治建设的不断加强，纳税人的税收法治观念也在不断提高，税务稽查文书送达后，被查对象一般都能自动履行税务机关作出的法律文书所规定的义务——自动办理补报缴纳。逾期不履行的，税务机关将采取强制执行措施。税务机关对税务违法行为处理完毕后，应制作执行报告并交审理部门整理存档。属于公民举报的案件，还应依照有关规定做好奖励举报人的事宜。

第六节 税务代理

一、税务代理的概念与意义

税务代理是指税务代理人在代理权限内，以纳税人、扣缴义务人的名义依法代其办理税务事宜的一种法律行为。《税收征收管理法》率先对税务代理作出原则性规定，《税务代理试行办法》进一步细化税务代理制度；《注册税务师执业资格考试实施办法》《注册税务师执业准则(试行)》《税务代理从业人员守则(试行)》《注册税务师管理暂行办法》等一系列法律、法规的出台推动我国税务代理制度的发展。国家税务总局提出，在2020年基本实现税收现代化，税务代理制度则是税收现代化目标的重要一环。

法律规定税务代理制度的意义在于：

(1)有利于平衡征纳双方的力量对比，实现依法治税。一方面，规范纳税人的纳税行为；另一方面，在一定程度上可以监督税务机关的征税行为。

(2)有利于减轻纳税人负担。税务代理人的出现弥补了纳税人在税收知识上的不足，克服个人能力、时间方面的障碍，使其有更多精力投入到生产、经营活动中去。为保护纳税人合法权益、节约时间成本具有重要作用。

(3)有利于降低征纳成本，减少征纳纠纷。申报准确率的提高减少了税务机关核定税收的成本；而自动缴纳税款，又避免了税务机关采取强制措施，降低纳税人对税收的抵触，提高了征税效率，使税款征收更加顺畅，对税款的及时足额入库具有重要意义。

二、税务代理的有效要件

1. 税务代理人需有行为能力并享有代理权

办理税务代理是一种法律行为，税务代理人必须自己有相应的行为能力，否则税务代理人既不能独立为意思表示，也不能达到适用税务代理的目的，当然也谈不上代理效力问题。税务代理人除自己有行为能力之外，还须纳税人授予代理权，才能进行税务代理。

2. 税务代理人应以纳税人或者扣缴义务人名义进行税务代理行为

税务代理虽然不是纳税人或者扣缴义务人亲自实施的行为，但是，却是为纳税人或扣缴义务人的利益实施的一种行为。

3. 税务代理人必须向税务机关为意思表示或接受意思表示

税务代理人与税务机关的关系的实质也就是一种代理效果关系。税务代理人所实施的代理行为，其效果并非由行为人承受，而是由纳税人、扣缴义务人承受。代理行为的法律效果并不是首先涉及税务代理人，然后再由代理人转移于纳税人、扣缴义务人，而是从产生法律效果之时开始就直接由纳税人、扣缴义务人承受。

4. 税务代理必须在代理权限内进行

所谓代理权限是指代理权范围。代理权的范围包括适用代理行为的法定范围和行使代理权的意定范围。因此，代理权的范围既要受到法律的限制，也要受到本人(被代理人)的意志和利益的制约。在税务代理中，代理行为必须是合法行为，税务代理人不得实施违反法律和社会公共利益的行为；同时，代理行为还必须是符合纳税人、扣缴义务人意志和利益的行为，代理人的活动不得与纳税人、扣缴义务人的利益发生冲突。

5. 税务代理是由本人承受法律效果的行为

税务代理人在代理权限内以纳税人、扣缴义务人名义向税务机关为意思表示或接受意思表示的行为一旦生效，即在税务机关与纳税人、扣缴义务人之间形成法律关系，代理行为的一切法律效果都应当由纳税人、扣缴义务人承受。税务代理人对代理效果既不享有权利，也不承担责任。

三、税务代理的业务范围

《税务代理试行办法》第 25 条规定，税务代理人可以接受纳税人、扣缴义务人的委托从事下列范围内的业务代理：

(1)办理税务登记、变更税务登记和注销税务登记；

(2)办理发票领购手续；

(3)办理纳税申报或扣缴税款报告；

(4)办理缴纳税款和申请退税；

(5)制作涉税文书；

(6)审查纳税情况；

(7)建账建制，办理账务；

(8)开展税务咨询、受聘税务顾问；

(9)申请税务行政复议或税务行政诉讼；

(10)国家税务总局规定的其他业务。

四、税务代理的分类

根据《税务代理试行办法》第 26 条的规定，税务代理的分类如下：

(1)按代理业务的范围分类，可以把税务代理分为全面代理和单项代理。全面代理是指纳税人、扣缴义务人委托税务代理人，对法定的税务代理范围内的一切业务进行全面的代理。单项代理是指纳税人、扣缴义务人根据自身的需要，委托税务代理人对法定的税务代理业务范围内的一项或几项业务进行代理。

(2)按代理时间分类，可以把税务代理分为临时代理和常年代理。临时代理是指纳税人、扣缴义务人根据自身的需要，临时委托税务代理人在短期内代理税收业务。常年代理是指纳税人、扣缴义务人委托税务代理人常年(1年以上)为其代理税收业务。

五、税务代理人

税务代理人是依法取得注册税务师执业资格证书并注册的专业技术人员及其工作机构。在我国，只有注册税务师可从事税务代理活动，注册税务师必须加入税务师事务所，由税务师事务所统一与纳税人签定委托协议，才能从事税务代理业务。

(一)税务代理机构

税务代理机构为税务师事务所和经国家税务总局及其省、自治区、直辖市国家税务局批准的其他机构。税务师事务所可以由注册税务师合伙设立，也可成立负有限责任的法人。设立税务师事务所应有一定数量的专职从业人员，其中至少有5名以上经税务机关审定注册的税务师。经批准设立的税务师事务所，应当严遵守国家财经纪律、独立核算、自负盈亏、依法纳税。

经国家批准设立的会计师事务所、律师事务所、审计师事务所、税务咨询机构需要开展税务代理业务的，必须在本机构内设置专门的税务代理部、配备5名以上经税务机关审定注册的税务师，并报经国家税务总局或省、自治区、直辖市国家税务局批准，方能从事税务代理业务。

(二)税务师资格取得

国家对税务师实行资格考试和认定制度。注册税务师资格考试实行全国统一大纲、统一命题、统一组织考试的制度，原则上每年举行一次。凡中华人民共和国公民，遵纪守法并具备以下条件的，可申请参见注册税务师资格考试：

(1)非经济类、法学类大专毕业后从事经济、法律工作满8年。

(2)经济类、法学类大专毕业后，或非经济类、法学类大学本科毕业后，从事经济、法律工作满6年。

(3)经济类、法学类大学本科毕业后，或非经济、法学类第二学士或研究生班毕业后，从事经济、法律工作满4年。

(4)经济类、法学类第二学位或研究生班毕业后，或获非经济、法学类硕士学位后，从事经济、法律工作满2年。

(5)获得经济类、法学类硕士学位后，从事经济、法律工作满1年。

(6)获得经济类、法学类博士学位。

(7)对于在全国实行专业技术资格考试前，按照国家有关规定已评聘了经济、会计、统计、审计和法律中级专业职务或参加全国统一考试，取得经济、会计、统计、审计专业中级专业技术资格者，从事税务代理业务满1年。

(8)人事部和国家税务总局规定的其他条件。

凡符合下列条件之一者，均可免试《税法(一)》、《税法(二)》和《财务与会计》三个科目，只参加《税务代理实务》和《税收相关法律》两个科目的考试：

(1)按国家税务总局有关规定，已取得税务师执业证书并在税务代理机构内从事税务代理业务满3年。

(2)按照国家有关规定已评聘经济、会计、统计、审计、法律等高级专业技术职务，从事税收工作满2年。

注册税务师资格考试合格者，由各省、自治区、直辖市人事(职改)部门颁发人事部统一印制、人事部和国家税务总局用印的中华人民共和国注册税务师执业资格证书。

(三)税务师的注册

国家税务总局及其授权的省、自治区、直辖市、计划单列市注册税务师管理机构为注册税务师的注册管理机构。各级人事(职改)部门对注册税务师的注册情况有检查、监督的责任。

1. 注册登记手续

取得注册税务师执业资格证书，申请从事税务代理业务的人员，应在取得证书后3个月内到所在省、自治区、直辖市及计划单列市注册税务师管理机构申请办理注册登记手续。有特殊情况的，经省级注册管理机构的批准，可以延期办理，但最长不得超过6个月。逾期不办理的，则视为自动放弃注册权。

申请注册者，必须同时具备下列四项条件：

(1)遵纪守法，恪守职业道德；

(2)取得中华人民共和国注册税务师执业资格证书；

(3)身体健康，能坚持在注册税务师岗位上工作；

(4)经所在单位考核同意。

再次注册者，应经单位考核合格并有参加继续教育、业务培训的证明。

有下列情况之一者，不予注册：

(1)不具有完全民事行为能力的。

(2)因受刑事处罚，自处罚执行完毕之日起未满3年者；

(3)被国家机关开除公职，自开除之日起未满3年者；

(4)国家税务总局认为其他不具备税务代理资格的。

经批准的注册税务师，由省、自治区、直辖市及计划单列市注册税务师管理机构按国家税务总局的规定进行注册。

注册税务师有下列情况之一的，由国家税务总局或省、自治区、直辖市及计划单列市注册税务师管理机构注销其注册税务师资格：

(1)在登记中弄虚作假，骗取中华人民共和国注册税务师执业资格证书的；

(2)同时在两个税务代理机构执业的；

(3)死亡或失踪的；

(4)注册税务师知道被委托代理的事项违法仍进行代理活动或知道自身的代理行为违法仍进行代理活动的；

(5)注册税务师从事税务代理活动，触犯刑律、构成犯罪的；

(6)国家税务总局认为其不适合从事税务代理业务的。

注册税务师每次注册有效期为3年，每年验证一次。有效期满前3个月持证者按规定到注册管理机构重新办理注册登记。

有以上不予注册及注销其注册税务师资格行为之一的，不予重新注册登记。各地注册税务师管理机构应对注册税务师注册登记和被注销登记的情况，及时向国家税务总局报告。对注册税务师办理了注册登记或被注销登记的，可通过新闻媒介予以公布。

2. 非注册登记手续

对于办理非注册登记手续者，应向所在地的省级注册税务师管理机构递交以下材料：

(1)注册税务师非执业申请表；

(2)注册税务师执业资格证书。

省级注册税务师管理机构对申请非执业注册者提交的上述材料，应当自收到之日起30日内审核完毕。对符合条件者核发注册税务师非执业证书。

六、税务代理关系的确立与终止

(一)税务代理关系的确立

税务师承办代理业务，由其所在的税务代理机构统一受理，并与被代理人签订委托代理协议书。委托代理协议书应当载明代理人、被代理人名称、代理事项、代理权限、代理期限，以及其他应明确的内容，并由税务师及其所在的税务代理机构和被代理人签名盖章。税务代理人应按委托协议书约定的代理内容、代理权限、代理期限进行税务代理，超出协议书约定范围的业务需代理时，必须先修订协议书。

(二)税务代理关系的终止

税务代理期限届满，委托协议书届时失效，税务代理关系自然终止。此外，在一定条件下，税务代理制关系也可以由被代理人或税务代理人单方终止。

1. 被代理人单方终止代理关系

有下列情况之一的，被代理人在代理期间内可以单方终止代理行为：

(1)税务师已死亡；

(2)税务代理人被注销其资格的；

(3)税务代理人未按委托代理协议书的规定办理代理业务；

(4)税务代理机构已破产、解体或被解散。

2. 税务代理人单方终止代理关系

有下列情况之一的，税务代理制人在委托期限内可以单方终止代理行为；

(1)被代理人死亡或解体；

(2)被代理人授意税务代理人实施违反国家法律、行政法规的行为，经劝告仍不停止其违法活动的；

(3)被代理人提供虚假的生产、经营情况和财务会计报表，造成代理错误或被代理人自己实施违反国家法律、行政法规的行为的。

被代理人或税务代理人按照规定单方终止委托代理关系的，中止方应当及时通知另一方，并向当地税务机关报告，同时公布终止代理关系的决定。

七、税务代理人的权利和义务

(一)税务代理人的权利

税务代理人有权依照《税务代理试行办法》的规定代理纳税人、扣缴义务人委托的税务事宜。

税务代理人依法履行职责，受国家法律保护，任何机关团体、单位和个人不得非法干预。

税务代理人有权根据代理业务的需要，查阅被代理人的有关财务会计资料和文件，查看业务现场和设施，被代理人应当向代理人提供真实的经营情况和财务会计资料。

税务代理人可向当地税务机关订购和查阅税收政策、法律、法规和有关资料。

税务代理人对税务机关的行政决定不服的，可依法向税务机关申请行政复议或向人民法院起诉。

(二)税务代理人的义务

税务代理人在办理代理业务时，必须向有关的税务工作人员出示税务师执业证书，按照主管税务机关的要求，如实提供有关资料，不得隐瞒谎报，并在税务文书上署名盖章。

税务代理人对被代理人偷税、骗取减税、免税和退税的行为，应予以制止，并及时报告税务机关。

税务代理人在从事代理业务期间或停止代理业务以后，都不得泄露因代理业务而得知的秘密。

税务代理人应当建立税务代理档案，如实记载各项代理业务的始末和保存计税资料和涉税文书，税务代理档案至少保存5年。

第七节　税收征管的法律责任

税收征管的法律责任，是指税收法律关系主体因其违反税法义务、实施税收违法行为所应承担的法律后果。税收征管法律责任是税法的一个重要内容，明确违反税法的法律责任，不仅有利于维护正常的税收征管秩序，确保国家的税收收入及时足额入库，而且也有利于增强税法的威慑力，为预防和打击税收违法犯罪行为提供有力的法律武器，也有利于维护纳税人的合法权益。

税收法律责任从不同的角度，按不同的标准，可以将税收法律责任分为不同的种类。其目的在于总结税收法律责任理论和实践中同类法律责任所共有的特点和规律，以正确、及时、合法的适用税收处罚措施，更好地实施税收职能。

根据税收法律责任形式、性质和适用主体的不同可分为经济责任、行政责任和刑事责任三种。经济责任的承担一般以损失的发生为前提，没有损失，就没有经济责任的存在，承担经济责任的主要形式是追缴罚款和加收滞纳金。行政责任的追究一般以税务违法行为发生为前提，这种行为不一定造成直接的经济损失，追究行政责任的主要形式有行政处罚和行政处分，行政处罚包括责令限期改正、责令限期缴纳、采取税收保全措施和税收强制措施、罚款、吊销税务登记证、吊销营业执照等；行政处分包括警告、记过、记大过、降级、撤职、开除，这种形式只适用于直接责任人。税法中的刑事法律责任是对违反法律情节严重，构成犯罪的责任人给予的刑事制裁。其形式包括主刑和附加刑，主刑有管制、拘役、有期徒刑、无期徒刑、死刑；附加刑有罚金、没收财产、剥夺政治权利，外国人犯罪的还可以附加驱逐出境。对于纳税主体而言，人身罚与财产罚是可以并处的；对于征税主体而言，原则上可以处以财产罚，如罚金；对于税务机关工作人员，则与其他税务犯罪一样承担刑事法律责任。

根据主要制度的类别不同，可分为违反税收征管制度的法律责任、违反发票管理制度的法律责任、违反纳税担保制度的法律责任、违反税务代理制度的法律责任。下面就以主要制度的类别不同所作的分类介绍税收法律责任的内容。

一、违反税收征管制度的法律责任

根据处罚的对象不同，违反税收征管制度的法律责任又可分为对纳税人、扣缴义务人违反税法的法律责任、税务机关及其工作人违反税法的法律责任、其他单位和个人违反税法的法律责任。

(一)纳税人、扣缴义务人违反税法的法律责任

1. 纳税人违反税务管理基本规定行为的处罚

(1)根据《税收征收管理法》第60条和《税收征收管理法实施细则》第90条的规定，纳税人有下列行为之一的，由税务机关责令限期改正，可以处2000元以下的罚款；情节严重的，处2000元以上10000元以下的罚款：

①未按照规定的期限申报办理税务登记、变更或者注销登记的；

②未按照规定设置、保管账簿或者保管记账凭证和有关资料的；

③未按照规定将财务、会计制度或者财务、会计处理办法和会计核算软件报送税务机关备查的；

④未按照规定将其全部银行账号向税务机关报告的；

⑤未按照规定安装、使用税控装置，或者损毁或擅自改动税控装置的；

⑥纳税人未按照规定办理税务登记证件验证或者换证手续的。

(2)纳税人不办理税务登记的，由税务机关责令限期改正；逾期不改正的，由工商行政管理机关吊销其营业执照。

(3)纳税人未按照规定使用税务登记证件，或者转借、涂改、损毁、买卖、伪造税务登记证件的，处2000元以上1万元以下的罚款；情节严重的，处1万元以上5万元以下的罚款。

2. 对偷税的认定及其法律责任

《税收征收管理法》第63条规定："纳税人伪造、变造、隐匿、擅自销毁账簿、记账凭证，或者在账簿上多列支出或者不列、少列收入，或者经税务机关通知申报而拒不申报或者进行虚假的纳税申报，不缴或者少缴应纳税款的，是偷税。对纳税人偷税的，由税务机关追缴其不缴或者少缴的税款、滞纳金，并处不缴或者少缴的税款50%以上5倍以下的罚款；构成犯罪的，依法追究刑事责任。

扣缴义务人采取前款所列手段，不缴或者少缴已扣、已收税款，由税务机关追缴其不缴或者少缴的税款、滞纳金，并处不缴或者少缴的税款50%以上5倍以下的罚款；构成犯罪的，依法追究刑事责任。”

《中华人民共和国刑法》(以下简称《刑法》)第201条规定：“纳税人采取欺骗、隐瞒手段进行虚假纳税申报或者不申报，逃避缴纳税款数额较大并且占应纳税额10%以上的，处3年以下有期徒刑或者拘役，并处罚金；数额巨大并且占应纳税额30%以上的，处3年以上7年以下有期徒刑，并处罚金。扣缴义务人采取前款所列手段，不缴或者少缴已扣、已收税款，数额较大的，依照前款的规定处罚。对多次实施前两款行为，未经处理的，按照累计数额计算。”

3. 骗取出口退税的认定及法律责任

骗取出口退税是指企事业单位和个人采取假报商品出口等手段，骗取国家出口退税的行为。《税收征收管理法》第66条规定：“以假报出口或者其他欺骗手段，骗取国家出口退税款的，由税务机关追缴其骗取的退税款，并处骗取税款1倍以上5倍以下的罚款；构成犯罪的，依法追究刑事责任。对骗取国家出口退税款的，税务机关可以在规定期间内停止为其办理出口退税。”

《刑法》第204条规定：“以假报出口或者其他欺骗手段，骗取国家出口退税款，数额较大的，处5年以下有期徒刑或者拘役，并处骗取税款1倍以上5倍以下罚金；数额巨大或者有其他严重情节的，处5年以上10年以下有期徒刑，并处骗取税款1倍以上5倍以下罚金；数额特别巨大或者有其他特别严重情节的，处10年以上有期徒刑或者无期徒刑，并处骗取税款1倍以上5倍以下罚金或者没收财产。”

4. 抗税的认定及法律责任

抗税是指以暴力、威胁方法拒不缴纳税款的行为，其性质十分恶劣。《税收征收管理法》第67条规定：“以暴力、威胁方法拒不缴纳税款的，是抗税，除由税务机关追缴其拒缴的税款、滞纳金外，依法追究刑事责任。情节轻微，未构成犯罪的，由税务机关追缴其拒缴的税款、滞纳金，并处拒缴税款1倍以上5倍以下的罚款。”《刑法》第202条规定：“以暴力、威胁方法拒不缴纳税款的，处3年以下有期徒刑或者拘役，并处拒缴税款1倍以上5倍以下罚金；情节严重的，处3年以上7年以下有期徒刑，并处拒缴税款1倍以上5倍以下罚金。”

5. 扣缴义务人违反账簿、凭证管理的处罚

《税收征收管理法》第61条规定：“扣缴义务人未按照规定设置、保管代扣代缴、代收代缴税款账簿或者保管代扣代缴、代收代缴税款记账凭证及有关资料的，由税务机关责令限期改正，可以处2000元以下的罚款；情节严重的，处2000元以上5000元以下的罚款。”

6. 纳税人、扣缴义务人未按规定进行纳税申报的法律责任

《税收征收管理法》第62条规定：“纳税人未按照规定的期限办理纳税申报和报送纳税资料的，或者扣缴义务人未按照规定的期限向税务机关报送代扣代缴、代收代缴税款报告表和有关资料的，由税务机关责令限期改正，可以处2000元以下的罚款；情节严重的，可以处2000元以上1万元以下的罚款。”

7. 进行虚假申报或不进行申报行为的法律责任

《税收征收管理法》第64条规定："纳税人、扣缴义务人编造虚假计税依据的，由税务机关责令限期改正，并处5万元以下的罚款。纳税人不进行纳税申报，不缴或者少缴应纳税款的，由税务机关追缴其不缴或者少缴的税款、滞纳金，并处不缴或者少缴的税款50%以上5倍以下的罚款。"

8. 逃避追缴欠税的法律责任

《税收征收管理法》第65条规定："纳税人欠缴应纳税款，采取转移或者隐匿财产的手段，妨碍税务机关追缴欠缴的税款的，由税务机关追缴欠缴的税款、滞纳金，并处欠缴税款50%以上5倍以下的罚款；构成犯罪的，依法追究刑事责任。"

《刑法》第203条规定："纳税人欠缴应纳税款，采取转移或者隐匿财产的手段，致使税务机关无法追缴欠缴的税款，数额在1万元以上不满10万元的，处3年以下有期徒刑或者拘役，并处或者单处欠缴税款1倍以上5倍以下罚金；数额在10万元以上的，处3年以上7年以下有期徒刑，并处欠缴税款1倍以上5倍以下罚金。"

9. 在规定期限内不缴或者少缴税款的法律责任

《税收征收管理法》第68条规定："纳税人、扣缴义务人在规定期限内不缴或者少缴应纳或者应解缴的税款，经税务机关责令限期缴纳，逾期仍未缴纳的，税务机关除依照本法第40条规定采取强制执行措施追缴其不缴或者少缴的税款外，可以处不缴或者少缴税款50%以上5倍以下的罚款。"

10. 扣缴义务人不履行扣缴义务的法律责任

《税收征收管理法》第69条规定："扣缴义务人应扣未扣、应收而不收税款的，由税务机关向纳税人追缴税款，对扣缴义务人处应扣未扣、应收未收税款50%以上3倍以下的罚款。"

11. 不配合税务机关依法检查的法律责任

《税收征收管理法》第70条规定："纳税人、扣缴义务人逃避、拒绝或者以其他方式阻挠税务机关检查的，由税务机关责令改正，可以处1万元以下的罚款；情节严重的，处1万元以上5万元以下的罚款。"

逃避、拒绝或者以其他方式阻挠税务机关检查的情形的：

(1)提供虚假资料，不如实反映情况，或者拒绝提供有关资料的；

(2)拒绝或者阻止税务机关记录、录音、录像、照相和复制与案件有关的情况和资料的；

(3)在检查期间，纳税人、扣缴义务人转移、隐匿、销毁有关资料的；

(4)有不依法接受税务检查的其他情形的。

税务机关依照《税收征收管理法》第54条第(5)项的规定，到车站、码头、机场、邮政企业及其分支机构检查纳税人有关情况时，有关单位拒绝的，由税务机关责令改正，可以处1万元以下的罚款；情节严重的，处1万元以上5万元以下的罚款。

(二)税务机关及其工作人违反税法的法律责任

1. 擅自改变税收征收管理范围的法律责任

《税收征收管理法》第76条规定："税务机关违反规定擅自改变税收征收管理范围和

税款入库预算级次的，责令限期改正，对直接负责的主管人员和其他直接责任人员依法给予降级或者撤职的行政处分。”

2. 不移送的法律责任

《税收征收管理法》第77条规定：“纳税人、扣缴义务人有本法第六十三条、第六十五条、第六十六条、第六十七条、第七十一条规定的行为涉嫌犯罪的，税务机关应当依法移送司法机关追究刑事责任。税务人员徇私舞弊，对依法应当移交司法机关追究刑事责任的不移交，情节严重的，依法追究刑事责任。”

3. 税务人员不依法行政的法律责任

《税收征收管理法》第80条规定：“税务人员与纳税人、扣缴义务人勾结，唆使或者协助纳税人、扣缴义务人有本法第六十三条、第六十五条、第六十六条规定的行为，构成犯罪的，依法追究刑事责任；尚不构成犯罪的，依法给予行政处分。”

4. 渎职行为

《税收征收管理法》第81条规定：“税务人员利用职务上的便利，收受或者索取纳税人、扣缴义务人财物或者谋取其他不正当利益，构成犯罪的，依法追究刑事责任；尚不构成犯罪的，依法给予行政处分。”

《税收征收管理法》第82条规定：“税务人员徇私舞弊或者玩忽职守，不征收或者少征应征税款，致使国家税收遭受重大损失，构成犯罪的，依法追究刑事责任；尚不构成犯罪的，依法给予行政处分。税务人员滥用职权，故意刁难纳税人、扣缴义务人的，调离税收工作岗位，并依法给予行政处分。税务人员对控告、检举税收违法违纪行为的纳税人、扣缴义务人以及其他检举人进行打击报复的，依法给予行政处分；构成犯罪的，依法追究刑事责任。”

《刑法》第404条规定：“税务机关的工作人员徇私舞弊，不征或者少征应征税款，致使国家税收遭受重大损失的，处5年以下有期徒刑或者拘役；造成特别重大损失的，处5年以上有期徒刑。”

《刑法》第405条规定：“税务机关的工作人员违反法律、行政法规的规定，在办理发售发票、抵扣税款、出口退税工作中，徇私舞弊，致使国家利益遭受重大损失的，处5年以下有期徒刑或者拘役；致使国家利益遭受特别重大损失的，处5年以上有期徒刑。”

5. 不按规定征收税款的法律责任

《税收征收管理法》第83条规定：“违反法律、行政法规的规定提前征收、延缓征收或者摊派税款的，由其上级机关或者行政监察机关责令改正，对直接负责的主管人员和其他直接责任人员依法给予行政处分。”

《税收征收管理法》第84条规定：“违反法律、行政法规的规定，擅自作出税收的开征、停征或者减税、免税、退税、补税以及其他同税收法律、行政法规相抵触的决定的，除依照本法规定撤销其擅自作出的决定外，补征应征未征税款，退还不用征收而征收的税款，并由上级机关追究直接负责的主管人员和其他直接责任人员的行政责任；构成犯罪的，依法追究刑事责任。”

此外，《税收征收管理法》第74条还对行政处罚的权限作出了规定：“罚款额在2000元以下的，可以由税务所决定。”

(三)其他单位和个人违反税法的法律责任

银行和其他金融机构未依照税收征管法的规定在从事生产、经营的纳税人的账户中登录税务登记证件号码，或者未按规定在税务登记证件中登录从事生产、经营的纳税人的账户账号的，由税务机关责令其限期改正，处2000元以上2万元以下的罚款；情节严重的，处2万元以上5万元以下的罚款。

为纳税人、扣缴义务人非法提供银行账户、发票、证明或者其他方便，导致未缴、少缴税款或者骗取国家出口退税款的，税务机关除没收其违法所得外，可以处未缴、少缴或者骗取的税款1倍以下的罚款。

纳税人、扣缴义务人的开户银行或者其他金融机构拒绝接受税务机关依法检查纳税人、扣缴义务人存款账户，或者拒绝执行税务机关作出的冻结存款或者扣缴税款的决定，或者在接到税务机关的书面通知后帮助纳税人、扣缴义务人转移存款，造成税款流失的，由税务机关处10万元以上50万元以下的罚款，对直接负责的主管人员和其他直接责任人员处1000元以上1万元以下的罚款。

税务机关依照《税收征收管理法》第54条第(5)项的规定，到车站、码头、机场、邮政企业及其分支机构检查纳税人有关情况时，有关单位拒绝的，由税务机关责令改正，可以处1万元以下的罚款；情节严重的，处1万元以上5万元以下的罚款。

二、违反发票管理制度的法律责任

1. 一般违反发票管理法规的行为及处罚

根据《发票管理办法》第36条的规定，违反发票管理法规的行为包括：

(1)未按照规定印制发票或者生产发票防伪专用品的；

(2)未按照规定领购发票的；

(3)未按照规定开具发票的；

(4)未按照规定取得发票的；

(5)未按照规定保管发票的；

(6)未按照规定接受税务机关检查的。

对有上述所列行为之一的单位和个人，由税务机关责令限制改正，没收非法所得，可以并处1万元以下的罚款。有上述所列两种或者两种以上行为的，可以分别处罚。

2. 违反空白发票管理规定的行为及处罚

非法携带、邮寄、运输或者存放空白发票的，由税务机关收缴发票，没收非法所得，可以并处1万元以下的罚款。

3. 违反发票防伪规定的行为及处罚

私自制作发票监制章、发票防伪专用品的，由税务机关依法予以查封、扣押或者销毁，没收非法所得和作案工具，可以并处1万元以上5万元以下的罚款；构成犯罪的，依法追究刑事责任。

4. 违反发票印制规定的行为及处罚

《税收征收管理法》第71条规定："违反本法第206条规定，非法印制发票的，由税务机关销毁非法印制的发票，没收违法所得和作案工具，并处1万元以上5万元以下的罚款；构成犯罪的，依法追究刑事责任。”

《刑法》第 206 条规定：“伪造或者出售伪造的增值税专用发票的，处 3 年以下有期徒刑、拘役或者管制，并处 2 万元以上 20 万元以下罚金；数量较大或者有其他严重情节的，处 3 年以上 10 年以下有期徒刑，并处 5 万元以上 50 万元以下罚金；数量巨大或者有其他特别严重情节的，处 10 年以上有期徒刑或者无期徒刑，并处 5 万元以上 50 万元以下罚金或者没收财产。单位犯本条规定之罪的，对单位判处罚金，并对其直接负责的主管人员和其他直接责任人员，处 3 年以下有期徒刑、拘役或者管制；数量较大或者有其他严重情节的，处 3 年以上 10 年以下有期徒刑；数量巨大或者有其他特别严重情节的，处 10 年以上有期徒刑或者无期徒刑。”

《刑法》第 209 条规定：“伪造、擅自制造或者出售伪造、擅自制造的可以用于骗取出口退税、抵扣税款的其他发票的，处 3 年以下有期徒刑、拘役或者管制，并处 2 万元以上 20 万元以下罚金；数量巨大的，处 3 年以上 7 年以下有期徒刑，并处 5 万元以上 50 万元以下罚金；数量特别巨大的，处 7 年以上有期徒刑，并处 5 万元以上 50 万元以下罚金或者没收财产。伪造、擅自制造或者出售伪造、擅自制造的前款规定以外的其他发票的，处 2 年以下有期徒刑、拘役或者管制，并处或者单处 1 万元以上 5 万元以下罚金；情节严重的，处 2 年以上 7 年以下有期徒刑，并处 5 万元以上 50 万元以下罚金。”

5. 利用发票骗税的行为及处罚

违反《发票管理办法》，导致其他单位或者个人未缴、少缴或者骗取税款的，由税务机关没收非法所得，可以并处未缴、少缴或者骗取的税款 1 倍以下的罚款。

《刑法》第 205 条规定：“虚开增值税专用发票或者虚开用于骗取出口退税、抵扣税款的其他发票的，处 3 年以下有期徒刑或者拘役，并处 2 万元以上 20 元以下罚金；虚开的税款数额较大或者有其他严重情节的，处 3 年以上 10 年以下有期徒刑，并处 5 万元以上 50 万元以下罚金；虚开的税款数额巨大或者有其他特别严重情节的，处 10 年以上有期徒刑或者无期徒刑，并处 5 万元以上 50 万元以下罚金或者没收财产。

单位犯本条规定之罪的，对单位判处罚金，并对其直接负责的主管人员和其他直接责任人员，处 3 年以下有期徒刑或者拘役；虚开的税款数额较大或者有其他严重情节的，处 3 年以上 10 年以下有期徒刑；虚开的税款数额巨大或者有其他特别严重情节的，处 10 年以上有期徒刑或者无期徒刑。

虚开增值税专用发票或者虚开用于骗取出口退税、抵扣税款的其他发票，是指有为他人虚开、为自己虚开、让他人为自己虚开、介绍他人虚开行为之一的。”

6. 税务人员违反发票管理规定的行为及处罚

税务人员利用职权之便，故意刁难印制、使用发票的单位和个人，或者有违反发票管理法规行为的，依照国家有关规定给予行政处分；构成犯罪的，依法追究刑事责任。

三、违反纳税担保制度的法律责任

纳税人、纳税担保人采取欺骗、隐瞒等手段提供担保的，由税务机关处以 1000 元以下的罚款；属于经营行为的，处以 10000 元以下的罚款。

非法为纳税人、纳税担保人实施虚假纳税担保提供方便的，由税务机关处以1000元以下的罚款。

纳税人采取欺骗、隐瞒等手段提供担保，造成应缴税款损失的，由税务机关按照《税收征收管理法》第68条规定处以未缴、少缴税款50%以上5倍以下的罚款。

税务机关负有妥善保管质物的义务。因保管不善致使质物灭失或者毁损，或未经纳税人同意擅自使用、出租、处分质物而给纳税人造成损失的，税务机关应当对直接损失承担赔偿责任。

纳税义务期限届满或担保期间，纳税人或者纳税担保人请求税务机关及时行使权利，而税务机关怠于行使权利致使质物价格下跌造成损失的，税务机关应当对直接损失承担赔偿责任。

税务机关工作人员有下列情形之一的，根据情节轻重给予行政处分：

(1)违反本办法规定，对符合担保条件的纳税担保，不予同意或故意刁难的；

(2)违反本办法规定，对不符合担保条件的纳税担保，予以批准，致使国家税款及滞纳金遭受损失的；

(3)私分、挪用、占用、擅自处分担保财物的；

(4)其他违法情形。

四、违反税务代理制度的法律责任

税务师和税务代理机构在税务代理中，应当严格按照有关规定履行职责，如违反有关规定，税务机关应当根据其情节轻重给予应有的处罚：

(1)税务师未按照委托代理协议书的规定进行代理或违反税收法律、行政法规的规定进行代理的，由县以上的国家税务局处以2000元以下的罚款；

(2)税务师在一个会计年度内，违反《税务代理试行办法》规定从事代理行为2次以上的，由省、自治区、直辖市国家税务局注销税务师登记，收回税务师执业证书，停止其从事税务代理业务2年；

(3)税务师知道被委托代理的事项违法仍进行代理活动或知道自身的代理行为违法仍进行的，由省、自治区、直辖市国家税务局吊销其税务师执业证书，禁止从事税务代理业务；

(4)税务代理机构违反《税务代理试行办法》规定的，由县以上的国家税务局根据情况轻重给予警告、处以2000元以下罚款、停业整顿、责令解散等处分；

(5)税务代理机构从事地方税代理业务时违反上述试行办法规定的，由县以上的税务机关根据试行办法的规定予以警告、处以2000元以下的罚款或提请省、自治区、直辖市国家税务局处理；

(6)税务师触犯刑律，构成犯罪的，由司法机关依法惩处。

税务机关对税务师和税务代理机构进行惩戒处分时，应当制作文书，通知当事人，并予以公布。

复习思考题

1. 简述税收征管和税收征管法的概念。
2. 简述税收征管的立法目的。
3. 简述纳税人和税务机关在税收征纳过程中的权利和义务。
4. 简述纳税担保的法定情形及其纳税担保的范围。
5. 简述税收代位权与税收撤销权的区别。
6. 简述在税务检查中税务机关的权利和义务。
7. 简述税务代理在税收征纳过程中的作用。
8. 简述征纳税主体及相关人违反税法的法律责任。

第十章　税收救济法

第一节　税收救济法概述

罗马法谚有云："有权利即有救济"，英美法一直奉行救济先于权利的原则，无救济的权利不是真正的权利。纳税人负有法定的纳税义务，但权利与义务在结构上是相互关联的，在数量上是等值的，在功能上是互补的。① 纳税人在承担纳税义务的同时也享有税收知情权、税收救济权、保密权等权利。税收救济法律制度对于保护纳税人的合法权利，防止受到税务机关的侵害具有十分重要的意义。②

税收救济法事实上并不是一个独立的法律部门，它是为解决税收争议而产生的一系列法律制度的总称，以税收争议为前提，并以税收争议为调整对象。

税法作为分配法，直接关系到国家与相关主体的利益分配，也与国民财产权的保障密切相关，而税法救济法是税法制度有效实施的保障。一方面，纳税相关人通过税务救济制度，可以获得一定的救济权与立法机关赋予行政机关的税收征管权形成制衡，来保护自身的合法权益；另一方面，国家通过税务救济制度对具体行政行为进行监督，使税务机关无法滥用行政权力，并对错误的行政行为进行纠正，以保障税收工作的顺利开展，同时维护国家利益。

从纯粹的税法制度结构上来看，税收体制制度是整个税法制度的基础和主导，税收征纳制度则是税法制度的核心和主体，这些制度共同构成了通常的税法制度，也构成了税法的体系。此外，上述税法制度的有效实施，同样离不开处理税收救济制度，并且税法制度越完善，相应的税收救济制度也要越健全。因此税法救济法应当成为广义上的税法制度的一个组成部分，或者说税法制度的一个必要的延伸。鉴于税收救济制度的重要作用和它与税法制度内在的关系，本书将税收救济法单独成章，介绍税收救济制度中三种最重要的制度。

一、税收救济

(一)税收救济的概念

税收救济是指为排除税务具体行政行为对税收相对人合法权益的侵害，通过解决税收争议，制止和矫正违法或不当的税收行政侵权行为，从而使税收相对人的合法权益获得

---

① 参见张文显主编：《法理学》，高等教育出版社 2014 年版，第 99 页。

② 参见刘剑文著：《财税法——原理、案例与材料》，北京大学出版社 2017 版，第 339 页。

补救。

一般意义上的救济是一种物质帮助，是社会给弱者的物质救助行为；而法律意义上的救济是一种法律制度，是国家通过裁决行政争议，制止和矫正行政侵权行为，从而使合法权益遭受损害的相对人能够获得补救，实质上也是国家赋予税收相对人的一项权利。①

(二)税收救济的逻辑前提——税务争议

1. 税务争议的概念

税务争议是指纳税人、扣缴义务人和其他当事人在适用税法、核定税价、确定税率、计算税额以及对违反税法行为的处罚等问题上同税务机关发生的争议，即国家在税务管理过程中，税务行政主体因行使税务行政职权而与行政相对人之间发生的争执。税务争议是引起税务救济的前提和基础，是税务救济的逻辑起点。

2. 产生税务争议的原因

(1)税款征收的效率性与准确性难以调和。税收是国家财政收入的主要源泉，税款征收必须要有一定的效率。如果税收不及时入库，公共服务的提供就会受到影响，加之税务案件的数量十分庞大，税务程序本身不能过于复杂。税务机关往往基于一定的盖然性，就向纳税人下达缴纳税款的核定，征税过程难免会发生错误。

(2)税法的专业性、技术性使不同主体在对税法的理解、税款的计算、处罚的轻重问题上往往会出现不同意见。

(3)纳税人受利益驱动，导致其纳税观念淡薄，并可能制造种种借口掩盖偷漏税行为，牟取非法收入。

(4)税收的非直接补偿性决定纳税争议的不可避免性。一方面，税收虽然取之于民用之于民，但是用纳税人的钱为广大的公民提供公共产品、公共服务，纳税人得到的公共产品、服务并不是与所纳税款等值；另一方面，没有纳税的人也可以享受这种公共产品、服务，其中还不乏有人借助公共产品的非独立性和非排他性逃避纳税“搭便车”，使纳税人心理上无法得到平衡，从而产生不积极纳税的观念。

(5)税收强制性决定纳税争议的不可避免性。税收强制执行措施以国家强制力为后盾，不以当事人的意志为转移的特性，制度本身就表现出一种对抗，一方面纳税人基于某种原因不愿纳税，另一方面国家税务机关又强制其纳税，这种情况下容易产生税务争议。

(6)税务执法人员的法律意识、业务能力、职业道德的缺失和主观认识上的局限，工作中难免会出现偏差和错误，少数征管人员素质低，法制观念不强，有法不依、执法不严的情况也有出现。

3. 税务行政争议的种类

税务行政争议有广义和狭义之分、内部和外部之别。广义上的税务行政争议即包括内部行政争议，如税务管辖争议；又包括外部行政争议，即税务机关与税务相对人之间的争议。狭义上的税务争议专指税务机关与税务相对人之间的争议。本书将在狭义上使用税务争议的概念。狭义上的税务争议由于性质不同可分为纳税争议和纳税争议以外的其他争议，这两类税务争议救济的前提条件和救济途径都有所不同。

---

① 参见刘剑文主编：《财税法学》，高等教育出版社2004年版，第727页。

(1)纳税争议。纳税争议是指纳税人对征税机关的征税决定不服所引起的争议，如有关是否纳税、应纳税款数额、应税所得额的数额、是否享有税收优惠政策等方面发生的争议。

(2)其他争议。除纳税争议以外的其他争议包括不服责令提供担保的争议、不服保全措施的争议、不服税收强制措施的争议、不服税务行政处罚的争议、不服税务机关不作为的争议、不服税务机关取消增值税一般纳税人资格的争议、不服税务机关作出通知出境管理机关阻止其出境的争议等。

二、税收救济法的概念

税收救济法是调整税务救济程序的法律规范的总称。税务救济法不是一个独立的法律部门，而是由许多税务救济法律规范组成，而且大多都准用于一般的行政救济措施。税收救济法的主要任务是规范争议主体的行为，并保证已经产生的税务争议得以有效的解决。

在早期的税法学理论中，税法规制的侧重点是行政权利的维护、行政相对人违法行为的预防。“税务救济法”概念的使用，反映了对相对人权利的保护和救济，应该说是理论界观念的转变，也是以后实践中制度创新的导向。

三、税收救济法的特征

税收救济法是税法的重要组成部分，同税法的其他部分与其他法律相比，它具有自身的调整对象、内容、目的和方法。

(一)税收救济法以税收争议为前提，并以税收争议为调整对象

没有税收争议就没有税收救济法。从税收救济的起因看，税收救济是税收相对人认为税务机关及其工作人员的税务具体行政行为侵犯了其合法权益，甚至造成了其合法权益的损害，要求排除侵权行为，给受损合法权益以赔偿而产生的。税务争议是税务机关在行使税务管理职权的过程中与税收相对人发生的，其性质属于行政争议，争议的实质是国家行政权利是否得到正确行使的问题。税务救济法是调整税务机关与税务相对人在税收救济活动中所发生的各种社会关系的法律，其主要任务是规范争议主体的行为，并保证已经产生的税务争议得以有效的解决。

(二)税务救济法的主要内容是审查具体行政行为的合法性与适当性

税务救济以税务争议为调整对象，而税收争议的对象与范围是税务机关行政行为的合法性与适当性，这也就决定了税收救济法所要解决的主要问题便是税务具体行政行为是否合法与适当。合法性问题牵涉到法律的适用，而人民法院对适用有比较高的权威，因此，人民法院的司法救济主要是审查税务具体行政行为的合法性。适当性的问题是税务机关是否合理的行使自由裁量权的问题，因税收的专业性、技术性较强，决定了适当性问题适宜主要由行政机关系统内部的救济来解决。

(三)税收救济法的目的是对违法或不当的税务具体行政行为所造成的消极后果进行补救，以保护税收相对人的合法权益不受侵害

在税收实体法律关系中，税务机关是管理者，它享有较多的权利，处于主动地位；而税收相对人是被管理者，它承担着较多的义务，处于被动地位。要使税收相对人的权利得

到充分的保护，只有在税收程序法律关系中赋予税收相对人较多的权利以达成权利的平衡。税收救济法作为一种法律补救机制，其实质是消除税务行政行为造成的不利后果，使受侵害的相对人的合法权益恢复原状，对相对人造成的损害或损失予以赔偿。税收救济法尽管有多方面的功能，但恢复和弥补税收相对人的合法权益无疑是其主要目的。

(四)税收救济法是为解决税收争议而形成的一系列法律制度的总称

解决税收争议的途径和方法多种多样，现代法治社会禁止行政私力救济，对权利的救济必须有立法的规定并进而形成制度才能得到实现。对于可以实现权利补救但没有形成为税收救济法律制度的某些方式，不应称其为税收救济法，如新闻媒体刊登读者来信使税务争议得到解决，这是一种救济方式，但不是税收救济法的组成部分。关于税收救济法的范围有一定的分歧，但一般认为至少包括税务行政复议、税务行政诉讼和税务行政赔偿。①

第二节 税务行政复议

一、税务行政复议概述

(一)税务行政复议的概念

税务行政复议是指税收相对人不服税务机关作出的具体行政行为，向法定的税务复议机关提出复议申请，由税务复议机关进行审查并作出裁决的一系列活动的总称。从性质上来看，税务行政复议是一种具体行政行为。目前我国税务行政复议所依据的法律主要有2017年9月1最新修订的《中华人民共和国行政复议法》(以下简称《行政复议法》)和2015年12月17日修订，2016年1月1日起开始实施的《税务行政复议规则》。

(二)税务行政复议与税务行政诉讼的关系

1. 相同之处

(1)处理对象相同。以具体行政行为为主，但也包括部门抽象行政行为。②

(2)程序上相似。都是因当事人的申请而产生；被申请人或被告都是作出具体行政行为的税务机关或法律法规授权组织；复议和诉讼期间一般不停止执行；都是由税务机关负举证责任；一般不适用调解等。③

(3)二者都属于公力救济行为。

(4)二者的目的和作用相同。二者都是为了处理税务争讼案件，保护公民、法人和其他组织的合法权益，维护和监督税务机关依法行政。

---

① 参见刘剑文著：《财税法——原理、案例与材料》，北京大学出版社2017年版，第339页。

② 根据2017年9月1日最新修订的《行政复议法》第7条，2015年12月17日修订的《税务行政复议规则》和2017年6月27日最新修订的《行政诉讼法》第53条规定，公民在对具体行政行为提起行政复议时，有权对具体行政行为所依据的规定申请附带审查，但主要是规章以下的规范性文件，不包括规章。

③ 根据2017年6月修订的《行政诉讼法》第60条规定，行政赔偿、补偿以及行政机关行使法律、法规规定的自由裁量权的案件可以调解。

2. 区别

(1)审理机关不同。税务行政复议的审理机关是法定的复议机关，而税务行政诉讼的审理机关是法院。

(2)审查对象的范围不同。税务行政复议全面审查相关具体行政行为的合法性和合理性，而税务行政诉讼则只审查合法性。

(3)审理的权限不同。税务行政复议在原具体行政行为事实不清，适用法律不当，显失公平的情况下可以作出变更裁定，而税务行政诉讼只有在显失公平的情况下才能判决变更具体行政行为。

(4)审理方式和审理制度不同。在审理方式上，税务行政复议可以采取书面审理、直接审理和听证审理的方式，而税务行政诉讼只能进行公开审理；在审理制度上，税务行政复议实行一级复议制度，而税务行政诉讼则是两审终审。

(5)适用程序不同。税务行政复议与税务行政诉讼的具体程序不同。

3. 税务行政复议与税务行政诉讼的衔接

(1)当事人选择适用。一般而言，当事人可以自由选择是提起行政复议还是行政诉讼。但是，相对人申请税务行政复议，税务行政复议机关已经依法受理的，在法定税务行政复议期限内不得向人民法院起诉；相对人向人民法院提起税务行政诉讼且人民法院已经受理的，不得申请税务行政复议。

(2)税务行政复议前置。对于征税行为而言，应当先申请税务行政复议，对复议决定不服的，再提起税务行政诉讼。应当注意的是，对加处罚款的决定不服的，应当先缴纳罚款和加处罚款，再申请行政复议。

二、税务行政复议的原则

《行政复议法》第 4 条规定，行政复议机关履行行政复议职责，应当遵循合法、公正、公开、及时、便民的原则，而新修订的《税务行政复议规则》第 4 条也作出了相同的规定，此外还特别强调行政复议机关应当树立依法行政观念，强化责任意识和服务意识，认真履行行政复议职责。

合法原则是所有行政权行使都应遵循的一项基本原则，是依法行政的基本要求。合法原则是指行政机关在行政复议过程中，必须严格按照宪法和法律规定的职责权限，对行政管理相对人申请复议的具体行政行为，按法定程序进行审查，法无授权即禁止；公正原则要求税务机关在复议活动中要公正对待双方当事人，不偏私。在审查复议案件时只考虑与案件有的事实，不得考虑无关因素；公开原则是指税务复议机关在复议过程要向复议当事人和社会公开，但涉及国家秘密、个人隐私及商业秘密的除外。及时原则是行政效率原则的具体体现，它要求整个复议进程不仅要在法定的期限完成，而且要尽可能地迅速完成，不拖延；便民原则是指复议机关在复议过程的设计要便于行政相对人参加，为当事人申请复议提供便利，从实质上保证救济权利的充分实现。

三、税务行政复议的范围

税务行政复议的范围是指公民、法人或者其他组织认为税务具体行政行为侵犯了其合法权益，依法向税务复议机关提出申请，由复议机关受理并解决税务争议的权限范围。复议的范围不仅包括具体行政行为，还包括规章以下的抽象行政行为。

(一)税务具体行政行为的复议范围

对于申请人提出不服下列税收具体行政行为的申请，复议机关可以受理：

(1)征税行为，包括确认纳税主体、征税对象、征税范围、减税、免税、退税、抵扣税款、适用税率、计税依据、纳税环节、纳税期限、纳税地点和税款征收方式等具体行政行为，征收税款、加收滞纳金，扣缴义务人、受税务机关委托的单位和个人作出的代扣代缴、代收代缴、代征行为等。

(2)行政许可、行政审批行为。

(3)发票管理行为，包括发售、收缴、代开发票等。

(4)税收保全措施、强制执行措施。

(5)行政处罚行为：

①罚款；

②没收财物和违法所得；

③停止出口退税权。

(6)不依法履行下列职责的行为：

①颁发税务登记；

②开具、出具完税凭证、外出经营活动税收管理证明；

③行政赔偿；

④行政奖励；

⑤其他不依法履行职责的行为；

⑥资格认定行为；

⑦不依法确认纳税担保行为；

⑧政府信息公开工作中的具体行政行为；

⑨纳税信用等级评定行为；

⑩通知出入境管理机关阻止出境行为；

⑪其他具体行政行为。

(二)税务抽象行政行为的复议范围

为了更好地保护纳税人的等相关主体的合法权益，税务相对人认为税务机关具体行政行为所依据的规定不合法，在对具体行政行为申请行政复议时，可一并向复议机关提出对该规定的审查申请，这些规定包括：

(1)国家税务总局和国务院其他部门的规定；

(2)其他各级税务机关的规定；

(3)地方各级人民政府的规定；

(4)地方人民政府工作部门的规定。

税务抽象行政行为“不合法”包括三种含义：

(1)规范性文件的内容与国家的宪法、法律、行政法规以及所在地的地方性法规的明文规定相抵触。

(2)虽然宪法、法律、行政法规以及所在地的地方性法规未作出明文规定，但其基本原则是明确的，而规范性文件的规定与这些基本原则不一致。

(3)制定机关超越其职权范围制定规范性文件。

依据现行规定，对国务院各部委和地方人民政府制定的规章，以及国家税务总局制定的具有规章效力的规范性文件，尚不能在复议时一并提出审查申请。这里应当注意的是，即使可以依法提起申请的抽象行政行为也不能单独提起税务行政附议，只能在税收相对人对具体行政行为申请复议时，才能对具体行政行为依据的抽象行政行为一并提出复议申请。

(三)不能申请复议行为

(1)内部行政行为，如不服行政处分及其他人事处理决定，只能采取内部行政申诉或人事仲裁的方式进行救济。

(2)不服行政机关对民间纠纷作出的调解和其他处理的，只能通过仲裁或向法院起诉的方式寻求救济。①

四、税务行政复议的管辖

税务行政复议的管辖，是指各税务行政复议机关对税务行政复议案件在受理上的具体分工，即行政相对人提起行政复议申请之后，应当由哪一个行政复议机关来行使行政复议权。

根据《行政复议法》和《税务行政复议规则》的规定，我国税务行政复议管辖的原则上是实行由上一级行政机关管辖的一级复议制度。具体内容如下：

(1)对各级税务局的具体行政行为不服的，向其上一级税务局申请行政复议；对计划单列市税务局的具体行政行为不服的，向国家税务总局申请行政复议。

(2)对税务所(分局)、各级税务局的稽查局的具体行政行为不服的，向其所属税务局申请行政复议。

(3)对国家税务总局的具体行政行为不服的，向国家税务总局申请行政复议。对行政复议决定不服的，申请人可以向人民法院提起行政诉讼，也可以向国务院申请裁决。国务院的裁决为最终裁决。应该注意的是，向国务院申请二级复议审理是特殊规定，只适用于纳税人不服由国家税务总局直接作出的具体税务行政行为的情况。

(4)对下列税务机关的具体行政行为不服的，按照下列规定申请行政复议：

①对两个以上税务机关以共同的名义作出的具体行政行为不服的，向共同上一级税务机关申请行政复议；对税务机关与其他行政机关以共同的名义作出的具体行政行为不服的，向其共同上一级行政机关申请行政复议。

②对被撤销的税务机关在撤销以前所作出的具体行政行为不服的，向继续行使其职权的税务机关的上一级税务机关申请行政复议。

③对税务机关作出逾期不缴纳罚款加处罚款的决定不服的，向作出行政处罚决定的税务机关申请行政复议。但是对已处罚款和加处罚款都不服的，一并向作出行政处罚决定的

① 参见刘剑文著：《财税法——原理、案例与材料》，北京大学出版社2017年版，第343页。

税务机关的上一级税务机关申请行政复议。

为方便纳税人，按《行政复议法》有关规定，复议申请人也可以向具体行政行为发生地的县级地方人民政府提交行政复议申请，由接受申请的县级地方人民政府依法进行转送。

五、税务行政复议程序

(一) 税务行政复议的申请

税务行政复议的申请是指公民、法人或者其他组织等税务相对人认为税务机关的税务行政行为侵犯其合法权益，依法要求有管辖权的复议机关对该行为进行审查和处理的意思表示。税务行政复议是一种依申请的行政行为，没有相对人的申请就不能发生行政复议，因此，申请是启动税务行政复议的第一阶段。

1. 申请税务行政复议的条件

纳税人及其他税务当事人对税务机关的具体行政行为不服申请复议的，应当具备以下条件：

(1) 申请人合格，即申请人是认为税务具体行为侵犯其合法权益的公民、法人和其他组织。具体是指纳税义务人、扣缴义务人、纳税担保人和其他税务当事人。在特殊情况下也有所转移，具体转移制度在复议申请人中予以介绍。

(2) 有明确的被申请人。相对人申请行政复议必须指明被申请人，即作出税务具体行政行为侵犯其合法权益的行政主体。

(3) 有具体的复议请求和事实根据。申请人申请行政复议应有具体的复议请求，请求撤销违法的具体行政行为决定，或者请求确认具体行政行为违法，或请求责令被申请人赔偿损失。此外，其申请应该以事实为根据。

(4) 属于申请复议的范围。

(5) 属于受理复议机关管辖。税务行政复议的管辖是法定的，申请人必须向有复议管辖权的机关申请复议。

(6) 在提出复议申请前已经依照税务机关的纳税决定缴纳或者解缴税款及滞纳金或者提供相应的担保。

(7) 税务行政复议必须在法律规定的期限内提出，根据《行政复议法》和《税务行政复议规则》的规定，申请人可以在知道税务机关作出具体行政行为之日起60日内提出行政复议申请。因不可抗力或者被申请人设置障碍等原因耽误法定申请期限的，申请期限的计算应当扣除被耽误时间，申请期限自障碍消除之日起继续计算。

(8) 法律、法规规定的其他条件。

2. 申请税务行政复议的方式

申请税务行政复议的方式是指税务相对人提出复议要求和表达其复议意愿的具体表现形式。申请税务行政复议的方式有两种：

(1) 书面形式，是指税收相对人通过向复议机关递交书面申请文书，表示复议意愿和要求的一种方式，一般是指复议申请书。

(2) 口头申请，是税收相对人以口头陈述的方式提出其申请复议的意愿和要求。对于书写复议确有困难的，法律规定可以允许复议申请人以口头申请的方式申请复议，复议机关应当当场记录申请人的基本情况、行政复议请求、申请行政复议的主要事实、理由和时间。

3. 税务行政复议参加人

税务行政复议参加人包括申请人、被申请人、第三人、代理人等。

申请人是指认为税务机关的具体行政行为侵犯其合法的权益，依照法律的规定，以自己的名义向税务行政复议机关提出行政复议申请的公民、法人、或者其他组织。具体包括纳税人、扣缴义务人、纳税担保人、税务行为直接责任人和其他税务争议当事人。外国人、无国籍人、外国组织也可以成为税务行政复议申请人。申请税务行政复议必须以有权申请复议的人的名义进行，否则将是无效行为。申请人资格具体体现为：

(1) 合伙企业申请行政复议的，应当以工商行政管理机关核准登记的企业为申请人，由执行合伙事务的合伙人代表该企业参加行政复议；其他合伙组织申请行政复议的，由合伙人共同申请行政复议。不具备法人资格的其他组织申请行政复议的，由该组织的主要负责人代表该组织参加行政复议；没有主要负责人的，由共同推选的其他成员代表该组织参加行政复议。

(2) 股份制企业的股东大会、股东代表大会、董事会认为税务具体行政行为侵犯企业合法权益的，可以以企业的名义申请行政复议。

特殊情况下申请人资格有所转移，申请人资格转移的情况有：有权申请行政复议的公民死亡的，其近亲属可以申请行政复议；有权申请行政复议的公民为无行为能力人或者限制行为能力人，其法定代理人可以代理申请行政复议。有权申请行政复议的法人或者其他组织发生合并、分立或终止的，承受其权利的法人或其他组织可以申请行政复议。

被申请人，是指其具体行政行为被指控违法侵犯申请人的合法权益，并由行政复议机关通知参加行政复议的税务机关。根据法律规定申请人主要有以下情形：

(1)申请人对某一税务机关的征税或者违章处理行为不服申请复议的，则该税务机关是被申请人，申请人对税务机关的派出机构作出的征税或者违章处理行为不服申请复议的，该派出机构是被申请人。

(2)申请人对税务机关委托的扣缴义务人作出的扣缴税款行为不服申请复议的，委托的税务机关是被申请人。

(3)申请人对两个或两个以上行政机关以共同名义作出的具体行政行为不服申请复议的，共同作出具体行政行为的行政机关是共同的被申请人。

(4)申请人对税收法律法规授权的组织作出的具体行政行为不服申请复议的，该组织是被申请人。

第三人，是指同被申请的税务具体行政行为有利害关系，通过申请或复议机关的通知，参加复议的公民、法人或其他组织。根据《行政复议法》和《税务行政复议规则》的规定，与申请行政复议的具体行政行为有利害关系的其他公民、法人和其他组织，可以作为第三人参加行政复议。第三人参加行政复议是为了维护自己的合法权益，不依附于申请人或被申请人，享有与申请人基本相同的复议权利。

代理人是申请人、第三人委托代为参加行政复议的人。根据《行政复议法》和《税务行政复议规则》的规定，申请人、第三人可以委托代理人代为参加行政复议。委托代理人具有以下的特征：

(1)委托代理人以被代理人(即申请人)的名义参加税务行政复议活动，不能以自己的名义参加复议活动；

(2)委托代理人必须在代理权限内参加税务行政复议活动，超越代理权限所作的行为，对被代理人没有法律效力；

(3)委托代理人在代理权限内参加复议活动，所产生的法律后果由被代理人承担；

(4)委托代理人的代理活动以保护被代理人的利益为目的。

在税务行政复议中，可以充当申请人的委托代理人的主要有：一是律师；二是法人或其他组织内部推荐的人；三是公民的近亲属。被申请人不得委托本机关以外人员参加行政复议。

(二)税务行政复议受理

税务行政复议的受理，是指税务行政复议机关通过对复议申请的审查，认为其符合法定条件而决定立案并予以审理的活动。

1. 审查复议申请

复议机关接到复议申请后，应当在5日内进行审查，对复议申请视情况分别作出处理。对有下列情形之一的行政复议申请，决定不予受理：

(1)不属于行政复议的受案范围；

(2)超过法定的申请期限；

(3)没有明确的被申请人和行政复议对象；

(4)已向其他法定复议机关申请行政复议，且被受理；

(5)已向人民法院提起行政诉讼，人民法院已经受理；

(6)申请人就纳税发生争议，没有按规定缴清税款、滞纳金，并且没有提供担保或者担保无效；

(7)申请人不具备申请资格。

2. 决定是否受理

复议机关对复议申请予以审查后，应分别以下情况作出处理：

(1)自动受理。符合规定，属本机关受理的，书面通知申请人受理，自复议机关法制工作机构收到税务行政复议申请之日起即为受理。

(2)告知。对符合规定，但不属于本机关受理的税务行政复议申请，应告知申请人向有关行政复议机关提出申请。

(3)决定不予受理。对不符合规定的行政复议申请，决定不予受理，并书面告申请人。

(4)转送。对依照《行政复议法》第15条规定，申请人选择向具体行政行为发生地的县级地方人民政府申请税务行政复议的，县级地方人民政府应当自接到该税务行政复议申请之日起7日内转送有关税务行政复议机关，并告知申请人。

3. 受理工作的监督

(1)上级税务机关认为有必要的，可以直接受理或者提审由下级税务机关管辖的行政复议案件。

(2)对税务行政复议前置复议案件的司法监督。

根据《税务行政复议规则》的规定，对应当先向复议机关申请行政复议，对行政复议决定不服再向人民法院提起行政诉讼的具体行政行为，复议机关决定不予受理或者受理后超过复议期限不作答复的，纳税人和其他税务当事人可以自收到不予受理决定书之日起或者行政复议期满之日起15日内，依法向人民法院提起行政诉讼。

4. 受理费用

税务行政复议机关受理税务行政复议申请，不得收取任何费用，税务行政复议活动所需的经费，应当列入本机关的行政经费，由本级财政予以保障。

(三)税务行政复议审理

1. 审理方式

(1)书面审理。税务行政复议机关通过审查案卷材料作出复议决定的审理方式。

(2)直接审理。税务行政复议机关除了审查案卷材料外，还通知申请人、被申请人、第三人及有关人员到复议机构，就有关问题进行调查以听取各方意见，并作出复议决定的审理方式。

(3)听证审理。对重大、复杂的案件，申请人提出要求或者行政复议机构认为必要时，应召开听证会，对税务行政复议进行审理。

2. 审理前的准备

复议机关应当自受理行政复议申请之日起7日内，将申请书副本或申请笔录复制件发送被申请人。被申请人应当自收到申请书副本或申请笔录复制件之日起10日内，提出书面答复，并提交当初作出具体行政行为的依据和其他有关材料，超过10日未提交，视为具体行政行为的作出无合理依据。

在行政复议过程中，被申请人不得自行向申请人和其他有关组织或者个人收集证据。复议机构依职责向有关组织和人员调查取证，查阅文件和资料所取得的有关材料，不得作为支持被申请人具体行政行为的证据。

被申请人不按规定提出书面答复，提交当初作出具体行政行为的证据、依据和其他有关材料的，视为该具体行政行为的作出没有依据。

(四)税务行政复议决定

1. 种类和理由

(1)维持决定。原具体行政行为认定事实清楚，证据确凿，适用依据正确，程序合法，内容适当的，应当作出维持决定。

(2)履行决定。被申请人不履行法定职责的，应作出履行决定，责令其在一定期限内履行。

(3)撤销决定。原具体行政行为事实不清证据不足的，适用依据错误的，违反法定程序的，超越或者滥用职权的以及行为明显不当的，可以决定撤销、变更或者确认该具体行政行为违法，同时可以责令被申请人重新作出具体行政行为。

2. 税务行政复议相关问题的处理

(1)税务行政复议申请的撤回。在作出复议决定之前，申请人可以要求撤回复议申请。申请人要求撤回复议申请的，在说明理由后可以撤回，撤回复议申请的，复议终止。

(2)税务行政复议中止。行政复议期间，有下列情形之一的，行政复议中止：①作为申请人的公民死亡，其近亲属尚未确定是否参加行政复议的；②作为申请人的公民丧失参加行政复议的能力，尚未确定法定代理人参加行政复议的；③作为申请人的法人或者其他组织终止，尚未确定权利义务承受人的；④作为申请人的公民下落不明或者被宣告失踪的；⑤申请人、被申请人因不可抗力，不能参加行政复议的；⑥行政复议机关因不可抗力原因暂时不能履行工作职责的；⑦案件涉及法律适用问题，需要有权机关作出解释或者确认的；⑧案件审理需要以其他案件的审理结果为依据，而其他案件尚未审结的；⑨申请人在申请复议时，一并提出了对有关规定的审查申请，有权处理的行政机关在对有关规定进行审查时，行政复议中止；⑩复议机关在对具体执法行为进行审查时，认为其依据不合法，在对该依据进行处理时，行政复议中止。

(3)税务行政复议终止。行政复议期间，有下列情形之一的，行政复议终止：依照规定撤回行政复议申请的；申请人与被申请人达成和解的。行政复议终止应当书面告知当事人。

3. 制作行政复议决定书

税务行政复议机关作出复议决定后，应当制作行政复议决定书，并加盖复议机关印章，书面通知复议参加人。

4. 税务行政复议的审理期限

复议机关应当自受理申请之日起60日内作出复议决定。情况复杂，不能在规定期限内作出复议决定，经复议机关负责人批准，可以适当延长，并告知申请人和被申请人，但延长期限最多不超过30日。

5. 重新作出具体行政行为

行政复议机关责令被申请人重新作出具体行政行为的，被申请人应当在60日内重新作出具体行政行为；情况复杂，不能在规定期限内重新作出具体行政行为的，经行政复议机关批准，可以适当延期，但是延期不得超过30日。

6. 税务行政复议决定的执行

维持具体行政行为的行政复议决定，由作出具体行政行为的税务机关依法强制执行，或者申请人民法院强制执行；变更具体行政行为的行政复议决定，由行政复议机关依法强制执行，或者申请人民法院强制执行。

第三节　税务行政诉讼

同税务行政复议一样，税务行政诉讼也是税收救济的重要途径。同时，税务行政诉讼也是行政诉讼的重要组成部分，必须遵循《行政诉讼法》所确定的基本原则，而我国现今还没有制定关于税务行政诉讼的专门法律、法规，所以税务行政诉讼也必须遵循《行政诉讼法》确定的普通程序。

一、税务行政诉讼的概念和特征

税务行政诉讼是指公民、法人和其他组织认为税务机关及其工作人员的具体行政行为违法或不当，侵犯了其合法权益，依法向人民法院提起行政诉讼，由人民法院对具体行政行为的合法性进行审理，并作出判决的司法活动。税务行政诉讼对税收相对人而言，是一种司法救济制度，但作为国家诉讼制度的一部分，是对税务行政行为的一种法律监督制度，其目的是保证人民法院正确及时审理税务行政案件，保护纳税人、扣缴义务人等当事人的合法权益，维护和监督税务机关依法行使行政职权。

税务行政诉讼与其他救济措施相比较，具有自身的特点：

1. 税务行政诉讼是一项司法审判活动

这是税务行政诉讼与税务行政复议的根本区别，税务行政复议是税务机关执行国家税收法律、法规的行政行为；税务行政诉讼是由人民法院进行审理并作出裁判的一种诉讼活动。税务争议的范围广、数量大、专业性强，大量税务行政争议由税务机关以税务行政复议的方式得到解决，只有少数由人民法院对税务案件进行审理并作出裁判的活动时，才是税务行政诉讼。

2. 税务行政诉讼专门解决税务争议的活动，以解决税务争议为目的

这是税务行政诉讼与其他行政诉讼的根本区别，税务行政诉讼是由于税务行政相对人不服税务机关的税务具体行政行为而向人民法院提起的诉讼，属于税务领域的行政诉讼。

3. 税务行政诉讼原被告的固定性

税务行政诉讼的原告为税收相对人，即权益受到税务行政机关侵犯的公民、法人或者其他组织；税务行政诉讼的被告一般是作出具体行政行为的税务机关，复议机关改变原具体行政行为的，复议机关是被告。这是由税收征管的性质和特点决定的，税务机关拥有实现国家意志的行政权，他无须通过向人民法院或其他组织提起诉讼来实现具体行政行为的效力，只需要赋予原告提起诉讼的权利，就能够使当事人的权利得到实现。因此，在税务行政诉讼中，原被告的位置是固定的，不能相互交换和倒置。

4. 税务行政诉讼的对象是具体的行政行为，且主要审查税务具体行政行为的合法性

首先，对抽象行政行为不能提起行政诉讼，这是由我国议行合一的政治体制决定的，对税务抽象行政行为的审查权属于上级行政机关和国家权利机关。① 其次，审查只限于合法性，而不包括合理性或适当性问题，这是因为合理性问题属于自由裁量权的范围，而税务行政诉讼制度的主要功能在于督促税务机关依法行政，不能以司法自由裁量权代替行政自由裁量权，取代行政机关直接对行政事务作出处理。

二、税务行政诉讼的原则

(一)人民法院特定主管的原则

根据《行政诉讼法》的规定，人民法院只能受理因具体行政行为引起的税务行政纠纷案件。因此，人民法院对税务行政案件只有部分管辖权。

(二)合法性审查的原则

人民法院除审查税务机关是否滥用权力、税务行政处罚是否显失公正外，只对税务具体行政行为是否合法予以审查。

---

① 参见刘剑文主编：《财税法学》，高等教育出版社2004年版，第752页。

(三)起诉不停止执行的原则

这是指当事人不能以起诉为由而停止执行税务机关所作出的具体行政行为，如税收保全、税收强制执行措施等。

(四)不适用调解的原则

基于与税务行政复议相同的理由，税务行政诉讼中，法院不得进行调解。

(五)税务机关负举证责任的原则

税务行政行为是税务机关单方依一定事实和法律作出的，只有税务机关最了解作出该行为的依据，因此应由其负责举证。如果税务机关不提供或不能提供依据，就可能败诉。

三、税务行政诉讼的范围

从不同的角度有不同的理解，从审判机关的角度看，税务行政诉讼是指人民法院可以依法受理的税务行政争议的种类和权限；从税收相对人角度看，公民和法人及其他组织可以向人民法院提起行政诉讼的税务行政行为的范围。税务行政诉讼的范围既是税务机关作出的可受司法审查的范围，又是对纳税人权利保护的一种界定。

税务行政机关的行政行为包括具体行政行为与抽象行政行为，二者作为行政机关进行行政管理活动的两种不同方式都可能侵犯相对人的合法权益。具体行政行为的可诉性已得到法学界和司法实践的认同，而抽象行政行政行为的可诉性在理论界还存在分歧，实践中我国行政诉讼法及相关法律、法规规定抽象行政行为不具有可诉性。

根据《行政诉讼法》第 12 条的规定，并结合我国税法的有关规定，可诉税务行政行为的范围具体包括：

(1)税务机关作出的征税行为，包括征收税款、加收滞纳金；扣缴义务人受务机关委托征收的单位作出的代扣代缴代收代缴行为；

(2)税务机关作出的责令纳税人提供纳税担保行为；

(3)税务机关作出的税收保全措施；

(4)税务机关未及时解除税收保全措施，使当事人的合法权益遭受损失的；

(5)税务机关作出的税收强制执行措施；

(6)税务机关作出的税务行政处罚行为；

(7)税务机关不予依法办理或答复的行为；

(8)税务机关作出的取消增值税一般纳税人资格的行为；

(9)税务机关作出的通知出境管辖机关阻止出境行为；

(10)税务机关侵犯法律规定的经营自主权的行为；

(11)税务行政复议机关作出的行政复议决定；

(12)税务机关作出的其他税务具体行政行为。

上述除第(1)项必须先向税务行政复议机关申请行政复议，对税务行政复议决定不服的方可向人民法院提起诉讼，其他项均可直接向人民法院提起诉讼。

此外，《行政诉讼法》还规定了人民法院不受理公民、法人和其他组织对税务机关的下列事项提起的诉讼：

(1)税务机关制定发布的规章及其他具有普遍约束力的决定命令；

(2)税务机关对其工作人员的奖惩任免等决定；

(3)不具有普遍约束力的行政指导行为；

(4)驳回当事人对税务行政行为提起的申诉的重复处理行为；

(5)税务机关对公民、法人或者其他组织权利义务不产生实际影响的行为。

四、税务行政诉讼的管辖

税务行政诉讼的管辖是指不同级别和地方的人民法院在受理第一审税务行政案件的分工和权限。它对于审判机关来说，是明确了人民法院内部之间对某个税务行政案件究竟由哪个法院行使审判权；对于当事人来说，则是明确了争议发生后应当到哪一级的哪一个人民法院起诉或应诉的问题。对此，《行政诉讼法》第14~24条有详细的规定，对税务行政诉讼也是适用的，包括级别管辖、地域管辖和裁定管辖。

(一)级别管辖

级别管辖是指不同审级的人民法院之间受理第一审税务行政案件的分工和权限。确定级别管辖是明确行政管辖权的前提条件。我国人民法院的设置包括基层人民法院、中级人民法院、高级人民法院、最高人民法院。根据《行政诉讼法》的规定，除了需要中级人民法院、高级人民法院和最高人民法院管辖的案件外，其他行政诉讼案件一律由基层人民法院管辖，具体来说中级人民法院管辖下列第一审行政案件：(1)对国务院部门或者县级以上地方人民政府所作的行政行为提起诉讼的案件；(2)海关处理的案件；(3)本辖区内重大、复杂的案件；(4)其他法律规定由中级人民法院管辖的案件。海关处理的案件主要是海关处理的纳税案件和海关行政处罚案件。此外根据《最高人民法院关于对与证券交易所监管职能相关的诉讼案件管辖与受理问题的规定》(法释〔2005〕1号)规定，指定上海证券交易所和深圳证券交易所所在地的中级人民法院分别管辖以上海证券交易所和深圳证券交易所为被告或第三人的与证券交易所监管职能相关的第一审民事和行政案件。根据《最高人民法院关于审理反倾销行政案件应用法律若干问题的规定》和《最高人民法院关于审理反补贴行政案件应用法律若干问题的规定》，对于国际贸易行政案件、反倾销、反补贴行政案件有中级以上人民法院审理。

据此，一般的税务案件由基层人民法院管辖。对国家税务总局作出的具体税务行政行为以及在本辖区重大复杂的案件由中级人民法院管辖。高级人民法院和最高人民法院主要是审理第二审案件，基本不受理一审案件，但对本辖区和全国范围内有重大影响或极其复杂的个别税务行政案件可分别由高级人民法院和最高人民法院管辖。

(二)地域管辖

地域管辖是指同级人民法院之间受理第一审税务行政案件的分工和权限，解决税务行政案件由哪个地区的法院受理的问题。根据《行政诉讼法》的规定，地域管辖分为一般地域管辖、特殊地域管辖和共同管辖。

1. 一般地域管辖

一般地域管辖是指按照最初作出具体行政行为的行政机关所在地为标准来确定行政案件的管辖法院。一般地域管辖适用于没有特殊因素的税务行政案件，采用原告就被告的原则。为了方便当事人诉讼，便于法院通知、调查取证与执行，尊重法规、规章及其他规范性文件效力的区域性，税务行政案件原则上由最初作出税务具体行政行为的税务机关所在地法院管辖；经过复议的，复议机关维持原具体行政行为的案件，仍由作出原具体行政行为的税务机关所在地的法院管辖，复议机关改变原具体行政行为的，也可由复议机关所在地法院管辖。根据《行政诉讼法》司法解释，只要复议机关改变原行政行为的处理结果即“复议机关改变原行政行为”。

2. 特殊地域管辖

特殊地域管辖是对一般地域管辖的例外规定，根《行政诉讼法》的规定，特殊地域管辖有两种情况：一种是因不动产提起的诉讼案件由不动产所在地法院管辖，所谓不动产是形体上不可移动或者移动就会损失其经济价值的财产，如土地、建筑物、滩涂、山林、草原等；另一种是对限制人身自由的行政强制措施不服提起的诉讼由被告所在地或原告所在地法院管辖，这里的原告所在地，包括原告户籍所在地、经常居住地和被限制人身自由所在地。

3. 共同管辖

共同管辖是指两个以上的法院对同一个诉讼案件都有合法的管辖权的情况。税务行政诉讼中共同管辖的情况有：税务行政复议决定改变原具体行政行为的案件，复议机关和原税务行政机关所在地的人民法院都有管辖权的；采取限制人身自由的行政强制措施案件，被告所在地的法院与原告户籍所在地、经常居住地、被限制人身自由所在地的人民法院都有管辖权。

两个以上的法院都有管辖权的案件，原告可以选择其中一个法院提起诉讼；原告向两个以上有管辖权的法院提起诉讼，由最先收到起诉状的法院管辖；因共同管辖发生争议的有关法院可以协商，协商不成由共同的上级法院指定管辖。

(三)裁定管辖

裁定管辖是指由法院直接作出裁定或决定来确定诉讼管辖法院的方式。《行政诉讼法》规定了裁定管辖的三种情形：移送管辖、指定管辖和管辖权的转移。

移送管辖是人民法院对已受理的案件经审查发现不属本法院管辖，将案件移送有管辖权的法院管辖的法律制度。移送必须符合四个条件：第一，移送的案件必须是已受理的案件；第二，移送的法院对案件没有管辖权；第三，受移送的法院对案件有管辖权；第四，受诉法院必须作出移送案件的裁定。同时也规定，人民法院发现受理的案件不属于自己管辖时，应当移送有管辖权的法院，受移送的法院不得自行移送。

指定管辖，是上级人民法院用裁定的方式将某一案件交由某一下级人民法院管辖的法律制度。根据《行政诉讼法》的规定，指定管辖有两种情况：一是由于发生了特殊原因，有管辖权的人民法院不能行使管辖权；二是管辖权发生争议，争议双方法院协商不成。

管辖权的转移是经上级人民法院的决定或者同意，把案件的管辖权由上级人民法院移交给下级人民法院或者由下级人民法院移交给上级人民法院。管辖权转移的条件有：第一，对该案件的管辖权没有争议；第二，转移的法院和接受的法院相互有上下隶属关系；第三，行政诉讼法对移转案件的程序没有规定。

五、税务行政诉讼的参加人

税务行政诉讼的参加人是指在整个或部分诉讼中参加税务行政诉讼，对税务行政诉讼程序能够产生重大影响的人，包括原告、被告、第三人、共同诉讼人、诉讼代理人。诉讼参加人不同于诉讼参与人，后者范围更宽，除了诉讼参加人之外，还包括证人、鉴定人、翻译人员等，除诉讼参加人之外的诉讼参与人在法律上与案件没有利害关系，但他们在诉讼中具有特殊的诉讼地位。

(一)税务行政诉讼的原告

税务行政诉讼的原告是指对税务机关的税务具体行政行为不服，以自己的名义起诉，请求法律保护而引起税务行政诉讼的公民、法人或其他组织。有权提起诉讼的公民死亡，其近亲属可以提起诉讼。有权提起诉讼的法人或者其他组织终止，承受其权利的法人或者其他组织可以提起诉讼。

(二)税务行政诉讼的被告

税务行政诉讼的被告是指由原告指控其具体行政行为违法，经法院通知应诉的税务机关或法律、法规授权的组织。被告的确定：

(1)当事人直接向人民法院提起诉讼的，作出具体行政行为的税务机关是被告；

(2)经复议的案件，复议机关决定维持原具体行政行为的，作出原具体行政行为的税务机关是被告；复议机关改变原具体行政行为的，复议机关是被告；

(3)税务机关的派出机构依法以自已的名义作出的具体行政行为，设立该派出机构的税务机关是被告；

(4)扣缴义务人作出的扣缴税款行为，主管扣缴义务人的税务机关是被告；

(5)受税务机关委托的单位作出的代征税款行为，委托的税务机关是被告；

(6)被撤销的税务机关在撤销前作出的具体行政行为，继续行使其职权的税务机关是被告。

(三)税务行政诉讼的第三人

税务行政诉讼的第三人是指因与被提起的行政诉讼的具体行政行为有利害关系，通过申请或人民法院通知的形式参加到诉讼中来的当事人。税务行政诉讼的第三人资格条件包括三项：(1)第三人与被诉税务具体行政行为有利害关系；(2)第三人是参加到他人诉讼中来的公民、法人或其他组织；(3)第三人有独立的诉讼地位，可以单独提起诉讼，只是没有提起诉讼。

(四)税务行政诉讼的共同诉讼人

税务行政诉讼的共同诉讼人是指原告或被告一方为两人以上，诉讼客体相同，并且诉讼主张一致的诉讼。原告为二人以上的，称为共同原告；被告为二人以上的，称为共同被告。税务行政诉讼中共同诉讼人有必要的共同诉讼人和普通的共同诉讼人。

1. 必要的共同诉讼人

必要的共同诉讼人是指诉讼标的是同一具体的税务行政行为，诉讼一方或双方两人以上参加诉讼的当事人。成为必要的共同诉讼人的条件：必要共同诉讼的标准是诉讼标的同一，即诉讼客体是同一个具体的税务行政行为，该行为或者由两个以上行政机关共同作出，或者是一个具体行政行为处罚两个以上的公民、法人或其他组织；必要的共同诉讼人因同一具体行政行为而发生了不可分割的法律或事实联系；共同诉讼人都是独立的法律主体，有独立的法律地位，一个人的行为对其他共同诉讼人没有法律上的约束力。必要的共同诉讼必须合并审理。

2. 普通的共同诉讼人

普通的共同诉讼人是指诉讼标的是同样的税务具体行政行为，法院决定合并审理，诉讼一方或双方两人以上参加诉讼的当事人。所谓同样的税务具体行政行为，是指两个以上的处理同类事务、适用同类法律的税务具体行政行为。普通的共同诉讼可以由共同诉讼当事人向法院提出申请并案审理，法院审查决定合并审理；也可以由法院主动审查决定并案审理。

（五）税务行政诉讼的代理人

税务行政诉讼的代理人是指以当事人的名义，在代理权限范围内，代理当事人进行诉讼活动的人。代理人分为法定代理人、指定代理人和委托代理人。根据《行政诉讼法》第30条的规定，结合税务行政诉讼的特点，对没有诉讼行为能力的公民由其法定代理人代为诉讼；法定代理人互相推委代理责任的，由法院指定其中一人为代理人；当事人、法定代理人，可以委托1~2个代理人代为诉讼。律师、社会团体、起诉讼的公民的近亲属或者所在单位推荐的人，以及法院许可的其他公民可以委托为税务行政诉讼的代理人。

六、税务行政诉讼的程序

（一）税务行政诉讼的起诉

税务行政诉讼的起诉是指公民、法人或者其他组织认为税务具体行政行为侵犯了其合法权益，依法请求人民法院行使国家审判权给予救济的诉讼行为。它是公民、法人或其他组织请求法院启动行政诉讼程序的意思表示，是其行使法律赋予的诉权的具体表现。

税务行政诉讼与税务行政复议一样采取不告不理的原则，法院不能主动开始税务行政诉讼，起诉是行政诉讼开始的前提条件。但起诉权的行使并非不受限制，提起税务行政诉讼必须符合以下条件：

（1）原告主体资格适当。原告是认为税务具体行政行为侵犯其合法权益的公民、法人和其他组织。

（2）有明确的被告。在我国税务行政诉讼的被告是行使行政职权的税务行政机关或法律、法规授权的组织。

（3）有具体的诉讼请求和事实根据。诉讼请求是原告通过法院针对被告提出的希望获得法院司法保护的实体权利要求，事实根据是指原告向法院起诉所依据的事实和根据，包括案件情况和证据①。

（4）属于法院受案范围和受诉法院管辖。

（5）在法律规定的期限内。对于直接起诉的案件，应在知道作出税务具体行政行为之

① 这里的证据是指原告证明存在行政争议的证据，而不是要求原告提供证明具体行政行为违法的证据。因为在税务行政诉讼案件中，被告有举证税务具体行政行为合法的义务。

日起 3 个月内提出。经过复议的案件，应自收到税收复议决定书之日起 15 日内向法院提出。因不可抗力或其他特殊原因耽误法定期限的，在障碍消除后 10 日内，可以提出申请延长期限，由法院决定。

(6)符合起诉的程序条件：①对税务机关征税行为提起诉讼必须先经过复议。②对于自由选择救济途径的，税收相对人已经申请复议，在法定的复议期间法院不予受理。税收相对人提出诉讼的，不得再行复议。税收相对人既提起诉讼又申请复议的，应由先受理的机关管辖，同时受理的由税收相对人选择，法院也可以协商管辖，协商不成由共同上级指定管辖。③对于排除性选择救济的，税收相对人一旦选择复议，复议决定即为发生法律效力的终局性决定，税收相对人丧失了提起诉讼的权利。

(二)税务行政诉讼的受理

税务行政诉讼的受理是指法院对公民、法人或者其他组织的起诉条件进行审查，对符合法定条件的起诉决定立案受理，从而引起诉讼程序开始的职权行为。税务行政诉讼的引发，是公民、法人或者其他组织的起诉与法院的受理相结合，才构成行政诉讼的开始，税务行政诉讼的受理是税务行政诉讼开始的标志。

法院收到起诉书后应当组成合议庭进行审查，审查受理的具体规定如下：

(1)经过审查认为起诉符合法定条件的，应当在 7 日内立案并通知原告；

(2)认为起诉不符合条件的，受诉法院也应当在收到起诉状之日起 7 日内，作出不予受理的裁定，起诉人对不予受理的裁定，可自接到裁定书之日起 10 日内向上一级法院提出上诉；

(3)对于起诉条件欠缺的，受诉法院可以要求起诉人限期补正，补正后符合法定条件的法院应当受理；

(4)受诉法院在收到起诉状之日起 7 日内不能决定是否受理起诉的，应先于受理，受理后经审查不符合起诉条件的，裁定驳回起诉。起诉人可以自收到裁定书之日起 10 日内向上一级法院提出上诉。

起诉状内容欠缺或者有其他错误的，应当给予指导和释明，并一次性告知当事人需要补正的内容。不得未经指导和释明即以起诉不符合条件为由不接收起诉状。

对于不接收起诉状、接收起诉状后不出具书面凭证，以及不一次性告知当事人需要补正的起诉状内容的，当事人可以向上级人民法院投诉，上级人民法院应当责令改正，并对直接负责的主管人员和其他直接责任人员依法给予处分。

受诉人民法院在 7 日内即立案。不立案，又不作出裁定的，起诉人可以向上一级人民法院申诉或者起诉。上一级人民法院认为符合受理条件的，应予受理；受理后可以移交或者指定下级人民法院审理，也可以自行审理。

(三)税务行政诉讼的第一审程序

第一审程序是法院自立案受理至作出第一审判决的诉讼程序。我国税务行政诉讼审判实行两审终审制，因此第一审程序是所有税务行政诉讼案件必需经过的程序，也成为税务行政审判的基础程序。

1. 审理前的准备

人民法院在审理之前应做好相应的准备工作，包括依法组成合议庭、阅卷、查证及通知被告应诉、确认、更换和追加当事人等。法院依法组成合议庭后，应在立案之日起5日内，将起诉状副本和应诉通知书发送被告，通知被告应诉，被告应当在收到起诉状副本之日起15日内向人民法院提交作出行政行为的证据和所依据的规范性文件，并提出答辩状。法院在收到被告提出的答辩状之日起5日内，将答辩状副本发送原告。

2. 庭审程序

庭审是受诉法院在双方当事人及其他诉讼参与人参加下，依照法定程序，在法庭上对税务行政案件进行审理的诉讼活动。庭审的主要任务是通过法庭调查和法庭辩论，审查核实证据、查明案件事实，适用法律以确认当事人之间的权利、义务关系。庭审是税务行政诉讼第一审程序中最重要的诉讼阶段，是保证法院完成审理的中心环节。开庭审理又分为审理开始、法庭调查、法庭辩论、合议庭评议和判决裁定阶段。

开庭审理应当遵循以下原则：言词审理原则、公开审理原则、不适用调节原则、被告举证原则、起诉不停止执行原则。

人民法院审理行政案件，以法律、行政法规和地方性法规为依据，参照规章。规章只是“参照”的地位，只有在确认其具有合法性和适用性时才可予以适用。

人民法院审理第一审税务行政案件，人民法院应当在立案之日起6个月内作出第一审判决。有特殊情况需要延长的，由高级人民法院批准，高级人民法院审理第一审案件需要延长的，由最高人民法院批准。

3. 裁判结果

根据《行政诉讼法》对税务行政案件的判决结果可分为以下几类：

(1)驳回判决。人民法院认为行政行为证据确凿，适用法律、法规正确，符合法定程序的，或者原告申请被告履行法定职责或者给付义务理由不成立的，判决驳回原告的诉讼请求。

(2)撤销判决。行政行为有下列情形之一的，人民法院判决撤销或者部分撤销，并可以判决被告重新作出行政行为：主要证据不足的；适用法律、法规错误的；违反法定程序的；超越职权的；滥用职权的；明显不当的。

人民法院判决被告重新作出行政行为的，被告不得以同一的事实和理由作出与原行政行为基本相同的行政行为。

(3)确认违法判决。行政行为有以下情形之一的，人民法院判决确认违法，但不撤销行政行为：行政行为依法应当撤销，但撤销会给国家利益、社会公共利益造成重大损害的行政行为程序轻微违法，但对原告权利不产生实际影响的。行政行为有以下情形之一，不需要撤销或者判决履行的，人民法院判决确认违法：行政行为违法，但不具有可撤销内容的；被告改变原违法行政行为，原告仍要求确认原行政行为违法的；被告不履行或者拖延履行法定职责，判决履行没有意义的。

(4)确认无效判决。行政行为有实施主体不具有行政主体资格或者没有依据等重大且明显违法情形，原告申请确认行政行为无效的，人民法院判决确认无效。

(四)税务行政诉讼的二审程序

税务行政诉讼的二审程序又称上诉程序，是指当事人不服地方各级人民法院尚未生效的第一审判决和裁定，依法向上一级人民法院提起上诉，上一级人民法院据此对案件进行再次审理所适用的程序。第二审程序虽不是每一起案件必需的程序，但却是一种独立的程序，其存在可以为当事人提供更多的救济机会，有助于上级人民法院对第一审程序进行检查和监督，可以及时发现偏差，纠正错误，保护当事人的合法权益。

我国税务行政诉讼实行两审终审制度，除最高人民法院作出的一审判决和裁定以外，当事人不服人民法院第一审判决的，有权在判决书送达之日起 15 日内向上一级人民法院提起上诉。当事人不服人民法院第一审裁定的，有权在裁定书送达之日起 10 日内向上一级人民法院提起上诉。逾期不提起上诉的，人民法院的第一审判决或者裁定发生法律效力。

第二审人民法院审理上诉案件，认为事实清楚的，可以组成合议庭进行书面审查；如果案件事实不清或存在争议的，人民法院应开庭审理。人民法院审理上诉案件，对原审人民法院的裁判和被诉具体行政行为是否合法进行全面审查，不受上诉范围的限制，根据不同情形分别处理：

(1) 原判事实清楚、适用法律正确的，判决驳回上诉，维持原判；

(2) 原判事实清楚，但是适用法律、法规错误的，依法改判、撤销或者变更；

(3) 原判事实不清、证据不足或者由于违反程序可能影响案件正确判决的，裁定撤销原判、发回原审人民法院重审，也可以查清事实后改判。当事人对重审案件的判决和裁定可以上诉。

人民法院审理上诉案件，应当在收到上诉状之日起 3 个月内作出终审判决。有特殊情况需要延长的，由高级人民法院批准，高级人民法院审理上诉案件需要延长的，由最高人民法院批准。

(五) 税务行政诉讼的审判监督程序

审判监督程序是指人民法院发现已经发生法律效力的判决、裁定违反法律、法规规定，依法对案件再次进行审理的程序，也称为再审程序。

审判监督程序并非每起税务行政诉讼案件所必经的程序，也不是第二审程序的继续，只有在生效裁判确有错误的情况下，才能适用审判监督程序。审判监督程序与第二审程序一样具有救济作用，但与第二审程序不同，它所针对的对象是已经生效的判决、裁定，属于一般诉讼救济手段。这一特殊程序的目的在于贯彻审判工作有错必究的原则，及时纠正错案，保证人民法院的办案质量、切实维护当事人的合法权益、维护审判权威。

提起再审的法定情形主要有以下几种：

(1) 当事人对已经发生法律效力的判决、裁定，认为确有错误的，在判决、裁定发生法律效力后 2 年内提出，可以向原审人民法院或者上一级人民法院提出申诉，但判决、裁定不停止执行。

(2) 人民法院院长对本院已经发生法律效力的判决、裁定，发现违反法律、法规规定认为需要再审的，应当提交审判委员会决定是否再审。上级人民法院对下级人民法院已经发生法律效力的判决、裁定，发现违反法律、法规规定的，有权提审或者指令下级人民法院再审。

(3) 人民检察院对人民法院已经发生法律效力的判决、裁定，发现违反法律、法规规定的，有权按照审判监督程序提出抗诉。

人民法院按照审判监督程序再审的案件，发生法律效力的判决、裁定是由第一审人民法院作出的，按照第一审程序审理，所作的判决、裁定，当事人可以上诉；发生法律效力的判决、裁定是由第二审人民法院作出的，按照第二审程序审理，所作的判决、裁定是发生法律效力的判决、裁定；上级人民法院按照审判监督程序提审的，按照第二审程序审理，所作的判决、裁定是发生法律效力的判决、裁定。

(六)税务行政诉讼的执行程序

税务行政诉讼的执行程序，是指税务行政案件的当事人逾期拒不履行人民法院生效的税务行政案件法律文书，人民法院和有关行政机关运用国家强制力量，依法采取强制措施促使当事人履行义务的活动。税务行政诉讼的执行是税务行政诉讼的最后一个环节，它对于实现税务行政诉讼的任务，保护当事人的合法权益具有重要意义。

执行措施的采取直接涉及对被执行人的人身、财产的限制和处分，关系到被执行人的切身利益，影响很大。同时，执行措施的采取必须按照法律的明确规定进行。税务行政案件中的执行措施因对税务行政机关的执行和对公民、法人或其他组织的执行而不同。

税务机关拒绝履行判决、裁定的，第一审人民法院可以采取以下措施：

(1)对应当归还的罚款或者应当给付的赔偿金，通知银行从该行政机关的账户内划拨；

(2)在规定期限内不执行的，从期满之日起，对该行政机关按日处50~100元的罚款；

(3)向该行政机关的上一级行政机关或者监察、人事机关提出司法建议。接受司法建议的机关，根据有关规定进行处理，并将处理情况告知人民法院；

(4)拒不执行判决、裁定，人民法院可以对主要负责人或者直接责任人员予以罚款处罚，情节严重构成犯罪的，依法追究主管人员和直接责任人员的刑事责任，如拒不履行判决裁定罪。

公民、法人或者其他组织，对具体行政行为在法定期间不提起诉讼又不履行的，或者拒绝履行判决、裁定的，行政机关可以向人民法院申请强制执行，或者依法强制执行。《行政诉讼法》并未对公民、法人或者其他组织的执行措施作具体规定，人民法院可以参照民事诉讼的相关规定来采取执行措施。

第四节　税务行政赔偿

税务行政赔偿与税务行政复议、税务行政诉讼共同构成税务救济体系，税务行政赔偿是税务救济制度不可或缺的一部分。虽然税务行政赔偿有许多限制，但对于弥补税务相对人的权益还是具有重要意义。

由于我国没有专门制定税务行政赔偿规范，税务行政赔偿适用《国家赔偿法》和《行政诉讼法》的相关规定。

一、税务行政赔偿的概念和特征

税务行政赔偿，是指税务机关及其工作人员在行使职权的过程中，违法侵犯公民、法人或者其他组织的合法权益，并造成损害，由国家机关承担赔偿责任，由致害的税务机关作为赔偿义务机关代表国家予以赔偿的一项法律救济制度。

税务行政赔偿的特点：

(1)税务行政赔偿是国家赔偿责任，赔偿责任主体是国家。

(2)税务行政赔偿的侵权主体是行使国家税收征管权的税务机关及其工作人员。

(3)税务行政赔偿是国家对税务行政侵权行为所承担的赔偿责任。

(4)必须存在损害事实。

(5)税务机关的侵权行为与税收相对人的损害事实之间具有直接的因果关系。

二、税务行政赔偿的范围

税务行政赔偿的范围，是指国家对税务行政机关及其工作人员，在行使职权时侵犯公民、法人或其他组织合法权益造成损害的哪些行为承担赔偿责任的制度。

《国家赔偿法》第3~5条对行政赔偿的范围作出了明确的规定。据此，税务行政赔偿的范围包括应予赔偿的范围和不予赔偿的范围，应予赔偿的范围又分为侵犯人身权的赔偿和侵犯财产权的赔偿。

(一)国家应予赔偿的范围

1. 侵犯人身权的赔偿范围

所谓人身权是指公民作为一个自然人为了生存而必不可少的与公民的身份和名誉不可分的权利。我国宪法规定的人身权有人身自由不受侵犯、人格尊严不受侵犯、与人身自由相联系的住宅不受侵犯、通信自由和通信秘密受法律保护等权利。《国家赔偿法》规定侵犯人身权的赔偿范围只包括人身自由权和生命健康权两类，因税务机关不享有行政拘留的权利，因此，就税务行政执法而言，国家应予赔偿的行为有：

(1)违法采取限制公民人身自由的行政强制措施；

(2)非法拘禁或者以其他方法非法剥夺公民的人身自由行为；

(3)以殴打等暴力行为或者唆使他人以殴打等暴力行为造成公民身体伤害或死亡的行为；

(4)违法使用武器、警械造成公民身体伤害或死亡的行为；

(5)造成公民伤害或死亡的其他情形。

2. 侵犯财产权的范围

财产权是指公民、法人及其他组织对财产进行占有、使用、收益和处分的权利，是权利主体对财产权的实际控制、利用和收取财产所产生的某种利益。《国家赔偿法》规定的财产权限于公民、法人及其他组织的财产权，包括物权、债权、知识产权、经营权和物质帮助权。根据《国家赔偿法》第4条的规定并结合税务法律规范的相关规定，税务行政赔偿中侵犯财产权范围包括：

(1)违法征税行为；

(2)违法作出税务行政处罚的行为；

(3)违法责令纳税人提供纳税担保的行为；

(4)违法采取税收保全措施的行为；

(5)违法采取税收强制措施的行为；

(6)税务机关不予办理或答复的行为;

(7)税务机关违法通知出境管理机关阻止出境的行为;

(8)税务机关具体行政行为造成财产损害的其他行为。

(二)国家不予赔偿的范围

国家不予赔偿的范围是指国家机关某些在税务行政管理过程中发生的损害不承担赔偿责任的事项。根据《国家赔偿法》第5条的规定并结合税务法律规范的相关规定,税务行政赔偿中不予赔偿的事项包括:

(1)税务机关工作人员实施的与行使职权无关的行为;

(2)因公民、法人及其他组织的行为致使的损害;

(3)法律规定的其他情形。目前对国家不承担赔偿责任的情形,学理上多借鉴民法的有关规定和理论,主要情形有不可抗力、正当防卫、紧急避险、第三人过错等造成的损害国家不承担赔偿责任。

三、税务行政赔偿请求人

行政赔偿请求人是指依法享有取得国家赔偿的权利,请求赔偿义务机关确认和履行国家赔偿责任的公民、法人或者其他组织。根据《国家赔偿法》的规定,税务行政赔偿人可分为以下几类:

1. 公民

公民是具有一国国籍的自然人,包括中国公民和外国公民。公民作为税务行政赔偿请求人应当是受害人本人;受害公民死亡的,其继承人和其他有抚养关系的亲属可以成为赔偿请求人;受害公民为限制行为能力或无行为能力人的,其法定代理人可以代为行使行政赔偿请求权。

2. 法人

法人是具有民事权利能力和民事行为能力,依法独立承担民事权利和民事义务的组织。受害的法人可以作为行政赔偿的请求人;受害的法人终止的,承受其权利的法人和其他组织是赔偿请求人。

3. 其他组织

其他组织是指依法成立,有一定的组织机构和财产,但又不具备法人资格的组织。其他组织的权利受到侵害的可以作为赔偿请求人;其他组织终止的,承受其权利的法人和其他组织是赔偿请求人。

四、税务行政赔偿的义务机关

税务行政赔偿的义务机关是代表国家处理赔偿请求、支付赔偿费用,参加赔偿诉讼的行政机关。设置税务行政赔偿义务机关的理由在于,国家是一种抽象的政治实体,不可能参与具体的赔偿事务,而只能由有关机关代替履行。税务行政赔偿义务机关与税务行政侵权行为人也不是一一对应的关系,两者的范围不一定一致,在我国,税务行政侵权行为人是税务机关及其工作人员,赔偿义务机关只为税务机关。

根据《国家赔偿法》第7、8条的规定,税务行政赔偿义务机关主要有以下几类:

1. 单独的赔偿义务机关

税务行政机关及其工作人员行使职权侵犯公民、法人或者其他组织的合法权益造成损害需要赔偿的，该行政机关为赔偿义务机关，这是确定税务赔偿义务机关的一般规则。

2. 共同赔偿义务机关

两个以上行政机关(其中一个为税务机关)共同行使职权时侵犯公民、法人或者其他组织的合法权益造成损害需要赔偿的，为共同赔偿义务机关，共同赔偿义务机关之间负连带责任，受害人可以向赔偿义务机关中的任何一个赔偿义务机关要求赔偿，该赔偿义务机关应当先予赔偿，然后要求其他行政机关负担部分赔偿费用。共同赔偿义务机关按各自在侵权行为中所起的作用承担赔偿责任。

3. 法律、法规授权的组织

法律、法规授权的组织在行使职权时侵犯公民、法人或者其他组织的权益造成损害需要赔偿的，该组织为赔偿义务机关。这里只包括法律、法规的授权的组织，规章以下的规范性文件授权视为委托。

4. 委托的行政机关

受行政机关委托的组织或者个人在行使受委托的职权时，侵犯公民、法人或者其他组织的合法权益造成损害需要赔偿的，委托的行政机关为赔偿义务机关。如果受委托的组织或者个人的致害行为与委托的职权无关，则国家不承担该致害行为的赔偿责任，受害人只能追究受委托组织或个人的民事责任。

5. 经过复议的赔偿义务机关

经复议机关复议的，最初造成侵权行为的税务机关为赔偿义务机关，但复议机关的复议决定加重损害的，复议机关对加重的部分履行赔偿责任。这里的复议机关与原复议机关不是共同赔偿义务机关，不承担连带责任。

6. 派出机关作为赔偿义务机关

派出机关在法律、法规、规章的授权范围内行使职权侵犯公民、法人或者其他组织的合法权益造成损害需要赔偿的，视为自己的侵权行为，自己作为赔偿义务机关；派出机关执行设立机关交办的任务时侵害公民、法人或者其他组织的合法权益造成损害需要赔偿的，视为委托机关的行为，由委托机关承担赔偿责任。

五、税务行政赔偿的程序

税务行政赔偿的程序是指受害人依法取得国家赔偿权利，行政机关或者人民法院依法办理税务行政赔偿事务应当遵循的方式、步骤、顺序、时限等手续的总称。为保障受害人依法取得和行使税务行政赔偿请求权，规范国家机关受理和处理赔偿请求的手续，及时确认和履行赔偿责任具有重要意义。

税务行政赔偿的程序有两种，一种是单独提出税务行政赔偿请求的程序，一种是附带要求税务行政赔偿的程序。附带要求税务行政赔偿的程序适用税务行政复议程序和税务行政诉讼程序，这里主要介绍单独提出税务行政赔偿请求的程序。

根据《国家赔偿法》和《行政诉讼法》的规定，结合税收法律自身的特点，受害人单独提出税务行政赔偿请求的程序的，应先向赔偿义务机关提出，赔偿义务机关拒绝受理赔偿请求、在法定期限内不作出决定或者赔偿请求人对赔偿数额有异议的受害人可以提起行政诉讼。这里需要注意的是，税务行政复议程序和税务行政诉讼程序中附带要求税务行政赔偿的，并不需要赔偿义务机关先行处理。

(一)税务行政赔偿义务机关的先行处理程序

先行处理程序是指赔偿请求人请求损害赔偿时，先向有关赔偿义务机关提出赔偿请求，双方就有关赔偿的范围、方式、金额等进行自愿协商或由赔偿义务机关决定，从而解决赔偿争议的程序。先行处理程序为赔偿义务机关提供了自我纠错的机会，有利于加强行政机关的内部监督，有利于迅速解决赔偿争议，减少受害人的诉累。

税务行政赔偿义务机关在受理和处理受害人单独提出的税务赔偿请求时，应遵循以下程序：

1. 确定加害行为的违法性

从国家赔偿法的规定和实践经验来看，受害人单独提出的税务赔偿请求的，必须以加害行为的违法性得到确认为前提。确认加害行为的违法性的途径有：赔偿义务机关自己确认；通过税务行政复议确认；通过税务行政诉讼确认。

2. 受害人提出赔偿请求

受害人提出赔偿请求应当递交申请书，申请书应具备以下内容：受害人的姓名、性别、年龄、工作单位和住所，法人和其他组织的名称、住所、法定代表人或主要负责人的姓名、住所，有代理人的列明代理人的姓名、性别、年龄、职业、住所或居所；具体赔偿要求、事实根据和理由；申请的年、月、日；有关附件，包括行政复议决定书，法院判决书等文件、医疗证明、证人、照片等有关证据资料或者证据线索。

3. 赔偿义务机关受理赔偿请求，制作税务行政赔偿决定书

赔偿义务机关接到赔偿请求人的赔偿申请后，应当对案件事实进行调查，全面审查、核实相关的证据材料，可以责令赔偿请求人补充有关证据材料，并在2个月内作出是否赔偿的决定，给予赔偿。逾期不予赔偿或者赔偿请求人对赔偿数额有异议的，赔偿请求人可以自期间届满之日起30日内向人民法院提起诉讼。

(二)税务行政赔偿诉讼程序

税务行政赔偿程序是指人民法院受理和裁判税务行政赔偿请求的程序，是一种特殊的税务行政诉讼。我国税务行政赔偿诉讼适用税务行政诉讼程序，属于税务行政诉讼的一个特殊种类。

1. 税务行政赔偿诉讼的起诉与受理

单独提出税务行政赔偿诉讼，应当具备以下条件：

(1)赔偿请求人具有请求资格；

(2)有明确的被告；

(3)有具体的诉讼请求和相应的事实根据；

(4)属于人民法院受案范围及受诉人民法院管辖；

(5)加害行为为税务具体行政行为，且已经过赔偿义务机关的先行处理；

(6)在法定的时效期内起诉，受害人提出赔偿请求的时效为2年，从侵害行为被确认违法之日起计算。逾期不予赔偿或者赔偿请求人对赔偿数额有异议的，赔偿请求人可以自

期间届满之日起30日内向人民法院提起诉讼。

人民法院接到税务行政赔偿起诉书后7日内决定是否受理，7日内不能决定可否受理的应当先予受理，审理中发现不符合受理条件的，裁定驳回起诉。当事人对不予受理或者驳回起诉的裁定不服的，可以在裁定书送达后10日内向上一级人民法院上诉。

2. 税收行政赔偿诉讼的审理

税收行政赔偿诉讼是一种特殊的行政诉讼，其审理具有一些自身的特点：

(1)审理方式。税收行政赔偿诉讼可以适用调解，即人民法院可以在双方当事人之间进行协商、调和工作，促使双方相互谅解，以达成赔偿协议。受害人和赔偿义务机关达成协议的，应当制作行政赔偿调解书，调解书送达双方当事人签收后即发生法律效力。

(2)举证责任的分配。一般税务行政诉讼中被告负举证责任，对此，税务行政赔偿不能完全适用。在税收行政赔偿诉讼中，原告应当对被诉具体行政行为造成的损害提供证据，被告有权提供不予赔偿或减少赔偿方面的证据。被告的税务具体行政行为违法但尚未对原告的合法权益造成损害的，或者原告的请求没有事实根据或法律依据的，人民法院应当判决驳回原告的诉讼请求。人民法院对赔偿请求人未经违法确认而直接提起税收行政赔偿的案件，①在判决时应当对赔偿义务机关的致害行为是否违法予以确认。

(3)先予执行。先予执行是指在特定的给付案件中，人民法院在作出判决之前，因原告生产或生活困难，裁定义务人先行给付一定款项或特定物，或者立即实施或停止某种行为，并立即执行的措施。在税务行政赔偿诉讼中，有可能因行政机关违法造成损害，致使受害人无法维持正常的生产、生活的情况，适用先予执行，能够及时地保障当事人的合法权益。

3. 税收行政赔偿诉讼的判决

人民法院对单独提起税收行政赔偿诉讼经过审理后，依法作出以下判决：

(1)维持赔偿义务机关作出的赔偿处理决定；

(2)改变赔偿义务机关作出的决定；

(3)驳回赔偿请求人的赔偿请求。

六、税务行政赔偿的追偿程序

税务行政赔偿的追偿是指国家在向税务行政赔偿请求人支付赔偿费用后，依法责令具有故意或重大过失的工作人员、受委托的组织或个人承担部分或全部赔偿费用的制度。它解决的是税务机关与工作人员、受委托的组织或个人的关系，实际上是一种制裁，是对违法行使职权的工作人员的惩罚。规定税务行政赔偿追偿制度是为了减少国家的损失，加强税务工作人员的责任心，促使其依法行政，防止其滥用职权。

《国家赔偿法》第16条规定："赔偿义务机关赔偿损失后，应当责令有故意或者重大过失的工作人员或者受委托的组织或者个人承担部分或者全部赔偿费用。对有故意或者重大过失的责任人员，有关机关应当依法给予行政处分；构成犯罪的，应当依法追究刑事责任。"据此，税务行政赔偿的追偿应具备以下条件：

① 这里专指受害人请求赔偿义务机关确认致害行为的违法性，赔偿义务机关拒绝确认的情况。

(1)税务行政赔偿义务机关已经履行了赔偿责任；

(2)税务工作人员对侵权行为的发生具有故意或者重大过失。

此外，还存在一个针对赔偿义务机关的类似于追偿的制度。依据《国家赔偿费用管理办法》第10条的规定，财政机关审核行政赔偿的赔偿义务机关的申请时，发现该赔偿义务机关因故意或者有重大过失造成国家赔偿的，或者超出《国家赔偿法》规定的范围和标准赔偿的，可以提请本级政府责令该赔偿义务机关自行承担部分或者全部国家赔偿费用。

七、税务行政赔偿的计算方式与费用标准

(一)税务行政赔偿的计算方式

税务行政赔偿的计算方式是指税务行政侵权行为造成的损害采取何种形式予以赔偿。根据《国家赔偿法》的规定，国家赔偿以支付赔偿金为主要方式，如果赔偿义务机关能够通过返还财产或者恢复原状实施国家赔偿的，应当返还财产或恢复原状。

(1)支付赔偿金，是将受害人所受各项损害，以一定的标准折抵成金钱，以货币形式进行赔偿的方式。支付赔偿金简便易行，适用范围广，可以使受害人的赔偿请求迅速得到满足。

(2)返还财产，是指赔偿义务机关将有关财产归还给对其享有所有权的受害方的赔偿方式。返还财产要求财产或者原物存在，返还的财产一般是特定物，但也可以是种类物，如罚款所缴纳的货币。

(3)恢复原状，是指赔偿义务机关按照被害人的愿望和要求恢复到损害发生以前的原本状态。采用这种赔偿方式必须是受损的财产确能恢复原状且易行。

(二)税务行政赔偿的费用标准

1. 侵犯人身权的赔偿标准

(1)侵犯公民人身自由的，每日的赔偿金按照国家上年度职工日平均工资计算。

(2)侵犯公民生命健康权造成身体伤害的，应当支付医疗费，以及赔偿因误工减少的收入。其每日的赔偿金按照国家上年度职工日平均工资计算，最高额为国家上年度职工年平均工资的5倍。

(3)侵犯公民生命健康权造成部分或者全部丧失劳动能力的，应当支付医疗费，以及残疾赔偿金，残疾赔偿金根据丧失劳动能力的程度确定，部分丧失劳动能力的最高额为国家上年度职工年平均工资的10倍，全部丧失劳动能力的为国家上年度职工年平均工资的20倍。造成全部丧失劳动能力的，对其扶养的无劳动能力的人，还应当支付生活费。

(4)侵犯公民生命健康权造成死亡的，应当支付死亡赔偿金、丧葬费，总额为国家上年度职工年平均工资的20倍。对死者生前扶养的无劳动能力的人，还应当支付生活费。

前款第(3)(4)项规定的生活费的发放标准参照当地民政部门有关生活救济的规定办理。被扶养的人是未成年人的，生活费给付至18周岁止；其他无劳动能力的人，生活费给付至死亡时止。

2. 侵犯财产权的赔偿标准

(1)违法征收税款、加收滞纳金的，返还税款及同期银行存款和滞纳金；

(2)违法对应予退税而未退税的，退还税款；

(3)处罚款、追缴、没收财产或者违反国家规定征收财物、摊派费用的，返还财产；

(4)查封、扣押、冻结财产的，解除对财产的查封、扣押、冻结，造成财产损坏或者灭失的，依照第(5)(6)项的规定赔偿；

(5)应当返还的财产损坏的，能够恢复原状的恢复原状，不能恢复原状的，按照损害程度给付相应的赔偿金；

(6)应当返还的财产灭失的，给付相应的赔偿金；

(7)财产已经拍卖的，给付拍卖所得的价款；

(8)对财产权造成其他损害的，按照直接损失给予赔偿。

根据《国家赔偿法》和《国家赔偿费用管理办法》的规定，国家赔偿费用，列入各级财政预算，由各级财政按照财政管理体制分级负担。

复习思考题

1. 简述税收救济法的特征。
2. 简述税务行政复议的范围。
3. 税务行政诉讼的基本原则有哪些？
4. 试述税务行政复议与税务行政诉讼的关系。
5. 简述税务行政赔偿的范围。

参考文献

[1]刘剑文主编:《税法学》，北京大学出版社 2017 年版。
[2]徐孟洲、徐阳光著:《税法》，中国人民大学出版社 2017 年版。
[3]刘剑文、熊伟著:《财政税收法》，法律出版社 2017 年版。
[4]王晓光主编:《财政与税收》(第 4 版)，清华大学出版社 2017 年版
[5]刘剑文著:《财税法——原理、案例与材料》，北京大学出版社 2017 年版。
[6]刘剑文主编:《财税法学》，高等教育出版社 2017 年版。
[7]翟继光著:《财税法基础理论研究》，中国政法大学出版社 2017 年版
[8]张守文等著:《公平分配的财税法促进与保障》，北京大学出版社 2017 版。
[9]陈清秀著:《国际税法》，法律出版社 2017 年版。
[10]熊伟主编:《税法解释与判例评注》，法律出版社 2017 年版。
[11]中国注册会计师协会编:《税法》，中国财政经济出版社 2019 年版。
[12]梁俊娇主编:《税法》，中国人民大学出版社 2018 年版。
[13]艾华等著:《税法》，武汉大学出版社 2017 年版。
[14]刘剑文、侯卓著:《财税法总论》，北京大学出版社 2016 年版。
[15]王曙光、李兰、张小锋著:《税法》，东北财经大学出版社 2016 年版。
[16]张守文著:《财税法疏议》，北京大学出版社 2016 年版。
[17]张守文著:《税法原理》，北京大学出版社 2018 年版。
[18]曹静韬著:《中国税收立法研究》，经济科学出版社 2016 年版。
[19]张怡等著:《人本税法研究》，法律出版社 2016 年版。
[20]王文婷著:《税法规范生成的解释》，法律出版社 2016 年版。
[21]陈清秀著:《税法各论》，法律出版社 2016 年版。
[22]程莉著:《税收程序价值研究》，经济科学出版社 2016 年版。
[23]赵迎春、王瑶主编:《税法》，立信会计出版社 2016 年版。
[24]刘剑文著:《财税法专题研究》，北京大学出版社 2015 年版。
[25]甘功仁主编:《财税法学专题》，北京师范大学出版社 2015 年版。
[26]李刚著:《现代税法学要论》，厦门大学出版社 2014 年版。
[27]肖文圣编著:《财政与税收》(第 2 版)，东南大学出版社 2014 年版。
[28]翟继光编著:《税法学原理——理论·实务·案例》，清华大学出版社 2012 年版。
[29]张守文著:《财税法学》，中国人民大学出版社 2010 年版。
[30]严振生主编:《税法》，中国政法大学出版社 2008 年版。
[31]陈清秀:《税法总论》，元照出版公司 2006 年版。

[32]刘剑文主编:《财政税收法》,法律出版社 2004 年版。
[33]刘剑文、熊伟著:《税法基础理论》,北京大学出版社 2004 年版。
[34][日]北野弘久著:《税法学原论》,陈刚等译,中国检察出版社 2001 年版。
[35][日]金子宏著:《日本税法》,战宪斌等译,法律出版社 2004 年版。
[36][日]中里实著:《日本税法概论》,法律出版社 2014 年版。
[37]黄茂荣著:《法学方法与现代税法》,北京大学出版社 2011 年版。
[38]葛克昌著:《税法基本问题(财政宪法篇)》,北京大学出版社 2004 年版。
[39]葛克昌著:《税捐行政法——纳税人基本权视野下之税捐稽征法》,厦门大学出版社 2016 年版。
[40][美]B. 盖伊·彼得斯著:《税收政治学:一种比较的视角》,郭为桂、黄宁莺译,凤凰出版传媒集团、江苏人民出版社 2008 年版。
[41]V. 图若尼著:《税法的起草与设计》(上、下卷),国家税务总局政策法规司译,中国税务出版社 2004 年版。
[42][美]史蒂芬·霍尔姆斯、凯斯·R. 桑斯坦著:《权利的成本:为什么自由依赖于税》,毕竞悦译,北京大学出版社 2011 年版。
[43]陈薇芸著:《社会福利与所得税法》,翰芦图书出版有限公司 2009 年版。
[44][美]维克多·瑟仁伊著:《比较税法》,丁一译,北京大学出版社 2006 年版。
[45][美]休·奥尔特、[加]布莱恩·阿诺德著:《比较所得税法》,丁一、崔威译,北京大学出版社 2013 年版。
[46]王鸿貌著:《税法学的立场与理论》,中国税务出版社 2008 年版。
[47][美]丹尼尔·沙维尔著:《解密美国公司税法》,许多奇译,北京大学出版社 2011 年版。
[48]熊伟著:《美国联邦税收程序》,北京大学出版社 2006 年版。
[49]刘剑文、王桦宇著:《两岸税法比较研究》,北京大学出版社 2015 年版。
[50][美]查尔斯·亚当斯著:《善与恶:税收在文明进程中的影响》,翟继光译,中国政法大学出版社 2013 年版。
[51]廖益新著:《国际税法学》,高等教育出版社 2008 年版。
[52]庞凤喜主编:《税收原理与中国税制》,中国财政经济出版社 2017 年版。
[53]梁伟详著:《税法教程》,高等教育出版社 2018 年版。
[54]应小陆著:《税法》,复旦大学出版社 2018 年版。
[55]范亚东、石泓著:《税法》,中国人民大学出版社 2019 年版。
[56]胡怡建著:《税收学》,上海财经大学出版社 2018 年版。